A Guide to the Engineering
Management Body of Knowledge
(4th Edition)

# 工程管理知识体系指南
## （原著第四版）

〔美〕希拉·莎（Hiral Shah）
〔美〕沃特·诺沃辛（Walter Nowocin） 编

何继善 等 译

中国建筑工业出版社

著作权合同登记图字：01-2017-9473

图书在版编目（CIP）数据

工程管理知识体系指南（原著第四版）／（美）希拉·莎，
（美）沃特·诺沃辛编；何继善等译. —北京：中国建筑工
业出版社，2018.6（2025.4重印）
    ISBN 978-7-112-22038-0

    Ⅰ.①工… Ⅱ.①希… ②沃… ③何… Ⅲ.①工程管理－
指南 Ⅳ.① F40-62

    中国版本图书馆 CIP 数据核字（2018）第 072791 号

**A Guide to the Engineering Management Body of Knowledge (4th Edition)**
Editor: Hiral Shah
Associate Editor: Walter Nowocin
ISBN 978-0-9831005-8-4
©2015, American Society for Engineering  Management

总策划：张兴野
责任编辑：赵晓菲　孙书妍　朱晓瑜　张智芊
责任校对：王　瑞

**工程管理知识体系指南**
**（原著第四版）**
［美］希拉·莎（Hiral Shah）　　　编
［美］沃特·诺沃辛（Walter Nowocin）
何继善　等　　　　　　　　　　　　译
＊
中国建筑工业出版社出版、发行（北京海淀三里河路9号）
各地新华书店、建筑书店经销
北京锋尚制版有限公司制版
建工社（河北）印刷有限公司印刷
＊
开本：787×1092毫米　1/16　印张：20¾　字数：476千字
2018年5月第一版　2025年4月第八次印刷
定价：80.00元
ISBN 978-7-112-22038-0
　　　　（31664）

**版权所有　翻印必究**
如有印装质量问题，可寄本社退换
（邮政编码100037）

2014 年 6 月，受中国工程院的邀请，美国工程管理学会代表团到北京参加了国际工程科技大会，受到国家主席习近平的亲切接见，中美工程管理界从此开始了正式和广泛的交往。2015 年 5 月第九届中国工程论坛在广州举行，美国工程管理学会派出了 8 人代表团。在论坛期间，中国工程院工程管理学部与美国工程管理学会签署了合作备忘录，双方从此开展了更高层次的良好合作，包括人员交往、共同发展期刊，共同开展论坛，以及美国工程管理学会授权在中国翻译和出版《工程管理知识体系指南（原著第四版）》。

《工程管理知识体系指南》是美国工程管理学会的重要出版物，它是"助理工程管理师"和"职业工程管理师"的认证基础，也是美国工程管理学会作为培训项目、课程开发、项目认证以及工程管理界诸多活动的框架指南。2016 年 10 月，受中国工程院工程管理学部的委托，何继善率代表团到美国北卡罗来纳州的夏洛特市参加了美国工程管理学会的国际学术年会。年会期间，双方专门就有关合作的问题进行了深入的探讨，并由何继善与美国工程管理学会执行董事长考弗曼签署了关于翻译《工程管理知识体系指南（原著第四版）》的协议，协议委托何继善组织有关专家进行翻译。

《工程管理知识体系指南（原著第四版）》包含有 11 个领域，涉及的专业和知识面很宽，因此邀请了各个领域相应的专家共同翻译。分工如下：何继善负责前言、第 1 领域"工程管理导论"、第 5 领域"项目管理"和第 8 领域"技术管理、研究管理与开发管理"；任宏负责第 2 领域"领导力和组织管理"；刘合负责第 3 领域"战略规划"；杨善林负责第 4 领域"财务资源管理"；陈晓红负责第 6 领域"质量管理、运营管理与供应链管理"；张少雄负责第 7 领域"工程组织的营销与销售管理"；王孟钧与王青娥负责第 9 领域"系统工程"；丁烈云负责第 10 领域"工程管理的法律问题"；王进负责第 11 领域"职业伦理与行为规范"。每一领域的最后，除了参考文献之外，还提供了进一步延伸阅读（For Further Information）的文献，这两者如果翻译成中文，反而会找不到相应的文献，故将其保留为英文。翻译初稿完成之后，部分译者进行了交互校阅，又请何克坚教授对全部文稿进行了仔细审校，戴飞博士对部分插图进行了校译，最后由何继善统稿。

　　清末严复提出："译事三难：信、达、雅。"按笔者的理解，"信"者，译文准确，既不改变原意，也不能随意增、减原意；"达"则不被原文形式所约束，不是用汉字写英文形式的句子，而要译成明白通顺的中文；"雅"则要求译文优美典雅。本书译者都是学工科的，参与此书的翻译，并无报酬，而是为了加强中美工程管理界的交流和促进工程管理学科的发展。翻译工作中，大家虽力求做到信、达，雅，但译文是否达到这一翻译的最高境界，译者不敢奢望。此外，各领域原文是由不同人主笔，行文风格存在差异，原书编辑并未将其统一，尽管我们做了努力，但依然会有痕迹。限于水平，译文不妥乃至错误之处仍可能存在，敬请读者不吝赐教，以期改进、提高。

何继善

2017 年 7 月 1 日

# 前 言
## Preface

　　此版本是《工程管理知识体系指南》(*A Guide to the Engineering Management Body of Knowledge*，简称 EMBOK) 的第四版。每个新版本都对这一重要出版物做出了重大改进。该指南初版由美国机械工程师学会 (the American Society of Mechanical Engineers，简称 ASME) 旗下指定的国际工程管理认证 (Engineering Management Certification International，简称 EMCI) 的专家团队所开发和编辑。美国工程管理学会 (the American Society of Engineering Management 简称 ASEM) 为随后的版本提供了大量素材，并自第三版起获得了该指南的版权。

　　第四版在内容和格式上进行了重大更新，它代表着工程管理领域可获得的最佳信息。本版特别注意吸纳更多国际工程管理的内容。例如，财务资源管理领域部分的更新体现了更多的国际特色。为了跟踪行业前沿，编者对战略管理、工程管理的法律问题和职业伦理与行为规范领域等内容也进行了更新。

　　第四版是美国工程管理学会职业认证项目的基础材料，共有两个级别，分别针对助理工程管理师 (Associative Engineering Manager，简称 AEM) 和职业工程管理师 (Professional Engineering Manager，简称 PEM)。此外，该版本也是美国工程管理学会批准的培训项目、课程开发、项目认证以及众多业内进展的框架指南。

　　本指南的编写离不开大量专家型志愿者们投入的时间和精力，在此向他们谨表谢忱。美国工程管理学会为本指南的出版感到自豪，希望能为读者提供丰富的信息，为理解和学习工程管理提供帮助。

《工程管理知识体系指南》编辑
美国圣克劳德州立大学
**希拉·莎 (Hiral Shah)** 博士

美国工程管理学会执行理事
**威廉·道顿 (William Daughton)** 博士

# 目　录
## Contents

# 图表目录

## 第 6 领域

## 第 7 领域

## 第 8 领域

## 第 9 领域

# 工程管理引论

**1**

**第 1 领域主笔**

持证企业策划师、职业工程管理师、职业项目管理师

希拉·莎（Hiral Shah）博士

**第 1 领域翻译**

何继善　教授

# 工程管理引论

| 关键词和概念 | |
|---|---|
| **控制** | 进行绩效度量并将结果与既定标准对比，以确保工作符合要求并产生预期效果的一种管理职能 |
| **工程管理** | 对具有一定技术含量的业务活动进行规划、组织、资源配置，以及指导和控制这些活动的一种艺术与科学 |
| **功能型组织** | 将员工按照功能组织在一起，执行一系列专门的任务，并向一个上司汇报 |
| **矩阵型组织** | 将功能型组织结构与项目型组织结构相结合，由功能和产品构建的组织。其员工可能需要向功能团队经理和项目团队经理两人汇报 |
| **运营规划** | 由中、低管理层将公司目标分解成易于实施的短期目标 |
| **组织** | 安排和协调各项工作，采用适当的人选高效地完成工作 |
| **项目型组织** | 团队成员直接向项目经理汇报，项目经理对项目拥有完全领导权 |
| **战略规划** | 由高级管理层设定公司的使命、愿景，以及长期和短期的目标 |
| **战术规划** | 涉及如何具体来落实战略目标 |

## 1.1　引言

《工程管理知识体系指南》之目的是要阐述适用于工程管理学科的知识和技能，本质上，就是要回答这样一个问题，"一名高效的工程管理师应具备哪些素质？"，同时本书也为工程管理学科提供了一个通用词汇表。

本指南是工程管理学科的基础参考书，可作为认证考试、课程编写以及职业生涯发展规划的基础。

## 1.2　什么是工程管理

工程管理学科就是在工程和管理之间架设一座桥梁。美国工程管理学会将工程管理定义为"对具有一定技术含量的业务活动进行规划、组织、分配资源，以及指导和控制这些活动的一种艺术与科学"。

### 1.2.1　规划

规划可以是以下三个层次中的任意一个：①战略规划；②战术规划；③运营规划。

战略规划是高层次的，涉及高级管理层设定公司的使命、愿景，以及长期和短期的目标。

战术规划涉及如何落实战略目标，使其具有可操作性。战术规划的时间框架较短，涉及各部门的低层级单位。将战略规划付诸行动通常是中层管理人员的职责。

运营规划涉及中下层管理人员。经理、主任与主管、团组领导和骨干人员合作，将公司目标分解成易于实施的短期目标。

### 1.2.2　组织

组织就是安排和协调各项工作，采用合适的人选高效地完成工作（Galbraith，2014）。换句话说，组织是管理的一个部分，涉及建立一个有针对性的结构，将人们安排到企业框架结构中的各个岗位。

企业可采用不同类型的组织结构。许多组织结构可以大体上归类为以下类型中的一种或多种：

（1）功能型组织；

（2）项目型组织；

（3）矩阵型组织。

#### 1. 功能型组织

功能型组织被认为是层级结构的传统类型之一，它将员工按功能类别组织起来执行专门化的任务。此外，它还规定每个员工向一位上司报告。采用此组织结构的企业类型包括：

（1）制造业、加工工业，以及产品品种有限或工作流程稳定性相对高的其他组织；

（2）初创公司；

（3）产品范围窄、营销模式简单以及生产场地不多的公司；

（4）效仿其竞争者的企业（Morse&Babcock, 2010）。

图 1-1 是功能型组织的一个示例。

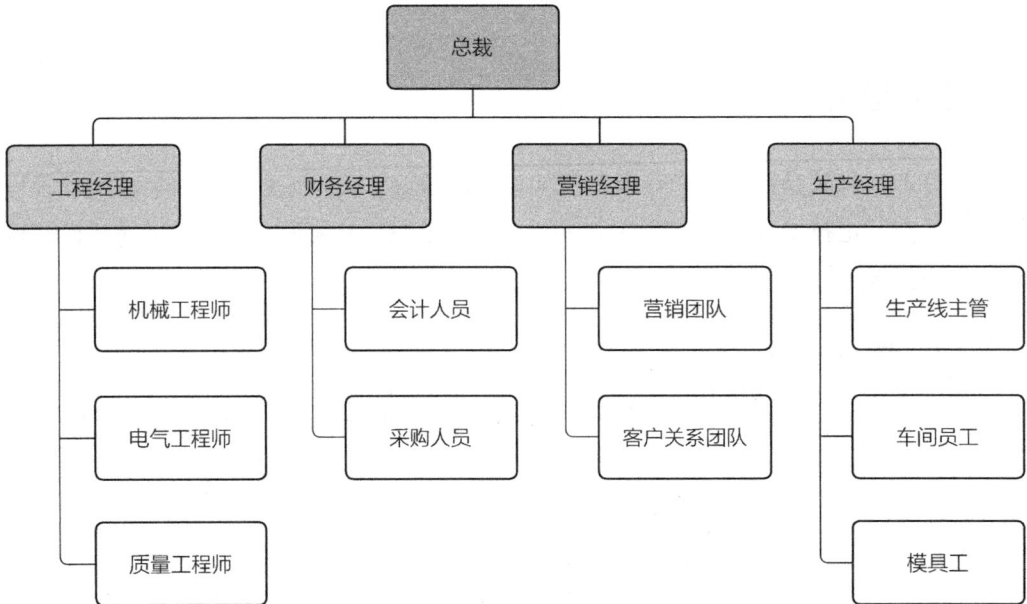

图 1-1　功能型组织示例图

功能型组织的优点包括：

（1）各个功能区之间沟通的线条清晰；

（2）专业领域内职责定义明确；

（3）功能部门之间协调容易；

（4）高效率。

但也有如下缺点：

（1）跨功能区的集成差；

（2）不同功能区之间协调复杂；

（3）决策过程缓慢；

（4）员工成长受限。

## 2. 项目型组织

项目型组织常见于以项目作为主要业务形式的企业，如建筑公司或咨询公司（Chang，2004）。团队成员直接向项目经理汇报，且项目经理对项目拥有绝对领导权。

项目型组织的优点包括：

（1）项目能够高效完成；

（2）跨功能团队参与；

（3）项目经理拥有全权；

（4）全身心投入的团队。

缺点包括：

（1）维持这种组织结构成本高；

（2）项目结束后团队成员没有归宿；

（3）项目之间的技术交流困难。

图 1-2 是项目型组织的一个示例。

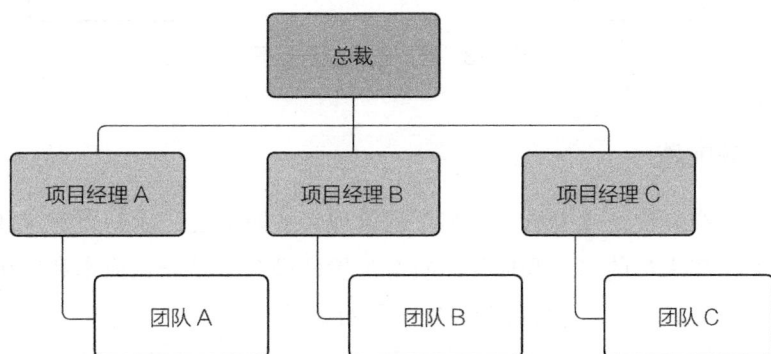

图 1-2　项目型组织示例图

### 3. 矩阵型组织

矩阵型组织是功能型和项目型组织结构的结合。在此情况下，组织由功能型团队和项目型团队交织而成。员工有可能需要向功能团队经理和项目团队经理两人汇报。因此，该组织的汇报结构中有两条指挥链。根据委派给这两类管理人员的权限级别，矩阵型组织可以细分为弱矩阵、平衡矩阵或强矩阵组织。图 1-3 显示矩阵型组织结构的一个示例。

矩阵型组织结构的优点包括：

（1）资源利用最优化；

（2）灵活的项目团队；

（3）项目完成后团队成员仍有归宿。

矩阵型组织结构的缺点：

（1）双报告系统；

（2）在资源分配方面功能经理和项目经理之间存在潜在的冲突；

（3）决策过程缓慢；

（4）团队成员除了完成自身专业的职责外，还需完成项目内的其他工作。

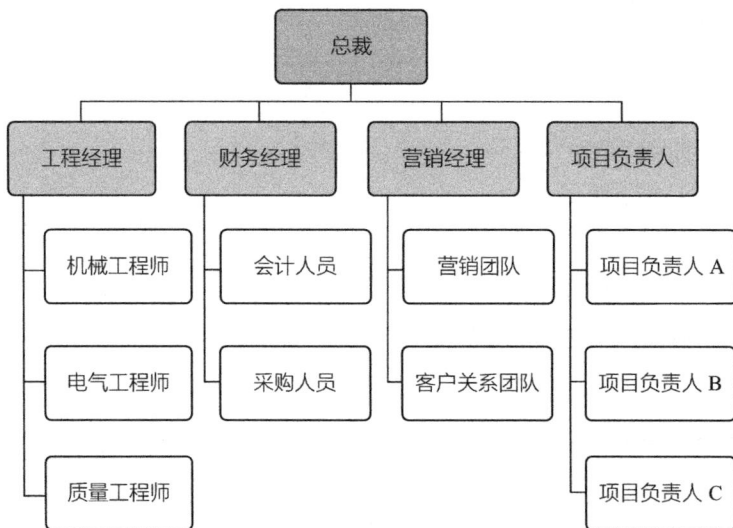

图 1-3　矩阵型组织示例图

### 1.2.3　资源配置

资源可以是资金、设备或人员。一名工程管理者的职责之一就是要确定任务的资源配置，进而分派其所属人员的岗位和职责。资源配置的理念应是兼顾成本和平衡。资源平衡技术可以使资源利用最大化，并可抑制过度配置的情况。

应在正确的时间将资源配置到正确的位置，使资源能够满足组织的战略使命和愿景。

### 1.2.4　指导

指导是激励、监督并影响人们实现组织战略目标的一种管理职能。它可由一名工程管理者来执行，组织授权给该管理者做出决策（Larson & Gray，2014）。确保工程决策的及时性是工程管理人员的职责。因此，工程管理人员既要进行管理又要领导下属员工。

虽然领导和管理这两个术语往往可以互换使用，但它们之间其实存在差异。表 1-1 显示领导人和管理者之间的特征差异。

领导人与管理者的差异　　　　　　表 1-1

| 领导人 | 管理者 |
| --- | --- |
| 有愿景 | 相信该愿景 |
| 引导方向 | 跟随引导 |
| 创新 | 执行创新 |
| 设置工作 | 完成工作 |
| 带来变化 | 解决复杂问题 |
| 设置标准 | 有效利用资源 |

### 1.2.5　控制

控制是一种管理功能，涉及绩效度量并将结果与既定标准进行对比，以确保工作符合要求并达到预期的效果。控制以如下方式进行：

（1）设置基线标准；

（2）衡量进展和绩效；

（3）将实际绩效与设定的基线标准进行比较；

（4）采取适当的纠正措施。

基线标准是设置预期的绩效水平的依据，一般采取数量（多少？）、质量（多好？）、验收标准（多高？），以及时间（多久？）等形式，由公司管理层、客户，或市场所定（Cleland & Kocaoglu，1981）。建立基线标准的方法之一就是对标分析。可用时间研究、评定尺度、控制图表、财务和非财务准则，或其他相关的绩效指标来进行绩效度量。这样可以通过比较来评估实际绩效与基线标准的差别。工程管理人员也可以根据绩效数据采取适当的纠正措施。

## 1.3　工程管理技能

通常在获得工程学位 3~7 年后，工程师就要做出一个决策：选择从事专业技术工作还是技术管理工作（Chang，2004）。工程管理人员可从具有工科、理科或商科背景的人才中涌现。然而，在技术环境中的管理既涉及技术（硬科学）方面，又涉及非技术（软科学）方面的技能。图 1-4 显示了工程管理人员胜任力模型的层次结构（Kocaoglu，1980）。该模型是在对工程管理知识体系的相关文献进行调研的基础上得出的。

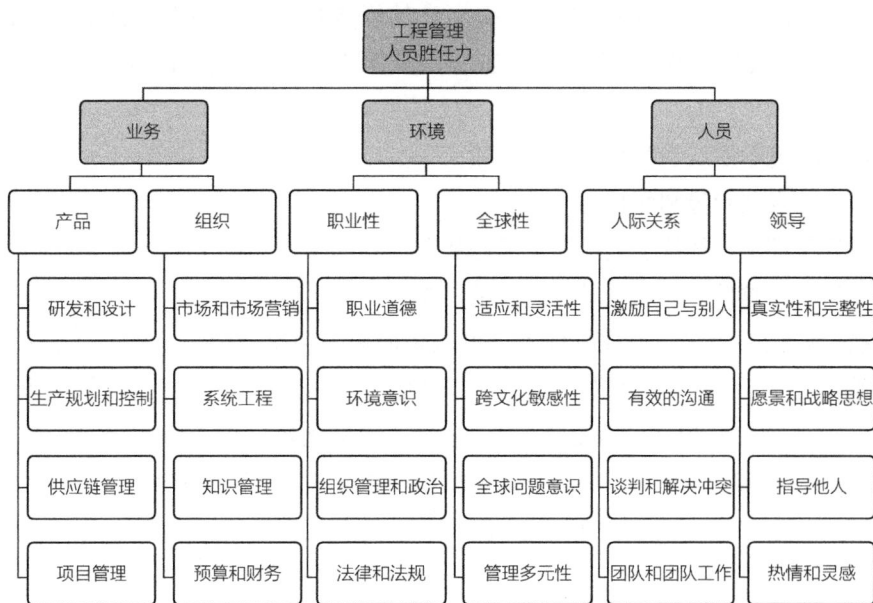

图 1-4　工程管理师胜任力模型层次结构图
引自 El-Baz& El-Sayegh, 2010

## 1.4　工程管理师的职责

工程管理人员在组织中要承担多种职责，涉及技术、管理和领导。他们的管理职责就是进行规划、组织、分配资源，以及指导和控制具有技术含量的活动。工程管理人员之所以适合承担这种管理职责，是因为他们具有从其所从事的技术工作中获得的技术专长。

工程管理师主要职责如下：

（1）规划、组织、管理与组织的目标相一致的工作。

（2）积极主动防止问题发生，一旦发生则解决问题。

（3）指导工程活动，示范创新能力。

（4）建立政策和流程，以帮助员工专注于自己的目标。然后审查和评价员工的绩效。

（5）创建与组织的使命和愿景一致的技术策略。

（6）高效地管理资源和过程。

（7）关注客户的需求，提供优质的产品或服务。

（8）分派任务，督促工程师和其他技术人员，并提供技术支持。

（9）向高级管理层报告运营情况和项目进展。

## 1.5　未来的挑战

管理技术型组织是 21 世纪面临的一种挑战。无论是内部还是外部因素，都使得管理复杂的运营困难重重。外部因素与组织之外的局势相关，而内部因素则与组织内情况相关。技术型组织和工程管理人员面临的挑战可分为三大类（EI-Baz & EI-Sayegh，2010）：

（1）业务环境的发展趋势和面临的挑战。

（2）组织的发展趋势和面临的挑战。

（3）工程管理和工程管理人员的发展趋势和面临的挑战。

图 1-5 解释了这些大体分类的三类挑战的构成成分。

随着技术创新的兴起，工程管理人员可能要面对缩短交货期、缩短产品的研发上市周期、及时响应客户反馈，并提供稳定与可靠的服务等一系列挑战。全球化竞争也带来了诸多挑战，如维持知识型员工队伍的稳定，在多元文化环境中工作，并保持团队的工作热情。分工外包的趋势也要求工程管理人员在供应链和物流运作方面具有一定的洞察力。然而，所有这些服务都要以最短的时间和最低的成本完成，并以最优的质量满足客户的预期。

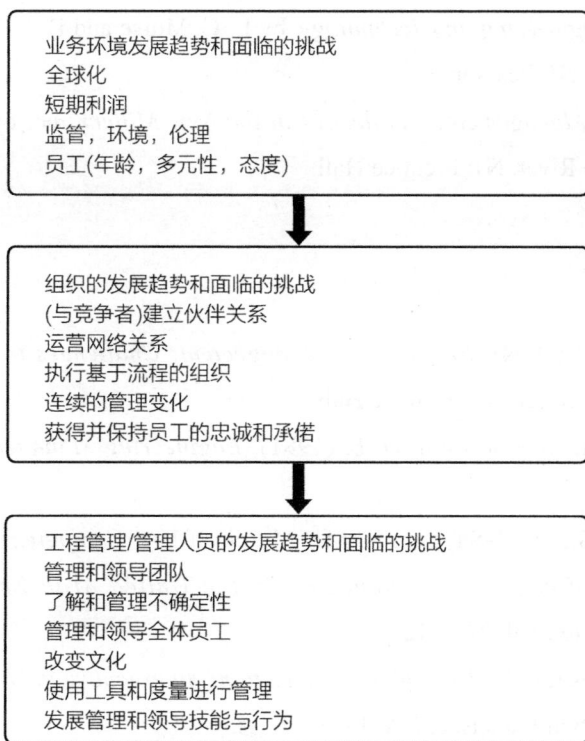

图 1-5　技术组织和工程管理人员面临的各种挑战
引自美国工程管理学会出版的《工程管理手册》第一版

# 复　习

学习了"第1领域　工程管理引论"之后，你应该能够回答下列问题：

1. 什么是工程管理？
2. 什么是工程管理者的职责？
3. 什么是不同层次的规划？解释每一个层次的规划。
4. 组织结构的不同类型是什么？每种类型的优、缺点是什么？
5. 工程管理人员在21世纪将会遇到怎样的挑战？

## 延伸阅读

[1] *The Engineering Management Handbook,* by the American Society for Engineering Management, 2010.

[2] *A Guide to the Project Management Body of Knowledge,* 2008, Newtown Square, PA: Project Management.Institute. Consult this ANSI publication for more information about organizational structures.

[3]  *Managing Engineering and Technology,* by L. C. Morse and D. L. Babcock, 2010, Upper Saddle River, NJ: Pearson.

[4]  *Engineering Management: Challenges in the New Millennium,* by C. M. Chang, 2004, Upper Saddle River, NJ: Prentice Hall.

# 参考文献

[1]  Chang, C. M. (2004). *Engineering Management: Challenges in the New Millennium*, Upper Saddle River, NJ: Prentice Hall.

[2]  Cleland, D. I., & Kocaoglu, D. F. (1981). *Engineering Management* .New York, NY: McGraw-Hill.

[3]  EI-Baz, H. S., & EI-Sayegh, S. M. (March 2010). *Competency domain model and perception of engineering managers in the United Arab Emirates.* Engineering Management journal, 22, 3-12.

[4]  Galbraith, J. R.(2012). *Designing organization: An executive guide to strategy, structure, and process.* San Francisco, CA: Jossey-Bass.

[5]  Kocaoglu, D. F.(January 1980). *Master's degree programs in engineering management.* Engineering Education, 350-352.

[6]  Larson, E. W., & Gray, C. F. (2011). *Project Management: The managerial process.*New York, NY: McGraw-Hill.

[7]  Morse, L. C. & Babcock, D. L.(2010). *Managing engineering and technology.* Upper Saddle River, NJ: Pearson.

# 2

# 领导力和组织管理

**第 2 领域主笔**

职业工程管理师　苏珊娜·朗（Suzanna Long）博士

职业工程管理师、职业工程师　杰瑞·威斯布鲁克
（Jerry Westbrook）博士

职业工程师　朱莉·福琼（Julie Fortune）博士

**第 2 领域翻译**

任宏　教授

# 领导力和组织管理

## 关键词和概念

| | |
|---|---|
| **薪酬** | 泛指员工劳动所得的各种形式的收入，含工资、福利计划、奖金和奖励等 |
| **均等就业机会委员会（EEOC）条例** | 美国均等就业机会委员会制定了确保公平雇佣的条例，其适用于所有员工和潜在员工，与种族、民族、宗教的多样性无关 |
| **保健因素** | 由弗雷德里克·赫茨伯格（Frederick）创造的术语，用来描述某些在工作现场独立存在、不大可能增加员工的满意度或生产力的因素，它们包括公司政策、工作条件、同事、主管和薪酬 |
| **知识型员工** | 由彼得·德鲁克（Peter Drucker 1959）创造的术语，指主要工作是智力型而不是体力型的员工。这个术语特别适用于信息时代下的工程师、工程管理者和许多其他同类型员工 |
| **联结点** | 中层管理职能，负责协调、激励合作，协调上下层之间的矛盾 |
| **机械组织架构** | 由刚性的政策和工作内容控制的组织架构，常常被用于大规模生产行业（如汽车制造业），其决策主要由顶层管理者做出 |
| **激励因素** | 由弗雷德里克·赫茨伯格创造的术语，用来描述某些在工作现场用于激励员工（含知识型员工）的因素，其中包括认可、责任、工作价值和升职机会 |

# 关键词和概念

| | |
|---|---|
| **有机组织架构** | 一个灵活的几乎没有规则的组织架构，这种类型的架构能够适应不断变化的技术环境 |
| **招聘** | 建立选拔标准，面试和聘请最合格的求职者的过程 |
| **管理思想学派** | 由哈罗德·孔茨博士（Dr. Harold Koontz）研发的管理模式，总结出六类管理思想。一些学派认为管理是精心设计工作规则的应用；其他学派则将管理视为经济和数学原理的应用，或运用行为科学原理从实践中汲取经验的应用 |
| **战略** | 在系统环境中，战略是整合组织资源（包括人）的一种方式，用以应对外界因素或人员需要，包括客户、社会和供应商 |
| **系统思维** | 由彼得·圣吉（Peter Senge）提出的一种组织思维方法，这种方法认为组织由互相关联的系统组成，并基于此进行管理 |
| **团队** | 为了共同的组织目标，把地方或组织相同或不相同的知识型员工集合起来的群组 |
| **选拔** | 寻找新的团队成员的过程，他们的知识、技能和能力符合团队的需要 |
| **劳动力多元化** | 将包容性作为实现组织卓越绩效的手段，认识到每个员工的独特贡献，以实现公司的目标 |

# 2.1 简介：集成管理模式

令人遗憾的是，当没有经过正式管理培训或管理经验不足的工程师晋升到管理职位时，他们可能缺乏对核心管理原则的透彻理解。无论管理人员有无经验，都要用上述原则来应对日常管理挑战，尤其是涉及人事管理的挑战。

本领域探讨了诸多管理原则，特别是关注了那些管理风格和组织架构的管理原则，这些原则对智力劳动型管理专业人士（含工程师）是非常有用的。杰瑞·威斯布鲁克博士（Dr. Jerry Westbrook）的集成管理模型（图2-1）是本探讨的理论基础（2011）。

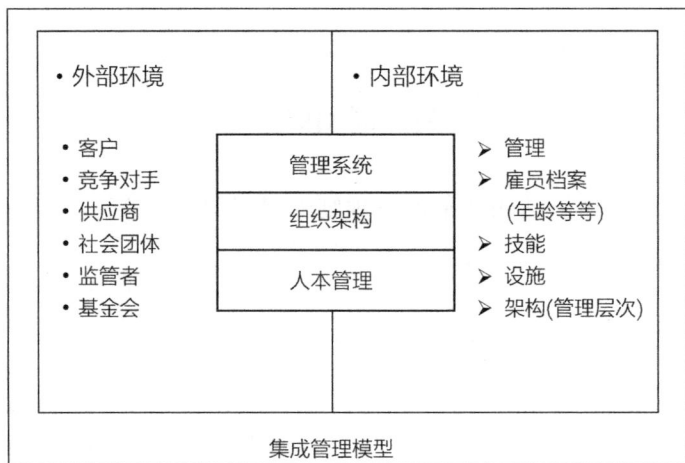

图2-1 威斯布鲁克的集成管理模型（摘自 Westbrook, 2011）

集成管理模型认为，内部管理由三个相互关联的关键要素组成：管理系统、组织架构和人本管理。此三要素组合的方式决定了管理者和组织与内、外部商务环境的相互影响（Westbrook，2011）。

本领域围绕集成管理模型的五要素来进行谋篇布局。首先概述了六个重要的管理学派，然后深入研究了模型的五要素，对每个要素自身和相互的作用进行了分析与优化，以提高工程师和其他知识型员工的生产率。

本领域最后探讨了关键的人力资源管理理论与实践，其中包括员工的招聘、遴选和薪酬待遇，管理员工的规章制度，解决冲突的方法，以及劳资关系管理技巧等。

## 2.1.1 外部环境

外部环境的每个要素都存在于组织之外，但对组织有直接影响。

外部环境中的典型要素是：

（1）客户；

（2）竞争对手；

（3）供应商；

（4）社会团体；

（5）监管者；

（6）基金会。

一个高效的管理者必须理解和从战略角度应对这些要素。例如，一个强大的客户可能会骤然转变为竞争对手，供应商可能会给竞争对手更优惠的价格，竞争对手可能研发生产出更质优价廉的产品，社会团体可能制定保护当地企业的法规。由于这些原因，管理者必须时刻对外部商务环境保持敏感，并敏锐地意识到外部商务环境带来的威胁和机遇。

### 2.1.2　内部环境

一个组织的内部环境是内部资源的集合，该集合能够确保组织的成功运作。高效的管理者必须明确可用资源是否足够应对该组织面临的挑战。

一个组织的内部环境包括：

（1）员工的专业背景；

（2）主要员工信息；

（3）设施的使用年限和状态；

（4）管理风格和企业文化。

对内部环境进行战略分析能确定组织关键优势和劣势，一个组织可利用的资源也决定了决策的优先次序。

### 2.1.3　管理系统

系统就是通过组织好流程来完成任务的工作方式。目前存在许多不同类型的系统，但都有会计核算、采购、生产到战略协调等流程，其中最备受关注的是战略协调这一流程。在过去的 20 年里，许多强大和有效的系统已经得以运用。从最初的目标管理，到零缺陷、全面质量管理、业务流程再造的盛行，每个系统都有大约两年的半衰期，它们都是很好的系统，却没有持续下去，这是为什么呢？因为许多系统都没有很好地加以执行。中层管理人员为一些系统仅给予了口头支持，但并没有真正付诸实践；高层管理人员则认为系统是为其他员工设置的，与己无关；一些组织架构太复杂，无法支持该系统。这些多方面的原因，使得组织未能成功采纳和使用新系统。

精益企业和六西格玛是目前正在使用的组织管理系统。这些管理系统能够使用多久主要取决于组织如何有效地使用它们，而管理系统模型提供了怎样有效使用和维护这些优秀系统的方法。

### 2.1.4　组织架构

组织架构就是一种设置部门与其职能的组织安排方式。由于不能很好地理解组织架构的含义，导致许多组织不断地进行"重组"。因此，组织架构是组织成功或失败背后的潜在力量。

架构可以用几种方式定义：

（1）复杂性——繁多的管理层次以及保证管理架构层次内外之间良好的信息沟通。

（2）控制系统——一个管理者管理员工的人数，也被称为"管控幅度"。

（3）文化——组织员工之间如何正式或非正式、自上而下或全方位进行相处的方式。

组织技术越复杂，组织内部沟通的速度必须越快。同样，一个复杂的组织更适用于扁平化的结构，过度的直线型结构不适合快速变化的商业环境。

### 2.1.5　人本管理

知识型组织的成功主要取决于组织与员工的关系。大多数组织尽管宣称员工是其最宝贵的财富，但仍然做出并不在乎的决定（例如，大规模外包给其他国家）。只有获得员工信任，才能使知识型组织取得成功。而未能做到这一点是前文提到的许多管理系统失败的原因。

### 2.1.6　集成管理模式

总之，前面讨论的所有要素构成了一个集成管理模式，其中每个要素都与其他要素相互关联。当所有要素运作都不协调时，系统将会失效。内部环境必须有适宜的资源，对内部环境的分析可确定组织的优势和劣势，对外部环境要找出机会和潜在威胁。所以必须使用适当的系统，并且组织架构应当支持这些系统。知识型员工需要在具有挑战和重视其贡献的文化氛围中工作。

本领域的其余部分将会详细介绍集成管理的每个要素：

（1）2.2节"管理思想学派"探讨了管理思想重点学派的背景。

（2）2.3节提出了管理和激励知识型员工个人、团队的理论架构。

（3）2.4节"组织结构"提出了评估组织结构有效性的方法。

（4）2.5节讨论了集成组织系统的方法。

（5）2.6节讨论了领导力的全局观。

（6）2.7节讨论了如何使管理系统按设计要求工作。

工程管理专业的学生应该要理解到管理方法种类繁多。知识型员工通常是技术驱动型组织的核心，他们的努力应得到鼓励和赞赏。工程管理者必须应对不断变化的外部环境，并要时刻准备好满足这一挑战所需的内部资源。

目前有各种各样的管理流派、哲学理念和实践方法。本节之目的就是综述这部分内容，并演示现代工程管理人员要如何对此加以运用。该综述还将作为本领域核心的集成管理模式的理论基础。

## 2.2　管理思想学派

### 2.2.1　管理过程学派

在"管理论丛"的文章中，孔茨和奥唐奈（Koontz and O'Donnell 1961）将当代管理实践的范围缩小到六个主要的"管理思想学派"：

（1）管理过程学派。
（2）经验主义学派。
（3）社会系统学派。
（4）人类行为学派。
（5）数理学派。
（6）决策理论学派。

### 1. 管理过程学派

管理过程学派认为管理是一个能够给予定义，可教授、学习和应用的过程。这个学派还认为，管理包括以下活动：规划、组织、人员配备、领导、沟通和控制。通过专注于这些活动，个体管理者能提高其管理技能和整体组织的生产力。这和管理是一种与生俱来的能力的观点相反。

管理过程学派中的典型管理原则包括：

（1）指挥链：沟通主要是自上而下的，遵循直接的报告关系。

（2）劳动分工：工作分为相对较小的任务，以便不太熟练的员工经过训练后能够重复执行这些任务。这一理念是在工业革命期间发展起来的，当时雇员主要是未受过训练和未受过教育的妇女和儿童。该理念现在则应用于已受过更好培训和教育的员工，取得了不同的效果。

（3）管控幅度：这是每个管理者直接管理的员工数量。管理范围取决于许多因素，包括员工的技能水平和他们的工作量。管控幅度越窄，管理者数量越多，管理成本越高。劳动力范围的分割倾向于减少管理者与员工的比例。

（4）统一指挥：一个员工只有一个主管，以尽量减少多头管理的混乱。

明茨伯格（Mintzberg，1971）的研究表明，管理过程学派是把管理活动一一列表分析，并没有充分描述其管理功能。它也未能涵盖管理者在组织内所扮演的重要沟通角色（即作为沟通中心的管理者、信息的传播者和组织的发言人等）。管理者还要扮演分配工作和资源，求同存异的重要角色。尽管这种列表分析的方式有局限性，但它确实给我们提供了一个有效的理论框架。

### 2. 经验主义学派

经验主义学派起源于哈佛商学院，它倡导用真实的管理案例（实际商业案例或对实际案例的研究）来培训未来的管理者和组织领导。案例研究方法旨在让学生从组织管理者成功与失败的经验教训中学习，并开始形成自己的管理方法。

## 2.2.2　行为学派

### 1. 社会系统学派

社会系统学派考察了员工在团队中的表现情况。霍桑实验是这个学派核心理论的催化剂，他们证明了外部条件（例如照明、工作时刻表等）、团队与组织目标是否一致都会影响生产率。许多研究人员提出了团队在组织成功中所起作用的管理理论，其中有布莱克和莫顿（Blake & Mouton）提出的"管理方格理论"、李克特（Likert）提出的"四系统理论"以及卡岑巴赫和史密斯（Katzenbach& Smith）提出的"团队的智慧理论"。（有关社会系统学派的更多信息，详见布莱克和莫顿，1964；李克特，1975；卡岑巴赫和史密斯，2003。）

### 2. 人类行为学派

人类行为学派认为管理层应该把员工当作组织的资产，员工希望主动完成工作，而不只是执行主管的指令。这种管理方法对知识型员工的管理尤为重要，因为是否具有工作的主动性会影响员工的工作效率。这个学派的典型理论包括赫茨伯格的"双因素理论"，马斯洛的"人类需求层次理论"，麦格雷戈的"XY 理论"和麦克利兰的"成就归属理论"。[ 有关人类行为学派的更多信息，详见赫茨伯格（Herzberg），1968；马斯洛（Maslow），1943；麦格雷戈（McGregor），1957；麦克利兰（McClelland），1966]。

## 2.2.3 数理学派

### 1. 数理学派

数理学派应用数学技术（如线性或非线性规划）来模拟组织系统。建模运行的目标是要优化每个系统，努力使组织的生产力最大化。对一个组织的职能进行建模是一项艰巨的任务，然而，这种学派的支持者开拓进取、不断创新，有好几所大学的工程管理研究项目都侧重于使用这种方法。

### 2. 决策理论学派

决策理论是对各种情况及可能的结果进行识别，并针对每一种情况制定出组织的应对战略。应用决策原则来确定哪一种战略对那些可能的结果会产生最优结果，在决策过程中对所有结果发生的概率进行估计，由此进行决策。

例如，一所大学对执政党的选举结果可能会给科研资助带来的影响进行了研究。如果民主党候选人赢得选举，环境科学类研究将会得到更多的经费资助。如果共和党候选人获胜，则新式武器系统研究将会得到更多的经费资助。与以上两个研究领域都相关的研究计划可能会受到更多的影响。例如，如果提出的是作物遥感卫星研究方案，那么该方案也可用于侦测阿富汗毒品种植面积的增长问题。这种和环境、文化、国防均相关的研究可能优先获得更高的资助经费。否则，将鼓励研究人员提交民主党政府更愿意资助的环境科学研究项目。

### 3. 科学管理

管理理论的又一个重大发展是泰勒（Taylor）的科学管理理论（Scientific Management，

1911）。泰勒是工业工程领域的创始人之一，他曾在几个主要钢铁业大公司工作过，他的研究发现使生产力大幅提高，他制定的四个管理原则改进了生产效率：

（1）对所研究的过程收集大量的知识，并使用这些知识来确定执行工作的最佳方式。

（2）科学地选择最能按规定方法完成工作的员工。

（3）培训员工以"最佳方式"工作，并对使用正确的方法进行奖励。

（4）让管理层和员工协作决策，以便在解决组织问题时可以利用每个人的独特知识。

这四项原则中提出最重要的设想是，管理层将工作任务进行分解，以能实现最佳工作模式为前提对任务进行统筹细分。泰勒认为，如果对任务进行充分剖析，那么管理层可以确定一个最佳的工作方案来优化生产力。此外，他认为可以通过培训和激励提高员工的劳动生产效率，所以员工和机器最终区别不大。

【小结】工程管理领域的从业者主要是知识型员工、专业人员和技术人员。正如阿吉里斯（Argyris，1957）指出，在高层管理者控制的环境中，传统的管理理念是针对缺乏经验的员工提出的。而现在的问题则演变成在这些管理理念与它们的合适的关系之间如何保持平衡，以及这些管理理念是否适用于工程管理领域。

## 2.3　管理和激励知识型员工

（1）人本管理。本节的重点是图 2-1 描述的集成管理模型的"人本管理"部分。组织的员工组成部分是支撑模型的其他所有组成部分的基础。例如，组织的人力资源与内、外部环境相互作用。同样，只有积极、效率高的知识型员工才能使组织的架构和系统正常运行。

知识型员工是由彼得·德鲁克（Peter Drucker）在 1959 年首创的概念。他用这个术语来定义对当今信息经济有驱动力的一类员工，包括发明者、创新者、程序开发者和程序改进者等。

管理知识型员工是一项独特挑战。与体力型员工不同，不能通过观察来评估知识型员工的生产力和生产效率。可能在相当长的时间内无法评估进行中的脑力劳动工作的价值。如果知识型员工感觉到待遇不公、得不到充分的回报或适当的支持，他们可能就不知不觉地减慢或完全停止工作。

因为工作满意度对知识型员工的生产力来说至关重要，所以了解管理的行为层面比以往更为重要。知识型员工希望成为组织的一部分，而不仅仅是在组织架构图上占据一个"空位"，管理人员必须学会如何帮助他们实现这种愿望。

前面介绍的集成管理模型将继续指导并贯穿整个领域。本节将关注人员管理，因为在模型的所有理念里它是最鲜为人知并应用最少的。

（2）关于行为方式的背景。20 世纪初见证了多个管理理念的发展。例如，法国工程师亨利·法约尔（HenriFayol）开创了第一个有记录的管理原则；泰勒提出了科学管理法以提高生产力；弗兰克和莉莲·吉尔布雷斯（Frank and Lillian Gilbreath）发展了分析方法，亨利·甘特（Henry Gantt）开发了用于调度大型项目的甘特图。

许多组织受到管理实践能提高生产力这一理念的影响，积极尝试新的管理技术，以期增加自己的竞争优势。例如，西部电气公司在其名下的霍桑工厂进行了广泛的管理实践，试验了照明、工作休息、激励系统、组织沟通和其他方面的内容。得出的结论是员工的工作态度与组织生产力有很大的关系。然而，该公司并没有针对如何获得员工的积极态度得出确切的结论。有效的劳动力动机理论还要经过 35 年的发展才得以成型。

阿吉里斯（Argyris，1957）对管理方法进行了一次开创性的研究，并得出结论认为，现代管理倾向于将员工当作孩子看待，同时又希望他们表现得像成年人一样。

根据阿吉里斯的结论，开设了工程管理专业的院系必须十分谨慎对待所教授的内容，确定哪些是实际可行的。

第二次世界大战后，许多行为理论得到发展。命运多舛的"人际关系"的运动产生了大量的有益的理论研究，但仍缺乏概括性的总结。

对工程管理人员而言，适用于知识型员工的那些行为理念主要来自于麦格雷戈、马斯洛、赫茨伯格和麦克利兰，接下来将对它们逐个进行讨论。

### 2.3.1 假设的影响

#### 1. 麦格雷戈的 $X$ 理论和 $Y$ 理论

哈佛大学教授和商业顾问道格拉斯·麦格雷戈（Douglas McGregor）研究了管理者对工人的假设以及这些假设对工人生产力的影响。他提出了如下的一系列管理假设（1957）：

（1） $X$ 理论——强迫工人工作。工人天生是懒惰的并以安全至上尽可能逃避工作。

（2） $Y$ 理论——工人致力于实现组织目标，并在执行任务时能够进行自我指导和自我控制。他们在解决组织问题时具有责任心并且在方法上具有创新性。

麦格雷戈发现在大多数情况下， $Y$ 理论成了一种自我实现的预言。当管理人员制定工作规则时，如果认为员工需要密切监督或不值得信任，那么员工就可能会以上级要他们干什么就干什么的方式进行工作。而事实上常常截然相反，员工大部分时候都知道自己需要做什么，这点比管理者强好多倍。另一方面，如果管理层认为其员工非常支持所在的组织，那么员工就可能更加重视与管理层的关系，就会积极响应和服从管理。因此，组织应该给予员工充分的信任。

### 2.3.2 确定并满足员工需求

#### 1. 马斯洛的人类需求层次理论

马斯洛（Maslow，1943）将人类需求的五级层次理论化；从高到低依次为：

（1）自我实现；

（2）社会和自我的尊重；

（3）社交；

（4）安全保障；

（5）生理。

按照马斯洛理论，人类个体寻求其需求满足是以上面这些层次序列进行的。马斯洛认为，一旦人的生理需求得到满足，就会试图得到与安全和保障相关的需求的满足，在满足安全和保障需求后，就会开始寻求一些正式或非正式组织内的社交活动，接着会寻求社会和自我尊重，满足这一条件后，最后会寻求自我实现。需要注意的是，在马斯洛理论中的个体只有满足了自己当前层级85%的需求时，才会有足够的动机寻求下一个更高的层级。

马斯洛需求层次理论对于管理和了解员工的动机以及提高生产力具有十分重要的作用。对个体而言，员工是通过需求层次的递进而受到激励，管理者必须认识到这一点，并采取合理的方案以协助员工进步。组织里的成员都这样进步时，组织也就会整体受益。

管理者需要判断和确定员工在需求层次结构中的位置，这点非常重要。虽然管理者可能在自我实现层次上为组织做出贡献，但是他们的许多员工可能正在寻求满足与社交相关的需求。为了更好地帮助员工，他们必须确定员工在需求层级结构中的位置，然后帮助他们制定一个详细的行动方案，以提高到一个新的层次中去。

### 2.3.3　双因素理论

赫茨伯格（Herzberg，1968）做了关于工作满意度的研究，最初是让会计师和工程师参与他的研究。首先他要求参与者说出一个对工作满意的时间段，接着给出他们认为满意的原因，再说出一个对工作不满意的时间段，并列出与之相关的原因。他的研究团队将其记录下来，并根据相似性或"思维单位"对其进行分组。发现结果如下。

满意或激励因素：

（1）认可；

（2）成就；

（3）成长的可能性；

（4）进步；

（5）责任；

（6）工作本身。

不满意或保健因素：

（1）工作环境；

（2）公司政策；

（3）与上级之间的关系；

（4）与同事之间的关系；

（5）薪酬。

赫茨伯格认为，管理者经常试图使用保健因素来激励员工，但是保健因素（例如薪酬）

的增加会加强员工对保健因素有进一步提升的期望，最终使得成本上升，激励的目的却没有达到，即员工的生产力没有得到提高。虽然对于管理者来说采用激励因素比较困难，但激励因素比保健因素成本更少，更有可能提高员工的工作满意度和生产力。他进一步指出，保健因素必须保持在适当的水平以防止员工产生不满（即保持中立性），但它们本身并不能产生激励作用。

这种研究重复了很多次，对于拥有不同行业、国籍和文化背景的人群进行的调查都产生了相似的结果。对蓝领工人的研究结果也与总体的研究相一致，但对于白领工作者来说保健因素却比激励因素更为重要。

### 2.3.4 成就归属理论

#### 1. 麦克利兰的成就归属理论

麦克利兰（McClelland 1966）对宾夕法尼亚州伊利镇的某个已停工工厂的员工进行了研究。一些下岗工人通过使用他们的关系网开始在附近的城镇寻找工作，而且这个群体中的大多数人都是在六周内就找到了工作。因为这些人都渴望获得成功，所以他将这个群体命名为成就者。

然而，大多数下岗员工只与工会联系了几次，询问是否有别的公司想购买和让工厂重新开工，他们也看当地相关的招人广告，还组成了小组讨论情况，看看是否有人知道有哪些待聘岗位。这个群体的大多数人都持续失业了六个月以上。麦克利兰将此群体标记为跟随者，因为他们需要外界的帮助。

麦克利兰发现组织倾向于以员工的特点招工：一些是成就导向型，而另一些则是合作导向型。管理层需要核查最近的新聘人员，以确定公司吸引什么样的员工。生产力和成功是由员工创造的，但如果组织内有错误的员工组合——也就是多数跟随者与少数成就者，那么生产力和成功可能就无法实现。

值得一提的是，麦克利兰已经成功地将一些公司的跟随型员工培训成为成就者，说明员工可以通过培训来实现向成就者的转化。

### 2.3.5 内在和外在动机因素

平克（Pink，2009）的论文和研究在后来的理论中具有优势，他的研究和论文综合了马斯洛、麦格雷戈、赫茨伯格、麦克利兰等知名学者的基本理论。而大多数早期的理论家都是彼此独立地进行研究。

平克使用与赫茨伯格的双因素理论相似的内在因素和外在因素。许多管理者仍然认为外在因素，如金钱，是主要的激励来源。但是，在许多不同文化背景的国家中进行的研究表明，金钱非但不是激励因素，还可能具有相反的效果。平克的结论是，如果一项任务主要是手工操作，而灵活性又高，那么激励就会按照预期的方式进行，即薪酬越多，完成的工作量就越多。然而，一旦如果只需要那么一点心力，则薪酬越高，表现会越差。平克解释道，如此一来，工作和工资有关，而不是和成就相关。这种关系是否可以在一定程度上解释一种现象，比如为什么那些获取巨额薪酬的首席执行官在工作上表现欠佳，不能与企业效益挂钩。

根据平克的研究，实际激励我们的因素是自主性、主人翁意识和目的性。自主性意味着知识型员工有机会研究可能为组织创造潜在利益的想法和项目。许多组织都将此纳入了公司政策，其中 3M 公司是最知名的，它允许知识型员工利用自己 14% 的时间来研究自己的想法，便利贴的发明就是在这种政策的鼓励下实现的。

主人翁意识是指员工有机会提高技能和扩宽知识。世界经济技术水平的快速发展要求人力资源也要不断地发展，而且这种发展要符合组织和个人的利益。

目的性是让那些做出重大贡献的人认识到，组织提供的商品和（或）服务正在产生更好的效益。员工希望能为一些让世界变得更好的组织做出贡献，所以从事的工作不仅仅是关于薪酬和附加福利、挑战和机会，还应该让世界变得更美好。

### 1. 斯金纳的操作条件反射理论

在 1963 年，斯金纳（Skinner）凭借他的行为研究工作获得了诺贝尔科学奖。他将其研究成果称为操作条件反射理论（1953）。

他的理论包括：

（1）受奖励的行为往往会重复；

（2）被忽略的行为趋向于消失；

（3）处罚行为会产生消极的、歇斯底里的反应。

根据斯金纳的理论，管理者如果发现一个有利于组织的行为，就应该给予奖励，这可以是财务奖励，也可以是表扬。如在公司宣传页进行表彰，或在同部门员工面前提起。如果忽略了这种积极的行为，管理者将会面临积极行为消亡的风险。

积极行为应该得到回报，消极行为可以被忽略并加以劝阻。不要忽视员工违反规定的行为，这种行为应该按政策处理。假如一些负面评论和消极态度都是想要引起关注，只要对这些负面评论和消极态度采取不予理睬的态度，那么这些行为就有可能会消失。

在处罚员工的不正当行为时，管理者必须确保处罚得当，如果处罚过度，可能会导致员工再次行为不当，也许不会立即发生，但终会发生。

### 2. 小结

马斯洛的人类需求层次理论、麦格雷戈的 X 理论和 Y 理论、赫茨伯格的双因素理论以及麦克利兰的成就归属理论从表面上看似乎都是独立的理念，但实际上高度互补。

例如，马斯洛的自我实现需求和尊重需求与赫茨伯格的激励因素密切相关。Y 理论则自然要考虑那些倾向于成为跟随者的员工。

具有社交需求和安全需求的人倾向专注于保健因素，是跟随者，X 理论能准确地描述这一人群。

表 2-1

理论匹配表

| 马斯洛 | 麦格雷戈 | 赫茨伯格 | 麦克利 |
|---|---|---|---|
| 自我实现 | Y 理论 | 激励因素 | 成就者 |
| 社交安全保障 | X 理论 | 保健因素 | 跟随者 |

为了激励知识型员工，必须做 Y 理论假设，即必须鼓励自我实现，必须注重激励和成就。

为了减少员工的不满，应促进社交活动，必须避免 X 理论假设，应该根据可以合理接受的范围高水平地提供保健因素。

### 2.3.6 管理风格和组织过程

#### 1. 传统管理理论与技术组织生产力的关系

本节的重点是管理团队中的知识型员工，其背景是阿吉里斯（Argyris）的元分析，他回顾了数百个将管理实践与人类行为联系起来的管理研究（1957）。

大多数组织所使用的版本都是基于 2.2.1 节管理过程学派中所描述的标准管理实践版本。

这个学派拥护指挥链说法，即统一指挥、劳动分工、进行垂直沟通，按照责任确定权利等。但是阿吉里斯对这些管理原则存在质疑。他研究了人格发展的共同特点：

（1）人从一个被动的婴儿发展到一个主动的成年人；

（2）从依赖到独立；

（3）从简单行为到成熟的复杂行为；

（4）从兴趣到挚爱；

（5）目标从短期计划到长期规划——且更易受过去的影响；

（6）家庭地位从服从到领导；

（7）从缺乏自我意识到能自我控制。

阿吉里斯进一步确定了四个常见的传统组织概念，并将其结果与前面列出的正常人格发展的特征进行了比较。

（1）劳动分工——个人出卖的是其擅长的技能而不是全部能力。

（2）指挥链——这种做法倾向使得个体变得更加依赖和被动。

（3）方向的统一——以领导的指令为导向。

（4）管控幅度（通常为四到八层级）——增加组织层次，依赖性也随之增强。

阿吉里斯假设了使用传统组织概念的三个结果：

（1）个体发展和传统组织概念之间缺乏一致性。

（2）缺乏一致性会使人沮丧、短视和发生冲突。

（3）结果将是造成下属与之敌对，并且关注的只是组织的一部分，而不是整体。

### 2.3.7　界定的管理体系

#### 1. 李克特——集成原则

李克特（Likert 1961）是一名国际管理顾问、理论家兼作家。他曾与世界各地的组织合作，以自身的经验来构建管理理论，而本节将对其中的三个理论进行讨论：

（1）支持管理原则。

（2）团队管理。

（3）四个系统。

他记录了最成功的组织所采用的理念，并不断地将其与不太成功的组织进行对比。得出的结论是，高产组织及管理者的管理方式不同于低产组织的管理者。一般来说，采用传统管理理论的管理者，成功程度低于采用下文所述管理方式的管理者。

#### 2. 高产组织的特征

（1）组织员工对上级、工作和组织的态度良好。组织内部互相信任。

（2）在完成较高目标时有很强的参与感，未达成目标则会有不满足感。

（3）组织能有效地运用所有主要激励理念，其中包括：

1）自我成就动机；

2）保障动机；

3）创造性和好奇心；

4）经济动机。

（4）组织是一个紧密联系、有效运作的社会系统。员工愿意同心协力地工作，解决问题，达到组织的成功。

（5）组织体系由紧密相连的团队组成，这些团队拥有很高的团队忠诚度，同时下属和上级之间也有较为良好的态度和信任。

（6）组织绩效评估主要用于自我引导，而不是重叠控制。这更像是在成就型劳动力达成目标时使用的 Y 理论方法。

#### 3. 低产组织的特征

（1）动机是通过权力行使控制权来实现的，即传统管理。

（2）由管理层来安排工作、规定方法、设定标准、设定业绩目标和预算。（还记得工人依赖性及其结果吗？）

（3）通过施加等级压力和经济压力使员工服从命令。这是一项 X 理论假设，即认为这是让工人生产的唯一途径。

总之，那些要求成功的管理者并不能达到成功。而让员工成功的管理者往往存在于成功的组织之中。

### 4. 高效管理者

以下是高产组织中员工对其上级的看法：

（1）给予支持、友好、乐于帮助、不敌对。

（2）对下属的诚信和能力表示自信。

（3）对下属有较高的期望。

（4）辅导并帮助业绩低于预期的员工。

这种类型的管理者与员工平等相待同心协力，而非凌驾于员工之上。这种管理者对工作非常投入，和员工的关系非常密切。

### 5. 传统组织

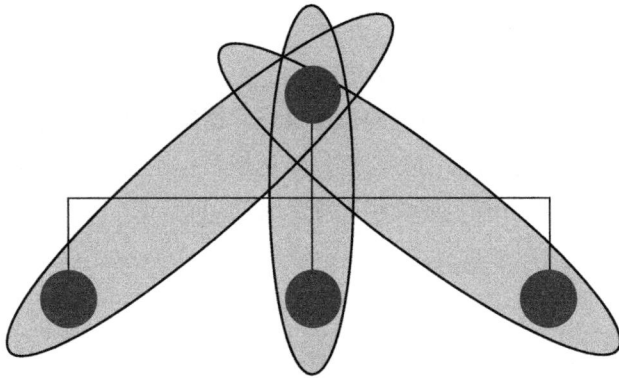

图 2-2　传统组织结构

在传统组织结构（图 2-2）中会出现下述情况：

（1）领导与每一位下属有一对一的关系。每位下属都试图利用任何可以利用的手段从领导那里获得多于其他下属的资源。

（2）从下属到老板的沟通被精心过滤。领导只能听到下属想让领导知道的事情，下属这样做只是为了让自己的部门获利。

（3）下属之间不信任，因为每个人都认为其他下属获得的待遇更好。

（4）组织整体的利益很少受到关注。每个部门都在争夺资源，使得决策制订脱离了实际。

（5）每个部门都要求以应急方案的方式配置员工。部门之间很少有资源共享。

蒙昧的管理者都会这样对待他们的员工。这在整个组织范围内是普遍存在的。他们不知道任何其他的监管方式。

### 6. 以团队为基础的组织

以团队为基础的组织结构（图 2-3）可以替代传统组织结构。其特征如下：

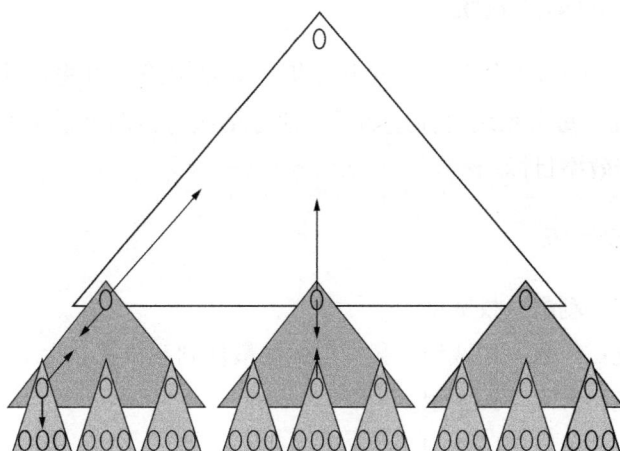

图 2-3　以团队为基础的组织结构

（1）组织整体的利益很容易关联到各个团队。

（2）沟通以整个团队进行，不可能有过滤。

（3）围绕问题的激烈辩论会产生更好的决策。

（4）青睐资源共享，因为通过把员工借调给具有更大临时需求的部门，可以减少不必要的单位成本。

（5）决策能够得到更好的支持。即使是建议没有被采纳的人也有信息输入、可以理解其他意见并支持决策。

联结点是一个团队的领导者，也是更高层级团队的成员。

组织由这些"联结点""联系"在一起。这种模式与典型的自上而下的方法形成鲜明对照，后者并不重视从下至上或侧面的沟通模式。联结点使整个组织的沟通得以改善。

传统组织中从高层向下沟通的信息损耗如表 2-2 所示。

自上而下沟通的信息损耗　　　　　　　　　　　　表 2-2

| 不同层级之间的沟通 | 残存信息百分比 |
| --- | --- |
| 高层管理者到中层管理者 | 67% |
| 高层管理者到总经理 | 50% |
| 高层管理者到主管 | 33% |
| 高层管理者到工人 | 20% |

这表明，传统组织的底层人员很少能接收到来自高层的准确信息。真正的问题是，"从底层到高层传递的相似的残存信息比例又是多少呢？"由于从来没有出现过，所以是零。李克特的"联结点"促成了这种从下至上的沟通，而从这个意义上来说它优于传统组织中有限的单向沟通。

### 2.3.8 李克特的第四系统

李克特（Likert，1961）仔细地观察并分析了大量组织，以构建其管理风格架构。架构包括四个管理系统，每个系统的描述如下。他总结认为，四个系统中只有第四类系统能持续达成正常的生产效率目标。

#### 1. 李克特的四个系统

（1）第一类系统：剥削—权威型。

（2）第二类系统：仁慈—权威型（我们把你的最佳利益放在心上）。

（3）第三类系统：协商—民主型。

（4）第四类系统：参与—民主型。

李克特按照以下标准对每个系统进行了评估：

（1）领导过程：上级对下属的信心和信任程度。

（2）激励动机的特征：用来激励员工的动机。可以总结为人身安全的承诺和经济需求的满足，以从团队配合中获得满足感。

（3）沟通过程的特征：为了达成组织目标进行的沟通的数量和方向。

李克特的四个系统对比　　　　　　　　　　　　　　　　　　表 2-3

| 差异领域 | 第一类系统 剥削—权威型 | 第二类系统 仁慈—权威型 | 第三类系统 协商—民主型 | 第四类系统 参与—民主型 |
|---|---|---|---|---|
| 激励动机 | 利用恐惧、对金钱的需求和地位。忽视与所使用动机相消的其他动机。充满敌对态度、自下而上的屈从、自上而下的傲慢。猜疑盛行。除高层以外，极少有责任心。对工作、同事、上级和组织不满 | 利用对金钱的需求和自我成就动机，例如对地位和权力的渴望，甚至是恐惧。未利用的动机通常会与已利用的动机相消，有时也会相互强化。态度有时敌对，有时对组织有利，自下而上的屈从，自上而下的傲慢，对同辈有竞争性的敌意。管理者通常自觉感到有责任达到目标，但普通员工并没有责任感。对工作、同事、上级和组织的态度从不满意到中度满意 | 利用对金钱的需求、自我成就动机和个人的其他主要动机。各个激励动机往往是相互强化的。态度通常良好。大多数人有责任感。对工作、同事、上级和组织有中高的满意度 | 利用恐惧之外的所有主要动机，其中包括来自集体的激励动机。各个激励动机相互强化。态度非常好。充满信任。所有层级的人都很有责任感。整体满意度较高 |
| 相互影响过程 | 没有团队协作，相互影响很少。很少有自下而上的影响。只有中等程度自上而下的影响，且通常被高估 | 很少有团队协作、自下而上的影响，通过非正常途径的除外。中等程度自上而下的影响 | 中等程度团队协作。中等程度自下而上的影响。中等到重大自上而下的影响 | 大量团队协作。大量自下而上、自上而下和横向的实际影响 |
| 目标设定过程 | 命令下达。表面上接受。暗中抵制 | 命令下达，可能有提意见的机会。表面上接受，但通常会暗中抵制 | 与下属讨论后设定目标或下达命令。通常表面上和私下里都会接受，但有时会出现暗中抵制 | 除紧急情况外，通过集体参与设定目标。表面上和私下里都完全接受目标 |

续表

| 差异领域 | 第一类系统<br>剥削—权威型 | 第二类系统<br>仁慈—权威型 | 第三类系统<br>协商—民主型 | 第四类系统<br>参与—民主型 |
| --- | --- | --- | --- | --- |
| 沟通模式 | 很少有自下而上的沟通。很少有横向沟通。有一些自上而下的沟通，但下属会对此持怀疑态度。很多扭曲和欺骗 | 很少有自下而上的沟通。很少有横向沟通。大量自上而下的沟通，下属对此有各种不同的看法。有一些扭曲和过滤 | 自下而上和自上而下的沟通往往很顺畅。横向沟通不够顺畅。有轻微的过滤或扭曲倾向 | 各个方向的信息流通自由、准确。几乎没有扭曲或过滤的力量 |
| 决策过程 | 高层根据部分不准确的信息制定决策。激励价值甚少。针对个人的决策，不利于团队协作 | 高层制定政策，稍低的层级根据比较准确、充足的信息制定一些执行决策。激励价值甚少。主要是针对个人的决策，不利于团队协作 | 高层制定整体政策，更具体的决策由稍低的层级根据相当准确、充足的信息制定。有一定的激励价值。有一些以团队为基础的决策 | 决策贯穿整个组织，由重叠的团队连接在一起，依据是完整、准确的信息。大部分以团队为基础进行决策，有利于团队协作 |
| 控制过程 | 仅高层有控制权。控制信息常常被扭曲、伪造。存在非正式组织，与正式组织形成对抗，削弱实际的控制 | 控制基本上由高层进行。控制数据往往不完整、不准确。通常存在非正式组织，与正式组织形成对抗，部分削弱实际控制 | 控制主要由高层进行，但也有一些给稍低层级的授权。可能存在非正式组织，部分对抗正式组织，部分削弱实际控制 | 对控制职能拥有广泛的实际责任感。非正式组织和正式组织相同，不会削弱实际控制 |

（4）相互影响过程的特征：组织的不同层级如何共同合作解决问题和达成目标。

（5）决策过程的特征：在组织的哪个层级制定决策？

（6）目标设定的特征：目标在哪里制定，命令通常来自哪个层级？

结果如表 2-3 所示。

没有人曾对现代组织进行过总体调查来呈现这些管理系统当前的分布状态，但是人们普遍认为，大多数组织采用的是第二系统，少数组织是第三系统，而采用第四系统的组织非常罕见。

李克特认为，若要确定一个组织的价值，必须对人力资本的价值进行评估。人力资本价值包括：

（1）招聘成本；

（2）培训成本；

（3）熟悉成本；

（4）能力成本；

（5）发展成本。

解雇就是有价值资本的清算，与出售设备、土地、设施或库存一样。在清算人力资源时，上文所列的所有成本都将损失。

很多这类成本都必须以更高的价格再次支付，同时也无法保证工作就能够完成。

李克特的结论可以概括为，态度和技能创造生产效率。在他的观察中，一个组织的管理系统可以决定工人的态度，而态度则会创造生产效率和利润。换言之，管理系统对生产效率和利润有着重大影响。第四系统与 Y 理论、自我实现、激励因素理论有很多共同之处，其中后三者在上文已经进行了讨论。

### 2.3.9　布莱克和莫顿的管理方格

20 世纪 60 年代后期，得克萨斯大学的罗伯特·布莱克博士（Dr. Robert Blake）在一个大公司的总部对其管理进行了研究。当时普遍接受的理论是，管理风格可以归结为从专制型到参与型之间的一个连续区间。布莱克和莫顿（Blake & Mouton，1964）尝试着验证这一理论，或者构建一个新的理论。他们观察到，一些管理者非常成功，管理的部门效率也很高。这些管理者有着相似的管理风格。其他管理不太成功的部门的管理者也有相似的管理风格。而这两种管理风格都不属于专制型—参与型之间的连续区间。他们也进一步观察了一些被调到有效率问题的部门的成功管理者。这些部门随着时间的推移不断改善，变得与成功管理者离开的部门类似。

布莱克和莫顿构建了管理方格（图 2-4）理论来阐述他们的研究结果。

#### 1. 管理方格中各位置的含义

方格中五个位置足以说明一系列的常见管理风格：

（1）（1，1）：这些管理者规避决策，利用"政策"而不是地位。他们隐藏在政策背后，避免冲突。他们也不以生产为导向。他们常常待在办公室里，解决冲突的方法是忽视冲突。

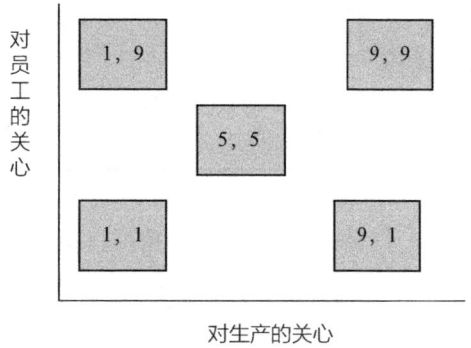

图 2-4　管理方格

（2）（1，9）：有时称作乡村俱乐部管理风格，这些管理者制定决策是为了让员工高兴，而不是为了解决问题。他们希望，只要员工满意，生产的问题就能自行解决。他们试图通过操纵员工达成目标。解决冲突的方法是"掩饰问题"。

（3）（9，1）：这是一种专制的管理风格。这种类型的管理者通过命令来解决问题。生产对他们来说是最为优先的。雇佣员工就是为了完成工作。他们解决冲突的方法是"一切由我作主"。

（4）（5，5）：这种类型的管理者把员工和生产看得同样重要，但并不偏向某个方面。这是一个官僚主义的、安于现状的位置。根据标准化的测试，处于这一位置的管理者数量最多。他们往往通过妥协来解决问题。

（5）（9，9）：这是团队管理者的位置。这些管理者通过把员工视为团队来搜集和分享信息，发现并解决生产效率问题。员工和生产之间有着自然的平衡。这些管理者的团队通过直面问题来解决问题。

#### 2. 结果

只有对员工和工作热切关注的管理者才能产生高生产率的部门。这些管理者做到了以下几点：

（1）广泛地使用团队；

（2）直面问题以解决冲突；

（3）得到员工大量的投入；

（4）开发员工的能力。

### 3. 总结

上文讨论的所有研究都得出了相似的结论（图 2-5）。阿吉里斯表明，传统管理的效果不好。在传统原则下获得高生产率的尝试并不成功。李克特的第四系统与布莱克和莫顿（Blake and Mouton，1964）的管理方格（9，9）位置有着相似的概念和结果。

做出 Y 理论假设并注重激励因素的管理者很可能采用李克特的第四系统，以及管理方格中的（9，9）管理风格。

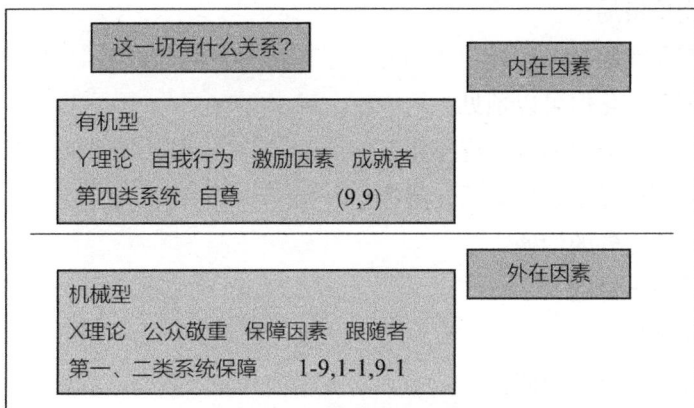

图 2-5　主要管理研究结果的对比

## 2.4　组织结构

本节主要讨论处于图 2-1 所述管理模式中心的"组织结构"模块。若要成功调整组织结构，其管理者就必须理解潜在结构方案的特征，这正是本节目的之所在。

结构是一个组织用以达成其使命的机制。如果结构和使命不兼容，沟通和协调就会出问题。而这也与组织是以有机、还是机械的方式来运转有关。

### 2.4.1　有机型与机械型结构

#### 1. 伯恩斯和斯托克的研究

英格兰的伯恩斯和斯托克（Burns and Stalker，1961）针对组织结构首次进行了大规模研究。在他们的研究中，环境分为三类：稳定的、变化的和创新的。研究建立了环境稳定性与组织结构及运行的关系。

一个稳定的环境有以下特征：

（1）稳定的需求；

（2）不变的竞争格局；

（3）低程度的产品变更或创新。

这种环境下的组织结构和运行特征如下：

（1）集中决策；

（2）生产控制；

（3）职能拘泥于岗位说明书；

（4）强调指挥链、规则；

（5）旨在实现效率和成本最小化。

一个变化的环境有以下特征：

（1）需求在一定范围内波动——某种程度上可以预测；

（2）变化的竞争格局；

（3）变化的产品或服务；

（4）政府规定有变化但可以预见。

这种环境下的组织结构和运行特征如下：

（1）岗位没有严格界定，更宽泛、灵活；

（2）容许指挥链之外的沟通；

（3）协调由委员会协助；

（4）强调响应客户需求。

一个创新的环境有以下特征：

（1）需求不稳定，没有任何通知就突然发生变化；

（2）竞争格局快速、急剧地变化；

（3）产品或服务变化速度快；

（4）组织依赖研发；

（5）政府政策不断演变，最终情况不确定。

这种环境下的组织结构和运行特征如下：

（1）这一结构下员工的驱动力是目标，而不是具体的任务；

（2）员工的角色和责任都很灵活，重点是项目或组织目标，而不是具体的、预先设定的一系列任务；

（3）沟通频繁，可以快速响应环境变化；

（4）几乎没有预先设定的组织"规则"。

## 2. 机械型与有机型

伯恩斯和斯托克进一步观察了与组织相关联的两类组织行为。他们把这两个类别称为有机型和机械型，其定义如下：

（1）机械型：面对低程度变化的大规模生产组织；

（2）有机型：面对高度变化的技术先进型组织。

下文列出了每个组织类型所对应的特征。以下情况发生在机械型组织中：

（1）严格遵守指挥链。

（2）工作按照职能进行划分，组织的问题也通过这种划分进行分解和管理。

（3）每项任务都高度专门化；通过正式等级体系来协调工作。

（4）详细的岗位说明对每个岗位的权利、义务和技术方法进行了明确定义。

（5）员工之间的互动往往是上级和下属之间的纵向互动。

（6）行动和工作行为受上级发布的指示和决定支配。

有机型组织中会出现：

（1）很少遵守指挥链，特点是更灵活的事业部工作。

（2）每个人对责任的理解更加广泛，不再局限于一套有限的权利、义务和技术——不会有人再说"那不是我的工作"。

（3）工作没有事先明确界定，而是根据情况需要持续进行调整、更新。

（4）沟通是横向的，或者通过网络或矩阵结构进行，而不是纵向沟通。

（5）强调协商而不是命令；沟通的内容往往是信息和建议，而不是指示和决定。

（6）激励员工的动机是对组织目标的追求，而不是机械型组织的奖惩体系。

## 2.4.2　典型结构类型（部门划分）

德斯勒（Dessler，1986）对部门划分的定义是"用来把一个组织的活动合理归类并分配给管理者的过程。由此产生了部门，即活动的合理归类，通常也称为事业部、分支机构、单位或部门"。

三种基本部门划分类型如下：

（1）职能型（流程）；

（2）事业部型（产品、地区分布、行业）；

（3）矩阵型。

需要注意的是，大多数组织都是采用这些部门划分类型的组合。员工数量大于 1000 的大型组织往往比较特殊，几乎都是职能型。

下文将对每个部门划分类型进行讨论。

### 1．职能型

小型组织开始时通常会采用职能型的部门划分结构。大多数部门的员工都是接受过相似训练的人员，例如，会计部门、设计部门、采购专员部门、生产人员部门等。效率是组织的核心。

这种结构的基础是强大指挥链下的劳动分工，管理者控制范围局限在一个或几个组织职能。大型组织中的沟通和协调都困难重重，原因就是只有一个全局管理者——最高层的管理者。这种结构在低技术水平的环境下效果最佳。它采用强有力的规则和程序进行协调。培训很轻松，因为所有相似的员工都在一个团体中。这种结构的主要特点是集中的管理控制。

在这些组织中，环境变化可能会使高层管理者不知所措，因为其职能经验局限在很小的范围之内。同时也很难规划高层管理者的继任，因为这类组织中很少有人能够洞察所有关键职能。

### 2. 事业部型

事业部是原上级组织的复制品。每个事业部有自己的支持人员、供应商和客户。事业部与上级组织在财务方面有一定的联系。如果需要其他额外资源，首要来源通常是上级组织。如果上级组织无法满足需求，其可以选择放弃这一项目或寻求外部经费来源。每个事业部所做的努力将决定自身的成败。

大型事业部组织的行为通常不像真正的事业部，例如大型汽车公司的事业部。它们规模非常大，就像职能型组织一样。强生拥有200多个事业部，经常被援引为真正事业部组织的例子。它试图通过成立成功的新事业部，关闭不盈利的事业部进行增长。

以下是产品事业部的特征：

（1）分散的决策；

（2）以成就为基础，更容易评估；

（3）组织注重产品或服务，而不是单个部门；

（4）培养通用管理者；

（5）更迅速地应对环境变化；

（6）需要资源的成倍配置。

总体来说，职能型组织适用于下列情况：

（1）效率比响应更重要。

（2）拥有小范围的固定产品和客户群。

（3）稳定的环境、低技术水平、小型组织。

一个组织中总会有一部分是职能型的。对于较低层级或小型组织来说这并不是障碍。

在下列情况中可以采用事业部型结构：

（1）组织可能增加新产品或服务时；

（2）决策者需要灵活性时；

（3）营利能力取决于新产品或服务的开发时。

以下是协调方面的一些启示（对事业部或职能型组织而言）：

（1）对于日常可预见的任务，利用规则进行协调。

（2）组织的部门越相互依赖，协调就越难完成。

（3）意料之外的问题越多，就越不应该依赖规则进行协调。

### 3. 矩阵型

这是以项目为基础的结构。项目管理者对项目财务、项目人员以及项目客户关系等事务进行管理。职能管理者通过其专业部门向项目提供人力。他们还负责员工的职业发展，以及评估等人力资源相关的事务。每位项目员工要对项目管理者和职能管理者负责，可以同时参与多个项目。

矩阵型组织违背了一些传统管理理念：

（1）权力应与责任平等。项目管理者承担项目的全部责任，但通常没有权力采取适当的行动。职能管理者通过人员分配对项目进行控制。

（2）统一指挥。矩阵型团队的每一个成员至少有两个领导——项目管理者和职能管理者。

（3）劳动分工。职能部门往往支配项目团队，但不涉及劳动分工。

矩阵型结构的常见问题如下：

（1）职能组织往往不理解自身在矩阵中应发挥的作用。由于职能组织需要承担项目相关的义务，通常必须忽视其在知识库方面的责任（例如，维护知识库，决定 5~10 年内会用到什么技能，决定开发员工的什么技能，以及通过外部招聘需要获取什么技能，等等）。职能管理者并没有充分履行自身角色的责任。

（2）员工评估。谁来做，项目管理者还是职能管理者？这应该由二者协作完成，但是职能管理者往往会在脱离实际的情况下独自完成评估。

（3）谁来挑选团队成员？职能管理者可能根据自身的优先级，而不是员工对于特定项目的适合性为项目分派员工。换言之，人员配备通常优先满足职能管理者的需求，而不是项目的需求。

（4）项目管理者的领导风格。项目管理者的培训不足是常态。人们总是期望这些管理者在没有适当工具、教育背景或资源的情况下履行管理职责。

（5）支持体系。为了做出充分的决策，项目管理者必须知道其项目花费了多少时间和资金。组织往往不会向项目管理者提供追踪这些费用所需的支持。

（6）跟进不足。在矩阵型结构中，"我们从上一个项目中学到的哪些东西可以用于以后的项目？"这个问题通常很难回答，也让组织无法从过去的错误中汲取教训。问题无法提出或回答的原因与特定项目员工的频繁流动有很大关系：即，启动项目的员工在项目结束时，只有极少数留了下来。

（7）组织规模越大，运行矩阵型结构就越困难。成功的运用往往出现在规模较小的组织中。很多组织都试图在矩阵之上附加多个官僚层级。而这是一个极为致命的组合。

### 2.4.3　结构模型

#### 1. 明茨伯格的组织设计

明茨伯格（Mintzberg，1979）提出了一个新的组织结构模型。他的模型包括五个共同要素，根据不同的结构目的，每个要素的规模和职能也各不相同。例如，他观察到，专业办公室与批量制造商的结构是不同的。

明茨伯格模型的五个基本要素如图 2-6 所示。

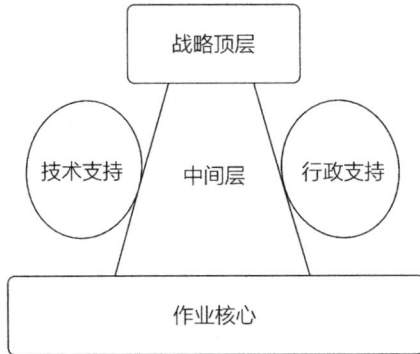

**图 2-6　明茨伯格的模型**
资料来源：亨利·明茨伯格 1983 年所著的《五行组织：设计有效的组织》

五个要素如下：

（1）战略顶层；

（2）中间层；

（3）作业核心；

（4）技术支持；

（5）行政支持。

下文对每个要素进行了描述。

战略顶层包括：

（1）董事会；

（2）总裁或首席执行官；

（3）总裁的工作人员；

（4）董事委员会。

中间层把管理高层与作业核心联系在一起，其中包括：

（1）运营副总；

（2）营销副总；

（3）工厂经理；

（4）区域销售经理。

技术支持由支持作业核心的员工团队组成。工作流程标准化、提高效率、实现自动化以及出具成本和竞争地位报告，都需要一个大型技术支持。该要素也包含培训，旨在提高生产效率。

行政支持为整个组织提供服务：

（1）法律咨询；

（2）公共关系；

（3）人力资源；

（4）薪金、采购；

（5）邮件；

（6）餐厅。

作业核心包括达成组织主要目标所需工作的人员。他们完成工作，提供组织的附加值。他们提供组织的基本服务。在一个工程公司里，工程师就是作业核心，而会计师则是会计事务所的作业核心，以此类推。

所有的组织中都能找到明茨伯格的五个基本要素。每个要素的相对规模和重要性可以用来表征和（或）识别结构的特定类型。基本的组织构型有五种，如下文所述。

### 2. 五种基本构型

（1）简单结构

简单结构有顶层和底层，但是没有中间层。很多组织开始时都是如此。组织的拥有者会完成所有的工作，无需其他人，直至组织的发展提出额外的需求。这种流线型的结构很容易得到发展。组织中的沟通非常自然。

（2）机械型组织（图2-7）

机械型组织的特征是具有大规模的中间层和技术支持。重视通过标准化进行控制和提高效率。沟通一般是通过自上而下的渠道，来自高层管理者或有影响力的员工团队。批量生产标准化产品的组织最有可能采用这种结构。任务是高度专门化、日常化的，通过程序、规则和政策进行控制。中间层负责确保程序的执行，处理工人的骚动，并充当技术支持团队和作业核心中的工人之间的纽带。

重视效率，且产品、环境和创新的演变非常缓慢。环境快速变化时（例如，当竞争对手引入革命性的新产品时），机械型组织的响应缓慢。它很可能会通过降低价格来防止客户购买新产品。开发竞争产品会耗费相对较长的时间。

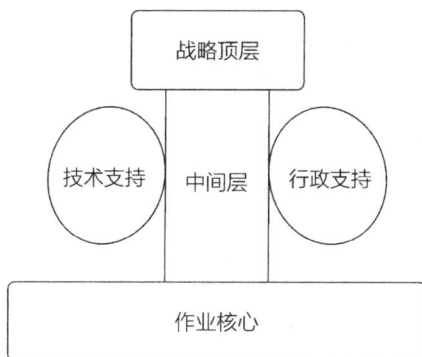

图2-7　机械型组织

资料来源：亨利·明茨伯格著《五行组织：设计有效的组织》

（3）专业型组织（图 2-8）

专业型组织以作业核心的技术和能力为主。医疗组织、律师事务所、会计事务所和大学一直被称为专业型组织。由于大部分组织技能位于作业核心，技术支持规模较小。行政支持规模较大，便于为作业核心的效率提供足够的支持。战略顶层相对于其他结构来说比较小。因为专家权力位于作业核心，所以战略顶层的实际权力较小。

专业型组织

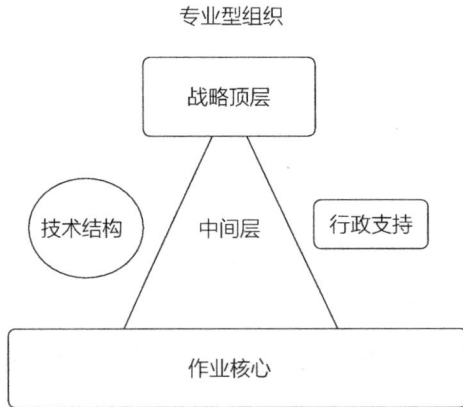

图 2-8　专业型组织
来自明茨伯格（Mintzberg, 1983）

环境既复杂又稳定。应对变化的方式通常是雇佣具有必需技能的员工。内部变化缓慢，沟通散布在专业技术层面。总的来说，缺少全组织的沟通。

（4）事业部型

采用事业部型的公司拥有本质上与母公司类似的独立事业部。其中一个经典的案例就是通用公司，其母公司和事业部都是机械型组织。强生等企业则由很多（160 个）小型的有机型事业部组成。母公司拥有小规模的技术支持和大量的行政支持，而事业部的技术支持与母公司不同，且不可能有公司辅助团队。事业部往往彼此相像，但与母公司可能相似，也可能不同。事业部型组织分为两类：大型科层型母公司与大型科层型事业部的组合，以及有机型母公司与相似的、小规模的、更多的有机型事业部的组合。

（5）灵活型组织

伯恩斯和斯托克（Burns and Stalker, 1961）发现了对灵活有机型结构的需求。这就是灵活型组织，即一个由跨职能团队组成，随着组织需求的变化而变化的组织。灵活型组织的本质是员工的角色随着项目的变化而不断地变化。因此，这是一个持续创新的结构。葛尔公司和它的合作公司就是灵活型组织的一个例子。在团队开发产品时，团队成员就会完成项目所需的任务。与管理高层的联系更多的是协商性，而不是强制性的。

矩阵型结构之目的是成为灵活型结构，然而这并没有实现。

1）作业灵活型组织

多元团队进行创新，并直接为客户解决问题。作业灵活型组织会付出创造性的努力，为客户的问题找到创新的解决方案。管理和作业工作通常合二为一。组织可以按需雇佣加入项目团队的专家。

2）行政灵活型组织

作业核心与战略顶层和中间层分离开来。项目由灵活型组织进行管理，而作业核心则为合约制或外包制。这让组织可以与最适合特定项目的组织进行合作。

3）灵活型组织的管理

管理者很少进行监管。他们更像是顾问，而不是监管者。他们可以单独或共同协助项目团队。

在面对复杂问题或解决方案的方向未知时，很多组织都会试图组成灵活型的团队。大多数情况下，管理层会努力在这一过程中某个时段重新获得控制权。成功的团队可以找出问题，在传统管理层之外独立寻求解决方案。这才是一个真正的团队的定义。

### 3. 总结

组织结构虽然尚未得到很好的理解，但却是成功管理的重要组成部分。它是管理模型的中间要素，与所有其他的要素都相互关联。结构的应用不能脱离实际，必须对其所在的工作环境作出响应。结构必须为组织的使命服务。

如果组织所在的环境快速变化，就需要有机型的结构。这要求管理层把员工视作有责任心、多产的（Y 理论）员工，并构建李克特的第四类系统或管理方格中（9，9）位置的体系。应该要雇佣、提拔和鼓励有成就的人，并有意地提供激励因素。保障应保持在较高的水平。

另一方面，如果环境的变化缓慢，且不强调技术开发，则其他更机械型的结构就足以应对。例如，重型制造业就可以采用机械型组织，因为其重点是成本控制和效率。

## 2.5 管理系统和系统思考

系统的背景："系统"是集成管理模型中的第一要素，被狭义地定义为组织的工作目标（该目标致力于使组织的运营符合其管理的哲理）。集成管理模型包含全质量管理模型、精细化管理模型、六西格玛管理模型等。尽管这些系统都有一套基本完善的理念予以支持，但是在过去 20 年里，绝大多数系统仅能运用 1~2 年。本节为此提供了一些解释，即为什么这些系统有着完整的基本原则却没有成功。本部分的大多数材料都来源于由彼得·圣吉（Peter Senge，1994）所著的《第五项修炼》这本书。

马基雅弗利（Machiavelli，2008）的名言解释得比较恰当：必须记住，没有什么比建立一个新的系统更难计划、受到更多是否成功的质疑以及更易陷入管理陷阱。因为对于创始人而言，所有那些可能从保守制度中获利的人们，都将与之为敌，同时还只能从由新系统获利的人们那里得到并不那么热心的拥护。

改进已有的系统和实施新的系统一样，会产生组织隔阂，而组织必须克服这一点。系统的改进通常主要涉及技术应用和（或）沟通的完善。第五项修炼就是描述如何应用沟通的方式以提高对目标认识的一致性，以及概念思维的使用。

### 2.5.1　系统思考

#### 1. 转念——心灵的转变

根据圣吉的《第五项修炼》，系统思考要求用一种新的思维方式去看待组织。他用一个希腊词"转念"来描述这种方式。"转念"常常用在宗教语境中，表示看待事物观点有颠覆性变化。即在组织改变的背景下，可以将所有的组织运作系统看作是相互关联的。

组织中的每个系统常以意想不到的方式相互作用。高德拉特（Goldratt，1992）撰写出他最畅销的小说《目标》来说明这一原则。他论证了一个组织的运行是由其最慢的环节决定的。但是这会阻碍其他环节的生产力，而原本这些环节可以更快地生产。他的补救措施就是改善最慢的环节。这个原理便是运用系统观的一个例子。

圣吉指出，道格拉斯 DC-3 飞机有效地整合了五个系统，而这五个系统之前从未被组合在一个单独的飞机上。尽管除了发动机系统，其他所有现代飞机都已经在使用这些技术。这些技术的结合就有可能创新产品，系统思考促成这种做法，使之成为可能。

#### 2. 系统思考原则

根据一个组织的运作系统去看待一个组织，圣吉采用了 5 个原则：

（1）系统思考：要学着将有联系的事件看作一个系统。

（2）自我超越：只有持续不断地自我改善，才能改善组织。

（3）建立共同愿景：要明确组织目标和前进方向并取得共识，即以共同愿景指导管理层决策。

（4）团队学习：组织的智慧直接关系到团队成员的合作能力。这种能力的提升速度必须快于其主要的竞争对手。

（5）心智模式：对组织及其发展方向要有积极、准确、坚定不移的看法，才能使其成功。

系统思考就是第五个原则。它将所有的其他部分联系起来，从而将相互关联的事件看作一个运行的系统。不能理解系统的关联性常常导致系统的失败。例如，监狱系统并不总是能让犯罪分子洗心革面。这类罪犯一旦被释放，很多会再次犯罪而重返监狱。而福利系统则因为使福利享有者对其福利产生依赖而常常受到指责。因为这些享受福利的人更加倾向于世世代代安于其中，而不是自食其力。这两种制度系统都是短期的解决问题的方式，这两者都没有达到其真正之目的。它们失败的原因均在于无法看到系统的复杂性以及本系统与其他系统之间的关联性。想要有效地发挥系统的作用，必须识别出各种复杂要素及其相互联系的方式，并以此来检验和发展系统。同样重要的是，系统内采取的行动应符合该系统发展的共同愿景。

### 2.5.2　组织的学习障碍

许多管理者并没有意识到他们的组织是由多个系统组成的。实际上，大多数管理者其至都没有系统存在的意识。圣吉把这种意识的缺失定义为"组织的学习障碍"。

这些障碍包括以下几点：

（1）以自我为中心。孤立地看待问题造成系统复杂化。例如，日本汽车制造商在发动机上使用同样大小的螺栓。而美国汽车制造商，则根据不同的压力使用不同尺寸的螺栓。因此后者需要许多不同尺寸紧固件作为库存，使得生产过程不必要地复杂化。

（2）推卸责任。即总是认为是别人的过错。对别人的指责可以让自己摆脱责任感和改进的意愿。这是在审视系统时的一个普遍错误。

（3）掌控的幻觉。虽然缺乏信息，但仍努力前行，这是一个主动的策略。即使事实并非如此，也认定必须采取行动。在行动之前，首先要系统地看待问题，然后决定是否要采取必要的行动。

（4）过分执着于某些事件。由于过分关注某些事件而看不到那些正在影响系统的巨大变化。

（5）煮蛙寓言。把青蛙放进沸水里，它立刻就会跳出来。但是把一只青蛙放进温水并慢慢加热起来，即使水煮沸它也不会跳出来。如果缺乏解决和修复基本问题的组织调整计划，大多数问题就会慢慢变得越来越糟。我们可以应对突然的改变，但由于我们未能很好地掌握系统的运作规律，所以通常不能够很好地应对渐进的变化。

（6）从经验中学习的错觉。很多时候，决策所产生的影响要好多年以后才能显现。由于没有经历过这些影响，因此也不能从中学到什么。

（7）管理团队的神话。管理团队常常能够很好地解决日常问题。但他们在压力下也可能会分崩离析。在当下的系统中，他们更愿意妥协而不是关注问题本身。

（8）障碍和纪律。未能审视政策和行动对组织利益最大化的影响。

## 1. 啤酒游戏

当被放置在同一系统中时，人们无论怎样不同，都会犯同样的错误。只有通过分析一个系统中的位置，才能识别出问题并找到恰当的解决方案。

"啤酒游戏"可恰如其分地证明这个问题，这是麻省理工学院斯隆管理学院所开发的著名游戏，玩家涉及工商管理的学生和来自世界各地的研讨会参加者。在第五项修炼中有详细的描述。游戏的前提如下：

一部流行于年轻人和大学生的新电影中的一首歌曲提到了情人啤酒，一种由小型啤酒厂酿造的啤酒。在这个电影放映后不久，几家出售这个品牌啤酒的商家开始注意到销售量的增加。一个商家通常是预留 12 箱情人啤酒，每周销售 4 箱。该商店与分销商的订单通常是每周 4 箱。等该订单与装这种啤酒的新箱一起收到后，经销商才进行订单处理。要在订单生成 4 周后，新订单的交付才完成。鉴于啤酒新近受欢迎的程度，该店订购了 8 箱，是通常的两倍。

电影放映后的第二周，该店售出了 8 箱情人啤酒，只剩下 8 箱库存。接下来的一周，该店继续购进了 4 箱，共售出 8 箱。商店手头这时只有 4 箱存货，在未来一周的时间里还将购进4箱，再下一星期他们将不再有啤酒库存。意识到电影的影响比刚开始认为的更大，在那周商家订购了16箱。

因为所有的商店都在增加订单数量，分销商成倍地增加了与啤酒厂的订单。情人啤酒的订单不断增加，所以分销商再次增加了一倍定购量。啤酒厂在没有新设备的情况下，产能可以翻一番，所以在一个月内，它的啤酒产量是以前的两倍。在四个月内，啤酒厂、分销商和零售商各自的啤酒存量都超过了其销量。销售额每周增加4箱。当零售商售完时，它的订货量就增加一倍。造成这种存货过度的原因就是因为系统中的各主体没有进行相互交流，而订货单则成为了唯一的交流形式。当系统受到干扰时，如果不能很好地系统处理干扰，将会导致系统崩溃。

从啤酒游戏中我们可以总结出一些经验教训：

（1）结构影响行为。

（2）是系统造成自身的危机，它们不是由外力产生的。

（3）供应链中的三个参与者——零售商、批发商、啤酒厂，在他们的产品订购中，订单和产品的接收之间耽搁的时间过长。

（4）架构导致所有参与者夸大需求。

（5）所有的干扰因素都是内部的。需求这类外部因素是稳定的。

（6）人类系统的架构是微妙的。

（7）感知产生决策或影响决策的政策。

（8）交货不足对订单的影响大于需求。

（9）杠杆作用来自新的思维方式。

（10）杠杆是一种经常被忽视的潜力。

（11）本来是可以消除这种不稳定性的，但参与者心中只有他们的"工作"，而不能认识理解系统。

（12）啤酒游戏中的学习障碍：在这种情况下，每个玩家只顾扮演自己的角色，没有人能看到系统的各种相互作用或想到自己的行为将会如何影响其他玩家。

（13）所有的玩家都在互相指责。这阻碍了他们在事件逐渐发展中学习经验。

（14）每个玩家都想先发制人，即都要求订购更多的啤酒，因而使得事情变得更糟。

（15）过度订货和交付时间耽搁使得问题慢慢恶化，导致玩家们很难发现问题，而等到发现时为时已晚。但如果库存突然上升则很容易使人发现问题。

总之，如果我们能够理解系统并知道它是如何工作的，那么就可以通过改变我们的行为方式来产生我们所想要的系统输出。

系统架构→行为方式→事件。

2. 第五项修炼法则

圣吉观察到了如果组织采取行动来解决问题反而会使事情变得更糟。他举出很多这样的例子，并称之为"第五项修炼法则"。

（1）今天的问题来自昨天的解决方案。

1）上个月的退税计划导致提早销售。所以现在销售已停止。

2）零售商缩减库存以降低整体成本。但是顾客由于需要的时候得不到产品而感到沮丧。因此，他们转向其他的零售商。

（2）你越用力推进，系统反作用力越大。

1）成功地完成工作会招致更多的工作和造成更高的期望。

2）为贫民区的居民提供廉租房和就业培训会吸引更多的人涌到城市。但由于资源难以满足不断扩大的人口，所以这样的计划不可能达到其目标。

3）发展中国家的食物保障可以减少死亡人数但也会引起人口增加。这会造成更严重的营养不良问题。联合国额外的援助计划会毁掉当地的农民和市场，使得他们更加依赖援助。

（3）福兮祸之所伏。

1）低杠杆干预会产生自然的短期效益，但紧随其后的是延迟，最后是灾难。

2）问题：正在处理的是症状，而不是处理问题的根源。

3）例如，一旦销售额下降时，一些公司就会削减研发投入。但是削减研发就意味着会削减新产品的创新机会，而新产品可能会产生额外的收入。

（4）貌似容易的方法通常会无功而返。

1）我们常常会使用我们熟悉的，即我们最了解的解决方案，而不管问题的本质或系统所处的环境。

2）如果一个运动队没有足够好的运动员，就解雇教练。

3）如果目标没有达到，就责怪其他人（例如，员工、日本人、旧设备、美国工人等）。

4）最终结果：问题一直解决不了，而本来可用于制定和实现一个真正的解决方案的时间也已被浪费掉了。

（5）治疗带来的结果可能会比疾病导致的后果更严重

使用非系统解决方案造成的长期的、潜在的后果就是需要越来越多的解决方案。短期解决方案会导致长期依赖性。救济机构帮助东道主机构却只留下一个本质上比以前更弱的系统。我们是施舍给人们食物还是教他们如何生产食物？短期的解决方案当然比长期的根本解决方案要容易得多，也更快得多。

（6）欲速则不达。

1）每个系统都有一个最佳的变化率。试图加快速度会对资源造成巨大的消耗，而且影响甚微。

2）每个人都尝试全质量管理，然后又弃之不用。

3）改变一个组织一般需要两年的时间。大多数首席执行官不会等那么久，或者他们根本就做不到那么久。

（7）因果关系在时间和空间上并不是密切相关。

1）许多行动的影响可能并不会被立即察觉到。

2）例如，不是很快就能意识到一个新的竞争者带来的挑战。可能需要很多年，其影响才会变大。同样，对问题的有效反应也可能不会立即生效。

（8）小的变化就可以产生明显的效果，但杠杆最大的地区效应通常反而是最不明显的。

1）小而集中的行动能产生显著而持久的改进。这就是"杠杆效应"的原理。

2）例如，在个人储蓄处于历史最低水平的时候，个人债务飙升，国家债务也迅速上升，人们非常担心没有足够的资源来资助所需的业务扩张。这时制定出了个人退休账户以及之后的美国国税条例第 401（K）条避税条例，它们的出现增加了可用资金，略降低了消费、税收，并停滞了通货膨胀，使经济稳定而不会崩溃。

3）专注于客户服务或产品的可靠性也是杠杆作用之一。

（9）鱼与熊掌可以兼得，但不是同时兼得

1）您可以有一个成本低、质量高的产品，但要花时间和精力。要想知道如何同时拥有两者，就必须要能够把组织看作一整套的系统和过程。单独查看每个模块功能是远远不够的。

2）消除废料和返工、减少检查、增加及时生产并创造更好的设计和产品，虽然花费时间，但可以实现降低生产成本、降低保修成本、提高客户忠诚度、降低促销需要等。

3）杠杆作用随着时间的推移可提高成本和生产质量。

4）大多数组织的管理人数一般是需求的两倍，这就会产生问题。此外，管理人员往往有着金融背景，易趋于孤立的印象式思维，而不是过程思维。

5）杠杆作用：尽可能快地减少管理，因为系统可以吸收变化。

（10）把大象分成两半不会得到两只小象。

1）组织的所有部分都是必需的。各构成部门不能分离，依然要从整体看作是一个运转中的企业。解决管理性的问题，需要将组织系统看作一个整体，而不是关注其孤立的部分。同样，组织变革必须以系统思考为指导，而不是一系列孤立的碎片化行为。

2）例如，当一家公司收购一家新的业务而放弃旧的业务时，它通常会推迟公司的问题而不是解决问题。虽然更换旧系统的部分可能有短期的积极影响，但它通常会导致下游问题。问题所在是组织没有把自己看作一个复杂的系统，而是看作一组孤立的企业。

（11）不要怨天尤人。

1）大多数系统的问题都是内部的。解决办法在于评估和处理系统内部各部分之间的关系。大多数组织，包括产业和政府，问题发生时急于咎责。这样就把焦点从本来所在的地方转移，而不是把系统作为一个整体来识别和解决它的问题。

2）如果一个组织的系统没有到达期望的效果，可以通过提高管理和运行系统的人员的个人管理技巧来改进它们。积极的改变也需要改变心智模式来调整预期。必须提高团队学习能力来识别和解决问题。共同愿景必须建立准确的目标，必须采用系统思考来分析系统如何交互。换句话说，所有的学科都需要开发出和实施更好的系统。

### 3. 改变心智模式

复杂性有两种：细节复杂性和动态复杂性。

（1）细节复杂性是许多相关变量的复杂性。

（2）动态复杂性是因果关系的复杂性，随着时间的推移，干预的效果并不明显。

管理情境中真正的杠杆作用在于理解动态复杂性，而不是细节复杂性。为了有效地管理，必须理解到任何给定的行动在短期和长期都可能产生截然不同的效果。要理解和干预动态复杂的系统，管理者就必须进行直观的观察，仔细地整合资源，并明确趋势，同时还要将变化看作一个涉及复杂的相互关系的过程，而不仅仅是一个线性因果链。这意味着，对问题实施表面上显而易见的解决方案并不总能产生明显或理想的结果。

一个电气设备制造商在一个拥有 5 万人的小镇上有一个小工厂。公司总部员工对那里的劳动力成本不满意。他们做了一个粗略的研究，了解到波多黎各的劳动力成本不到现有工厂的一半。他们在那里建了一座新工厂，并把整个设备迁了过去。生产一开始，大量的顾客抱怨就随之而来。尽管仔细遵循了计划书，但这些产品仍未按照规格制造。有人发现，前工厂的员工根据客户要求进行了修改，但从来没有记录这些变化。公司不得不派几名前雇员到波多黎各进行为期六个月的产品更新。

该公司失去了一些客户，承担难以预期的成本，且数年都未能达到利润目标。它没有考虑到员工知识和员工与客户的关系。总部工作人员将计划视为细节复杂性。而员工知识和客户关系则引入了未曾预期的动态复杂性。

### 2.5.3　五项核心法则

（1）自我超越。

（2）心智模式。

（3）共同愿景。

（4）团队学习。

（5）系统思维。

### 1. 自我超越

（1）学习型组织的精髓

第一个启示如下：第五项修炼几乎是一种信仰。

组织是通过员工进行学习，他们是组织变革的推动者。一个组织要提高，其员工就必须成长和提高。自我超越则是联系组织提高与员工个人进步之间的纽带。

我们传统的层级组织并不是为实现员工的高阶需求（自我尊重和自我实现）而设计的。"管理者必须重新定义自己的工作，必须放弃计划、组织和控制。他们必须认识到自己的责任对于很多人的生活来讲是非常神圣的"（Senge，1994，Ch. 9）。然而，大规模的裁员正在破坏社会结构。养老金计划被洗劫一空。员工在退休之前被解雇以节省养老金支出。这样的行为毫不尊重员工的贡献。

（2）成就卓越

自我超越是指创造性地而非被动地对待生活。考虑以下两种形式：

1）不断明确什么对我们很重要。

2）不断学习如何更清晰地了解现状。

优秀人才都有几个基本共同特征：

1）他们都受到一个特殊目的之激励，这个目的远超出他们自己的愿景和目标。

2）他们将自己的愿景视为一种欲望而不仅是个不错的想法。

3）他们认为当前的现实是盟友而非敌人。

4）他们与时俱进而不是停滞不前。

5）他们致力于更准确地看待现实。

6）他们总是居安思危。

自我超越就是要不断地明确愿景和制度化地学习，以实现个人和组织的愿景（图2-9）。

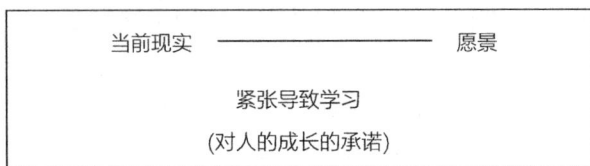

图2-9　自我超越模型

（3）个人愿景

"专注于最终的内在目标而不仅仅是次要目标的能力，是自我超越的基础"（Senge，1994）。组织必须创造一个环境，使员工可以通过工作来满足他们内在的需要。正是这些员工使组织变得有更加强大的生产力和竞争力。通过这种方式，组织与员工的愿景就会融为一体，而不是仅仅只是关注你想要摆脱什么（消极愿景），或者想要缓解当前的某些问题（弱化愿景）。

愿景不仅仅是相对的，也是内在的。它要求的是要不断地取得卓越成就，而不仅是努力超越竞争对手。例如，愿景目标是要提供最高水平的客户服务，而不仅仅是做到行业第一。

所有管理决策都应遵循这一愿景。愿景为组织文化增添异彩。如果管理决策违背了组织的愿景，那么负面影响就会蔓延到整个组织。

（4）利用创造性张力

当前现实与愿景之间的差距称为创造性张力。它是自我超越的核心原则，整合了管理学科的所有要素。现实和愿景之间的巨大差异，告诉我们有多少工作要做，必须学习哪些方面的东西。学习能够增强自我超越，会影响心智模式，可以让你有能力重新评估公司的愿景并挑战其价值。

员工或管理层只有明确了愿景是什么、计划如何实现愿景、他们或组织现有地位与愿景的关系如何等问题，才有可能利用好创造性张力。同样重要的是，所做的任何决定都必须与组织愿景一致，是出自对现实的准确把握。同时要牢记准确地把握现实与愿景本身是一样的至关重要。

例如，某项目工程师期望在一个大型项目的设计周期中得到积极的客户评审意见。但客户并不满意。客户想要确切知道工程师在哪些地方将成本最小化了。这就是出现了对愿景的误解。该误解一经澄清，工程也就圆满结束了。工程师当时是对现状有了一个清晰但错误的看法。这就是为什么要做期间评审的原因，这些期间评审对当前的现实和愿景两者都重新做了评估。

做到成功地利用创造性张力需要组织内部定期地进行坦诚的沟通。沟通应该清楚地说明组织的愿景是什么，组织目前在实现愿景的过程中处在什么阶段，以及实现愿景所必需的步骤。这种沟通鼓励组织内的员工接受愿景，并促使他们实现愿景。

当前的现实偏离愿景时，组织内的紧张情绪会增加，压力会迫使降低与愿景相关的目标。自我超越意味着战胜这种压力，并努力理解和实施必要的行动，使当前的现实与愿景相一致。

（5）使用或部分使用潜意识

使用右侧大脑能最好地处理复杂性。依靠标准的分析方法并不能得到大多数针对组织问题的解决方案。例如，学生在收集所有数据后，并不能立即坐下来就写出一个学期项目；潜意识首先需要时间来吸收信息，组织行动，在起草项目之前先得定出项目完成时的样子。在从事提升组织工作时，首先要形成你心中所希望的组织形象。自问，"组织会是什么样子？它将如何运作？"这些想法是潜意识的产物，应该与组织共享，以使它们成为现实。记住，如果你没有看到这些愿景，别人也不会承认它们。

（6）自我超越与第五项修炼

1）要将感性与理性结合起来。感性是个体创造性的一面，可用来产生愿景。理性的一面则应该用来检验通过这种潜意识行为所产生的不同选择。

2）要看清我们与世界的联系。随着年龄的增长，我们更倾向以经验作出反应。我们必须防止这种情况，要继续拓宽我们的视野。追求卓越告诉我们要让组织的低层员工提出各种建议来促进整个组织的提升。

3）要保持同情心。我们都在系统内工作，所做的一切都会对他人产生影响，反之亦然。我们对系统的认识越深入，就越有同情心，因为我们更会去考虑我们对他人的影响。

4）要对整体作出承诺。这个系统超越我们本身，最终将服务世界。

5）要在组织中培养自我超越。一个组织的文化必须鼓励自我超越，重视成长过程，创造一个团队成员感到安全的文化，从而去创造和分享他们的愿景。该文化还必须为组织员工提供一个系统观，以及理解它是怎样与环境相关联的。

## 2. 心智模式

（1）为什么最好的想法会失败

一些新的见解未能付诸实施，是因为它们与世界该是怎样运转这种根深蒂固的内在形象相冲突。这些内在形象被称为心智模式。人们并不总是遵循他们信奉的理论，但他们的确遵循他们的心智模式。这是潜在的问题，因为大多数的心智模式是不准确的和（或）不完整的。例如，美国汽车制造商一直遵循一个心智模式，就是假设美国车的购车者更关注外观而非性能和实惠。这个错误的假设，最终挫败了美国车在汽车市场的销售。

通过意识到自身的这些模式，人们最终就可以预测，并可能改变与其相关的行为。这对于第五项修炼法则的有效性至关重要。如果想要进行系统思考，就必须知道自己的心智模式会如何倾向于对抗系统思考。明了自己的心智模式对于学习也是非常重要的。如果没有这样的意识，个人学习能力以及有效地理解和改善其组织运作的能力均会受到阻碍。

（2）商业世界观

壳牌石油公司确定了最有可能的石油供应方案。当石油输出国组织（OPEC）将停止供应石油时，壳牌便有了一个计划。问题是他们的经理不相信这个计划的可行性。这种情况违背了他们的心智模式。

壳牌认识到这个问题，并设法打破这些模式，以便当石油停止供应时，它能分散控制，来获得最大的灵活性。他们的竞争对手所做的正好相反。

（3）技能问题

与心智模式相关的问题，包括圣吉（Senge，1994）所谓的跳跃式的推论。这就是根据一两个符合先入为主的观念的事实做出糟糕的决策。

以下信息有助于认识跳跃式的推论：

1）有两个数据点就将之全面化。

2）两个员工游手好闲，就认为没人想工作了。两数据点：两名不工作的员工为先入为主的偏见提供了证据。所有人都必须意识到这样会造成怎样的问题。

平衡调查与倡导。通过询问问题来了解情况，然后表明立场。组织应在了解情况后再进行决策。通过制度化的调查，人们就会知道什么是所期望的。这不是干扰；而是学会提供数据。

要直面我们所信奉的理论与实际之间的区别；即我们所说的与我们所做的不同。

（4）改善方法：内部委员会

一个与团队成员共同工作的管理者同一个与团队成员进行一对一沟通的管理者相比，前者会管理得更加有效。当一个团队一致工作时，要进行更多的心智模式（假设）检查。一些组织拥有面向广泛雇员的内部专家委员会，专家委员会可以共同帮助组织确定新观点的立场。如果下属在某件事上是正确的，委员会可以帮助说服上级和更高级。前瞻性的组织需要管理人员为每个决定制定出各种替代方案和行动计划。要改变管理者对未来情况只假设一种可能性的这种因循守旧的想法。

### 3. 共同愿景

共同的愿景，特别是内在的愿景，能提升员工和客户的愿望。它帮助组织成员回答

"组织想要创建什么?"这个问题。共同愿景必须展现出强大的力量,由此而促进实验性工作和风险的承担,并为组织提供需要长期关注的焦点。同时它对于创造学习文化也是至关重要的。

记住,一个只限于击败对手或竞争者的组织目标只会是昙花一现,很容易就会变为防御态势。它远小于共同愿景并且也无法维持公司的长期成功。

(1)建立共同愿景法则

唯一能激励人的就是自己的愿景。因此关键是组织要鼓励个人愿景和自我超越,因为这些都是建立共同愿景的基础。只有其成员得到发展,一个组织才有可能建立起激励个人和组织进一步发展的共同愿景。

(2)从个人到共同愿景

现在高层管理者和咨询顾问都是过于频繁地制定愿景,然后以单向、自上而下的方式灌输给组织。然而,要想成功,领导层就必须不断地与人分享愿景。促使他人投身于愿景,甚至不断地扩大愿景。

根据愿景共享的情况,团队成员可能以各种方式接受或拒绝它:

1)承诺——使愿景产生,构建所需的规章制度来展现这一愿景。

2)加入——想看到愿景实现。根据"规章制度"的精神做所期望的事。

3)遵循——真正看到愿景的好处,从而做所期望的和更多其他潜在的事情。

有两种遵循的模式:

①正式:做所期望的事。

②勉强:做所能应付过去的事。

4)违规——违背愿景。

5)冷漠——根本不在乎愿景。

承诺别人执行不可思议的任务。例如,开发麦金塔计算机的团队在电脑机箱里面印上了他们的签名,尽管没有人会看到它们,但这是作为团结的标志,也象征着公司重视每一个团队成员的成就。

为了"改变"对愿景支持度不高的,以及那些不符合要求的、冷漠的人,必须有一个发展完好、深思熟虑的计划。在这样做时,请记住许多人从来没有被要求做出过任何承诺,所以需要有针对性地处理这一问题。要想树立愿景,必须有大批忠诚的员工。

对于个人愿景和自我超越之讨论的其余部分,重要的是要理解以下术语的含义:

1)愿景——组织及其成员寻求创造的未来的蓝图。

2)使命——组织存在的原因。

3)价值观——组织如何保持与使命一致的行动来实现愿景。

(3)为什么愿景会过早夭折?

愿景通过明确、热情、沟通和承诺等强化手段而广泛传播。也就是说,有许多因素可能导致愿景过早夭折:

1）太多不同的观点在起作用；焦点消散并产生难以控制的冲突。

2）人们被当前现实的需求所淹没，迷失了愿景。

3）员工太忙于现状而不能关注未来。

4）愿景没有不断地、热情地让人们分享，所以人们失去了对它的热情，也忘记了彼此之间的联系。

### 4. 团队学习

团队学习有三个关键方面：

（1）要深刻思考复杂的问题，如决策对全球经济的影响。团队必须学会如何集思广益。

（2）要创新、协调行动。共同行动才会有效果。分工则会阻止或抑制这样的尝试。

（3）学习必须贯穿整个组织。由于大多数成就是通过多个团队完成的，所有参与的人员都必须了解自己的行为或职能对他人的影响。在这方面，李克特的连接销的作用是至关重要的。

原型：

原型就是使用组合学科的方法来解决经常出现的问题或处理重大问题的情景再现。

## 2.5.4 开放化和本土化

### 1. 开放化

大多数员工不仅仅只是对自己圈内的事物感兴趣，他们还想感受到其工作有助于实现更大的目标，无论是有关其组织事业的发展，还是其社区或家庭的改善。换句话说，个体经常希望自己的个人愿景与更大的组织目标相一致。

有效的管理通过培育开放包容的文化来促进这种发展。在这种文化的氛围下，管理层更会愿意听取和考虑个人对其管理决策的想法。这不仅仅是给员工一个说出他们心中想法的平台（虽然这只是一个有用的开端），同时这也不同于通过小组共识来做出决策（但这通常不是一个特别实用的组织运作方式）。其实，反思性的开放文化要求的是管理者要创造一种文化氛围，员工可以自由地对管理决策发表评论，同时期待其评论会得到认真的考虑。

这对于那些远离生产一线的大型组织中的高级管理者来说尤其重要。在这种类型的组织中，常常是生产一线的男女员工最了解什么地方有问题，以及如何解决这些问题。如果没有这种反思开放的文化氛围，员工不太可能与管理层分享他们的见解和建议，那么这对于组织来说将是真正的损失。

### 2. 本土化

在层级组织中，都是行政管理层思考，而本地员工则随之行动。然而，在大多数组织中，这种集权式模式现在已不再适用。最好的模式就是管理者和员工都既要思考又要行动。为了满足这些需求，有效的组织可实施一种适度分权的称为就地控制的管理模式。

为了实施有效的就地控制，组织必须要致力于团队学习、质量思维和反思。必须制定和传播一个共同的愿景，在思想上进行武装，以确保组织的各个层次都能理解复杂的商业问题。同样重要的是要针对自己的实际职责范围进行学习。要将命运掌握在自己的手中，学习很重要。

虽然要进行就地控制的需求可能是显而易见的事情，但实际上很少有管理者去真正实施它。例如，许多人都过多地投资于保持"控制"自己。另一些人则宣称曾尝试过就地控制，但结果发现当地团队成员不是好的决策者。这些评估往往不是很成熟，因为当地的决策者这时还没有足够的时间获得足够的经验来做出正确的决策。

同样地，如果管理层将就地控制仅仅作为对竞争环境变化的短期过渡，或作为削减成本的临时手段，那么当条件改善时它就不可能持续下去。要想长盛不衰，就地控制就必须要成为组织的核心价值观之一。例如，美国的强生公司就是这种情况，有超过 200 个地方分部，经常是它们自己做出决定。

有时，遇到一些模糊不清的情况就不管，高层管理者则只记得那些十分清晰的问题，这样做不会有好效果。

### 3. 集权管理的新角色

在就地控制的背景下，集权管理的关键功能是进行组织设计而让地方管理层去做具体运行。

### 4. 包容

在一个学习型组织中，好的管理者难免也会犯错误，但这些错误一定要看作是学习的机会。当然，也应该原谅犯错之人。正如强生公司首席执行官曾经指出的那样，"如果不犯错误，那你就不是在做决定，不是去冒险。如果不冒险，那就不会得到成长"（Senge，1994，p. 300）。

### 5. 管理者的时间

根据圣吉的研究，大多数组织认为管理者的成功与其花在工作上的时间和精力成正比。但千万不要将敏锐的行动与不间断的行动混为一谈。为了真正达到效果，管理者也应该花时间反思和分析。作为组织的专家之一，管理者应该要不断地进行假设、行动，然后暂停一会儿来反思结果。只有在这种行动和反思的循环中，管理者才能获得个人的控制权和成功。否则，管理者和组织都不能从过去的错误中汲取经验。

同样，大多数组织要求其高层管理者们去做太多的决策。但是一位高层管理者的时间应该是要更多用于去做有关组织未来发展方向的复杂决策。正如汉福德保险公司前首席执行官比尔·奥布莱恩（Bill O'brien）所说："如果让我作出 12 项决定，那得需要很长一段时间"（Senge，1994，p. 304）。组织的较低管理层应该负责不太复杂的决策或那些对组织没有重大影响的决策。

### 6. 微观世界

商业活动的计算机模拟对管理层制定有效战略是个有用的方法。使用模拟软件，管理者可以对任何一种商业情景或问题的各种解决方案进行测试、结果分析，从中选择最佳方案，然后再将该方案传达给整个组织中的关键管理人员。

### 7. 领导者的新工作

将公司或习惯做法转变为学习型组织，其领导者必须要具备以下特点：

（1）领导作为设计师。随着一个成功组织的扩张，会有不同背景和经验的管理人员不断加入，这可能会冲淡组织的前景和价值观。领导者的工作正是要确保新的管理者也能够保持组织的构想、价值观和使命不变，快速有效地融入组织。

（2）领导作为引路人。组织的目标是组织绘出的宏大蓝图，它描述了组织是怎么运作的，包括它要为社区和整个社会创造的价值。正是这个图景积极地将员工与组织相连。领导者有责任讲好这个故事，确保各级员工听好这个故事。学好这个故事并为之而奋斗的速度是知识密集型组织唯一真正的竞争优势。

（3）领导作为老师。领导者会对事件、行为模式、系统结构和目标蓝图产生影响。领导人的关键职能之一就是要反复讲好组织目标这个故事，使人们对组织的价值有正面的认识。很难找到一个没有积极目标，然而又能成功的组织。

### 8. 如何才能成为这样的优秀领导者？

好的领导者会持续不断地努力优化其领导能力，包括以下几个特性：

（1）想法清晰且具有说服力。

（2）全身心的投入。

（3）不断学习。

不具备这些品质的领导者是没有实质性魅力的。只有将这些品质相结合才能成为一个强大的领导者。

## 2.5.5　原型

### 1. 自然模板

架构的再现模式称为原型。如果对这些原型缺乏认识，我们就会被囚禁于其中。下面讨论一些最流行的原型。

### 2. 原型1：增长限制

组织的增长经常会受到管理层的限制，他们未能在需要资源的地区增加资源。系统思考使领导者能够识别这些增长限制，并进行必要的资源调整。例如，一个有才华的工程师创立了一家咨询公司。最初是自己做了所有的工作：制定报价，干技术活，接电话，开发票，交纳账单等。随着业务增长，业主雇了另一名工程师。在此期间，业主继续做行政工作和主要技术工作。最终他负担过重，并在支付供应商和为未来工作投标方面落后了。他对这个问题的解决办法是更努力地工作。随着工作进一步落后，文书工作也进一步受拖累，业主最终雇佣了一名管理员。在一个月内，文书工作变得有序，账单也得到交付，新的投标工作也得以准备。可见缺乏管理者会限制公司的发展。

当经历增长放缓时，我们的第一个策略通常是更加努力。然而，更成功的方法不是去推动增长，而是去确定并消除限制增长的因素。重要的是要记住，在每一次做着增长努力的同时，通常总会有一个体系在抵抗这种努力。杠杆作用就是要识别出这种体系并做出必要的改变。例如，质量圈、全面质量管理，以及即时库存系统等体系开场都极佳但随后迅速停滞或失败的主要原因就是因为管理层没有能够确定并消除那些阻止其增长的构架和体系。

### 3. 原型2：转移负担

当管理者因为困难太大或代价高昂而不愿意从根本上解决问题时，他们会选择只去缓解问题的症状，这只是转移了负担。这样做可能有短期的好处，但未解决的问题所带来的持续负面影响会远远超过所带来的好处。采取这种缓解症状的方法也会分散用来解决主要问题的资源，还可能会造成错过一个关键机会的后果。

例如，一个美国组织的国内业务正在被国外竞争对手吞噬，该对手能够提供更优质价廉的产品。美国公司因而考虑了以下选择：

（1）游说提高关税；

（2）通过裁员削减成本；

（3）提高质量和生产力。

如果公司先是转移负担并采用选择（1）或（2），那么实施选择（3）这个最有可能解决问题根本的选项将变得更加困难。例如，裁员可能会产生劳工的动荡，包括罢工。然而，即使劳工问题不是一个问题，方案（3）依然是最具挑战性的，但却也是最有可能改善公司长期前景的方案。

为了避免转移负担，杠杆作用有以下原则：

（1）加强基本反应。确定并面对问题。

（2）减弱症状反应。抵制诱惑。

第一个原则需要有一种鼓励共同长期愿景的组织文化。第二个原则要求领导者愿意揭发欺骗性的短期解决方案。

### 4. 原型3：增长和投资不足

对生产能力的投资要在需要之前而不是之后。如果对生产能力已经有了需求，那么就可能冒销售损失的成本风险，并且面临超现有生产能力生产更多产品的高成本问题，同时也有质量方面的风险。

最容易的是将失败归咎于投资于某些外部力量，例如竞争、新法规或工会，但大多数问题实际上是出自内部的。杠杆效应具有小而集中的作用，对系统有极大的积极影响。不必做一切事情，但要做正确的事情。

把钱花在提高生产能力上是一种能产生回报的投资。但这里要学会的是提前提高生产能力。维持价值。投资于对成功至关重要的生产能力。即杠杆能力。

### 2.5.6　确定适用于技术驱动型组织的管理系统

#### 1. 有什么缺失吗?

除了改进现有系统和确定会对组织使命产生不利影响的系统之外，考虑如果缺失哪些系统也会使组织处于不利地位同样很重要。

是否有促进创新的体系? 每个组织都想要创新，但如果没有鼓励创新的体系，创新也不会发生。例如，强生公司就有好几种方法鼓励创新，只要员工有新产品的新想法就可以获得资金去尝试。3M 公司规定每个专业员工必须要花费 15% 的时间想新主意而且对此没有规定的工作量。

是否有一个系统可用来跟踪竞争对手的发展和相关行业的研发? 人们很容易过分地关注内部活动以至不能有效地跟踪外部发展。一个制造商曾经难以制造出足够的材料以至不能迅速交付给客户，因而其订单输给了那些可以更快提供类似产品的竞争对手，即使他们会收取更多的费用。该制造商通过让员工亡命加班来应对，将产品填满了整个仓库，几乎做到了一销售就可立马出货。

然而仓库一填满，主要竞争对手却已经开发出了比仓库中的材料强 20%、便宜 10% 的新材料。价值数百万美元的劣质产品销不出去，只能积压在仓库。这是因为这个制造商研发资金不足，与行业发展脱节了。

是否有奖励创造性和高效员工的制度? 事实上，许多薪酬系统都是针对有着很多员工，从事着相似任务和贡献着相似的价值的组织设计的。但是这些系统不适用于雇用高技能知识工人的行业。对于这些行业，薪酬模式应明确承认发明人、流程开发人员、创新者、系统设计人员等所做出的杰出贡献。这样就可更好地认可知识工作者并鼓励他们继续为其组织做贡献创造价值。

#### 2. 总结

集成管理模式的系统模块要求将组织看作是由许多相互关联的系统组成的大系统。它使工程管理人员必须要整体地看待组织，而不是只关注其各个组成部分。系统思考是一个直观的过程，需要我们以"连接点"来理解复杂的情况，并做出适当的决策。组织的管理者必须明白，组织应为员工提供个人发展和实现个人目标的机会。

这给工程管理者带来了重大的责任，同时也给组织一个好机会让员工发挥最大作用。

## 2.6　领导力

有效的组织领导层要创造好以人为本的组织文化。领导人的责任是选好组织架构和管理系统，同时部署好内部环境的资源，以满足外部环境的需要。

### 2.6.1　管理与领导力

假设领导力就是管理层是不正确的。事实上，这两个具有显然不同的形态。

管理包括以下几个方面：

（1）划分稀缺的资源，以满足组织的需要；

（2）组织和安排活动；

（3）以任务为导向；

（4）协调工作系统和支持系统；

（5）不仅要专注于过去和现在，也要着眼于将来。

另一方面，领导力则涉及以下内容：

（1）建立组织追求的愿景；

（2）确定并遵守组织的价值观；

（3）通过晋升机会和赋权来激励组织；

（4）着眼于未来；

（5）做得好的就要给予奖赏；

（6）对下层组织"简政放权、激励贡献"。

领导力是保持高效组织可持续发展的必要因素，管理仅靠控制是不够的。要宣传好组织的共同愿景，激励团队成员实现目标。事实上，宣讲交流好共同愿景是最有效的控制方法，在很大程度上是领导力的产物。

如果没有有效的领导力，组织就会错失巨大的发展机会。例如，统计结果显示：

（1）不到四分之一的工作人员说正在充分发挥潜力。

（2）一半的人认为工作未尽全力。

（3）四分之三以上的人表示可以表现得更好。

（4）在美国，十个人中有近六人认为"工作和以前一样努力"。

领导力是联系团队成员的工作能力和工作意愿的纽带。通过宣传好组织的愿景，充分沟通激励员工，讲清楚组织各级系统的相互关联性，团队成员则可能会更努力地工作，充分发挥自身潜能。

#### 1. 有效领导力的策略

本尼斯和纳努斯（Bennis and Nanus，1985）在其有关领导力的著作中概述了如何获得有效领导力的策略：

（1）明确愿景。为了创造一个高效率的组织结构，领导层应首先要以愿景的形式建立明确的目标。这种愿景应切合组织可达到的最佳状态，要足够美好以吸引并激励团队成员为之而奋斗。

（2）宣传愿景。领导层要充分做好愿景的宣传工作，确保组织的每个层级都能很好地理解愿景。如果愿景在整个组织中能得到有效的宣传并获得大部分成员的信任和支持，那么愿景将大有可能得到实现。

（3）坚定决心，促进信任。要坚持愿景并相信员工一定会实现愿景。要促进组织各层级各团队之间的相互信任，互相帮助全力以赴实现愿景。

（4）要保持积极的自我。领导者必须要相信自己以及自己的工作能力能为实现组织愿景做出贡献。建立愿景首先依靠的是领导人，要通过不断提升来实现愿景。

### 2. 领导效率理论

欧洲的领导学派认为，领导力并非一种可以教授或学习的技能，它是人与生俱来的特质。

哈佛商学院将案例研究作为领导力教学的重要组成部分。案例研究表明，领导力至少部分是源于经验，同时这也认为领导力可教之。

也有人认为，领导者所具有的某些特质，能够使其领导富有成效，即特质理论。例如，高超的智力、外向的性格、广阔的人脉和社会背景等，都可以作为领导的特质。然而，研究的结果却无定论，但监督能力与领导力最具相关性。

作为领导力中的一项关键因素，领导风格也受到了广泛的研究。研究人员开发了一种调查工具——领导风格描述问卷，用来衡量领导力。该问卷主要测试了领导风格的四个方面：

（1）民主型领导风格——关心员工，以人为本；
（2）领跑型领导风格——积极主动，以身作则；
（3）专制型领导风格——以工作任务和效率为重；
（4）多变型领导风格——敏感觉察自己的影响力并不着痕迹地转换风格。

通过大量的研究结果表明，只有当民主型和领跑型领导风格相结合时，才与领导效率有显著的正相关性。

### 2.6.2 科维的方法：高效人士的 7 种领导习惯

在斯蒂芬·科维（Stephen Covey，1989）所著的《高效人士的 7 种习惯》一书中，采取了一种更加实用可行的方法来对领导力进行定性分析。作者从观察、研究和经验中发现了七种领导习惯：

### 1. 积极主动

积极地促使事情发生，而不仅仅是对"超出个人掌控"的情况做出反应。在"超出个人掌控"的情况下，管理层做出的反应往往是为了寻求恢复或维持现有的状态，虽然这样的做法吸引人也很令人安心，但会阻止进步。相反地，积极主动则能够鼓励每个组织成员去寻找更多的机会以实现愿景。

### 2. 以终为始

像那些技艺高超的高尔夫球手总是按顺序击球一样，领导层应首先设想出其组织的最终发展目标，由此来决定为实现这个目标要做哪些必要的步骤或行动。这一习惯不仅要贯穿于日常业务活动，还要在商业情报、预测、研究等方面发生不可避免的冲突时发挥其作用。领导人的职责就是要坚持愿景，确保组织在正确的轨道上发展。

### 3. 要事第一

要根据组织的目标和价值观来组织和执行优先事项。科维认为，领导者要学会区别紧急与不紧急、重要与不重要的活动。领导人的责任就是要发现重要的活动，并确保组织对这些活动做出优先安排。除此之外，领导者还应该要确保紧急活动一旦出现就要马上进行处理。即要先做正确的事情，而不仅仅是把事情做正确。

### 4. 双赢思维

采用类似于体育和政治上非赢即输的模式并不能帮助一个组织制定重大且长期的发展目标。只有通过各方分析、讨论和共识，制定出一个各方成员都愿意为之奋斗的组织发展目标，才能实现双赢甚至多赢。与日本传统管理一样，领导层的重大决定都应得到所有关键参与方的赞同。当参与方之间不能达成一致意见时，则需要更多的研究和商讨，直至各方相信并理解这一决定。虽然"双赢思维"并不会总是有效，但事实证明，基于信任和尊重的组织文化能让组织做出困难的决定。

### 5. 对症下药

一定要先查明病症再开药方，不要总是根据自己的经验，没有多少证据，就武断地做判断下结论。进行仔细的调查研究才是发现和解决问题避免犯错误的必要手段。只有这样，有价值的信息才会得到重视和理解。

### 6. 协同增效

协同增效指的是组织的所有规则都在为共同利益同心协力地工作，从而增加效益。这时，通过广泛的自信和相互信任和尊重，各层级所作出的贡献会源源不断，组织可以取得超乎其成员想象的巨大成就。高效团队能够比其成员独立工作时完成多得多的工作。

### 7. 不断更新提高

通过对身心、情感以及社会阅历等的锻炼来提升自我，对培养高效的领导力至关重要。

需要强调的是，更新提高要不断地进行，而不是一次性的行为。

这些原则可为理解什么是领导力开个好头。

### 2.6.3 库泽斯 - 波斯纳变革型领导方法

库泽斯和波斯纳（Kouzes and Posner，2002）将一种新的激进领导方法写在他们的《领导力挑战》一书中。他们提出了五类领导技能：

#### 1. 挑战过程

领导者要寻找一切机会去改变公司，使其积极应对挑战，不断成长，不断创新，运行更好。同时也要希望每个员工都这样做。同样地，领导层还要鼓励管理人员和员工都去尝试、冒险，并从错误中学习。

许多研究得出结论，即最好的公司都鼓励实验。例如强生公司的实验活动一直很成功。每年通过实验产生的新产品占据了整体销售额的20%。

#### 2. 激励共同的愿景

领导层要努力地去展现一个令人振奋的伟大未来。这个共同愿景必须要契合组织成员的价值观、兴趣、希望和梦想，从而使之能更好地得到实现。然而，领导层经常忽视了这一点，因为太多的"领导"倾向于只专注企业财务，从而忽略了积极的员工能给企业带来效益的潜力。

#### 3. 使人行动

领导者要通过确立合作目标和建立信任来促进合作。通过放权，提供选择机会，提高竞争力，分配关键任务和提供可见的支持来加强领导力。组织的成功主要来自于团队低层级的那些成员所做的努力。要使这些成员能够充分发挥其能力，这样组织也就能够发挥其全部潜力。

#### 4. 以身作则

领导者要按照共同价值观行事给员工树立榜样，这样也就会创造一个员工理解和遵守的积极管控体系。

#### 5. 鼓励内心

领导者必须要时刻认可和赞赏个人和团队对组织成功的贡献。这是体现一个优秀组织的关键特征。

这五个领导技能都将对人的管理视作要点。这种以人为本的做法将领导力与图 2-1 中的运用韦斯布鲁克（Westbrook）管理模式中的人群方框紧密相连。注：这五种类型不是相互排斥的，而是与其他类型密切相关，极少孤立地发生。

### 2.6.4　主动领导

领导必须要参与组织的所有阶段。目前的重点是财务这个重要的方面，但财务是组织运作的结果，它无法管理，而是管理的结果。是员工完成的工作，拥有必要的设施和设备在全球市场上竞争的结果。也是有效计划，在需要时提供正确的产品和服务的结果。积极主动的领导与有才能的人合作去完成这些事情，财务情况就会自然转好。

### 2.6.5　领导人继任计划

高效领导者的特点就是知道自己不会永远处于领导者位置。因此，必须要制定继任计划，这要包括选择继任者的方法，并明确候选人是来自组织内部还是外部。

注：小型组织可能没有选用内部候选人的条件。

如果内部候选人确实存在，则有必要让每个人在担任领导职位之前有机会培养和施展自己的能力。有可能的话，在领导人快退休的几年里，敲定继任者，尽管没人知道继任会在什么时候发生。

#### 1. 计划

执行委员会必须要根据组织各级的意见制定继任计划。这样每个人都熟悉这个过程，在实施计划时就不会因毫无准备而惊慌。

不确定性是可怕的敌人，它会导致有价值的员工辞职、员工之间的争斗以及生产力的下降。计划必须要消除对未知的恐惧。

计划要做到以下几点：

（1）任命一个临时领导；

（2）确定工作的要求，以及必要的属性；

（3）组建一个遴选委员会，负责筛选申请人并制定"候选人清单"；

（4）确定委员会主席，负责与组织的沟通；

（5）制定面试过程规则；

（6）确定搜寻有价值的候选者的时间范围。

#### 2. 总结

领导力是一种备受追捧的能力，它不是与生俱来的，也不是学不来的特质。领导力是一门学科，源于技术和经验。组织的成功需要有高效的领导者，他们不仅仅要管理；还必须要懂得如何鼓舞人心。

圣吉（Senge，1994）、库泽斯和波斯纳（Kouzes and Posner，2002）为领导者提供了宝贵的经验教训。圣吉谈的是领导力的修炼和习惯。库泽斯和波斯纳则强调，领导力是启发、提升、塑造和鼓励人们，同时不断挑战这个过程。最重要的是，领导力关乎的是人。

## 2.7 人力资源管理

### 2.7.1 招聘、选拔和薪酬方法

未来学家预测，到 2022 年，工作职位将比需求工作的人员多。由于随着退休和人口转移带来的失业率下降，招聘合适人选来填补职位空缺和扩大经营活动将会逐渐变得更加困难。人们相信这种现象将会驱动薪酬增长。同时，随着公司对合格应聘者的竞争越来越激烈，必须要寻找新的方式招聘和留住最优秀的人才。

#### 1. 熟悉公司招聘、选拔政策和通常做法

雇主历来是使用公开的就业市场推动员工的招聘工作，包括在公司网站、主流报纸和商业杂志上刊登招聘广告，以及在互联网求职版块上发布招聘信息和让猎头公司帮忙寻找合适的员工。许多公司也自己参加招聘会并且通过赞助校园招聘来选拔人才。随着求职者人数的减少，雇主开始利用非传统的招聘方法，例如：

（1）利用网络和现有员工的推荐。许多公司对那些可以影响同行来应聘公司职位的自家员工给予奖励。同时鼓励所有员工，寻找校友或者利用网络活动帮助公司招聘合格人选。

（2）从求职者和离职者中选拔。很多人求职时也知道有人正在申请类似的职位，他们也可能是优质的推荐资源。同时，有空缺出现时，也应该与前雇员取得联系，询问他们是否知道有合适人选可接替该职位。

（3）利用突发事件。关注行业或国家新闻有关公司竞争对手的缩减计划或高管的退休决定。

（4）找行业领袖。行业领袖往往在企业搬迁、并购等消息发布之前，就知道这些事情将要发生。

（5）签约奖金。可用签约奖金来吸引员工离开他们现有的职位，并鼓励新员工在指定的时间内留任以获得全额奖金。

选拔政策和实践

历史经验来看，选拔政策一直是将淘汰那些不需要的候选人与寻找最佳候选人相提并重。简历关键字的搜索可以排除大量的申请人，而无须与求职者对话，但无意中也可能屏蔽了那些具有非传统经验或教育背景的优势求职者。随着劳动力资源的萎缩，这种批量排除求职者的方法正在失去吸引力，取而代之的是，雇主现在使用一种多样化面试程序来选择求职者。

多样化面试是一个筛选过程，职位候选人通常需要通过五个或更多的面试环节。这个过程通常开始先对那些潜在的候选人进行分组面试。通过面试表现选出主要候选人再往下继续进行。接下来的就是对主要候选人的经验程度、职业道德、个人特质、能力和态度进行综合测试。那些晋级的候选人再与公司内的各种人员面谈，包括团队成员、管理人员以及与填补职位相关的那些部门的人员。最后，这个面试过程会以筛选出试用候选人而告终，即公司发出正式的录用书之前，候选人要在公司试工作几天时间。

除了多元化的面试过程以外，雇主还可以选择对潜在候选人进行调查。通过推荐信检查、犯罪记录检查、信用检查和药物测试等筛选掉不需要的候选人。

### 2. 薪酬政策及实践的相关知识

合格员工数量的缩减引起了两方面的担忧，这主要体现在雇主不仅要对员工选择进行更大的投资，同时还要在提高员工的留任方面加强努力。随着员工流动成本的上升，雇主们正在寻找创造性的方法来确保他们的优秀员工留在组织。

薪酬方案是吸引和留住优秀员工的主要手段。虽然确保有资竞争力的工资已经不再足够，但提供比地区竞争对手略高的薪酬范围仍然是吸引和保留员工的重要措施。现在，绩效计划、绩效工资计划、与利润相关的褒奖、股票期权、利润分配、福利和非货币补偿都被用作额外的激励措施。

福利和非货币补偿不再只局限于休假、医疗保险和退休计划，尽管这些仍然是影响员工留任的热门产品。以下是雇主们在全球范围内实施的福利清单（Herman & Gioia，2000）。

（1）同居配偶福利；

（2）电子账单支付；

（3）人寿保险；

（4）宠物保险；

（5）定期年度体检；

（6）公司健身中心；

（7）营养快餐；

（8）员工交换计划；

（9）对儿童、宠物和受抚养人的关爱；

（10）公共交通成本补贴；

（11）薪水支票的直接存款；

（12）住院和主要医疗；

（13）牙科和视力保险；

（14）收养支持；

（15）健康计划；

（16）健康俱乐部会费补贴；

（17）俱乐部会员费用打折；

（18）社区活动门票；

（19）长期休假；

（20）随迁配偶关爱。

此外，还有很多措施可用来确保薪酬方案对现有和潜在的员工具有吸引力：

（1）每年都要研究所在地区具有竞争力的薪资水平。其中，政府机构、商会和贸易团体是工资信息好的来源渠道。

（2）对现有员工进行民意调查。询问现有员工他们需要什么。显示一些福利选项，让他们从列表中选择最需要的选项。要选择最受欢迎的项目来实施，并确保这些项目符合劳动力的人员结构。年长的员工重视医疗处方计划和加速退休计划。而年轻的员工则可能更倾向从公司带食物回家，这样他们就可以花更多的时间和家人在一起。在经济允许的情况下要尽量多重复这个过程。

### 3. 联邦、州以及平等就业委员会的公平选择法规的基本知识

一般来说，公平选择性法律由联邦政府制定，然后进一步通过州法律来细化和推行。例如，在加利福尼亚州，就通过州法律补充了《美国残疾人法案》（the Americans with Disabilities Act，ADA）以包括小企业，同时通过定义扩展和考虑更广泛的残疾人范围对该法案做了进一步的细化。雇主需要研究州法律，并确保自己能遵守州法律对联邦雇佣法律的解释。这些规定通常可以在州政府网站上找到。

以下这些联邦法律禁止在雇佣员工的过程中发生歧视行为（平等就业委员会的留言）：

1967年颁布的《就业年龄歧视法》（*The Age Discrimination in Employment Act of 1967*）指出要保护40岁及超过40岁的人在就业时不受年龄歧视。就业年龄歧视法对于员工和求职者同样适用。该法案规定相对于雇佣的任何条款或权益，包括但不限于招聘、解雇、晋升、裁员、薪资、福利、工作分配和培训等方面，因年龄对人进行歧视是非法的。

1990年美国残疾人法案禁止私人雇主、州和地方政府、就业机构和工会在求职过程、雇佣、解雇、晋升、赔偿、工作培训及其他方面歧视符合要求的残疾人。

1963年的《同工同酬法》（*Equal Pay Act of 1963*）要求在同一机构从事相同工作的男女员工薪酬应该一样。工作不必完全等同，但要基本相同。要以工作内容而不是以职称来确定工作是否基本相同。

《怀孕歧视法》（*The Pregnancy Discrimination Act*）是对1964年《民权法案》（*Civil Rights Act of 1964*）第七章的修正案。这一章规定基于怀孕、分娩或相关医疗状况的歧视是构成了非法的性别歧视，它适用于有15名或更多雇员的雇主、州和地方政府。同样，第七章也适用于就业机构、劳工组织以及联邦政府。怀孕或受相关状况影响的妇女接受的治疗必须要与其他申请人或具有类似能力或限制的员工一样。

1964年《民权法》第七章保护个人在种族和肤色、出身国、性别和宗教等基础上免受就业歧视。第七章适用于有15名或更多员工的雇主，包括州和地方政府。在雇用、解聘、晋升、薪酬、工作培训或任何其他条款或权益上，以种族或肤色对雇员或应聘者进行歧视是非法的。

性骚扰是一种违反1964年《民权法》第七章的性别歧视形式。第七章适用于拥有15名或更多雇员的雇主，包括州和地方政府。它也适用于就业机构和劳动组织，以及联邦政府。

### 4. 定义选择标准

《联邦政府员工选择标准统一指南》（*Federal Government Uniform Guidelines for*

*Employee Selection Criteria*）要求所有用来作为最低资格证书或选择标准的那些标准必须要统一地适用于所有申请人。最低资格证书和选择标准必须要有如下条件：

（1）是与工作相关的；

（2）是可测量的和（或）可证明的；

（3）是完成工作所必需的。

发展合适的选择标准是一种很有用的技术，可用来概括部门特定职位的特定需求。这个过程会让选择变得更加直接和客观得多。

（1）工作相关度

在招聘过程中所有用于筛选申请人的那些资格证书必须与工作直接相关。例如，如果要求学士学位，那么标准就必须要显示为直接与职位有关。一个具有不相关领域博士学位的候选人不会比一个具有相关领域学士学位的申请人更有资格。如果要求有预算程序的专业知识，那么这个职位就必须要求申请人具备该种知识。工作相关性意味着每个标准必须要与职位要做的工作具体相关。

（2）可测度/可证明度

最低资格证书和选择标准必须是可衡量和可证明的。这意味着可以通过申请人或申请人的过去历史对这些标准进行客观的测量或清楚的论明。如果选择标准要求"成熟"或"态度"，那么对于这些标准的含义就可能有很多解释。因此，很难根据这些模糊的标准评判申请人。一种标准，如"能有效地与上司、同事和下属一起工作"，更接近于可测性和可证明性的要求。这一能力可以通过推荐信、与以前的雇主进行核实等方式证明。即使是"优秀的打字员"这样的标准也不像"每分钟打 60 个字且错字低于 3 个"的标准那么容易衡量。"越是专业的标准，它就越容易进行测量或加以证明。"

（3）成功完成工作的必要性

所有列为最低资格证书或选择标准的那些标准都必须是成功完成工作的必要条件。如果学士学位是对工作的要求，但不能证明实际学位对于工作的完成是必要的，那么就必须要用"学士学位或同等学历"这样的一个标准替代前者。在选择过程中可以考虑教育的相关性和质量，但必须要证明它们对特定的工作是必要的。

（4）何时使用联邦指南

每一次对职位的资格证书和标准的描述都是发生和记录在张贴通知、广告和人员表格上的，它们都必须要满足以上所述的有关最低资格证书和选择标准的三个联邦要求。不能有意或无意地使用将受保护的群体非法排除在外的任何标准。在满足这三个要求的情况下，必须要对该职位的职责进行仔细而彻底的评估。评估应包括以下内容：

（1）理解职位的确切责任；

（2）用可衡量或可证明的条款明确这些责任；

（3）确定成功完成工作所需的教育、经验、知识或能力；

（4）确定哪些超出最低要求的资格证书对于特定工作是重要的；

（5）确立证明和衡量这些选择标准的方法。

针对在常用的分类描述中可能没有给出的任何附加的必要资格条件，通过选择标准加以调整有助于选拔过程。当通过选择标准比较申请人时，最合格的申请人将是那些对所用的各种标准有最佳组合表现的人选。

### 2.7.2 管理多样化的劳动力

在现今经济全球化的背景下，多元化的劳动力是形成顶级效益组织的必要条件。由于劳动力的多元化，跨学科和多职能团队的形成使得组织实现了学科和职能的多样性目标。除此之外，在项目的整个生命期内，文化多样化的团队表现优于同质化的团队。文化多样化的团队能够深刻理解多样化客户的需求，而这一点是同质化团队所无法比拟的。

劳动力的多样性还能够为决策提供有用信息，并且能扩大在集思广益过程中产生的决策选项，为问题解决过程增加观点和方法。然而，文化多样性的团队仍然面对诸多挑战，例如语言障碍、文化冲突、各种行为规范的巨大差异等，可能使得多元文化团队起步缓慢，甚至会导致偏见，有失公允和误解的产生。

#### 1. 了解管理实践中区域和文化差异

显然，文化差异不仅发生在跨国行为中，在本国的区域范围内也时常发生。工程管理人员应该要多做思考来确定和响应多元劳动力的跨文化需求。文化是指"一个种族、宗教或社会群体的习惯信仰、社会形态和物质特征"或"是描述一个团体或公司特征的一套共同的态度、价值观、目标和实践"。它们是根深蒂固的，并且具有综合性的影响，决定和区分世界各不同部分的人口，因此必须慎重和公平地加以管理。

爱德华·霍尔（EdwardT. Hall）在1976年普及了"高低语境文化"这一概念。他认为，高、低和混合语境的各种文化国际化和地区化地广泛存在于世界。语境因素会影响管理人员领导团队的方式。高低语境文化的特点见表2-4。

高低语境文化的特点　　　　　　　　　　　　　　　表2-4

| 高语境文化特点 | 低语境文化特点 |
| --- | --- |
| • 口头明确交流较少，书面／正式信息较少<br>• 对所传达的内容体现为更内在化的理解<br>• 与他人之间有着纵横交错的关系<br>• 有长期的人际关系<br>• 强边界型——局内人与局外人的界限十分明显<br>• 知识是情境型、关系型的<br>• 决策和活动着重以人之间面对面的关系进行，通常围绕某个权威中心人物展开 | • 以规则为导向，人们按外部规则行事<br>• 知识更多体现为编纂性、公开性、外部性和可访问性<br>• 对活动、关系的时间、空间进行排序和分离<br>• 有较短期的但更人际关联的关系<br>• 知识往往是可传递的<br>• 以任务为中心<br>• 决策和活动集中在需要做的工作，与职责划分 |

高低语境文化的不同点是有如下两个方面：

（1）在关系结构方面：

1）高语境文化：体现为密集、相交的网络，长期的关系；强边界型；关系比任务更重要；

2）低语境文化：体现为疏松、宽广的网络；短期的关系，条块划分清楚；任务比关系更重要。

（2）在文化知识的主要类型方面：

1）高语境文化：知识多是下意识的，是一种隐含的、非完全意识的文化知识类型，即使是该文化圈的成员也很难解释清楚；

2）低语境文化：知识多是上意识的，是一种明确的、有意识组成的文化知识类型。

工程管理人员可能会被要求去协商不同团队成员之间在价值观、信仰、行为规范、沟通策略、权力及权力的使用以及个人主义与集体取向之间的语境文化差异，从而协助员工对不同的观点和行为进行整合，以扩大由于采用不同方法所产生的"大家都可接受的区域"。在劳动力的文化多样性下，任务绩效和团队关系都可以从这一方式中得益，以达到最优状态。

### 2. 了解关于种族、性别和年龄的公平管理条例和做法

"公平"并不意味着"相同"。管理者需要改变他们的管理方法，以此来回应员工对文化驱动的需求和习惯。在对所有员工都使用同样的绩效标准的同时，管理者还必须要调整绩效反馈，以确保其对员工是有意义的。这意味着管理者需要以下列方式来领导员工：

（1）摆脱陈规定型观念；

（2）倾听并探究员工假设中的文化差异；

（3）建立与他人之间真实且重要的关系；

（4）增强个人能力；

（5）探索和确定文化的差异和共性；

（6）利用识别出的文化差异而不要试图去消除这些差异。

如果领导不这样做，可能会造成伤害员工感情、丧失优秀人才、团队关系出现裂痕，甚至会受到歧视和偏见的指控等严重后果。在全世界，许多法律是为保护工人不受歧视而制定的，违反这些法律不仅会导致昂贵的诉讼费用，并很可能损失掉一大批优秀的雇员。

即使歧视不是故意的，有关年龄、性别、残疾和种族歧视的法律依然适用。除此之外，还有许多反映歧视行为的标签，如"间接歧视"、"意外歧视"、"制度歧视"和"不良影响而导致的歧视"。这些类型的歧视是指制度、规则、条例、政策或安排没有考虑到受法律保护的群体的需求的情况（基本上针对所有在美国和加拿大的劳工），或者是制度并没有随着社会的变化而发展的情况。

（1）就业歧视

定义：由于道德上对某一阶级的成员有不公正的偏见，因而对他们做出不利的决定。

要素：对一个、多个员工或未来员工所做出的决定，并没有基于其个人优点（例如资

历和经验、教育资格证书和工作绩效评级等）来考量，而是源于一些道德上不公正的态度（例如种族、性别偏见或成见），从而在员工的工作、晋升或薪酬上做手脚，对员工的利益产生有害或负面影响。

（2）管理人员在防止歧视方面的责任

管理者自身不仅需要对文化的多样性保持一定的敏感度，他们也必须要确保员工之间不会存在互相歧视的情况。以性骚扰为例，性骚扰法律规定，如果管理者"了解到或应该已经了解到"在他所管理的组织中有性骚扰发生的情况，却不进行阻止和整顿，则管理人员负有责任。

在法律的制裁下，管理者必须要对组织成员进行监督，以确保"安全和无敌意"的工作环境。这意味着，管理者必须要认真对待任何关于歧视的指控，并迅速展开调查，解决这些投诉。除此之外，管理者有义务主动注意和处理可能存在歧视的情况，并采取纠正行动，在歧视指控发生之前消除潜在的偏见行为。

### 3. 如何认识和适应多样化劳动力的需求

沃恩（Vaughn，2006）提出，以下四种方式可以帮助管理者认识和适应多样化劳动力的需求：

（1）定期审查、细化、制定和实施有关禁止歧视的政策和声明，包括：确保组织当前具有可执行的各种反歧视政策，比如积极的反歧视行动声明；禁止性骚扰的相关政策；禁止年龄歧视、种族歧视、性别歧视、种族主义、残疾人歧视等的多样性政策。

（2）增强自我意识和文化意识：管理人员必须要定期检查自己的文化意识和反应能力，并努力消除他们的看法和行动中可能存在的偏见。此外，他们应该不断向同自己共事和管理的客户、同事、下属等进行学习，以取得对不同文化观点的理解。

（3）提供学习机会，提高团队成员的多元化意识和文化能力：发展文化能力（理解和利用员工和社会中存在的差异和共性）是一个长期的过程，需要通过培训来定期更新员工的知识和素养。随着法律的发展和劳动力组成的变化，工程管理人员应该要为自己和员工寻找并提供持续的培训机会。在组织中进行定期的多元化培训，保持员工对多样性问题的高度认识，减少歧视指控，确保所有员工都受到重视和尊重，防止昂贵的诉讼和员工流失的后果发生。

（4）对潜在的歧视进行积极干预：管理者应及时提供针对性的绩效反馈，以迅速限制那些干扰个人享有安全、无敌意工作环境权利，或导致不公平就业的情况和行为。

### 4. 冲突解决方法

不论管理者如何积极地发起和进行改进，但仍极有可能在组织中产生冲突。在韦氏在线词典（Merriam Webster Online Dictionary，2006）中，冲突被定义为"因不相容或相反的需要、驱动、愿望、内外部需求而导致的思想斗争"。

（1）冲突的常见原因和形式

冲突在所难免。从本质上讲，它既不好也不坏。事实上，冲突是一个过程而非事件，虽然当冲突爆发的时候，开始时它可能是作为一个事件被人经历或观察到的。

冲突由内容和情感构成，所以消耗能量。管理冲突可以是主动或被动地进行。无论如何，只有对冲突进行有效的管理，才能避免组织整体或者组织内成员在时间、资源和精力上的消耗。

冲突的常见原因包括价值观、目标、兴趣、战略、结构、关系、信息、知识、权力和信任的不同。即使冲突可以得到管理或解决，但其绝不能被忽视。被忽视的冲突将会随着时间的推移而增长，对其所涉及的个人或组织造成越来越大的损失。

冲突过程具有阶段性。康斯坦丁和莫钱特（Constantino and Merchant，1996）认为，除非在冲突发展达到其最高峰时将其解决好，不然它将会又循环反复发生。

冲突通常始于一个触发事件（一般表现为差异的存在），随即开始发展，最终爆发。冲突达到最高潮时也就是管理者解决冲突的最好时机。在这个时间节点上，如果冲突得到了部分解决，所被解决的部分将不复存在，而任何剩下的未被解决的问题将继续由那些参与和受冲突影响的人不得不加以适应。虽然对冲突的适应能够使矛盾得到暂时的隐藏，但它仍然会像暗流般存在，要么停滞不前，要么逐渐增长，最终，再由另一个触发事件得到点燃和爆发，这一次可能出现更多亟需解决的问题。因此，忽视未解决的冲突将使它的负面影响逐步累积，最终使其越来越难以管理或得到解决。冲突解决各阶段见图 2-10。

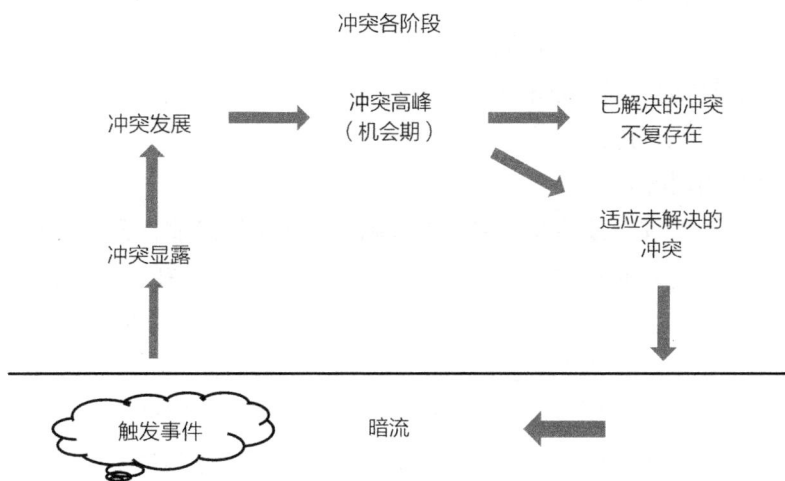

图 2-10　冲突解决各阶段

（2）解决冲突的策略

解决冲突只有五种策略。选择哪种策略取决于冲突中涉及的关系、问题或任务的重要性。作为管理者，只有当关系和手头上的问题或任务这两者的重要性都很低时，才有可能去避免冲突发生。如果考虑到关系非常重要，而问题或任务不是很重要时，可以选择包容他人。如果问题或任务和所考虑的关系都是中等重要，那么就可以选择妥协。

如果手头的问题或任务比维护关系重要得多，则可以选择与其他各方竞争。如果问题或任务非常重要但同时又想保持关系，那就选择合作。

当任务很重要时，那就需要采取果断的竞争行为。当关系显著且需要加以保留时，则需要进行包容和妥协以达到合作的目的。当手头上的问题或任务与维护关系同等重要时，则应该将竞争和合作混合使用。

当冲突具有复杂性或涉及多个参与方时，需要在谈判过程中多次进行竞争和合作之间的转换。

（3）调解人在解决冲突中的角色

涉及管理者的冲突不应由管理者自己来调解。达纳（Dana，2001）认为，第 2.7.3 节所描述的那些谈判技巧更适合于解决个人卷入的冲突或存在广泛组织问题的冲突。当冲突双方都明确表示需要得到冲突的调解时，管理者就要作为调解人介入（Dana，2001）。

以下情况发生时，就需要调停：

1）这场冲突只涉及两个参与方。

2）冲突造成了一个亟需解决的业务问题。

3）冲突各方之间的相互依赖性很高。

4）冲突已经爆发，必须马上得到解决。

在下列情况下不需要调解：

1）能够以原则来化解冲突。

2）能够进行员工培训以化解冲突。

3）能够以雇员协助计划服务来化解冲突。

4）需解决的问题不明确。

（4）管理者作为调解人

业务问题可以由管理者或涉及冲突的人来确定。在调解之前，管理者要与冲突各方进行会面，认真听取各方对问题的界定，并要将管理方在出席调解时的意见合适地通报给冲突双方，对问题的陈述必须要以书面形式，要公正客观、简明具体切实可行。

管理者要选择一个不受双方干扰的中立会议地点，调解时间可定为两小时，然后将调解的具体时间和地点通知给参与方。作为调解人，管理者要态度公正，不要自己决定解决方案，也不要表现得过于积极。冲突一方的员工要与冲突对方的员工（而不是与调解人）针对问题进行交谈，直到找到解决方案为止。在交谈的过程中，调解人一定要要求当事人都保持互相尊重的言行。调解人要坐在会议桌的一面，而冲突双方则要坐在桌子的侧面两端面对面地进行互动和沟通。

（5）开始调解

1）调解人对各方表示欢迎，然后宣读或说明所需要调解的问题。

2）调解人宣读或说明调解室内三方的责任，并要求每个人都同意和确认自己的角色和责任。

3）调解人要求双方互相关注，然后开始进行问题讨论。

（6）调解人应履行的角色

1）如果冲突方试图和调解人交谈，调解人应要求冲突双方重新交谈而不是与自己交谈。

2）如果冲突参与方的谈话偏离所要解决的问题时，调解人应要求双方重新围绕问题进行讨论。

3）尽量使冲突双方都能认识并表现出"和解的姿态"（例如：道歉、主动承担责任、让步、自我表露、表达积极的感情、提出一个"双赢"的策略等）。

4）在必要时，提醒冲突参与方，使他们了解并清楚自身的职责。

5）在必要时，要求冲突参与方再次清楚地阐明问题。

6）在必要时，鼓励冲突参与方保持交谈。

7）在冲突参与方讨论他们的问题时，保持耐心等待。

8）在当冲突参与各方开始提出各种解决方案时，调解人可以提出一个"解决建议"。

平均来说，大约交谈 45 分钟就会使人感到疲倦，然后就要快速进入协议阶段。疲劳、和平的愿望、宣泄和抑制反射都有助于调解协议的达成。

（7）达成调解

一个完整且有效的书面调解协议不仅要公平公正，还要能明确具体地列出双方的权利义务，并得到双方的一致同意。在双方达成调解一段时间后，还需要进行后续的会议。

在后续会议中，调解人要听取双方关于该调解是否有效的意见，并协助各方在必要时增加、修订或执行该调解协议。

### 2.7.3　劳动关系—谈判策略

谈判可以定义为"以一种通过与他人协商来实现公平解决问题的方式"。谈判技巧则有助于解决双方诉求不同而产生的冲突。谈判的目的是试探形势以找到双方都能接受的解决方案，从而实现双赢。

对于谈判者而言最重要的是需要了解如何利用谈判的每一步来实现双赢：

（1）步骤 1，准备工作：准备工作包括尽可能充分地了解谈判对象。研究谈判对象的需求、谈判风格、可能的反对意见以及底线。此外，也需要明确自己本身以及可能所要代表的那些人的相同信息。

（2）步骤 2，信息交流：在谈判开始阶段，要通过充分的信息交流与其他谈判各方建立良好的关系。这个步骤传递的谈判各方潜在利益、对问题的看法等信息能帮助谈判者有效地确定谈判期望和谈判的平衡点。

（3）步骤 3，交涉博弈：当一方提出初步意见时，开始谈判。其他谈判方则会提出不同的观点以主张自己的反对意见。谈判者往往会以妥协的形式让步以改变立场，最终尽可能多的获得谈判杠杆。

（4）步骤 4，承诺与协议：达成一个尽可能多地满足谈判各方利益、排除各方不同意条件的协议。各方必须承诺采取商定的行动来贯彻和履行谈判协议的条款。

### 1. 谈判技巧知识

费舍尔和尤里（Fisher and Ury，1983）在他们的书《达成一致》中提到：谈判者有三种谈判技巧：合作型谈判、立场型谈判和原则型谈判。

（1）合作型谈判：当谈判各方都想共赢，而且其利益都倾向一致时，可以使用这种技巧。这种技术可用于维持长期关系。它在谈判处理多个问题时也很有效。该技巧的基本概念是扩大利益馅饼而不是将其分解，为所有各方增加收益。该技巧常用于与员工和合作伙伴进行谈判。

（2）立场型谈判：这项技巧往往使得更有影响力的谈判方赢得谈判，通常在个人利益被认为比互利更重要，而且各方的利益相互冲突时，会使用这种技术。它往往用于解决单一的问题，而且只有需要维持相对短期的关系时才会使用这种方法。立场型谈判就像分馅饼一样，往往使最强势的谈判方分走最大份额。从20世纪初到20世纪80年代，在西方国家，这种技巧常被用于劳资谈判。在进行跨文化谈判时，由于大家都熟悉这种传统技巧，所以现在它仍然可为人所用。

（3）原则型谈判：这种谈判技巧是综合谈判的一种变体，也可达到双赢结果。原则性的谈判是将人与问题分开，侧重于利益而不是立场。谈判各方在作出决定之前通过头脑风暴来产生各种选择。协定以客观标准为基础，以便能够衡量执行工作。这种技巧旨在维持和加强长期关系并扩大利益馅饼。如果无法达成协议，则可将"谈判协议的最佳替代方法"作为替代方案。原则型谈判通常用于与顾客、雇员或伙伴谈判的情况。

### 2. 如何在客户价值链中确定优先考虑关键利益相关者的需求

制造业杂志"工业周刊"（IW）在2005年9月发表了一篇文章，详细介绍了2005年"价值链调查"的结果。调查结果显示，全球价值链中的客户在过去两年中经历了优先事项改变和需求不断变化的情况（Wiener，2005）。尽管有相当多的受访者将控制成本和收入增加作为高度优先事项，但最重要的是改善客户关系。产品创新的优先次序在降低，而优先次序表中的其他考虑项，比如增加利润、减少周期时间、增加单位数量、提高质量等都保持不变。

根据调查，客户关系计划正在取得成效。为更好地评估和满足客户需求，近40%的制造商开始或扩大他们的客户关系计划。他们听取客户意见的标准方法包括：需求和满意度调查，焦点小组和一对一采访。

以同样的方式，工程管理人员也可以更多地了解其客户，并将这些知识应用于与客户价值链中的关键利益相关者的谈判。鉴于需求和优先事项在价值链中正在迅速转移的特点，管理人员可能需要在谈判之前更新这些信息。

### 3. 如何运用谈判技巧确保双赢的结果

为了确保谈判实现双赢之目的，在谈判开始前需要考虑以下几点：

（1）目标：己方想从谈判中得到什么？己方预期对方想要什么？在准备谈判前做好研究，了解别人想要什么。

（2）交易：己方和对方有什么可以进行交易？各方目前都有什么资源是其他方可能需要的？目前各方为其他方准备了什么？

（3）备选方案：如果己方不能与对方达成协议，那有无备选方案？这被称为"谈判协议的最佳选择方案"。如果未达成协议，己方将受到多大的影响？没有达成协议会让己方失去未来的机会吗？其他方是否有相应的备选方案？

（4）关系：各方的历史关系是什么？这种历史关系会影响本次谈判吗？是否存在有任何隐藏的问题可能会影响谈判？己方将如何处理以上问题？

（5）预期结果：大家期望从这次谈判中得到怎样的结果？以前有过怎样的结果？有无先例可寻？

（6）后果：这次谈判的输赢对己方有什么影响？对其他方的影响是什么？

（7）权力：哪一方在目前的关系状态中具有怎样的权势？哪一方掌握着资源？如果协议未能达成，哪一方将损失得最多？

## 2.8　团队

### 2.8.1　传统团队

技术的进步日新月异。以汽车为例，从只有四个轮胎、一台发动机和一个方向盘的交通工具，发展到现在可以自动停车、可以检测是否偏离车道，甚至当意外即将发生时可以自动刹车。这种技术进步创造出了许多靠一个人的知识无法完成的项目。这种新型汽车需要多学科组合来进行设计、研发和生产。该组合最常见的形式称为团队，尽管可以使用诸如老虎团队、集成产品团队和工作集成产品团队等术语，但具体的术语可能依据行业而定（政府，私营工业，NASA，国防部）。2005 年，用于团队正式培训的费用为 511 亿美元（2005 年行业报告）。64% 的受访公司将团队建设列为一种特定类型的培训。尽管团队如此盛行，但是工程管理人员还是会遇到有关团队的各种各样的问题，如表 2-5 所示。

团队利益与问题　　　　　　　　　　　　　表 2-5

| 团队利益 | 团队问题 |
| --- | --- |
| 允许知识转移 | 多头领导 |
| 获取必要的技能以应对复杂项目 | 工作场地可能不同 |
| 整体之和优于部分 | 没有共同目标 |
|  | 没有授权 |
|  | 没有追责 |
|  | 团队人数过多（＞20） |
|  | 不被管理层正式认可 |

对于大多数人来说，问题是不知道一个好的团队究竟是什么样子的？卡岑巴赫和史密斯（Katzenbach and Smith，1999，p. 21）将团队定义为"技能互补的一小群人（通常少于20人）致力于共同的目的和具体的业绩目标"。他们的研究阐述了从一个简单的工作小组（现身一下互通信息）怎样向一个高绩效团队的转型。是什么让一个高绩效团队与众不同，是工作投入程度、可互换的技能和适应能力、共同管理、对其他团队成员事物的关心和较强的幽默感。卡岑巴赫和史密斯列举了几种建立团队绩效的方法，例如以员工的技能或潜在技能而不是以员工的个性来进行选拔；制定明确的行为准则；用最新事实和信息定期锻炼团队；并充分利用正反馈、重组和奖励的作用。

拉森和拉夫斯托（Larson and LaFasto，1989）发现了一个有效运作团队的八大特征。这是在对各种各样的团队（不仅仅限于工程团队）的研究中提炼出来的。这些特征包括明确的和不断提升的目标、结果驱动型架构（确定可以实现绩效目标的合理架构）、竞争力强的团队成员、同心协力的投入、合作氛围、卓越标准、外部支持和认可以及有原则的领导。其中存在最多问题的是同心协力的投入、外部支持和认可以及合作氛围。

萨拉斯、肖恩和坎农－鲍尔斯（Salas，Burke and Cannon-Bowers，2000）提出了7个新兴团队的合作原则：

（1）原则1，团队合作的特点是"一套灵活且适应性强的行为、认知和态度"（第344页）。

（2）原则2，团队合作需要成员对彼此的行为和行动进行监督，并根据其观察提供和接受反馈。

（3）原则3，"团队合作的特点是成员愿意并且能够在团队运作过程中支持同伴"（第347页）。

（4）原则4，沟通清晰且简洁。

（5）原则5，团队合作"需要协调集体行动"（第348页）。

（6）原则6，团队合作需要领导层能够提供指导、协调活动和计划。

（7）原则7，团队合作会受到当前工作及其要求的影响。

团队的另一重要方面是如何发展。关于这个话题已有许多研究。吉登伯勒姆和博斯特罗姆（Chidambaram and Bostrom，1996）创建了一个描述团队发展模型的分类图，如图2-11所示。下文将更具体地讨论图中的理论。

吉登伯勒姆和博斯特罗姆的研究表明"团体从初始阶段独立个体的集合演变到以冲突为特征的阶段，然后到凝聚力为特征的阶段，最后到以生产力为特征的阶段"（1996，第162页），这正是塔克曼（Tuckman，1965）的研究所提出的关于线性渐进的一个例子。塔克曼对已有的研究进行了元分析并开发了相应的模式，该模式表明团队发展经历四个主要阶段：形成、发展、规范、成熟。

盖尔西克（Gersick，1988）提出的间断平衡论正是基于时间的无序模式的一个例子。盖尔西克的模式表明团队的转型是在工作将要完成一半时发生。这种转型是由于团队成员意识到时间和截止日期，而不是由他们已经完成的工作量所产生的。盖尔西克的理论认为

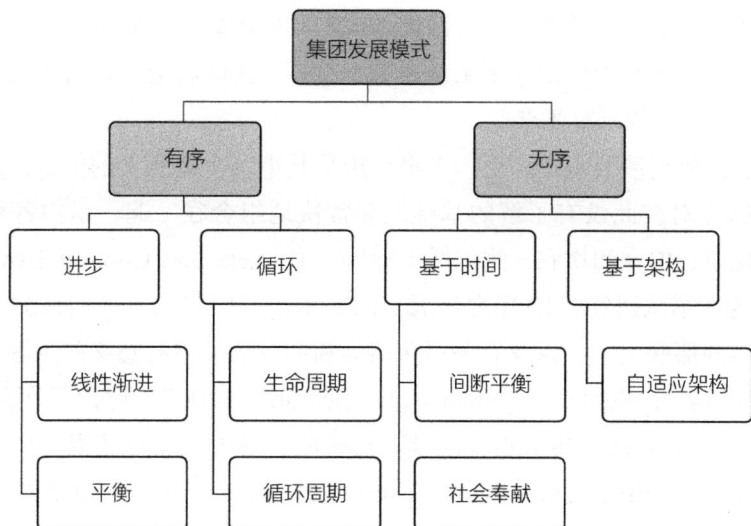

图 2-11　团队发展模型的分类

中期点类似于一个闹钟来提醒团队完成任务的时间有限，以此来激发他们努力工作。

　　关于上述分类中的其他模式的更多信息，本菲尔德（Benfield，2005）在第 2 章中有更详细的汇总图表。

　　团队的一个大问题是他们表现如何。这很难进行考核，因为几乎所有学科都在运用团队。急诊室工作人员可以用拯救了多少生命来测评绩效，而工程团队则可以考虑以按时完成、按成本或者低于成本完成来考核绩效。

　　对于团队来说，一定要了解当前的任务是什么，任务的目标是什么。明确目标后就能制定出绩效指标。此外，不能只考核能做的事，要创建对项目有意义的指标。如果在制定这些考核指标时遇到困难，请查看其他团队所使用的指标，明确可以实现任务目标的指标，或者组织认为是重要的指标。最后要记住，被考核的都是值得关注的。

　　创建团队章程是组织团队、明确目标、建立绩效指标，并确保管理者认可的一种方法。团队章程有以下好处：

　　（1）将团队目标记录在册；
　　（2）明确各自的角色、职责以及操作规程；
　　（3）有明确的沟通、报告和决策的程序；
　　（4）明确团队如何进行自我管理；
　　（5）确保管理层的签字盖章批准。

　　www.acquisition.gov 网站有一个出色的通用团队章程模板。该章程的关键部分是目标、背景、范围、团队组成、成员角色、团队授权、团队运作、团队绩效评估、工作里程碑和时间进度表、签名页和批准。背景部分阐述了团队如何融入大局，用户和客户是谁，并要描述可能发生的特殊情况。范围部分确定了任务和目标，以及团队要完成的高级目标。团队运作描述了团队如何规划日常运作。例如，在不得不替换、弃用和增加团队成员时，团队如何做出决策，会发生什么情况，以及如何与其他团队发生联系等。建议在制定团队章程时，要把讨论的所有内容记录下来做成副本存档。团队将会发现这些记录包含了制定团队章程这一系统工程的所有要点。

目前对团队的研究涉及范围广泛。军事应用是其中一个有意义的例子，因为在这一领域，一群人能够在对彼此没有了解的基础上非常快地组合在一起，承担各种各样关乎生死的任务。萨拉斯、伯克和坎农－鲍尔斯（Salas, Bowers and Cannon-Bowers, 1995）撰写了一篇题为《军队研究：10年之进展》的文章，其中包括了他们认为对团队绩效起着至关重要作用的那些因素，以及有关军队培训和绩效的其他有意义的主题。达伦布、维吉拉尔和毕尔斯玛（Dalenber, Vogelaar and Beersma, 2009）讨论了军队如何快速提高团队绩效。另一个主题是共享心智模型。马蒂厄、赫夫纳、古德温、坎农－鲍尔斯和萨拉斯（Mathieu, Heffner, Goodwin, Cannon-Bowers, Salas, 2005）定义共享心智模型为"团队成员共享的组织理解和心智表达"（第38页）。基本上，是指团队成员对相关项目理解的清晰程度。他们得出结论，共享心智模型更好的团队就会有更好的团队过程和绩效。

由于没有足够的时间或篇幅，本书无法涵盖当前研究所涉及的所有主题。如果有感兴趣的主题，可以通过各种途径找到有关信息。

管理和领导团队是非常重要的。卡岑巴赫和史密斯（Katzenbach, and Smith, 1999）指出，作为一名团队管理者，有很多重要事务要做，包括建立责任感和树立信心、做实事、遵循宗旨和目标、发展针对有效的方法、加强技能水平并为他人创造机会等。他们认为团队管理者从来不应做两件事情：指责责备或允许特定的人失败，以及为团队表现不佳找借口。

拉森和拉夫斯托（Larson and LaFasto, 1989）发现了团队领导者的两个盲点：团队领导者不愿意面对并解决与团队成员表现欠佳相关的问题，领导者使用太多的优先级事项而冲淡了团队的努力。萨拉斯、肖恩和坎农－鲍尔斯（Salas, Burke and Cannon-Bowers, 2000）的原则6讨论了团队领导需要做些什么。如本领域前面所述，李克特（Likert, 1961）提出了支持管理、团队管理和他的四个系统的想法。在这些讨论中，许多方法可以直接应用于此处所描述的团队的管理。诸如整个组织中的信心和信任，员工想要协作来解决问题并使组织成功，以及通过团队章程所描述的绩效考核来进行自我约束和自我指导等。另外，团队管理者必须要具备友好且乐于为他人提供支持和帮助的品质，对团队的诚信和能力充满信心。管理人员要与团队成员保持有效沟通并尽可能地不要使其发布的信息受到过滤减少也是很重要的。所以，李克特的第四类系统（参与组）是最适合进行团队管理的系统。

布莱克和莫顿（Blake and Mouton, 1964）对成功的管理者进行了观察，发现这些管理者普遍通过团队来解决冲突的问题（拉森 Larson 和拉夫斯托 LaFasto 称之为盲点），并得到了员工的积极响应，提升了团队的整体能力和技能水平。管理方格理论中的（9，9）方格就被认为是团队管理者用于平衡生产效率和员工的最有效方位，该方位能够为团队提供最佳的管理类型。这种管理类型能理解到人总是有不同的，有不同的动机、不同的经历，愿意帮助成员克服这些不同，打造出一个高绩效团队。管理者还要了解团队绩效，同时也希望能理解拉森和拉夫斯托提到的太多优先级项的问题。

总之，研究发现，工作团队具有有效解决复杂任务的特点，而并不是像"哥们过来一起把这个问题解决了"那样简单。最重要的是，管理者应知道是什么会造就一个好的团队，而又是什么会造成一个表现不佳的团队。管理者还需要清楚团队现在需要做什么，让团队执行这些工作任务并最终取得成功。管理者同样要意识到他们可能会掉入怎样的陷阱，例如不解决冲突或设置太多的优先级项。这些虽然不能 100% 保证团队会成功，但它们是成功的基础。

### 2.8.2　虚拟团队

虚拟团队的定义是在地理上和组织上分散的知识工作者的群体，通过信息和通信技术（例如，电子邮件、视频会议或其他计算机中介通信系统）跨越时间和空间将他们聚集在一起，与客户沟通交流彼此需求并完成相关业务（Lipnack and Stamps，1997，2000；Jarvenpaa and Leidner，1998；DeSanctis and Poole，1997）。即使是工作安排也都是在网上完成，虚拟团队的成员之间很少见面。

团队必须有三个属性才能认为是虚拟的。首先，它必须是一个运作良好的团队——即一个其任务相互依存的个体的集合，每个成员共同承担最终结果，视自己并被外人视为一个完整的社会单元融入众多社会系统之中的一个系统，集中管理其跨越组织边界的关系（Forsyth，1999；Hackman，1987；Alderfer，1977）。这一要求将这种工作安排与群体区分开来。简单地通过电子方式和其他人交流不会将一群人转变为一个虚拟团队。虚拟团队必须具有真正要执行的任务、相互依赖的成员和共享的成果，这些成果的质量要高于成员单独工作和所有成员单独工作总和的质量。

其次，团队成员在地理上是分散的。虚拟团队的成员各自分散在不同地点——他们的主要工作站点（城市、州、国家或大陆）彼此不同。团队成员可能隶属于同一个组织或多个组织。因此，团队成员可来自全球各地的不同组织。

最后，团队依靠技术媒介沟通而不是面对面的交流来完成他们的任务。尽管是由硬软件技术对虚拟团队提供支持，但是使用技术本身并不能使团队具有虚拟性，而是取决于对增加虚拟性的电子通信应用的依赖程度。真正的虚拟团队必须是通过电子通信手段来进行绝大多数的互动沟通来完成手头的工作。而传统团队通常对怎样和何时使用技术有更多的自主权。

虚拟团队的领导有两种：任务领导者和社会领导者（Lipnack and Stamps，1997）。任务领导者面向团队活动，并要做出完成结果所需的决策。与早期有关任务取向的领导（例如，管理网格）的理论类似，满足生产力指标是这类领导者成功的决定因素。社会领导者的目标则是要去创造团体认同感、地位、吸引力和个人满意度。团队的凝聚力是这类领导者成功的决定因素，其对于虚拟团队的维护也同样重要。

# 复　习

学习了"领域 2：领导力和组织管理"之后，你应该能够回答以下问题：

1．孔茨和奥唐奈认为有六个核心管理学派思想存在。请分别列出和描述这六个学派。您认为自己的管理方法最符合哪个学派或学派的组合，并说明为什么？

2．列出并描述威斯布鲁克的综合管理模型的五个要素。指出这些要素之间存在什么样的关系？

3．马斯洛需求层次理论中的"人类的五个需求"各指的是什么？就工程项目管理而言，工程管理人员该如何运用需求层次理论？

4．传统的组织架构和基于团队的组织架构之间有什么区别？为什么说后者更适用于技术型产业？

5．描述李克特的第四类系统，并解释为什么说它是李克特所有管理系统中唯一能够持续实现正常生产率目标的系统。

6．描述布莱克和莫顿管理网格的五个方位。哪个方位对管理知识工作者最重要？

7．有机和机械结构的一些关键特性是什么？哪个更适合当代技术驱动型行业，为什么？

8．列出和描述明茨伯格的组织设计的五个要素。

9．双赢谈判由四个步骤组成，包括全面准备、信息交流、提出和反对、达成协议和促进承诺。请具体描述每一步骤的具体内容。

10．费舍尔和尤里认为有三种关键的谈判技巧。请描述每个技巧并解释在什么情况下该技巧是最有效的。

11．薪酬支付方法包括货币和非货币福利两类。要根据员工的不同价值认知来选择相应的支付形式。管理者如何才能了解员工的价值观？请列出您公司员工可能看重的五项福利。为什么在如今的就业市场中留住员工是一个重要的考虑因素？

12．政府制定了避免歧视雇员的公平选拔和就业法。请列出联邦法律禁止的六种歧视形式，并详细说明每项法律所规定的保护措施。

13．在考虑什么是多元文化团队的公平管理规则时，管理人员必须要意识到"公平"并不意味着"相同"，而是根据每个员工的确定需求制定因人而异的管理规则。为了保证所有员工都遵守相同的绩效标准，还需要管理者定制相应的绩效反馈方案，以确保这套规则有效运行。请列出在向多元文化团队成员提供绩效反馈时，管理人员需要注意的五个事项。

14．列出有效调解冲突的四个必备条件。

## 延伸阅读

[1]　Organization and Environment, by Paul R. Lawrence and Jay W.Lorsch (1967). Boston,

MA: Harvard University.

[2] The Context of Organizations, by D.S.Pugh, D.J.Hickson, C.R.Hinings, and C.Turner(1969), Administrative Science Quarterly, vol. 14.

[3] Beyond Products: Services Based Strategy, by James Brian Quinn, Thomas L. Doorley, and Penny C. Paquette (1990), Harvard Business Review, vol. 68, issue 2 (March-April), pp. 58-67.

[4] An Integrated Theory of Motivation, by Jerry D.Westbrook(1982), Engineering Management Inter-national, vol. 1, pp. 193-200. Elsevier Publishing Company, Amsterdam.

# 参考文献

[1] Alderfer, C. P. (1977). Group and intergroup relations. In J. R. Hackman & J. L. Suttle (Eds.), *Improving life at work.* Santa Monica, CA: Goodyear.

[2] Argyris, C. (1957). The individual and organization: Some problems of mutual adjustment. *Administrative Quarterly, 2* (June).

[3] Benfield, M. P. (2005). Determning the ability of the Tuckman group development model to explain team development in science and engieeirng organizations. Ph.D. dissertation.

[4] Bennis, W., & Nanus, B. (1985). *Leaders: The strategies for taking charge.* New York, NY: Harper Collins. Blake, R. R. & Mouton, J. S. (1964). *The managerial grid.*Houston, TX: Gulf Publishing.

[5] Burns, T., & Stalker, G. M. (1961).*The management of innovation.* London, U.K.: Tavistock. 2005 Industry Report. (2005). *Training* , 14-28. *Acquisition Central.* (2011). Retrieved from www.acquisitions.gov

[6] Chidambaram, L., & Bostrom, R. (1996). Group development (I): A review and synthesis of develop-ment models. *Group Decision and Negotiation, 6,* 159-187.

[7] Conflict.(2006). In *Merriam Webster Online.* Retrieved from http://www.merriam-webster.com/dictionary/citation

[8] Constantino, C. J., & Merchant, C. S. (1996). *Designing conflict management systems: A guide tocreating productive and healthy organizations.* San Francisco, CA: John Wiley & Sons.

[9] Covey, S. R. (1989). *The 7 habits of highly effective people.*New York, NY: Simon and Schuster.

[10] Dalenber, S., Vogelaar, A., & Beersma, B. (2009).The effect of a team strategy discussion on militaryteam performance. *Military Psychology, 21* (Suppl. 2), S31-S46.

[11] Dana, D. (2001). *Conflict resolution: Mediation tools for everyday worklife.* New York,

NY: McGraw-Hill.

[12] DeSanctis, G., & Poole, M. S. (1997). Transitions in teamwork in new organizational forms. *Advances inGroup Processes*, *14*, 157-176.

[13] Dessler, G. (1986). *Organization theory: Integrating structure and behavior* (2nd ed.). Englewood Cliffs, NJ: Prentice Hall.

[14] Drucker, P. F. (1959). *The landmarks of tomorrow*. New York: Harper and Row. Equal Employment Opportunity Commission (EEOC). Availableat http://www.eeoc.gov

[15] Fisher, R., & Ury, W. (1983).*Getting to yes: Negotiating agreement without giving in.* New York, NY: Penguin Books.

[16] Forsyth, D. R. (1999). *Group dynamics.* New York, NY: Wadsworth Publishing Company.

[17] Gersick, C. G. (1988). Time and transition in work teams: Toward a new model of group development. *Academy of Management Journal, 31*(1), 9-41.

[18] Goldratt, E. (1992). *The goal* (2nd ed.). Great Barrington, MA: North River Press.

[19] Hackman, J. R. (1987). The design of work teams. In J. W. Lorsch (Ed.), *Handbook of organizationalbehavior.* Englewood Cliffs, NJ: Prentice-Hall.

[20] Herman, R., & Gioia, J. (2000). *How to become an employer of choice.* Winchester, VA: Oakhill Press.

[21] Herzberg, F. (1968, January-February). One more time: How do you motivate employees? *Harvard Busi-ness Review,* 87-96.Industry Report. (2005). *Training,* 14-28.

[22] Jarvenpaa, S. L, & Leidner, D. E. (1998). Communication and trust in global virtual teams. *Journal of Computer Mediated Communication, 3*(4), 791-815.

[23] Katzenbach, J., & Smith, D. (1999). *The wisdom of teams.* New York, NY: HarperBusiness.

[24] Katzenbach, J. R., & Smith, D. K. (2003). *The wisdom of teams: Creating the high performanceorganization.* New York, NY: Harper Paperbacks.

[25] Koontz, H., & O'Donnell. (1961). The management theory jungle. *Journal of the Academy of Management, 4*(3), 174-188.

[26] Kouzes, J. M. & Posner, B. Z. (2002). *The leadership challenge.* San Francisco, CA: Jossey-Bass.

[27] Larson, C., & LaFasto, F. (1989). *Teamwork: What must go right/what can go wrong.* Newbury Park, CA: Sage.

[28] Likert, R. (1961). *New patterns of management.* New York, NY: McGraw Hill.

[29] Likert, R. (1975). *Likert's system four.* New York, NY: Amacom.

[30] Lipnack, J., & Stamps, J. (2000). *Virtual teams: People working across boundaries with technology* (2nd ed.). New York, NY: John Wiley & Sons.

[31] Lipnack, J., & Stamps, J. (1997). *Virtual teams: Reaching across space, time, and organizations withtechnology.* New York, NY: John Wiley and Sons.

[32] Machiavelli, N. (2008). *The prince.* New York, NY: Oxford University Press.

[33] Maslow, A. H. (1943). A theory of human motivation. *Psychological Review, 50*(4), 1-21.

[34] Mathieu, J., Heffner, T., Goodwin, G., Cannon-Bowers, J., & Salas, E. (2005). Scaling the qualityof teammates' mental models: Equifinality and normative comparisons. *Journal of OrganizationBehavior, 26*, 37-56.

[35] McClelland, D. (1966, November – December). That urge to achieve. *Think Magazine,* IBM Corporation, 19-23.

[36] McGregor, D. M. (1957). The human side of the enterprise.*Management Review, 46*(11), 22-28.

[37] Mintzberg, H. (1971). Managerial work: Analysis from observation. *Management Science, 18*(2), 97-110.

[38] Mintzberg, H. (1979). *The structure of organizations.* Englewood Cliffs, NJ: Prentice Hall.

[39] Mintzberg, H. (1983). *Structures in fives: Designing effective organizations.* Englewood Cliffs, NJ: Prentice Hall.

[40] Salas, E., Bowers, C., & Cannon-Bowers, J. (1995). Military team research: 10 years of progress. *Military Psychology, 7*(2), 55-75.

[41] Pink, D. (2009). *Drive—The surprising truth about what motivates us*. New York, NY: Riverhead Books.

[42] Salas, E., Burke, C., & Cannon-Bowers, J. (2000). Teamwork: Emerging principles. *International Journalof Management Reviews, 2*(4), 339-356.

[43] Senge, P. (1994). *The fifth discipline field book: Strategies and tools for building a learning organiza-tion.* New York, NY: Crown Business.

[44] Skinner, B. F. (1953). *Science and human behavior.* New York, NY: McMillan.

[45] Taylor, F. W. (1911). *Shop management.* New York, NY: Harper and Brothers.

[46] Tuckman, B. W. (1965). Developmental sequence in small groups. *Psychological Bulletin, 63*(6), 384-399.

[47] Vaughn, B. (2006). *High impact diversity consulting.*Diversity Training University International.

[48] Vinas, T. (2005). IW value chain survey: A map of the world. Available at http://www. industryweek.com/ReadArticle.aspx?ArticleID=10629&SectionID=11&CID=KNC-IWTRAF.

[49] Westbrook, J. D. (July 2011). *Managing knowledge workers—An integrated approach.*

# 3

# 战略规划

**第 3 领域主笔**

职业工程师　格雷格·塞德里克（Greg Sedrick）博士

露西·莫尔斯（Lucy Morse）博士

丽塔·恩格勒（Rita Engler）博士

职业工程师　迈克尔·霍尔曼（Michael Holman）博士

**第 3 领域翻译**

刘合　教授

# 战略规划

## 关键词和概念

| | |
|---|---|
| **平衡计分卡** | 对战略与财务指标进行衡量的一种方法，包括财务、客户、内部过程以及学习与成长前景 |
| **BCG 矩阵** | 波士顿咨询集团的双坐标轴矩阵分析：其中市场份额作为横轴，增长率作为纵轴 |
| **CROPIS 分析** | 用于分析组织为持续改进其系统所做努力的一种模型。该分析尤其关注客户、要求、过程、输入、供货商这几个要素 |
| **MARR** | 最低可接受收益率 |
| **宗旨陈述** | 关于产品与服务、目标客户和市场的说明，而且在某一时间范围内有一个更迫切的业务重点 |
| **外包** | 雇用第三方服务供应商的服务 |
| **PDCA** | 策划—实施—检查—改进 |
| **波特五力模型** | 对五种竞争力进行分析的一种模型：即新入市者、供货商、购买方（客户）、替代品和竞争对手 |
| **产品生命周期** | 产品的一个生命周期有四个阶段：萌芽、成长、成熟和衰退 |

## 关键词和概念

| | |
|---|---|
| **SBU** | 战略业务单元 |
| **战略（长期）目标** | 设定在 2~5 年内完成或重新评估的组织目标 |
| **战略联盟或伙伴** | 合资企业或收购 |
| **战略规划** | 制定、实施、调整并持续改进企业战略计划的过程 |
| **SWOT（或 TOWS）** | 根据组织的优势、劣势、机会和威胁进行战略制定的一种工具 |
| **战术（年度）目标** | 组织设定的在一年或一年预算周期内要完成的目标 |
| **愿景陈述** | 组织所追求的未来发展前景 |
| **WACC** | 加权平均资本成本 |

## 3.1 战略规划

下文简要描述工程管理人员在实际工作中通常会遇到的战略规划制定问题，并试图概述常用的战略模型、技术和规划工具。重点是为工程管理人员要参与的活动提供参考。

"所有模型都存在问题，但有些模型却相当有用。"（鲍克斯 Box，1979）

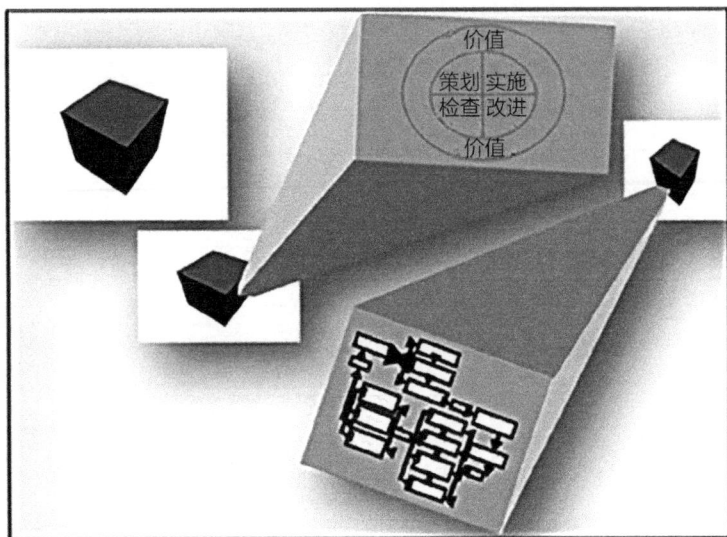

图 3-1　盒内思考全息图

有多少规划专家和顾问，就有多少战略规划模型，其中一些列在本章结尾的参考文献中。

每一个战略规划模型都可被看作是规划全息图的一部分，如图 3-1 所示。全息图的持有方向决定你会看到怎样的规划模型。稍微转动一下这张图，可见一个 14 步过程，它强调过程的持续改进；再转动一下，则呈现一个 54 步过程，它强调新产品开发；最后一次转动则显示出一个 6 阶段战略规划过程，它强调精益制造、六西格玛或可持续性管理哲学。其实要点就是虽然有多种模型存在，而且每个模型都可以有不同数量的步骤和工具，但所有规划模型的整体目的应该都是相同的：设定目标、开展工作、研究工作效果，然后重新部署以便进一步改进实施情况。戴明（Deming，1982）、休哈特（Shewhart，1939）和泰戈（Tague，2004）分别对这些步骤都做出了一个最简单的总结：策划、实施、检查和改进。

这些模型主要分为规划和管理两大类。在此把战略规划定义为制定、实施、纠正和持续改进企业战略规划的过程；将战略管理定义为实施战略所要使用的工具和技术，以及对正式规划过程再循环之前发生的特殊事件做出快速反应所需付出的努力。

大多数战略规划模型中的实施活动是相同的：

（1）对组织和组织运营所处竞争环境进行进一步的深入了解，这有时也被称为组织体系分析。

（2）根据组织体系分析结果，在深入了解的基础上制定长期与短期目标。

（3）制定实现目标的战略，包括部署行动计划。

（4）通过适当的项目管理来实施战略。

（5）测量和评估战略实施的进度。

（6）在评估基础上对实施活动进行调整。

（7）定期重新审查前文列出的各要素，再重复该过程。

在实施战略规划与管理时，需要采取如下措施：（1）要灵活接受新的规划模型工具和技术；（2）要认识到团队成员会指望工程管理人员把"当前流行的"规划过程固定化，这种情况有时会在企业不断引入新的管理哲学时出现；（3）无论组织开始时处在哪个层级，都要强力促使将战略规划作为企业实施制度的一部分；（4）要对规划过程的循环改进进行设计，要理解到规划步骤可能不总是按顺序完成的，这具体将取决于公司实施战略管理的成熟度和文化。也就是说，一家公司可能会在制定战略方面比进行内部分析方面花费更多的时间，而另一家公司则可能在制定战略之前，先会不断地努力了解自己本身和自己所处的竞争环境。

## 3.2 战略规划对工程管理人员的重要性

有关深度战略规划失败的报告少之又少，但大众媒体和经验都能表明仅仅收集或生成输入（例如愿景、使命和 SWOT 要素）对于战略规划的成功实施还远远不够，必须要对现实战略进行深度分析。总之，工程管理人员的工作绝不只是在每个规划要素标题下列出公司情况。戴明（1982）所描述的做法则是要对组织、其产品和服务以及那些要不断地满足并超过客户期望的过程建立起"深度的知识储备"。

工程管理人员要在各阶段的战略规划中做出有价值的贡献，在保持技术开发和创新与公司战略一致方面要起领导作用。

## 3.3 战略规划过程

在设定目标之前，第一阶段要做的就是对组织进行分析以确立规划基准与框架，其中要回答如下问题：我们成功的定义是什么？公司按照该定义现在做得怎样？公司当前的业务是什么？公司未来的业务是什么？公司要做些什么才能在业务上获得成功？公司有能力或资源完成这些任务吗？如果不能，公司必须要增加什么能力？在公司以往所做的工作中，哪些是必须继续的，什么是必须停止或整改的？

工程管理人员必须时刻考虑上述问题，但要偏重于"以现有资源能完成什么"以及"在实施过程中期望工程管理人员能做些什么"这两个问题。工程管理的一项主要贡献就是在战略和业务过程中要识别并利用技术和创新。

### 3.3.1 策划

在多数战略规划模型中，作为第一阶段的分析过程包括编写愿景与使命陈述、描述公司与客户和供货商的界面、确定公司的内部优势与劣势、预测公司的外部威胁与机会，并列出在制定目标和战略时将要使用的假设和限制清单。

战略模型中常见的第二阶段就是要制定长期目标以及与其相关的短期目标。可通过分析内部劣势或外部威胁或挖掘当前的内部优势来识别当前的关注点，以便利用所预测到的那些机会，然后在此基础上制定这些目标。

长期目标的规划周期通常为 5 年，这样提供的规划环境可避免财季末思维方式。正如辛克和塔特尔所言（Sink & Tuttle，1989）："这样可以避免出现战略意义上的战术错误。"短期目标的规划周期一般为 12 个月，为的是与年度预算编制一致。改进项一般计划要在12 个月以内完成，根据模型建议的难易程度，最短的可短至一星期。

第三阶段就是要制定实现目标的战略。战略可按不同的主题制定，包括功能性战略、增长型或缩减型战略、资产组合战略、外包与合作战略、可持续性战略、全球战略和其他战略类别。制定战略还包括编制和整合有关市场营销、经营和预算的那些计划。

### 3.3.2 实施

第四阶段要进行的就是战略的日常实施工作。很多模型称之为战略管理（戴维，2012），也有些模型称之为项目管理（辛克和塔特尔，1989）。无论使用怎样的术语，工程管理人员都必须要熟悉并有能力完成项目管理的任务。有关项目管理可参见本书的"第 5领域：项目管理"。

### 3.3.3 检查或研究

第五阶段则是要建立或改进有关战略实施的测量、评估和控制。由于该阶段的活动与实施过程中所有其他阶段的活动有可能同时发生，因此它不是一个按顺序执行的步骤。为了跟踪进度并在必要时采取纠正措施，每个级别的规划周期都要制定相关测量标准。

### 3.3.4 改进

第六阶段是要根据测量和评估结果调整业绩和组织行为，对规划过程进行循环改进。每一次循环都会对竞争环境和组织带来更深入、全面的了解。只要组织能够真正意识到机会的存在，有能力抓住这个机会并有意愿利用它时，这样的机会就可以创造价值。

## 3.4 战略管理

如前文所定义的那样，战略管理要使用一些工具和技术，用来：（1）实施战略；（2）在正式规划过程再循环开始之前组织针对特殊事件做出快速反应的工作。

通过这些战略管理工具和技术要对如下问题做出回答：

（1）我们当前处于什么状况？

（2）与我们的竞争对手相比，我们的水平如何？

（3）我们有进行改进所需的资源吗？

（4）如果我们制定一个大胆的战略举措，我们准备好反击了吗？

（5）我们人力资源和设施的能力如何？

（6）以我们当前的状况，我们想要发展成什么样？

（7）成功的定义是什么？

（8）什么是我们的组织与财务目标？

（9）我们怎样描述可能实现的最好结果？

（10）我们如何从当前状况朝着我们未来的愿景发展？

（11）什么战略将帮助我们的组织实现其组织目标和财务目标？

（12）我们如何最有效地利用内部资源来获得成功？

### 3.4.1　系统分析

#### 1．愿景与使命陈述

有些组织选择对于愿景和使命两者都做出陈述。使命就是要列出产品／服务、目标客户和市场。愿景则是组织努力要实现的未来前景，它应该充分体现所有组织成员的意愿、思想和长期方向。

在战略规划期间对使命陈述的制定一定不能掉以轻心，我们可以从文献中找到一些负面的例子：

（1）航空还是交通？美国航空公司宣布它已到达其航空事业的"顶峰"，因而采取了多样化策略进入汽车租赁和酒店业务，但它没有能够持续很久。

（2）零售还是金融？正好在好事达保险公司赚大钱的时候，希尔斯宣布它开始从事金融业务的消息震惊了商业界。希尔斯零售部一直都没有摆脱该战略对其造成的不利影响。

（3）比萨饼还是递送？多米诺想到了既然他们要递送比萨饼，那么就要从事运输业务。幸运的是，他们的客户几乎没有注意到这一点，因此没有产生什么负面影响。

#### 2．CROPIS 或 SIPOC 分析

如图 3-2 所示，CROPIS 中的每个字母都代表一个组织要素，它们分别是客户、需求、输出、过程、输入和供货商。虽然在某些资料中该分析也被称之为 SIPOC，但我们更喜欢 CROPIS 这种字母与分析顺序。然而，这种工具绝不只是用来列出组织的要素清单。它从列出详细要素清单开始，但接下来就是要反复提出如下问题（出自辛克和塔特尔 1989 的文献以及戴明 1984 年的短期课程）对每个要素进行深度分析：

（1）这些要素都是什么？要详细描述它们。例如，一份客户清单上应该列有联系人的

姓名，而不只是客户的公司名称。

（2）在我们关于这个要素以往的工作中，哪些达到或超过了客户期望？

（3）未来我们要做些什么来改善我们对客户期望的反应？

（4）我们如何知道新措施会好于当前的措施？什么数据能够支持我们改变方法？

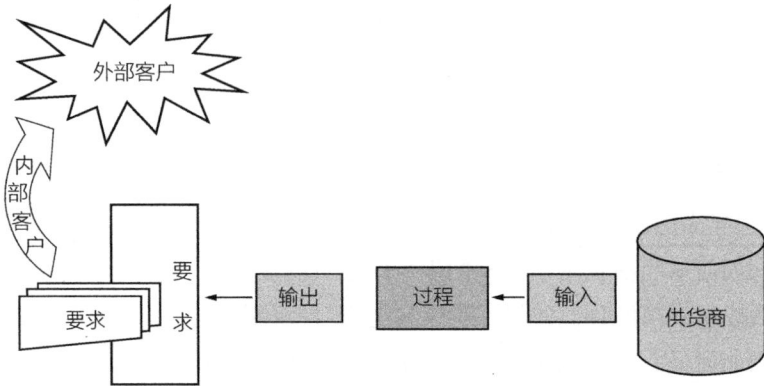

图 3-2　CROPIS

### 3. SWOT 分析

作为一种工具，优势、劣势、机会和威胁（SWOT）分析首先可用于理解要做规划的环境，然后再可用来辅助战略的制定。分析程序分为两步：先是内部分析，然后是外部分析。

（1）内部分析：优势与劣势

对内部环境进行评估并深入了解如下信息：

1）员工构成情况和能力；

2）组织扩张或发起反击的财务能力；

3）迎接新机会所需设施的充分性；

4）可接受的变化速度；

5）组织文化和管理风格；

6）所需技能和资源的获取；

7）产品或服务的领导地位；

8）产品或过程的研发投入；

9）采用的规划周期；

10）来自母公司的限制；

11）母公司可为战略提供的资源支持；

12）母公司对组织的投入程度。

对这些信息进行分析便可得出组织的优势和劣势，而这些信息构成了组织的战略核心。戴维（David，2012）描述了一种更深入的分析方法。它给每个优势和劣势都分配两个值便可形成内部因素分析图。首先，根据每一项优势或劣势对组织未来工作的重要程度为其分配一个权重，所有权重之和应等于100%。第二个测量值就是组织当前表现出了多大的优势或劣势。将权重与当前优势或劣势的测量值相乘就得到一个乘积，它有助于今后制定出扬长避短的战略。

（2）外部分析：机会和威胁

要对外部环境进行评估并识别出被研究行业的所有特征。下面给出了一些研究问题的范例：

1）行业是在扩展还是在收缩？

2）竞争对手使用的技术水平如何？它在改变吗？除了通用技术之外还有更多的适用技术吗？

3）行业稳定吗？竞争对手最近有变化吗？

4）竞争对手的数量和优势如何？

5）客户强势到有定价权吗？

6）供货商可提供优质产品吗？他们可靠吗？

戴维（2012）再一次描述了一种更深入的分析方法。它给每个机会和挑战都分配两个值就可构成外部因素分析图。首先，对每个可能影响组织的机会或威胁的概率都分配一个权重，所有权重之和应等于100%。第二个测量值就是对组织利用机会或消除外部威胁能力的估计概率。将这两个概率、可能影响和能力相乘就得到一个乘积，它有助于今后的战略制定。

内部因素得分是基于优势和劣势获得的，而外部因素得分则是根据机会和威胁获得的。一个显示内部因素与外部因素得分的汇总图表可用于制定战略。

### 4. 规划的假设和限制条件

规划的假设是对未来限制条件的概率估计，而规划的限制条件则是当前影响组织的事实。对未来经济环境的估计就是一个规划假设的例子，而组织当前的最低可接受收益率（MARR）或加权平均资本成本（WACC）则是规划限制条件的例子。由于所有假设和限制条件对组织的影响可能并不相同，因此通常要对限制条件配置一个影响权重。把影响权重乘以假设发生的概率就得到了影响的大小。在每一个年度规划循环改进中，首先要对这些因素进行评审以确定商业环境的变化程度。同样地，在风险分析和情况分析中也要改变之前所做出的假设和限制条件，考察一下战略对于这些数值的变化有多敏感。

### 5. 波士顿咨询集团竞争对手矩阵分析

可以将波士顿咨询集团（BCG）矩阵（图3-3）用做前期规划工具，也可用来进行战略制定。有关该工具的更详细说明可参见"第7领域：工程组织营销与销售管理"。图中画有四个象限，该模型的纵轴是增长率，而横轴则是市场份额。该矩阵可用于对最近几年的销售与财务业绩进行分析，以确定出哪个象限内的哪个产品/服务、部门、公司或组织的业绩出现了下滑。

左上象限代表高增长，同时公司占有大部分行业市场份额的状态。该象限可被标记为

相对市场份额情况

| | 高 1.0 | 中 0.5 | 低 0.0 |
|---|---|---|---|

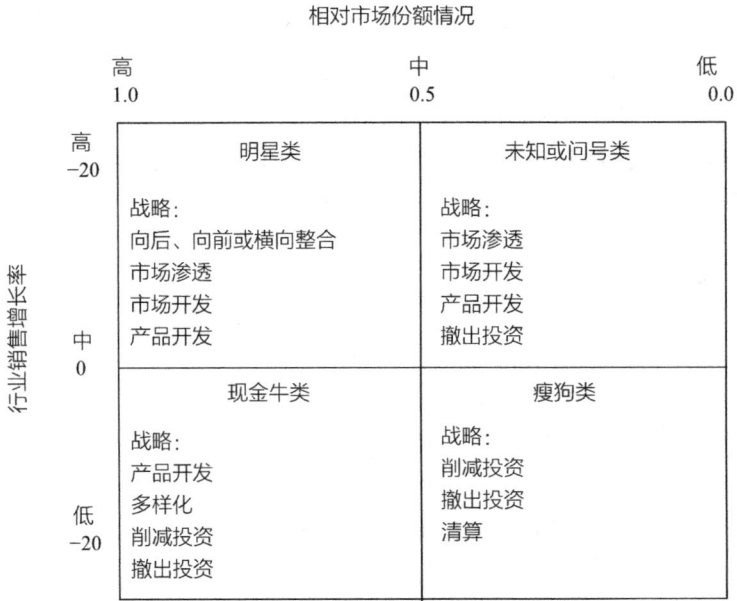

图 3-3　波士顿咨询集团矩阵

明星类业务，组织具有竞争优势。

左下象限代表低增长，但公司仍占有大部分行业市场份额的状态。该象限可被标记为"现金牛类"业务。由于此类业务几乎没有什么增长，组织可以把其稳定收入的资金投资到明星类和未知类业务中。

右下象限代表低增长，公司几乎没有行业市场份额的状态。该象限可被标记为"瘦狗类"业务，要将其转变到明星或"现金牛"业务可能需要大量的资源投入。

右上象限代表高增长率，但公司几乎没有什么行业市场份额的状态。该象限可被标记为未知类或问号类业务。由于这类业务既可能转变到明星类，也可能成为瘦狗类业务，因此这是一个高风险区。

这个四象限图描绘了有关组织产品定位与优势的健康程度。这与资产组合很相似，通过适当的资产平衡可以分散风险。

### 6. 产品生命周期模型

产品在生命周期内所处的阶段也会影响经营战略。例如，处于萌芽阶段（也就是仍然处于开发阶段，近期才刚刚介绍给市场）的产品，它们所需要的战略不同于那些正在经历高度市场渗透（成长阶段）或已经达到高峰，现在正在衰退（老化阶段）的产品。

图 3-4 描绘了产品生命周期中的每一

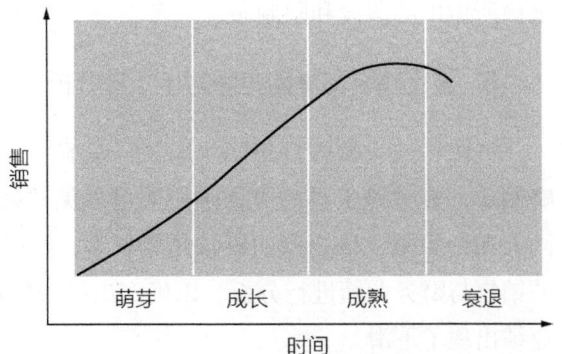

图 3-4　产品生命周期

阶段。下面的章节将对这些阶段进行说明，然后给出关于产品生命周期法的几点注意事项。

（1）产品阶段：萌芽或引入

当一种产品对于市场而言是新的，而且其前途尚不确定时，我们说这种产品正处于萌芽或引入阶段。在萌芽阶段时，组织必须要设法形成一个市场让购买方愿意冒险一试。这些购买方通常就是愿意冒险的早期接受者，费用对于他们来说并不是重要问题。萌芽阶段的产品一般都存在质量问题，随着产品的开发和成长，其制造过程也会不断改进。

下文是对萌芽阶段的总结。

（2）购买方：高收入

1）产品：质量不高。设计是其适销的最显著特点，同时它还会频繁变化以及缺少标准特点。

2）营销：高额广告费用／大量促销。

3）制造：产能过剩。

4）研发：改变产品特点、改变产品技术。

5）战略：通过研发和技术来改进产品和过程。

6）竞争对手：几乎没有。

7）风险：高。

8）利润：低，因为有启动成本。利润可能会因价格提高而随销售额增长。

（3）产品阶段：成长

如果产品渡过了萌芽阶段，那么它就有了一定市场规模，而且销售额也在增长。产品质量尚可接受，但仍然需要改进。因为产品需要及时投入到更广阔的市场，所以分销现在可能成为问题。同时竞争对手也会受到吸引，开始做广告，但未必会获得原产品的知名度。在成长阶段，要重点强调产品和生产过程的研发，以改进产品质量，同时还要增加新的特点，这样就会获得更大的竞争优势。在提高质量的同时，必须要将过程转向规模生产以降低单位成本。

对成长阶段通常可做出如下描述：

1）购买方：增长、接受参差不齐的质量。

2）产品：技术有差异化。可靠性是复杂设备的关键，质量有所改进。

3）广告：费用更高，但成本或促销减少。广告和分销是关键问题。

4）制造：产能不足，要转向规模生产。争夺分销渠道。

5）对外贸易：大量出口。

6）总体战略：要改变价格或质量形象。提高营销的重要性。

7）竞争：有很多竞争对手。有些竞争对手可能会通过并购进入市场，这样能提供之前没有的行业经验。

8）风险：低，被增长所弥补。

9）利润：一般很高。

（4）产品阶段：成熟

在该阶段，产品会面临来自国内与国外公司的激烈竞争。价格是关键问题，重点在于要注重过程研发来进行费用控制，但绝不应该放弃产品研发。可增加新的产品特点来延长产品的使用寿命并提高利润。该阶段类似于前文讨论的波士顿矩阵中的"现金牛"象限。

对成熟阶段通常会做出如下描述：

1）购买方：大规模市场，接近饱和。购买方中出现回头客，有了品牌替代产品。

2）产品：品质高、差异化低、更加标准化、很小的变化。

3）营销：细分市场，高－低价格系列。

4）努力丰富产品系列：服务和包装是重要的，广告或促销减少。

5）制造：有些产能过剩。稳定性更高、劳动力单位成本降低、产量更大、工艺改进。对分销渠道要进行优化以提高效率。

6）对外贸易：几乎没有出口，但有一定量的进口。

7）战略：维持市场份额、控制费用。营销的有效性很重要。

8）竞争：主要进行的是价格竞争。出现了更多的自有品牌和国外竞争者。

9）风险：周期性。周期性价格战和广告战是意料之中的。

10）利润：降低，但巨大的产量对此有一定的弥补作用。

（5）产品阶段：衰退

开发出了成功的产品，管理者们都会引以为傲，因此几乎没有人愿意做好衰退产品系列的管理工作。这样一个项目的最后阶段常常是设备停运、资产分散以及员工解聘。

传统智慧指出对于这样的产品必须要尽快地将它剥离。管理者们对该产品的情感以及与其生产相关的人员会使得剥离难以执行。很多公司会引入一个新的管理者团队来监督项目的关停。要注意的是这种战略类似于对波斯顿矩阵中"瘦狗"象限内的组织或产品所采取的措施。

如果无法立即进行剥离，那么整体战略就要变成费用控制。比如说也许还有机会以很大的折扣来收购竞争对手，这样就可减少市场供给量，增大持续获得利润的可能。另外一个选择就是要找到新市场或利基市场。应该要继续寻找那些服务还很不到位的客户，比如发展中国家的那些客户。

衰退阶段的产品会有如下共同特点：

1）购买方：富有经验，有很强的议价能力。

2）产品：几乎不存在产品差异化和不同品质。

3）营销：广告或促销以及其他营销费用通常都会比较低。

4）制造：产能大量过剩且大量生产。特色渠道、折扣店和自有品牌都是常见的特点。

5）研发：几乎没有或完全没有。

6）对外贸易：没有出口，进口也无增长。

7）竞争：一些竞争对手会退出该项业务，竞争对手变得更少。

8）利润：低价格、低利润。在衰退阶段的后期，利润也可能会增加。

（6）产品生命周期的延长

每个组织都会想要尽可能地延长产品的生命周期。一般是通过产品和工艺研发来实现该目的，也可以通过增加产品特色来维持产品的市场份额。进行工艺改进可以提高效率，这样也能维持利润率。

偶尔也有可能为新版产品找到新的市场。例如，现在手机就将老人和孩子作为消费目标。

（7）战略制定模型中关于产品生命周期的注意事项

不要将标准的产品生命周期应用于相同形式的所有产品和行业。例如，如果一家公司会因时而变、因市场而变，那么生命周期就可能延长或终止。同样，生命周期是高度特定于产品和（或）行业。例如，呼啦圈和墙行者（电游）只流行了一段时间，而拨号式电话却盛行了几十年。相对而言，手机的生命周期更短。

### 3.4.2　战略（长期）目标

长期目标一般指的是计划在 2~5 年内完成或需重新评估的目标。制定出一整套的长期目标能够为战略制定提供基础，指引公司的资源投入，也是测量和评估的基础。制定好企业的发展方向和资源配置，战略目标就能够为企业成功所需的优先顺序、协调和优化提供指导。使用前文系统分析一节中所讨论的那些诊断工具便可获得有关制定战略目标的基础资料。战略目标形成后，接下来的两个步骤就是要列出战术目标清单和制定战略，它们是平行、反复发生的过程。

### 3.4.3　战术（年度）目标

战术目标指的是计划在一年或一个预算周期内要完成的目标。公司的战术目标清单就是其制定营销、经营和预算计划的基础资料。相对每一个战略目标都要有一组战术目标，但还要注意它们与战略目标的关联性，以确保整体设计。在战术目标制定后，要对其进行审核，使它们与公司愿景、使命、战略目标和战略相符合。

## 3.5　战略制定

战略的制定和实施要符合组织的使命、愿景，确保其战略目标的成功实现。战略制定清单要包括如下内容：

（1）依靠组织优势充分利用已识别的一切机会。

（2）通过收购关键资源扭转已识别的劣势（也就是避免明显威胁的负面影响）。

（3）继续调整战略，以适应内部与外部环境的变化。

### 3.5.1　战略影响

组织必须要避免可导致战略错误的战术错误（辛克和塔特尔，1989）。组织要对战略影响进行评审，避免这类错误。对战略制定有战略影响的环境、技术和社会因素包括：

（1）全球环境与经济。此外部环境因素的重要性正在增大，但很难评估。就像市场遍布全球一样，现在的竞争对手也遍布全球。

（2）技术更新速度。现在的市场建立快，更替快。Wi-Fi 的分布将被视为基础设施，而且还将继续在全世界延伸。这样的发展既可成为威胁，也可成为机会。不论怎样，这个行业的公司都必须准备好应付这样的变化。

（3）以下是社会需求与变化：

1）人口的老龄化将会使得所有发达国家都要创建更大的服务市场。

2）技术工人的短缺将会创造教育市场。

3）重点将会继续从工资向福利转移。

4）对环境的关注将会创造新行业。

（4）下面是能源的可用情况：

1）天然气：25 年（近期的新发现可能会延长这个时间）。

2）汽油 / 石油：大约到 50 年。

3）核能：50~100 年，如果我们能有效地处理乏燃料棒。

4）煤炭：200 多年，但会引发生态问题。

5）燃料电池：目前还处于发展中。大型燃料电池的实用性还有待证实。

6）核聚变：从长远来看，其实用性可能会被证明，但在可预见的未来还不可行。

### 3.5.2 波特五力模型战略

如图 3-5 所示，波特模型（Porter，1998）给出了各战略要素彼此之间的相互关系。波特模型表明公司在制定战略时不应只考虑竞争，它还必须要考虑如下因素：

（1）潜在入市者。

（2）购买方（客户）。

（3）替代品。

（4）供货商。

（5）竞争对手——波特模型中间的方框表示的是行业竞争者相对于另外四个因素的地位。

#### 1. 入市的威胁

公司在制定战略时必须要考虑已知与潜在的竞争对手。潜在竞争对手就是那些尚未进入市场但却可能在日后形成严重威胁者，包括现在在美国可能还不太知名但却应该考虑的外国公司。

可以使用如下战略来阻止新入市者有效进入市场：

（1）规模经济；

（2）产品差异化；

（3）资本要求；

新入市者的威胁

入市壁垒

- 规模经济
- 产品差异化
- 资本要求
- 购买方的转换成本
- 分销渠道的获得
- 其他费用优势
- 政府政策

现有企业对市场份额的防御

行业增长率

**波特**

**五力**

**竞争**

**模型**

供货商实力的决定因素

供货商的集中程度
替代品输入的有效性
供货商输入对购买方的重要性
供货商产品的差异化
行业对供货商的重要性
购买方对其他输入的转换成本
供货商向前整合的威胁
购买方向后整合的威胁

现有公司之间的竞争

竞争对手的数量（集中程度）
竞争对手的相对规模（均衡）
行业增长率
固定成本和可变成本
产品差异化
产能的大幅增加
购买方的转换成本
竞争对手的多样化
退市壁垒
战略股份

购买方实力的决定因素

与销售方有联系的购买方数量
产品差异化
使用其他产品的转换成本
购买方的利润空间
购买方对多个货源的使用
购买方向后整合的威胁
销售方向前整合的威胁
产品对购买方的重要性
购买方的购买量

替代品的威胁

替代品的相对价格
替代品的相对质量
购买方的转换成本

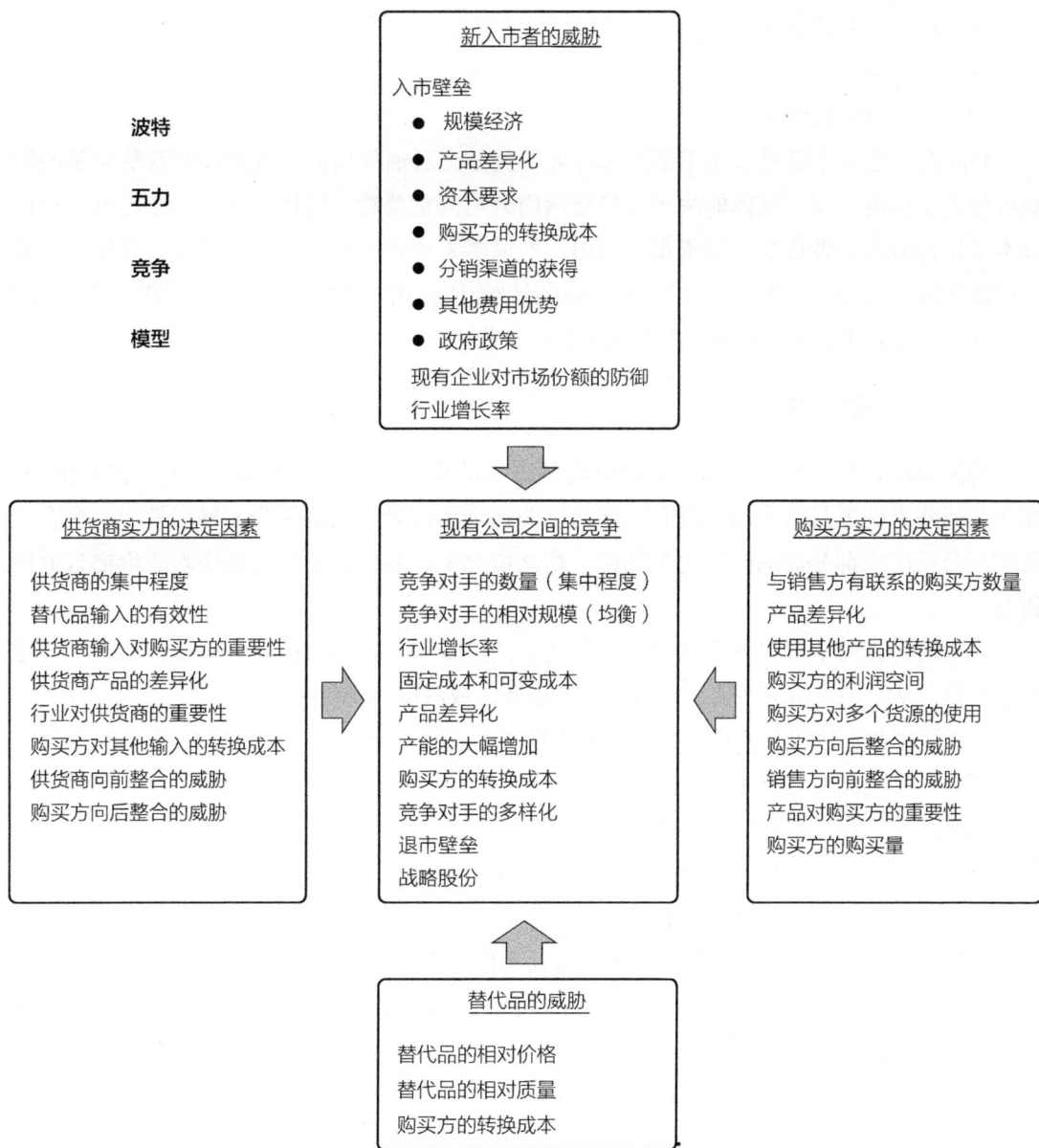

图 3-5　波特五力模型

（4）转换成本；

（5）高昂的分销成本；

（6）与销售无关的成本劣势：

1）专利产品技术；

2）获得原材料的优惠；

3）优越的位置；

4）政府补贴；

5）学习或经验曲线；

（7）政府政策或法规；

（8）预期的反击；

（9）入市的阻止价格。

要注意的是入市壁垒取决于条件和环境。例如，石油价格的上涨对海外竞争对手的影响可能大于国内公司，具体取决于出口对国内公司的重要性。同样，大规模经营可通过低成本运作使新入市者更加步履维艰。然而，如果新入市者有技术优势，那么大规模竞争对手可能会处于劣势，因为其大量投资都为陈旧设施所占用。 规模的另一个劣势就是它倾向于降低产品差异化，这可能使得新手入市更容易些。

## 2. 购买方的议价能力

购买方或客户对于公司的成功可以起到很大的作用。例如，如果客户能够控制价格，那么其战略影响就是巨大的，这有可能迫使公司降价而导致利润下降。特别是当一个客户要购买公司的大部分商品时就更是如此。在此情况下，客户会把其愿意接收的价格告诉销售方。

如果销售方对于客户并不重要，那么这个销售方对于价格几乎就没有控制能力了。这个客户可以从其他竞争对手那里获得产品或服务，或者由内部提供。

如果发生如下情况，客户也会变得很强势：

（1）产品是标准化或无差异化的。

（2）几乎不存在转换成本。

（3）购买方的利润很低，因而要求销售方做出价格让步。

（4）购买方有向后整合的可能。

（5）产品或服务对于购买方产品的质量几乎没有影响。

（6）购买方掌握了全部信息，尤其是关于销售方成本的信息。

## 3. 供货商的议价能力

在下列情况下，供货商对于销售方有议价能力：

（1）供货行业比购买方的行业更集中。

（2）购买方几乎没有更好的选择。

（3）购买方几乎找不到替代品。

（4）购买行业对于供货商来说并不重要。

（5）供货方产品对于购买方产品的质量很重要。

（6）供货方产品存在差异化，或者转换成本高。

（7）供货方有向前整合的可能。

通过税收优惠或管控，政府有能力来提高或降低入市壁垒。这将会影响供货商的定价能力和竞争能力。

### 4. 行业竞争对手

下面的清单列出了影响竞争对手之间竞争强度的因素：

（1）生产、广告、新产品引入、客户服务和保修的成本。

（2）众多的竞争对手。在竞争对手数量众多、实力均衡的情况下，更有可能产生不稳定因素，战略影响不太好预测。竞争对手们采取行动时不会考虑反击。

（3）放缓的行业增长，这使得竞争加剧，市场份额变得越来越重要。

（4）没有差异化或转换成本。价格和服务竞争很激烈。

（5）产能大幅增强。该战略所需要的资本要求使风险增加。钢铁公司就属于这种情况。

（6）多样的竞争对手。不同的目标使战略制定更难。例如，小公司的高价位有机食品类产品与大食品集团的同类产品进行竞争。单位利润对于小型生产企业的重要性要比具有规模经济的集团公司大得多。

（7）高退市壁垒。低残值的专业化设备使得退市困难而且费用高昂。在合同中有解雇金条款规定时，劳动力成本高，这提高了退市壁垒。此外，与社区多年之间形成的关系等感情壁垒，也使得退市困难。政府法规也会使其关停或解雇增加成本。

（8）来自替代产品的压力。新产品可能以完全不同的方式提供相同的服务。警觉的战略家必须在新产品引入市场之前的很长一段时间里就要对此保持警惕。这样的例子包括影响了食糖市场的人工增甜剂和取代 CRT 电视的平板电视。

### 3.5.3　战略制定的 SWOT 分析

可以使用前文描述的 SWOT 分析来绘制一个应用于战略制定的 SWOT 矩阵，也称为 TOWS 矩阵（戴维 David，2012）。图 3-6 就是 SWOT 矩阵的一个示例。

| 内部因素<br>外部因素<br>（EFA） | 优势(S)<br>在此列出5~10项<br>内部优势 | 劣势(W)<br>在此列出5~10项<br>内部劣势 |
|---|---|---|
| 机会(O)<br>在此列出5~10个<br>外部机会 | SO战略<br>在此制定依靠优势<br>来利用机会的战略 | WO战略<br>在此制定通过克服劣<br>势来利用机会的战略 |
| 威胁(T)<br>在此列出5~10个<br>外部威胁 | ST战略<br>在此制定依靠优势<br>来避开威胁的战略 | WT战略<br>在此制定使劣势最小<br>化并避开威胁的战略 |

图 3-6　SWOT 分析

类似于资产组合矩阵，它也可用来对近些年的销售与财务业绩进行分析，确定出具体部门、组织或项目适合放入 SWOT 矩阵的哪个象限。通过将组织、部门或项目归类于四个象限中的某个象限内，由此可以产生一些具体的战略建议。

- WT：如果组织缺乏能胜任关键技术岗位的员工，而其竞争对手却有这样的资源，那么该组织就是位于 WT 象限内。如果要获取所需技术和资源是过于昂贵且耗时的，那么相应的战略就要考虑将该组织剥离。或者，如果该问题可在内部资源到位前通过获得技术许可而加以解决，而且如果能够找到承包商，那么可能还是值得对该组织进行投资。

- SO：如果一个组织有内部实力积累，同时还有高效团队的应用环境，那么他们可能就有利用机会的优势。相应的战略就是要继续在人员方面投资并扩大业务范围，以开展更加多样化的工作。
- WO：处于该象限内则意味着组织要进行投资以克服劣势并利用当前的机会。
- ST：位于该象限内则是组织的某个关键优势领域正受到其竞争对手的威胁。在此情况下，可以先发制人以便将竞争对手置于劣势地位。这样的例子包括降价或者以相同价格提供更多的服务。

### 3.5.4 战略制定的 BCG 矩阵

如前文讨论那样，将组织归类于某个 BCG 象限内，由此就能产生一些具体的战略建议：

（1）"瘦狗类"：要将该组织剥离或关停其项目，将其资源应用到回报率更高或更有潜力的项目或组织中。同时也可以选择相反的战略，那就是要将资源投给该组织可能有所改进的那些领域。

（2）"现金牛类"：从该组织获得的利润要投资给更有潜力的增长型企业，也就是从奶牛身上"挤奶"。由于市场份额高，要继续投资于过程改进和产品研发来保持其利润率。

（3）"未知类"或"问号类"：这种组织正在经历快速成长，市场份额低，因此只要投入资源，它就有可能成为一个"明星"。然而，未知类组织难于预测。许多这类部门或组织从来都未能实现其全部潜能。管理层必须要在决定投入更多资源之前对它们进行认真分析。

（4）"明星类"：诸事皆有利于该类组织，它具有很高的市场份额和增长率。常规战略就是要提供高水平的过程与产品研发。同时也要制定出营销和分销战略来了解客户对产品是否已建立并保持了满意度。

在战略制定时可能会受到一种诱惑，那就是以表面价值对波士顿矩阵进行分析。但好的管理者则可能会去寻找比该模型方法更加合适的方法。

### 3.5.5 成本领先战略

部署了全面成本领先战略的组织一般都会具有如下特点：

（1）高效、产能可扩可缩的设施；

（2）通过生产经验来降低成本；

（3）成本与支出控制；

（4）投资于设备和研发；

（5）有效的分销。

成为低成本领先者的好处如下：

（1）投资回报率和销售额高；

（2）对竞争对手形成有效防御；

（3）降低供货商的影响力；

（4）提高潜在竞争对手的入市壁垒。

使用低成本领先战略的公司包括林肯电气、百利通和惠尔浦。

潜在竞争对手可能会使用如下战略来削减低成本引领者的市场份额和利润率：

（1）凭借低劳动力成本或认知度高的优质产品或服务等竞争优势低价入市。

（2）如果竞争对手在研发方面取得突破性进展，那么它就可以凭借新的、更好的而且可能更廉价的产品进行竞争。如果竞争对手的运营更高效，产品质量更好，使用寿命更长，可靠性更高，那么它就可能挑战墨守成规的公司。

（3）拥有优质、差异化产品或服务的公司有可能成为有力的挑战者，但必须要让客户感觉到它在某些重要方面做得更好。

成本领先者可能要面对如下挑战：

（1）高科技公司可能会提供更先进的产品，使得以往的研发成为沉没成本或损失，变成无法回收的投资。

（2）另一方面，挑战者研发的产品也有可能无人问津。例如，一家大公司想要凭借为制造组织生产可编程逻辑控制器来进入新市场。这种控制器具有能想得到的所有功能，以为任何一个客户可能都想要。然而，客户们却更喜欢较为廉价的、不那么复杂的、只有几个有限专用功能的控制器。

### 3.5.6　产品或服务差异化战略

差异化战略涉及确保客户可以感觉到你与你竞争对手之间在服务或产品上的差异是巨大的。本质上这是一种低市场份额战略。如果很多客户都能购买到这些产品的话，那么它们就会丧失作为高端、特有产品系列的吸引力。

差异化法具有以下优点：

（1）可感知的独特性；

（2）价格敏感性低；

（3）利润空间更大；

（4）被取代的威胁小。

差异化法具有以下缺点：

（1）可能排除高市场份额以及其利润。

（2）质量变得尤其重要。

（3）必须有强大的营销能力。

（4）必须有强大的产品设计。

（5）研发和创新费用高。

（6）必须要吸引并留住高技术人才。

如果想要削减一家采用差异化战略公司的市场份额，那么其竞争对手可能要做出如下努力：

（1）对产品进行高品质的标准化。先仿制，再改进。日本人在汽车行业就大量使用了这种方式，并以美国制造商为代价赢得了大量市场份额。

（2）提供型号、品牌齐全的产品系列，并制定出有竞争力的价格。实际上，这就是在建立一站式服务点，销售所有型号/品牌的产品，不只是高端或低端产品。这样做对于那些不想花时间寻找多家供货商的客户最具有吸引力。

### 3.5.7　集中化战略

公司在部署集中化战略时，要将工作侧重于某个地理区域、某个特定客户群、某个特定行业或某个产品系列。当公司在某一细分市场具有天然优势时，这个战略的实施效果最好。例如，一家公司可能把其工作重点集中在某个区域市场，因为它了解当地的购买习惯；或者侧重在某种产品的生产上，因为它擅长制造该产品。这种战略的理念就是要尽量保持小规模经营以避开大型竞争对手注意的同时，以有限的销售获得高利润。

公司采用集中化战略的例子包括：

（1）地理区域集中化：很多餐馆在开始扩张之前都是地区性的。肖尼餐馆和快客巴罗餐馆都是地区性组织。

（2）行业集中化：有一些工具公司的销售只面向当地汽车修理厂，并不尝试任何传统零售业务。建筑行业有很多供货商只为该行业服务。

（3）产品集中化：斯塔基、克罗格和克里斯托餐馆这些公司都是只专注于食品销售的例子。还有几家销售冰淇淋、乳品和香肠等食品的食品公司也采用了这种集中化战略。

下面的战略可用于应对部署了集中化战略的公司：

（1）低价入市：该战略可能会是毁灭性的。资金充足的大型竞争对手凭借成本优势进入市场，然后很容易地获得市场份额。他们必须要占领大部分市场份额才能产生足够的利润。这类公司可能会收购一家当地竞争对手，然后向当地市场中的其他竞争对手发起攻击。

（2）大规模营销：小公司通常没有充足的资源来抗击较大竞争对手的大规模营销。

（3）特价产品：竞争对手可能会提供类似于防御者主要产品的特价产品。这种"低价入市"法在低利润行业行之有效。

（4）使用分销系统来提高服务降低成本：对于小行业来说，分销的成本通常很高。具有较好分销系统的竞争对手可以更加频繁地从其大型仓库往外送货。这有助于入侵者对抗使用集中化战略的公司。

（5）像前文所讨论的那样，提供更多的商品和服务系列。

### 3.5.8　全球战略

信息全球化已经导致了多数行业的全球化竞争。运输成本高的行业从未预料到他们现在会经历来自外国公司如此程度的竞争。很多外国品牌在国内市场的认知度和质量信誉都很高。

供应链常常会涉及多个国家。顾客对品牌的认知度使得有可能在那些国家进行零售。这些相同的供货商雇佣低收入阶层的工人，使他们获得可靠的工资，由此而形成了一个需要生活消费品的新中产阶层。世界经济正是以这种方式在扩张。任何程度的衰退都不能逆转这种发展模式，但确实会放缓发展速度。

全球化竞争的基本原因是由于规模经济和信息技术带来的机会。相似的产品可以凭借相同的设计和营销手段销售到世界各地。盈利能力随全球销售额而呈指数增长。

虽然目标是要制造相同的产品并在尽可能多的市场上销售它们，但实际情况却不那么简单。可口可乐在全世界都是一样的。速食连锁店通过变换菜单来吸引当地的消费者，同时还试图把他们的传统产品推销到新市场。

很多成功的跨国公司对市场的管理方式就好像其所有市场与总部之间的距离都相同。然而，多数公司却不是这样的。他们管理国内市场的方式就好像国内市场才是实在的生意，而其他市场的存在只不过是为了增加额外的市场份额和利润。

### 1. 无国界地理

信息使得这个世界真正实现了全球化。几乎世界上任何人都能收看到 CNN 或者上网去查明世界上的其他地方正在发生些什么。在信息技术激增之前，世界上很多公民只能依赖政府的信息发布。现在，任何组织都能很容易地查明它感兴趣国家或地区的情况。虽然政府在这方面的作用仍然可以在世界上某些地区感觉到，但这种作用正在减小。

英语已经成为国际商业语言。意大利、日本和德国的全球化利益公司现在都使用英语进行沟通。语言是美国产业的主要劣势，与外国的竞争对手们相比，美国的产业领导者们都不太熟悉外语。

### 2. 全球战略本土化

在当地建立制造和分销体系被称为本土化（Ohmae，1989）。当一家国际公司的大部分区域组织都由当地人构成时就发生了本土化。例如，索尼、本田和尼桑已经成为美国的本土公司。由于从日本向美国运输所有部件（这些公司从前就是这样做的）太昂贵，因此这些公司就在美国制造部件和产品。这样做在财务上和政治上都具有优势。

制药业却可能完全不同。美国的制药公司对药物销售人员有特殊要求，因此其模式不适合于日本医生。

### 3. 总部设在哪里？

当新组建的海外业务部还在努力求生存时，总部管理层是不会愿意让当地人来处理事务的。但是当获得某种程度的成功后，这种情形就可能会逆转。

例如，总部希望新组建的业务部采用总部的会计系统。总部开始为地区事务部做决策，并希望立即盈利。如果没有做到立即盈利，总部则可能会立即撤换地区管理层。总部的这些监管人员忘记的是盈利需要长期的投资和耐心。

成功的跨国公司会在主要市场设立地区总部，配备的职员都是能招募到的最佳人才，而不会考虑管理层的国籍。母国的强势总部很快就会发现国外市场的问题，同时也会发现没有当地条件的背景来解决这些问题。他们并没有认识到问题其实存在于总部，而不是在海外。

每个业务量大的地区都必须要有当地的管理层。可以先克隆母公司，然后让这个克隆产物来设法满足当地需求。

高效的全球竞争对手们会将卓越的质量与可靠性纳入其成本结构。营销、服务和分销都必须要调整到适合当地市场。由于当地的竞争对手们有着天然的成本优势，因此要想低成本进入国外市场，则只能针对那些服务极不周全的细分市场进行。初始投资对于扩张到海外市场非常重要。在开始大规模进军之前，很多公司会寻找当地合伙人来降低风险并从他们那里获得有价值的信息。

有主要技术优势的公司很可能会向全球扩张。这些优势很有可能只是短暂的，因此机会之窗也是稍纵即逝。那些提早占领市场份额的公司随着时间的推移可能会变得更赚钱。尽管如此，还是要不断地进行创新来保持技术领先。

### 3.5.9　核心竞争力战略

在 20 世纪中后期，纵向整合曾是大公司的主导战略。纵向整合使一家公司能够控制整个生产过程，可能包括从原材料供应、原材料加工、局部装配一直到总装制造。确保这根链条的每个环节都有大量客户而不需增加广告与促销成本就可以形成有效的纵向供应链。通用汽车和很多大型制造商都曾遵循过这一观念。

这链条从来就不是绝对化的，但它却是巨大的，提供了难以与之抗衡的规模经济。然而，随着时间的推移，竞争向全球化发展，纵向整合模式在应对具有薪酬优势的海外公司时也不起作用了。日本就有很多这样的公司，他们使用不同的制造商和供货商体系。大公司都有指定供货商，二者像一个团队那样合作。他们不断地开发设计，这样供货商就可以利用他们的优势使其成品做得更好、更廉价。

这些联盟供货商被称为"企业联盟"。他们与丰田等大公司联合，形成一个强大的竞争对手。这些供货商不仅共享信息，而且共享雇员。当主公司的一名管理人员在 55 岁（通常的退休年龄）退休后，作为曾经的客户，可能进入一家联盟公司工作。纵向整合不是企业联盟体系的对手。纵向整合需要用大量资本来兼并供货商，而这些供货商并不总是同类公司中最高效的组织。

在制定战略举措过程中还需要强调的就是企业的核心竞争力。核心竞争力是企业打造其竞争优势所依靠的知识基础。在当今这个并购的时代，几家大公司根据利润和市场份额的增长就形成了决策，结果后来却发现他们并没有掌握企业扩张的知识，而竞争对手却掌握了。就像援引 NEC 一样，在此以 GTE 为例，这家公司只有适度的资源，却能打造其核心竞争力并形成了优势，最终获得成功。

## 1. 竞争优势的根源

在 20 世纪 80 年代，本田在越野与轻型摩托车销售上输给了其日本的竞争对手，但此前它一直占有很高的市场份额，而且利润颇丰。但随着竞争对手大量改进其产品，本田的市场份额和利润都开始下滑。

在两年的时间内，本田彻底地重新设计了其小型发动机和使用这些发动机的产品。其发动机成为了世界级核心产品。这些发动机被装入了越野与轻型摩托车内，更小的发动机则用在了发电机、割草机、动力清洗装置和很多其他产品中。本田在小型发电机的设计和制造上形成了自己的核心竞争力。这些发电机成为了核心产品，被很多终端产品使用。

业务单位要将核心产品组织成为各种终端产品，通过发现新方法，将核心产品和（或）新的分销市场相结合来进行创新。业务单位也可将核心产品与供货商提供的技术相结合来创建新的终端单位。

核心竞争力还包括如下其他特点：

（1）核心竞争力在使用与分享过程中获得提高。

（2）核心竞争力可对多种技术进行协调。

（3）核心竞争力还包括跨组织边界的沟通、参与和深度投入工作。

（4）利用核心竞争力的产品有助于提高多种终端产品的竞争力。

不应将竞争力视为生意产品的集合，而要把它们视为用于共同创造产品的技术集合。系统整合技能是核心竞争力获得成功的基本要素。

## 2. 识别核心竞争力

如下标准可以用来识别一个组织的核心竞争力：

（1）这种竞争力能提供进入多个市场的潜在途径吗？

（2）这种竞争力有助于产品称霸利基市场或专业市场吗？

（3）这种竞争力对于终端产品的客户感知利益有很大贡献吗？

（4）这种竞争力对于竞争对手而言难以仿效吗？

世界上几乎没有几家公司可以掌握五种或六种以上的竞争力。

## 3. 核心竞争力创造核心产品

核心产品是可对终端产品价值做出切实贡献的组件和次级总成。为了维持其领域核心竞争力的领导地位，企业必须使核心产品中的世界制造份额最大化。

只要尽力扩大其核心产品的应用领域，公司就可以不断地降低新产品开发的成本、时间与风险。定位正确的核心产品可以促使规模经济和范围经济的形成。

## 4. 战略业务单元的局限性

战略业务单元可能会有可为母组织提供价值或经济效益的核心竞争力。

战略业务单元（SBU）是一个具有如下特点的单元：

（1）对于自己的资源、预算和税收有控制权。

（2）可以制定并实施自己的战略：研发、产品开发和广告。

（3）能够控制其关键员工：可以获得关键贡献者，并向他们支付薪酬。

战略业务单元并不是整合技术的有效工具。他们获得奖励是因为他们独立工作的成功，并非因为与其他战略业务单元合作工作的成功。

### 5. 问题领域

（1）对发展核心竞争力和核心产品的投资不足。

（2）战略业务单元的管理人员会倾向于彼此竞争，成本压缩大于投资。

### 6. 资源受限

战略业务单元的管理人员一般不愿意将其关键人员借给另外一个战略业务单元，去让别人成功，因此更倾向于雪藏人才而不是提升人才。这就像是把钱藏到床垫下面而不是用于投资。

战略业务单元的管理人员非常愿意争夺现金，却不考虑争夺人力资源。高层管理人员非常重视资本预算过程，却几乎不太重视能体现核心竞争力的人力资源。他们很少到组织内部低他们 4~5 级的基层去识别能体现核心竞争力的人才，然后跨组织边界去提拔他们。

### 7. 创新有限

战略业务单元的创新一般仅限于现有产品系列，因为获得资源很难。现有产品系列有可能延伸，地理边界也可以扩张，但复合型技术创新却不太可能。

### 8. 制定战略的方法

战略业务单元模式有如下边界：

（1）核心竞争力的碎片化；

（2）不在所有战略业务单元之间分享的信息系统；

（3）将信息只限制在内部的沟通模式；

（4）职业途径——在战略业务单元之外没有机会；

（5）奖励管理——为单位的成功而受奖，而不是为企业成功做出的贡献；

（6）独立于公司战略之外的战略过程。

要想获得成功，战略构架就必须要保证资源配置对整个组织都是透明的。例如，最好的创意要获得最多的产品开发资金。此外，业务单元必须要跨越组织分界线提供技术和生产联系（也就是沟通）。

### 9. 利用竞争力优势

各战略业务单元要像争夺资本那样去追求核心竞争力。高层管理人员必须要明确了解总体竞争力，同时也要要求业务单位识别出能形成竞争产品的项目和与之密切相关的人员。

要将核心竞争力视为企业资源，在企业内部要进行有效的分配以产生最高效益，也必须要对奖励机制进行相应的调整。对于牺牲了自己而为其他业务单元提供了关键资源的管理人员，要认可他们这是对企业做出了重大贡献。

此外，管理层还应该确保关键人员理解到核心竞争力不"属于"任何一个业务单元。岗位轮换计划就可有效地破除这种观念。还要定期地将这些关键人员召集到一起来交换笔记心得并探讨跨组织的机会。

必须要培养集体感。方向明确后，战略业务单元只是一种实行的方式。但战略业务单元并不利于开发未来产品或制定企业方向。

## 3.5.10　基于服务战略

在过去的40年里，全球经济基础已经从制造转变为服务，制造变成了在整体经济中占比重很小但却很重要的一部分。

随着这种经济转轨，管理战略也发生了相应的转变。现在，管理人员不再是围绕产品制定战略，而是在对几个高度发达的核心服务有深入了解的基础上来制定战略。他们侧重公司所长，避开干扰，从而比传统战略要高效得多地利用其组织与财务资源。

### 1. 战略重点的转移

在以前的制造经济中，纵向整合模式非常盛行。那时公司都想要拥有将一种产品推向市场的所有过程，包括研发、制造、分销等。这段时期的常规管理战略先是对竞争对手的产品开展逆向工程，然后再进行更高效的克隆或者改进。

然而在基于服务的经济中，这种战略则变得既不常规也不明智。相反地，管理层现在则是要着重于识别出公司现有或可能发展出独特能力的核心服务活动，以使自己与众不同。苹果的计算机生产就是一个好例子。它从专业化制造商那里购买微处理器、芯片、显示器、电源等很多计算机零部件，而不是自己制造它们。它把全部精力都专注于它所擅长的计算机产品设计和营销这两个服务项目上。

采用基于服务的差异化战略包括如下措施：

（1）要把价值链上的每一个活动都定义为可以自行生产的或者可以外包的服务。

（2）要提出如下问题："我们是否具有或者可以获得提供这项服务的一流能力？"

1）如果答案是"是"，再问："我们是否应该让它成为我们核心战略的一部分？"

2）如果答案是"否"，再问："外包或者与具有卓越能力的其他公司组成战略联盟的可能性有哪些？"

（3）要将组织的精力专注于两组活动上：1）能创造独特产品或服务的那些活动；2）为

保持其在价值链中关键环节的主导权而必须控制的那些活动。

如果公司还在生产其他公司可以更高效更有效地生产的东西，那它就已经丧失了竞争优势。现在，战略成功的关键是与一个或多个全球最好的供货商、产品设计公司、广告公司、金融机构以及其他服务供应商审慎地建立起结盟。

### 2. 保留什么？放弃什么？

多数公司的大部分成本都是间接成本（估计达到了 2/3）。为了保持竞争性，管理层必须要提出如下问题：

（1）哪些费用与核心竞争力相关？哪些出于成本优势的考虑可以外包？

（2）逐项检查，我们的活动都是最好的吗？外包或者结盟是否能提高生产率和长期竞争地位？

与非竞争性企业结盟可为组织增添从内部无法获得的效率。通过避免在纵向整合上投资以及对知识系统（而不是工人和机器）进行管理，公司可减少投资总额，充分有效地利用资源。还可以将某些不可避免的风险降至最低。此外，如果某个外包产品被竞争对手超越，那么公司可以更换供货商，找到一个可以与竞争对手做得一样好或者更好的供货商，对它自己的生产造成最小的干扰。这种措施可以减轻对闲置产能和库存损失的担忧。

### 3.5.11 合资企业与外包

在努力简化经营的过程中，管理人员可以选择使用第三方服务供应商的服务。这里的使用指的是"外包"或"离岸外包"（即服务供应商是在海外的情况）。外包活动可以是薪资处理、数据存储或灾难恢复等很容易定义的小型任务，也可以是 IT、人力资源或制造等大型任务。这些外包关系常常更类似于战略伙伴，而不是分包。但是这个术语的起源反应的事实是把工作"移出"公司，或者"在外寻找供应源"。

对于很多公司来说，外包决策可能是他们需要做出的最大单笔财务投入。有效外包对于组织的成功至关重要。公司目标应该是要聚焦在成就其卓越的道路上寻找战略伙伴，而不是放弃责任。

### 1. 为什么要外包？

（1）可降低成本（因为规模经济或降低人工费率）；

（2）产能可变；

（3）排除外围工作后就能专注于核心竞争力；

（4）缺乏内部资源；

（5）可更高效或有效地完成工作；

（6）可提高应对营业状况与商业条件变化的灵活性；

（7）通过可预见成本可更加严格地控制预算；

（8）可降低在内部基础设施上的持续投资；

（9）可获得创新和思维领导地位；

（10）将资产转移给新的服务供应商而可能获得现金流入。

组织要面对的最大外包挑战之一就是关于与谁合作的决策。为了做出知情决策，需要付出大量努力。首先要明确的是通过外包关系要实现怎样的目标和效益。

要将需要和优先顺序转化为标准建立，然后制定一个体系，对收集到的潜在供应商的回应要进行量化、评估和跟踪。

组织通常会聘请专门从事外包的咨询公司。这些公司可提供如下帮助：

（1）评估你的潜在外包需求；

（2）明确要求和优先顺序；

（3）挑选供应商（例如，审查招标书（RFP）程序、评估回应、进行严格审查等）。

组织必须要认真研究咨询公司的专家意见和看法。有些顾问可能更倾向于在公司的外包过程中提供指导，而不是一开始就帮助组织决定哪个是最佳选择。

有些公司可能并不愿意内部人员参与该过程，因为讨论外包可能令员工开始担心裁员。尽管这种担心的确是存在的，但提早让员工参与决策和要求过程使得可以更有效地进行供应商选择和过程公开，从而有助于减轻这种担心。

在组织面对挑战急于"速战速决"，忽略了一切活动都要符合公司的长期规划活动时，外包就很可能会失败。

把外包作为降低成本的措施很少会获得成功，最好将外包视为一种投资。

为了避免灾难性的结果并更好地利用组织资源，外包必须要符合公司的战略规划。

前文讨论的系统分析一节中所获得的那些战略规划活动会有助于识别出最适合外包的任务：

（1）评估公司目标、优势和市场；

（2）识别当前产品／服务系列中的缺口；

（3）描述客户需求和市场趋势；

（4）确定转型战略（改组、全面质量管理等）；

（5）识别出应该保留在组织内部而不是外包出去的核心竞争力。

有三种外包战略，分别是战术外包、战略外包和转型外包。

### 2. 战术外包

使用这种外包法，外包决策与组织眼前面对的挑战是直接相关的。建立这种战术关系可以降低成本、消除未来投资需求、从售卖资产中获得现金流入，或者减轻人事负担。成功后，这种关系可以使资本投资和管理时间的使用达到最大化。注意，这是一种很早就开始使用的外包方法，现在仍在使用。

### 3. 战略外包

当公司从薪资处理等任务的战术外包中看到效益时，管理人员就会意识到外包可以解放他们的时间，脱身去处理战略性更强的事务。战略外包关系的独特之处就是组织与服务供应商之间的关系更像是可创造长期价值的伙伴，而不是短期的"买方和卖方"这种安排。战略外包侧重于先识别出公司的核心竞争力，然后与交付非核心活动的服务供应商结成伙伴关系。这使得公司可以把资源都集中到其核心竞争力上。

战略外包也是公司简化经营的一种手段。通过选择被视为"一流"的综合服务供应商（而非小型单项服务供应商）做卖方通常会使管理时间减少，因为监管要求会减少。

### 4. 转型外包

这种方法也被称为"第三代外包"，涉及与另一家公司合作，以实现组织业绩或使命的快速、重大、可持续的改进。在此情况下，外包被视为创新的强有力工具和组织变革的力量。

### 5. 建立外包关系

任何外包安排都会存在内在的利益冲突。外包服务供应商也是在做生意，也要赚钱，而外包"客户"的目的是希望以低于内部服务的成本接受优质服务。为了使客户与服务供应商建立起有效的合作关系，需要认真管理并满足双方的需求。

外包活动的开展要经历 9 个阶段。

（1）战略：高级管理层对目标和需求进行评估；

（2）重新评估：重新审核外包决策；

（3）选择：从事挑选卖方的过程；

（4）谈判：就条款与条件达成一致；

（5）实施：过渡阶段，包括前期规划与实施；

（6）监管：所有运行计划的管理活动；

（7）程序"完成"：引入和验收；

（8）建立：新服务完成；

（9）变更：对任何需要的修改做出反应；

（10）退出：合约结束。

### 6. 最终建议

（1）因为外包伙伴的组织"文化"可能对组织产生巨大影响，所以要注意配合好，尤其在规划长期关系时更是如此。

（2）要考虑已经成为行业领导者而且有可靠成功业绩的那些服务供应商。但不要认为他们是唯一的可靠选择。很多规模小的供应商也会有卓越的能力并能提供优质服务。

（3）要确定好组织的优先顺序（例如，成本或定价是首要问题吗？提供很多服务项目的供应商，还是提供定向服务的供应商，哪个更有效……）。

（4）要制定并执行一个使组织能在具体层级上认真衡量优势与劣势的详细评估程序。

（5）要避免将合同谈判变成对抗性谈判。

（6）要保持沟通渠道的畅通以及对关注问题的迅速反应。不要让双方的关系发展到对簿公堂的地步。

### 7. 发展外包关系

在形成外包关系时还要考虑如下问题：

（1）定价；

（2）合同期限；

（3）要签约的供应商数目；

（4）外包的隐藏成本；

（5）外包地点——海外还是当地；

（6）为过渡期做好准备；

（7）合伙企业不工作时的选择方案。

### 8. 定价考虑事项

最好的定价安排就是要满足双方的需求。

### 9. 定价方案

（1）单位定价：根据服务的使用情况进行付款。是一种灵活的选择。

（2）固定定价：任何情况下客户都对服务支付统一费用。因为成本可以预见，所以有吸引力。

（3）可变定价：为供应商提供的服务制定一个固定的基础价格，同时留出提供不同服务时的价格变动空间。

（4）成本加成定价：客户向服务供应商支付服务成本，另外再支付一定比例作为其利润。缺点就是不能激励供应商改进其服务交付。

（5）基于业绩计价：在定价中包含有对供应商提高其业绩的奖励，通常也同时会对不合格服务处以罚金。

（6）风险／利润共担定价：客户和供应商共同承担风险，共同分享利润。

外包合同的期限取决于外包工作内容和外包原因。大多数情况下，2~3 年的合同期限就会被视为太长，除非合同的规定已为双方留出了弹性空间。

只用一个供应商的确可以简化管理工作，但就不能通过让多个供应商进行健康竞争而可能得益。如果使用多个服务供应商与组织，尤其是较小的组织，就会要面临监管的挑战，例如，监控业绩、维持有效关系、管理各供应商之间的关系等。

外包协议中的美元数字并不代表使用外包服务的总成本。这些管理成本包括战略分析、数据收集、顾问服务、过渡费用、裁员和相关人力资源活动的开支。对于离岸外包的安排，也存在额外的顾问咨询、旅差成本支出，以及遵从不同商业惯例／文化所发生的各种其他开支。与海外外包伙伴共同工作时还要留意外汇汇率。

在外包过程中要牢记，该过程最具挑战的部分通常是在外包启动阶段。相关各方都需要花时间来了解彼此以及他们的产品、服务、过程、资源、期望、组织文化等。退出外包服务通常也不太容易，因此要强调的是这种关系不是轻易就建立的。通常最好的选择就是进行重新谈判。

### 3.5.12 伙伴关系

伙伴关系也被称为"战略联盟"，可以是合资，偶尔也可以是收购。除收购以外，所有的伙伴关系都类似于外包关系。以前要外包才能解决的问题现在通过合伙就可解决。卖方供应商和服务供应商之间的对抗性变得越来越小，它们更加关注建立长期的伙伴关系。事实上，有些专家就是将战略伙伴或联盟看作是更为复杂的外包协议。

#### 1. 结成伙伴关系优点

（1）客户更多；

（2）可获得追加资本；

（3）新增或额外的分销渠道；

（4）可利用以前就已建立的关系；

（5）带来新业务模式的经验；

（6）更加灵活和创新；

（7）新产品或新服务；

（8）带来专业知识、特有技术或经验；

（9）降低成本或形成独特的生产能力。

#### 2. 竞争对手可成为伙伴

竞争对手之间也可结成战略联盟以便对抗共同的对手。结成战略联盟后要牢记如下事项：

（1）要清楚地知道结盟目的（例如，获得新知识和技能、服务/产品/技术缺口、避免基建投资、改进供应链、减少营销时间，及以最小的努力重新快速获得竞争力）。

（2）永远不要忘记成为伙伴的竞争对手仍然是竞争对手。

（3）用更强大的伙伴取代之前的伙伴时，要维持双赢是个挑战。

（4）有矛盾是健康的——这是互利合作的一个好迹象。

（5）信息交换是双方受益的一部分。但要确保员工都知道哪些参数是不能共享的则也是一种挑战。

（6）要保护关键产品的价值。

（7）要确保有基本的入市实力。

（8）要掌握住重要的经营能力。

（9）要保护关键技术。

（10）要保护成长方案。

（11）要维持强大的组织。

（12）要维持财务实力。

（13）要为不可靠的关系尽早做好规划。

（14）要考虑独家经销权的优缺点。

### 3.5.13　可持续性

可持续性对于做任何生意都是必要的，即使它明显不是公司的战略中心，但它仍会出现在每位 CEO 的讲话中。关于可持续性已经谈论了很多年，随着大家开始意识到资源的逐渐减少（包括水和污染程度），正在影响着世界上所有的国家（因为这些问题不存在国界），对此人们的担心越来越强烈。生意固然重要，但必须要找到一种新的可持续方式来做生意。

有关可持续性的最著名定义是出自联合国世界环境与发展委员会 1987 年出版的《布伦特兰报告》（《我们共同的未来》）："满足当代人类需求的发展决不能以损害我们后代满足其自身需求的能力为代价。"

虽然人们的担心一直都存在，但是对可持续性的关注度的增加却是在 1972 年瑞士召开的第一次联合国人类环境会议（又名斯德哥尔摩会议）之后。20 年后的 1992 年，联合国在里约热内卢召开了环境与发展大会，172 国政府的 108 位国家元首参加了会议，会议通过了《二十一世纪议程》，现在它仍然是可持续性战略的重要参考文件。

正是由于这些运动的结果，我们才可以看到现在大多数国家都在不断地修改他们的环境立法。只扫门前雪的态度不再被大家所接收，而仍坚持这些做法的公司正在失去全球市场。

1997 年，埃尔金顿提出了一个三重底线的概念：利润、星球、人类。这个概念丰富了可持续性理念，现在我们则是从环境、商业、社区和文化这四个方面来考虑这个概念的。

我们在 21 世纪迎来了全球化时代。在全球化时代（见 3.5.8 全球战略），信息传输用鼠标点击即可完成，客户变得越来越担心他们购买习惯的后果。

将可持续性融合到经营战略中去的最好方法就是从源头开始。可持续性主管必须是董事会成员，在每个决策过程中都要有话语权。回到产品生命周期（见 3.4.1.6）上，公司则对其选择的供应商、其生产和交付方式、所有的收益（包括其使用的能源）以及客户处置产品的方式都要负责。

一个好战略要涵盖该过程所涉及的所有利益相关者，包括受到生意（商业）影响的小区和其他社区。必须要听取他们的意见，这样就可能找到解决办法来纠正生意以前所犯的错误，为后代留下有积极作用的遗产。

在当今的任何战略中，创新都必不可少，而且必须要通过反映可持续性来加以实现。由于物流现在代表了在财务和环境方面的巨大增长，物流的重要性也正在增加。联盟也可能有助于制定更具可持续性的战略。公司必须要与时俱进，为其客户创造价值、节约不可再生资源、重复使用材料并减少废物的产生。

必须要将可持续性融合到日常的经营过程中，透明度也非常重要。现在世界上响应全球报告倡议组织（GRI）的号召，发布年度报告的公司越来越多。"根据外部确认结果，尽管发布 GRI 报告的美国公司数量的相对增长还是低于全球水平，但是该数量在 2008~2013 年间已增长了两倍以上。"（GRI 2014）。

为了在 21 世纪取得成功，组织必须要考虑他们的可持续措施。在满足社会需求与愿望的同时，治理政策的实施也要考虑环境的制约。这些措施应该要具有创新性，随社区发展而改进，要足够灵活，可在必要时进行修改。这可是一个大挑战，不仅需要经济上的重大转变，还需要社会、政治、技术和文化行为上的重大转变。

## 3.6 战略实施

### 3.6.1 章程、时间管理、项目管理和领导

战略制定完成后，就必须要组建实施团队。实施团队可以是会计或制造部门等常设职能团队、多功能团队，也可以是专为实现战术目标或实施战略而组建的特设团队。

无论该团队的组成如何，都应该制定出一个团队章程。该章程应包含对目标或战略的详细描述、对最终结果的期望、团队成员名单、里程碑与截止日期、预算以及要完成任务的简单列表。除了阅读布兰佳、尤尼斯·帕里西-卡鲁和唐纳德·卡鲁的情境领导（2000），圣吉的系统思考（1994），霍布斯（1987）和柯维（2004）的时间管理，科兹纳（2003）的项目管理以及莫里斯（1978）的专业运作模式等相关资料以外，有关负责战略实施的工程管理人员的资料也可以参阅本手册的"第 2 领域：领导力与组织管理"、"第 4 领域：财务资源管理"和"第 5 领域：项目管理"。

### 3.6.2 变更管理技术与调整战略

要进行顺利、有序的组织经营，对变更的有效管理是个关键。为了进行成功的变更管理，各级管理层都必须要切实投入并领导变更过程。

变更领导者一般都有如下特点：

（1）通过参加如前文所讨论的系统分析来理解业务；

（2）能理解组织变更的动力；

（3）赢得了同事的尊敬和信任；

（4）有能力完成以下任务：

1）可同时执行多个任务；

2）会简化复杂问题；

3）会处理不确定性；

4）能很好地管理冲突。

### 1. 变更过程动力学的知识

（1）变更规律

1）变更不能强制执行。

2）变更是非线性的。

3）变更可在几个层面同时发生。

4）没有问题就没有变更发生。

5）变更可能会被不成熟的愿景和规划所掩盖。

6）不可能存在单方面的解决方案，个人主义必须要与集体主义相统一。

7）集权制组织或分权制组织都不可能发生有效变更。

8）对于从上到下和从下到上的战略，变更最好要同时发生。

9）更大范围的互动对于变更是必需的。

10）每个人都是变更推动者。

11）领导层的承诺对于成功至关重要。

（2）冲突

冲突是变更过程的一部分。冲突可能是有利性的，也可能是有害性的。变更领导者必须要努力维持团队内部的正常冲突。

1）有利性冲突可以产生如下积极结果：

①提高 / 建设团队心态。

②提高凝聚力。

③改进沟通。

④产生有效的运营方式。

⑤贡献出更好的质量。

2）有害性冲突可能会产生如下消极后果：

①妨碍团队完成任务。

②对个人是毁灭性的。

③降低决策质量。

④威胁团队的生存。

### 2. 变更阻力影响因素的知识

变更阻力的常见原因包括：

（1）问题陈述得不清晰（如果不能描述问题，就很难让其他人相信问题的存在）。

（2）没有获得所需信息。

（3）团队内部沟通不畅。

（4）过早测试替代战略。

（5）批评、测评、竞争的环境（对沟通持开放、肯定态度的环境会有助于变更）。

（6）规定的压力。

（7）缺乏解决问题的技巧。

（8）不充分的动机。

（9）群体思维（从管理和工程角度来看，一个活动越是根深蒂固，越是成功，要想质疑和做变更就会变得越困难）。

即使多数人都能接受变更，仍然会有个别人抗拒变更。

### 3. 高效团队的特点

团队动力对于实施变更的能力起着关键作用。要成为高效团队所必须具有的特点包括但不局限于如下几点：

（1）好领导；

（2）动态领导，能充分利用每名成员的优点；

（3）开放式沟通；

（4）明确的团队目标；

（5）每名团队成员都有明确定义的角色；

（6）有高级管理层的支持；

（7）认可每名团队成员的独特贡献；

（8）个人满意度源自团队活动；

（9）愿分享经验；

（10）团队成员之间彼此坦诚；

（11）有各种才能和个性；

（12）追求卓越；

（13）有表达不同意见的能力；

（14）渴望共同成功；

（15）乐于分担责任；

（16）相互尊重、相互信任；

（17）有幽默感——充满乐趣。

### 4. 通过团队业绩考评来促进变更

高效团队是以人为本的任务型动态、成功之群体。特点是员工都士气高昂、重视业绩，而且有解决问题的真实意愿。可以使用如下指南来考评团队的业绩水平，另外也可以参照布兰佳等人（2000）和圣吉的考评方法。如果团队的业绩还不高，那就可以使用这些指南来帮助识别改进的机会。

（1）参与：寻找成员之间在参与量上的差异。

1）谁是高度参与者？

2）谁是低度参与者？

3）参与情况发生变化了吗（例如，高度参与者变得安静，低度参与者突然变得爱说话）?

4）是些什么原因造成了团队互动的这种变化呢？

5）是怎样对待那些较为安静的团队成员的？如何理解他们的沉默？

6）谁跟谁交谈？

7）是谁在推动着活动的进行？

（2）影响：影响与参与是并不相同的。

1）哪些成员的影响力大？——他们讲话时，其他人好像都在听？

2）哪些成员的影响力小？——其他人不听他们的，或者不跟随他们行动。影响力有变化吗？谁的影响力变了？

3）团队成员之间存在竞争吗？有人在争夺领导权吗？这对其他成员有什么影响？

（3）影响方式：影响可以是积极的，也可以是消极的。它可以赢得他人的支持或合作，也可以冷落他人。

1）专治型——有人试图将自己的意愿或价值强加给团队其他成员吗？

2）调停型——有人一贯努力避免发生冲突或者不愿意表达不快感觉吗？是否有成员在避免给出负面反馈吗？

3）自由放任型—— 注意到团队成员有明显不掺和的吗？是否有成员对待团队决策不太投入？

4）民主型——有人试图让所有人都参与团队决策或讨论中吗？当情绪高涨、气氛紧张时，有哪些成员试图以解决问题的方式来解决冲突？

5）冲突型——有人总是与他人意见不合，或者每次都试图给别人挑错，设法拖延所有决策吗？

（4）决策程序：很多决策都是以团队制定的，并没有考虑这些决策对其他成员的影响。

1）有人在决策和实施过程中都不与其他团队成员商量吗？

2）团队总在变换话题吗？

3）谁支持其他成员的建议或决策？

4）有证据表明多数人在有些成员反对的情况下仍在努力推动决策的形成吗？需要投票吗？

5）是否做出了努力来获得所有成员的一致同意？——即让所有成员都参与到决策中。

（5）任务功能：这些功能说明了团队要完成眼前任务所必需的行为。

1）有人征求或提出关于最佳执行方法的建议吗？

2）有人试图做总结吗？

3）谁在保证这个团队朝着目标前进？

（6）维护功能：这些功能对于维持团队的士气非常重要。

1）谁在帮助其他人参与讨论？

2）谁干扰或是打断了其他人？

3）成员的想法被理解的程度如何？

4）成员的想法是如何被拒绝的？成员们在拒绝其他人想法时还支持这些人吗？

（7）团队氛围：成员们能接受并理解面对的事实吗？

1）有人尝试控制冲突或不愉快的情绪吗？

2）有成员激怒或者烦扰他人吗？

3）成员们是否都很投入并感兴趣吗？

（8）成员身份：成员在团队内被接受或接纳的程度。

1）团队内还有小帮派吗？

2）有些成员在团队中像是"外人"吗？是如何对待他们的？

3）有些成员的行为像是比其他人好些吗？他们是如何被对待的？

4）团队中有成员加入然后又离开吗？他们在什么情况下加入或离开？

（9）情绪：可以观察到团队成员的情绪吗？

1）可以观察到团队成员什么样的情绪迹象？——愤怒、沮丧、温暖、喜爱、激动或求胜心切？

2）有团队成员试图阻止情绪表达吗？

（10）标准：团队的"规则"

1）团队回避某些话题吗？是什么人导致了这种回避？

2）成员彼此之间过分地友好或礼貌吗？

3）问题仅是限于智力型话题或者团队外部事件，有这种倾向吗？

一旦识别出改进机会，就可以制定出利用该机会的战略。随着变更的发生，个人常常会被迫离开他们的舒适地带。变更管理计划应该要获得所有人的认同，或者至少要获得变更所涉及的绝大多数人的认同。同样至关重要的是变更计划要详述员工关心的问题、讲清变更的原因、明确表达期望的结果。要对成功实施的变更给予奖励，使员工对变更计划建立起激情和成就感。

## 3.7 战略绩效的测量、控制和评估

测量系统设计的黄金法则就是要了解测量之目的。测量系统可用来控制、反馈、预测并提升能力。总之，一个设计适当的战略评价系统将会促进对目标的了解，有助于形成一致的目标（戴明，1982）。

纠正措施需要有一个跟踪系统，因此也就需要建立一个测量系统。要充分讨论这个主题那得需要好几本书。虽然下文只是有关程序和工具的概要，但是我们鼓励负责测量、评估和控制的工程管理人员去详细研究这份材料后面所提供的那些参考文献。

蒙德尔（Mundel，1986）认为可以把所有工作努力分成多个不同层次的工作单元，这些工作单元将划分出不同的测量尺度，以对愿景与使命、战略目标、战略、战术目标、任务和执行计划进行测量。这种分层测量法的目的是要把工作范围划分为越来越小的测量单

位。这有助于改进工具和测量技术的选择。此外，它还可为自动化报告提供数据结构，因而与工作分解结构很相似。

下面给出了测量点或工作单元的检查清单：

（1）项目要一致并且可定义，以避免重复统计；

（2）统计结果至少要可以用两种采集方法来验证；

（3）项目数据要容易采集，这样采集费用才花得值。

较小的测量结果可以归入到上一级测量单位，这样逐级归入到上一级测量单位，一直到获得愿景与使命的测量结果为止。但这种线性设计在实际应用中仍存在不足之处。例如，这种测量法可能会遗漏跨任务业绩、目标或战略。辛克和塔特尔（1989）提出了一种平衡的技术来改进测量方法：测量维度。即将每个级别的那套测量指标都放入效率、效果、生产率、职业生活质量、质量、创新和利润率这些维度中，对它们进行审查，看是否有遗漏的要素。如果某个维度缺少测量指标，那么就要针对该维度制定出一个或几个测量指标。

卡普兰与诺顿（Kaplan & Norton）平衡计分卡　　　　　　表 3-1

| 衡量角度 | 因果关系 | 目标 |
|---|---|---|
| 财务 | 利润率 | • 盈利的业务增长 |
| 客户 | 收入增长 | • 智慧合作伙伴的优质产品 |
| 内部过程 | 产品质量　购物经历<br>A级工厂　直线规划管理 | • 改进要素质量 |
| 学习和成长 | 工厂关系技巧　商品采购/规划技巧 | • 培训和武装员工 |

## 3.8　经验教训的运用

商业是不会等待每年按时有序循环进行的规划过程，因此对行动计划和战略还必须要考虑即时纠正措施。这些技术会在"第 5 领域：项目管理"中加以讨论。年度战略规划循环真正开始时，第一步就是要审核测量系统，以便按照目标对迄今为止的业绩进行评估。第二步则是审核系统分析，看竞争环境是否已经改变。在做战略调整之前，要对所有系统分析数据进行更新。正如朱兰（Juran，1988）所述，必须要以组织纪律来"把握收益"。一个很有用的做法就是对原始计划文件进行更新，同时还要说明环境的重大变化将会如何影响组织的当前战略。

# 总　结

战略是组织利用其内部环境资源来满足外部环境中的客户需求所使用的方法。为了制定出竞争战略，管理层必须要全面地了解其内部资源以及组织的客户、竞争对手和供货商。管理层熟悉战略模型和本章节所讨论的概念也非常重要。管理层将这些知识结合起来就一定能为其组织制定出有效的竞争战略。

# 复　习

学习了"第3领域：战略规划"之后，你应该能够回答如下问题：

1. 战略规划有哪些基本组元？列出这些基本组元并对它们进行描述。
2. 战略目标、战略制定、战术目标和执行计划之间的区别是什么？
3. 系统分析的目的是什么？
4. 为什么要进行战略评价？
5. 在开始外包关系时什么资源是有益的？
6. 工程管理人员在外包时必须要考虑什么？
7. SWOT 或 TOWS 矩阵与 BCG 矩阵之间的区别在哪里？
8. 有益冲突和有害冲突之间的差别是什么？
9. 工程管理人员要做哪些工作来促进大家接受变更？
10. 对战略规划的循环改进要做哪些准备？
11. 做生意必须要考虑哪些问题以确保可持续性？

# 参考文献

[1] Blanchard, Ken, Parisi-Carew, Eunice, & Carew, Donald. (2000). *One minute manager builds high per-forming teams.* Morrow/Harper Collins: New York.

[2] Box, G. E. P. (1979). Robustness in the strategy of scientifc model building. In R.L. Launer & G.N. Wilkinson (Eds.), Robustness in statistics. Academic Press: New York.

[3] Covey, Stephen R. (2004). The 7 habits of highly efective people. New York, NY: Simon and Schuster.

[4] David, Fred. (2012). Strategic management: A competitive advantage approach (14th ed.). Prentice Hall: New York, NY.

[5] Deming, W. E. (1982). Out of the crisis. MIT Center for Advance Engineering Study, Cambridge, MA.

[6] Elkington, John. (1997). Cannibals with forks–The triple bottom line of 21st century business. Capstone Publishing, Ltd: Mankato, USA.

[7]　Hobbs, Charles R. (1987). Time power. Harper Collins: New York, NY.

[8]　Juran, J. M. (1988). Juran on planning for quality. The Free Press: New York, NY.

[9]　Kaplan, David, & Norton, David P. (1996). The balanced scorecard: Translating strategy into action. Harvard Fellows: Boston, MA.

[10]　Kerzner, Harold. (2003). Project management: A systems approach to planning, scheduling, and controlling (8th ed). John Wiley and Sons: Hoboken, NJ.

[11]　Mundel, Marvin E. (1994). Motion and time study: Improving productivity (7th ed.). Prentice Hall: New York, NY.

[12]　Ohmae, Kenichi. (1989, May-June). Managing in a borderless world. Harvard Business Review.

[13]　Porter, Michael E. (1998). On competition. Harvard Business School Publishing: Boston, MA.

[14]　Senge, Peter. (1994). The fifth discipline field book: Strategies and tools for building a learning organization. New York, NY: Crown Business.

[15]　Shewhart, Walter Andrew. (1939). Statistical method from the viewpoint of quality control. Courier Corporation: Dover, New York.

[16]　Sink D. Scott, & Tuttle, Thomas. (1989). Planning and measurement in your organization of the future. IIE Press: Atlanta, GA.

[17]　Tague, Nancy R. (2004). The quality toolbox (2nd ed.). Milwaukee, WI: ASQ Quality Press.

[18]　World Commission on Environment and Development (1987). Our common future. Oxford, UK: Oxford University Press.

# 4

# 财务资源管理

**第 4 领域主笔**

职业工程师、职业工程管理师、职业项目管理师

特德·埃森巴赫（Ted Eschenbach） 博士

职业工程管理师 唐纳德·肯尼迪（Donald Kennedy） 博士

**第 4 领域翻译**

杨善林 教授

# 第 4 领域

# 财务资源管理

## 关键词和概念

| | |
|---|---|
| 应计项目 | 将未来发生的支出或收入项目按其现值记录于会计账簿中 |
| 资产 | 企业所拥有的物品 |
| 资产负债表 | 简要反映企业资产、负债及所有者权益项目总额的财务报表 |
| 贷方 | 复式记账法中列示费用和资产减少，以及负债、收入和所有者权益增加的那一列 |
| 借方 | 复式记账法中列示费用和资产的增加，以及负债、收入和所有者权益减少的那一列 |
| 复式记账法 | 对所有交易都在"借方"和"贷方"两列记录相等金额的会计记账方法 |
| 所有者权益 | 企业所有者所拥有的价值，等于资产减去负债后的余额 |
| 费用 | 组织为企业运营所支付的款项 |

## 关键词和概念

| | |
|---|---|
| **固定成本** | 也称为固定间接成本，指在一定销售额范围内，其金额不受销售额变动影响的成本，如不动产租金支出 |
| **利润表** | 反映企业在一定期间盈利信息的财务报表 |
| **负债** | 企业需要在未来偿付的债务和其他应付款项 |
| **毛利** | 产品销售价格和生产成本之间的差额 |
| **比率分析** | 根据财务报表数据计算的各种比率，以利于进行不同企业之间以及不同期间之间的比较 |
| **收入** | 通过销售产品和服务而取得的资金金额 |
| **变动成本** | 也称直接成本，指那些随销售额增加而增加的成本，如制造元器件所需的原材料支出 |

# 4.1 会计

在工程师参与的几乎所有活动中，特别是工程管理，货币金额都是一个计量产出价值的合适工具。合理的工程设计原则均基于用最小的资源消耗获取最大的利益这一概念。如果不考虑成本，任何人都可以设计出具有给定荷载的桥梁——只要不断地倾倒混凝土直到填好桥的跨距即可。然而，对于工程管理人员绩效的衡量主要是根据他们的决策所产生的价值，即其对组织财务业绩所造成的影响。通过标准会计方法跟踪现金流量为计量这种价值创造的成效提供了工具。因此，只有通过理解货币金额的核算过程，工程管理人员才有可能确保其决策能够最优化地利用财务资源，并为其组织创造最大的价值。

在美国，公认会计准则（GAAP）规范如何进行这样的货币金额报告，而国际财务报告准则（IFRS）则规范其他大部分国家的财务报告。因为许多大公司都在多个国家开展业务，准则制定机构现正在努力协调这两种不同的会计准则。所面临的挑战之一是两种准则制定方式的差别：GAAP一般被认为是基于规则制定的，而IFRS则是基于原则制定的。

## 4.1.1 萨班斯-奥克斯利（Sarbanes-Oxley）法案

21世纪初，许多知名公司被爆出存在会计领域的欺诈行为。投资者依据由这些公司提供的信息进行投资，但这些信息通常都夸大了公司所产生的收益，以及持有公司股票的安全等级，由此引起的一连串的公司高管被定罪入刑、公司倒闭，包括股东财富损失以及相关会计公司的解散。这些事件促使立法机构建立更严格的规则来规范证券公开交易公司的会计处理方法。旨在重塑投资者对证券市场信心的《2002年萨班斯-奥克斯利法案》（通常也称为Sarbox或SOX法案）成为了美国联邦法案。该法案的主旨是建立更严厉的措施来确保审计独立性、强化问责、提高透明度和减小会计差异性。

## 4.1.2 会计记账原则

一个组织所有涉及资金的活动都由会计人员细致地记录，现在使用的仍然是意大利文艺复兴时期所建立的，至今也基本未变的记账原则。所有交易（对大公司来说可能每天以百万计）都需要按照时间顺序记录在被称为"日记账"的账簿中。每次交易都要以"到那里去—从何处来"的方式记录资金的流动。比如，购买加工工具涉及购买者将资金转移给销售者，购买者的会计记录会显示购买者手中现金减少，设备价值增加；与此同时，销售者的会计记录显示出手中现金增加，而存货价值减少。日记账中的每一笔记录都过账至一个适当的会计科目或账户中，这是汇总记录相似交易以利于管理的记账方法。不论一个组织的规模大小和复杂程度，都只会有如下对于所有组织都是一致的五种基本类型的会计科目：

（1）资产：拥有物品的价值；
（2）负债：债务和未付款项金额；
（3）收入：销售产品或服务取得的金额；

（4）费用：业务运营中发生的成本；

（5）所有者权益：组织价值中归属于所有者的部分。

已形成的标准会计记账方法使用两列来记录每一笔交易对受其影响的科目造成的增加或减少。这两列分别称为借方和贷方，如表 4-1 所示，它们是复式记账法的根本。初学者很容易混淆借方和贷方的概念，因为大众的常识是，贷记某人账户一次表示存入现金，而借记一次则代表取款。从金融机构的角度考虑这当然是对的，因为你的账户对它们而言是一种负债，你的账户余额则表明它们欠你多少钱。在复式会计记账体系中，所有交易所产生的借方和贷方总额都是相等的，而且所有科目的借方合计金额也等于所有科目贷方的合计金额。这种科目平衡为确保记账过程中不会发生错误提供了一种检查的方法。

复式会计记账原则 表 4-1

| 会计科目类型 | 增加 | 减少 |
| --- | --- | --- |
| 资产 | 借方 | 贷方 |
| 负债 | 贷方 | 借方 |
| 收入 | 贷方 | 借方 |
| 费用 | 借方 | 贷方 |
| 所有者权益 | 贷方 | 借方 |

### 4.1.3　权责发生制

很多企业经营大型商品，这些商品可能会需要多年时间来完成建造。以建造航空母舰的企业为例，可以想象得到这样的企业在数月中为建造活动花费成百万美元的支出，但是却没有发生销售或获得其他形式的收入。如果在企业支付现金时即将购买原材料或职工薪酬的支出看作是费用，由此对公司运营的分析将会显示出公司似乎在这些月份中出现了巨额亏损，而在产品转移给购买者的月份又产生了更大的利润额。一个更能够反映企业经营特征的情景是，企业在整个舰艇建造期间都持续地创造价值。与此类似，企业可能为未来很长一段期间将会定期发生的费用预付一大笔资金，比如一次性支付未来几年的保险费，或者为了应对预期的需求而增加存货。这些情形都通过权责发生制进行处理，该方法通过将支出记录在适当的"储存"资产或者负债的科目，比如"预付费用"或者"在制品（WIP）"科目，来实现费用和收入的配比。像建筑物或者机器这些主要的资产在一段时间内逐步损耗，因此其重置成本要在资产的预计使用寿命期内以计提折旧的方式进行分摊。

### 4.1.4　固定和变动费用

对于企业的健康至关重要、通常也是一个极难确定的关键问题是："产品的售价能否足以覆盖生产成本？"产品售价通常是明确的，尽管时不时地产品折扣和捆绑销售会使得特定产品的售价不那么清晰（特别是产品种类繁多的企业，如百货公司）。但是产品的成本却在很大程度上取决于管理层的解释，两个生产十分类似产品的竞争者可能会使用差别很大的方法来计算某个特定产品的生产成本。尽管成本的计算可以酌情处理，关键是一旦确定了成本计算方法并加以实施时，那就一定要在组织内统一实施。通过实施统一的成本计算方法，管理层才能肯定地知道年与年的同比变化的真实意义，而不是由会计方法改变所造成的。

决定某个企业以何种方法确定成本的因素是固定成本和变动成本的概念。固定成本也称为固定间接成本，例如，SG&A—销售费用和一般管理费用。变动成本也称为直接成本，或许可称为 COGS—销售成本。将成本区分固定成本和变动成本的目的是为了确定再多生产一个单位产品的边际成本，即再多生产一个单位的产品需要支付多大的成本。比如，商品展示间的电费不会由于多卖出一个单位的产品而增加，也不会因为没有卖出任何产品电费就会下降。在这种情况下，电费是固定成本。对咖啡的运输费而言，只有当顾客买下咖啡时，运输费才会发生，如果没有咖啡售出，运输费则不会发生，这时的运输费用就是变动成本。

变动成本针对产品品种来确定，而固定成本是从企业的层面上来确定的。出于战略目的，经理人员可能决定对产品实施大减价，仅按成本价销售，使售价正好可收回所有与该订单相关的成本，然而公司却没有获得任何利润。只有在公司还有其他销售能够足以补偿公司发生的固定费用的情况下，这种策略才是可持续的。以低于直接成本总额的价格销售产品是不可持续的，而且可能会损害公司短期的财务状况。显然，了解变动成本是十分重要的。

边际收益是单位产品售价与单位产品直接成本二者之间的差额。企业运营管理之目的就是要增加产品的销售量，使边际收益总额足以超过企业运营所发生的固定成术，这是企业开始盈利的起点。由于一些费用在之前已经支付了现金，这也是权责发生制原则核算的结果，一部分固定费用实际上是不用支付现金的。因此，如图 4-1 所示，当边际收益与现金支出相等时，对应的就是现金盈亏平衡点；而当边际收益与所有成本（包括应计费用）相等时，对应的则是会计盈亏平衡点。

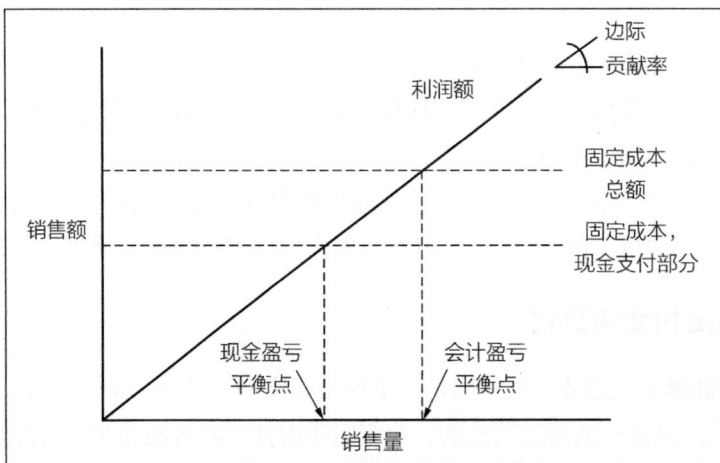

图 4-1 增加销售额以实现盈利

## 4.1.5　财务报表

就如所有组织都采用五种统一的会计科目，所有企业（不论规模大小）财务报表的格式看起来也非常相似。上市公司需要向潜在的股东公开财务报表，因而人们能够轻易地了解大量的、不同行业的公司，并对这些公司的财务报表进行直接的比较。通常每个季度都发布的财务报表包括"利润表"和"资产负债表"。

利润表列报企业在一定时期内的盈利情况。资产负债表反映企业在特定时间点的财务状况。"现金流量表"则汇总了企业在一定期间内的现金流入、现金流出以及净现金流量情况 [1]。现金流量表是对一定期间内财务管理决策效果的总结。利润表也称为利润和损失报表，或者就简写成"P&L"，现金流量表可根据利润表、本期期初和期末资产负债表的信息编制。

```
收入
减，准备（质保，坏账）
= 净收入
减，销售成本（直接成本）
= 毛利润
减，销售、一般管理费用（SG&A—固定成本）
= 营业利润
加，其他收益（减，其他费用）
减，所得税
= 净利润
```

图 4-2　利润表的标准格式

### 资产负债表的标准格式　　　　　　　　表 4-2

| 资产 | 负债 |
|---|---|
| 流动资产 | 流动负债 |
| 　现金 | 　短期借款 |
| 　应收账款 | 　应付账款 |
| 　短期票据 | 　应计费用 |
| 　存货 | 　应交税费 |
| 　预付费用 | 　长期负债中的流动部分 |
| 固定资产 | 长期负债 |
| 　减，累计折旧 | 应予以偿还的政府补助 |
| 长期投资 | |
| 商誉和无形资产 | |
| | 所有者权益 |
| | 　股本 |
| | 　留存收益 |
| | |

总资产 = 总负债 + 所有者权益

---

[1]　这一句是译者添加的，原文的解释不清楚。

因为利润表计量企业创造的价值，它是投资者主要使用的报表（图4-2）。当公司发布财务报告时，人们关注的重点是收益（"earnings"），它是对净利润的另一种表述。资产负债表（表4-2）则是银行或其他债权人重点关注的报表，因为该表反映企业将资产转换为现金以偿还债务的能力。资产负债表是按照流动性列示的，流动性越强的项目就越靠近表头。流动性度量资产或负债变现的难易程度。

## 4.2  财务

财务管理就是要不断地优化复杂的变量来发现可以创造价值的变量组合。一个常见的例子是，对公司产品进行适当的定价。提高商品价格可以使得销售收入增加，因为每售出一件产品可以获得额外的收入。但是，如果有太多的消费者转向更廉价的替代品，这也可能带来相反的效果。由于没有显而易见的规则可适用于不同公司或者是不同的情形，成功的财务管理更像是一门艺术。由于成功的企业不愿意公开其独有的、使其在竞争中获取战略优势的财务管理方法，这样一来，管理规则问题就变得越发严重了。

### 4.2.1  比率分析

由于不同企业的规模存在很大差异，新上任的经理人难以评估某个度量指标的绝对值。比如，一个便利店有约20000美元的存货，这已经算是存货十分充足了；而一个跨国石油公司有高达10亿美元的存货，反而有可能表明存在存货不足的危险。对企业生产经营活动的各个方面进行持续性的深度分析极其耗费时间。解决办法是，构建一些能够反映企业运营关键方面有用信息的通用比率。通过对这些比率，而不是比率中包含的单个指标，进行趋势分析，管理者可以更好地了解经营活动的变化，从而制定适当的改进策略。另外，利用这些比率，企业也可以更好地与行业平均水平和行业领跑者进行比较。

与科学研究不同，财务管理中并没有公认的通用术语，因而准确地理解每个特定用法以及特定组织用法的含义十分重要。以下是一些比率以及它们通常用法的示例。大多数比率都是由杜邦公司（DuPont）在20世纪20年代发展起来的，因此有时也被称为"杜邦比率"。另外的一些比率包括投资人用来评估上市公司股票价值的比率。这些比率在此未作解释。

（1）流动性比率：反映企业短期偿债能力的指标。

流动比率：流动资产与流动负债之比。贷款人要避免贷款给流动比率低的企业，因为这些企业可能没有足够的资产来偿付债务。但是，流动比率高也可能表示机会的丧失，因为将现金利用起来可以提高企业所创造的价值。

速动比率：与流动比率类似，但流动资产中去除了存货。当存货的特征显示其难以像拍卖销售那样快速变现时，速动比率就成为一个有用的指标。速动指标高的企业对贷款人更有吸引力。

（2）运营和资产管理比率：计量管理者利用公司资产的效果。

存货周转率：销售额与存货之比。它反映了公司价值中存货所占的金额。该比率过高可能意味着由于不能按时交货而损失了一些销售额；该比率过低则意味着存货过多，占用了过多的资金。

平均收账期，或者应收账款周转天数：（应收账款／销售额）× 365。它反映公司敦促客户支付账款的效果。为客户提供赊购机会使他们可以获取未来利润，并以此来偿还债务。未能按时收回账款意味着该账款可能变得收不回来了，这也可能表明存在产品质量问题使得客户拒绝付款。

固定资产周转率：销售额与固定资产净值之比。该指标反映企业运用其固定资产的效果。运用该比率来评估处于不同行业中的企业的固定资产利用效果的差别是没有意义的，即使与同行业内的竞争者进行比较也要小心应用。一个在房地产繁荣前就购买了建筑物或者土地的公司，与一家新成立的从事完全相同业务的公司相比，它的固定资产账面价值要低得多。

总资产周转率：销售额与总资产之比。该比率与固定资产周转率类似，在比较不同企业时也要谨慎应用。

（3）杠杆或负债管理比率：计量企业的长期财务实力和企业偿付其总债务的可能性。负债低的企业更容易获得贷款人的青睐；而投资者可能偏好高负债的企业，因为高负债使企业更积极地运用财务资源，从而有可能最大化其盈利能力。

资产负债率：总负债与总资产之比。尽管分母是资产总额，有时也被称为负债权益比。在应用这些比率时，对指标的计算进行准确地说明十分重要。

利息保障倍数：息税前利润（EBIT）与利息费用之比。当债权人评定借款人具有较高风险时，他们就会要求借款人支付比较高的利息费用。

利息保障倍数是企业现金流入与其支付的利息二者的比率指标。使用息税前利润指标而不是净利润指标计算利息保障倍数的原因是，利息费用显然是可以用以支付利息的，而所得税费用随着公司税前利润的减少而减少，直至为零，从这个意义上来说所得税费用也是可以用以支付利息的。

（4）盈利能力比率：反映整个企业的获利能力。通常更重要的是，使用一致的方法来识别一个企业的指标在不同时期的变化，而不是试图为不同组织构建一套统一的计算方法。

利润率：利润与销售额之比。这里的利润值可以使用经营利润指标，即息税前利润（EBIT），或者使用分红后的净利润等。就如一个组织与处于相同市场中的另一个组织相比一直拥有较高利润率的状况，利润率指标是在竞争者之间进行比较的强有力的工具。

总资产报酬率：利润与总资产之比。它反映企业利用资源的效果。该比率可用于在竞争者之间进行比较，以及一个组织各部门之间的比较。如果一个组织的资产收益率长期偏低，那么就意味着该组织将资金投到其他方面可能是更好的选择。

股东权益报酬率：净利润与股东权益之比。股东权益报酬率对于组织管理层十分重要。资产收益率在很大程度上与组织的筹资关系并不大，但股东权益报酬率则严重地受到企业所执行的杠杆水平的影响。长期来看，高杠杆组织的股东权益报酬率在不同期间起伏较大。

伴随着从意大利文艺复兴时期开始的现代会计体系的发展，企业也从所有者既是经营者也是资金提供者的初始状况发展到今天组织内关系更为复杂的组织形式。职业经理人制度的建立使现代企业的所有者所关心的问题仅聚焦于由他们投资创建的企业所创造的价值。从所有者（也就是职业经理人的雇主）的角度考虑，他们最关心的问题可由一组基础性的杜邦比率来表示，列示如下：

$$ROE = \frac{净利润}{销售收入} \times \frac{销售收入}{资产总额} \times \frac{资产总额}{股东权益} \qquad (4-1)$$

其中，$ROE$ 代表股东权益报酬率。

### 4.2.2 运营管理中的财务信息运用

编制财务报表的主要目的是指导行动。财务报表为适当的管理行为提供量化的指标。也存在一些其他来源的补充信息可以用以支持决策过程，比如说行业中实际的和预测的市场份额。以下是管理层通常用来指导行动和决策过程的关键信息指标。

销售额：销售额是企业主要关注的指标，但是，市场份额的变化更加重要。在经济周期的衰退期间，所有竞争者都可能出现销售额下降，但这时管理层应该更关注其组织市场份额的变化。销售份额的下降可能是存在潜在经营问题的信号，比如质量控制或交货问题。

毛利：当一个产品的市场进入成熟期时，单位产品毛利额将会持续下降。企业还要关注供应商的涨价，同时管理层也要不断地评估是否需要将这种涨价转嫁给客户。

固定运营费用：周而复始的经济周期要求企业持续不断地关注间接成本，以及在组织内控制支出所造成的影响。在经济处于繁荣时期，企业可能需要增加固定运营费用来留住企业员工，但是当经济衰退出现时，企业就再难以顺利地降低固定运营费用了。

存货：企业必须保存充足的存货来保持运营的顺畅，避免因等待原材料而造成的延误。存货也占用企业的资金，因而也减少了其他生产领域可使用的资金金额。许多初创企业的消亡都是由于为了应对不断增长的销售需求而购买了大量存货以后，再难以维持足够的现金。

应收账款：应收账款的增加可能是由于不注重回收应收账款而导致的，但也可能是产品出现质量问题的信号。

### 4.2.3 财务风险管理

营利性组织都是在非常激烈的竞争环境中经营。不能全面地预测风险事件是导致各种规模企业经营失败的一个主要原因。引起财务风险的因素多种多样，包括通货膨胀率或利率的剧烈变动、导致产品价格下跌或者竞争性产品出现的技术革新、自然灾害、政权变更、法律法规（包括税收政策）的变化以及罢工。评估风险事件的潜在影响就是要确定其发生的概率以及一旦发生所产生的后果。管理财务风险通常涉及以下一种或多种策略方法：

风险规避：潜在的法律法规和运营的变化，或者技术的进步都有可能产生风险，使得企业不得不停止经营，或者不允许企业从事特别的经营活动。企业选择不参与存在这种风险的经营活动就可以避免相应的风险。

风险接受：当风险较低时，管理层可以决定接受可能发生的风险，而不采取任何特别的措施。

建立风险准备金：当一系列潜在风险事件所产生的后果相对较轻，但如果就此而放任不管，累积的后果就会达到影响企业财务健康的程度，管理层可以计提一部分特别的准备金来应对此类风险。

提高必要的最低投资收益率：如果企业的投资项目风险较高，则只有当潜在的投资收益率足够高时，企业才有可能批准进行这样的投资。这样的话，经营成功产生的较高收益可以补偿经营失败所造成的损失。

风险转移：如果风险事件发生概率较小，但其后果严重，以至于企业无法在不损害财务健康的前提下即可从容地应对，这类风险可由其他为应对这类风险而专门成立的组织共担。当然风险转嫁是要付出一定代价的，只要组织在短期内不会因为风险事件的发生而破产，长期而言企业应具有较高的利润率。

保险：企业支付的保险费是企业将发生概率低、但后果严重事项的风险转移给为赔偿这类事件所造成损失而专门设立的公司所付出的成本。

合营：通过与其他组织分担成本并分享利润，将后果严重的风险事件所造成的损失控制在不至于导致公司灭亡的水平。

外包：将企业经营的某些部分外包给在某一方面有更多的资源或更专业的组织来完成。

风险减轻：企业可以采取必要的措施来降低风险事件发生的概率以及风险事件造成的后果。

套期保值：企业可以使用长期合同锁定一个合同双方都同意的价格，以此来控制产品销售价格和生产投入的成本。长期而言，降低价格变动的风险在某些情况下可能会导致利润的减少，但是，付出这样的代价使得利润不至于出现剧烈的波动，而利润的剧烈波动可能会造成企业出现短期的危机。

备用品：企业可以通过建立额外的备用品来控制设备损坏以及类似的无法获得关键部件等风险事件所造成的影响。

缓冲：企业可以通过在时间进度安排中为可能出现的延误预留缓冲期来减轻因关键部件（短缺）对时间进度所造成的影响。

分包：组织可以成为一个从事专门业务的企业，这类企业以预定价格为资本更密集且风险更高的企业提供产品或服务。

## 4.2.4　融资渠道

许多组织的生产设备和基础设施建设需要投入大量的资金，这种运营条件极大地限制了新竞争对手的成功进入。同样地，组织用来维持或增加市场份额的大型项目或高资本投入企业都可能会对组织的财务健康造成压力。选择怎样的融资渠道来进行上述投资将会对企业的风险水平和未来收益产生不同的影响。与风险降低策略一样，企业可以利用以下多种融资渠道以实现在风险和潜在回报之间达到一种可接受的平衡。

（1）发行股份：通过向现有或新的股东出售股份，公司就可获得新的资本。这时公司的所有权就要在现有股东和新股东之间进行重新分配，使得原先股东持有的企业所有权的份额（同时也是享有公司利润的份额）被稀释。

（2）持有的现金：当公司持有足够的现金时，则可用它来开展新的业务。尽管公司的财力会受到削弱，但是新的支出可能会为那些原本闲置的现金带来潜在的收益。组织也可以用预期的现金流来为大型投资项目融资，这样可以减少对持有现金的需求。然而，一旦业务环境变坏，这种策略也增加了项目所需资金不足的风险。

（3）优先股或公司债券：这种融资形式的优点是，证券持有者只获得确定金额的投资收益，但对公司的控制权没有影响，除了确定的收益之外不再享有公司净利润的份额。贷款人倾向于把优先股看作是权益，而公司所有者在计算公司财务指标时则把它们作为负债来看待。

（4）借款：向银行或其他金融机构借款通常是另一种低成本的融资方式，而且它也可能提升股东权益报酬率。设想一下，借款筹资的项目完成了，且在支付了借款利息费用后仍有利润，而这些利润是在无需权益资金投入的情况下获得的。贷款方在提供资金时，贷款合同中一般会有明确的条款规定，一旦借款人无力偿还贷款的可能性达到一定水平时，贷款人就可以扣押其资产抵债。

如果资金的投入被视为可产生一定社会和经济效益，值得公共资金投资时，那么通过获取政府补助或其他政府拨款可以降低业务增长所需要的资金量。在一些特殊情形下，企业还可以采取其他一些策略来实现由公共部门或者公司利益相关者的共同出资。

## 4.3  预算

预算是计划的工具，阐述了公司的意图也体现了其行动方案。不同企业所使用的预算格式和方法是不同的。但预算的目的都是为了反映近期的实际情况。不管预算形式如何，预算过程都包含以下项目：销售收入，费用支出以及所需要的资源。

预算通常包括三个月到一年的期间，并将企业的长期财务目标进行分解。预算文件往往是预算活动的焦点，而实际上只是一个非常重要和全面过程的一部分。预算过程本身是非常有效的，因为它需要详细的分析并深入到个体范围。

对工程管理人员而言，最重要的财务活动之一就是编制预算。在一个组织内部，预算有如下的功能（Rachlin，2004，p. 1.1）：

（1）提供准确及时的分析工具；

（2）预测企业绩效；

（3）为企业资源分配提供参考；

（4）有助于控制当前的和未来的效益；

（5）偏离预测情况的早期预警；

（6）较早发现机遇或威胁；

（7）鞭策企业进行自我检查；

（8）作为一种交流的手段；

（9）减少不确定性；

（10）迫使管理层关注企业的具体方面。

## 4.3.1　预算编制过程

图4-3反映了预算编制过程中的关键步骤，并代表了工程管理人员和公司层面个人的活动。企业分部或部门通过分析其资源、研究产品市场以及估计新产品对业务的影响来制定战略，然后考虑过去和当前的绩效来制定计划。这些信息由公司层面的审核人员交流和分析并为最终编制预算做准备。

图4-3体现了"自上而下"和"自下而上"两种不同层级管理层之间有效沟通方法的有力结合。为了预算的成功实施，必须要做到以下几点（Mazda，1998，p. 284）：

（1）清晰的组织结构，每个人都清楚知道自己的任务和职责；

（2）有效的会计程序以制定和监督预算；

（3）各级管理层的支持以实施预算；

（4）有相关修正方案的固定反馈和控制程序；

（5）弹性——根据需要和情况变化调整预算的意愿和能力。

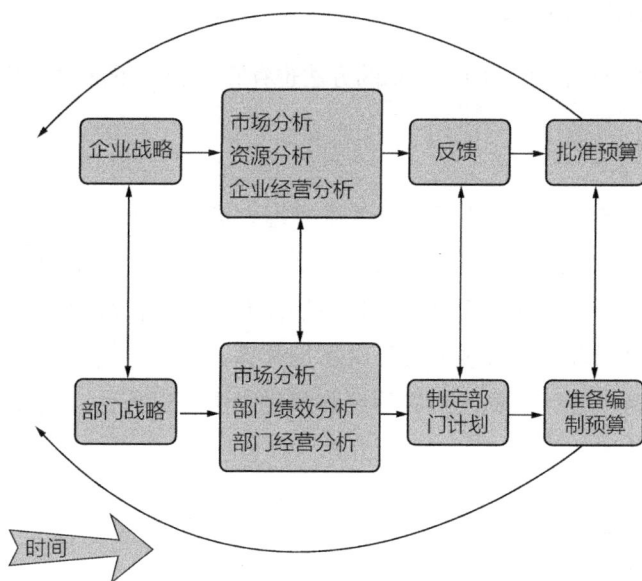

图4-3　预算编制流程

## 4.3.2　预算准备

预算的组成要素因企业不同甚至项目不同而存在差异。通常来讲，成本估算项目需要与企业会计报表的结构相对应，包括资本性支出、直接成本、间接成本、劳动力、材料、维护费、销售收入及日常管理支出等。

在估算成本时可能面临下列挑战：

（1）忽略了分配过程中的某些成本；

（2）使用不恰当的方法来分配各个部门的成本；

（3）跨部门的分摊成本实际上是组织的共同成本。

销售收入预测需要使用现有最佳的数据进行最可靠的估计，这些可以通过运用定性方法（如德尔斐法、规范相关分析、情境重现以及知情判断）和定量方法（如线性回归、指数平滑法）来实现。

预算文件的编制要使得使用者能够明确以下事项：

（1）预算包括哪些活动；

（2）要使用的资源；

（3）从预算中预测的结果和方法；

（4）考虑可用的资金，公司计划的哪部分内容在这些预算要素中得到满足（并达到了什么程度）（Hampton, 1994, pp. 6-12）。

在预算准备过程中，相关各方要经常沟通、检查预算书写是否完整、合理，并为各方所接受。要让所有参与者都有机会表达他们的问题和担心，发现重复的区域，识别尚未说明的机会并作出执行预算的承诺。

### 4.3.3 预算编制方法

根据公司及项目的需求不同，预算的方法也存在差异。下面讨论几种常用的方法。

#### 1. 零基预算

不同于传统的增量预算，零基预算要求管理人员彻底重新评估他们的活动，并确定哪些活动需要停止，哪些需要尽可能降低，而哪些需要增加。零基预算的支持者们认为该方法实际上并不是一个新概念，而是一种目前还没有实践的传统思想。零基预算旨在解决一些现在常见的预算问题，如管理人员经常增加预算，因为他们认为自己所制定的预算总会被上级管理层削减一些。预算的问题领域和替代方法难以评估，因此新项目往往是削减预算的第一步。

零基预算法的步骤包括（Rachlin 2004，p. 273）：

（1）明确企业目标；

（2）评估完成每项活动的各种可能方案；

（3）评估各方案的资金需求；

（4）评估各方案的工作量及绩效指标；

（5）建立优先次序。

### 2. 界限预算

在复杂的预算系统中，预算行项目各组成部分之间的相互作用会改变预算底线，但这种影响方式往往并不明显。界限预算是通过建立一个具有一系列方程式的战术预算模型来实现的，这些方程式显示出各个预算要素是如何组合的。该方法为在预算中衍生出不同的行项目提供了非常必要的透明性。

### 3. 作业预算

作业预算将预算编制的重点从成本转移到活动或业务流程。其目标就是要通过预算过程来确定活动所需的成本，并避免分摊间接费用所带来的扭曲。作业预算特别适用于具有多种产品或工艺的制造企业。其关键要素包括：

（1）需要完成的工作类型；

（2）需要完成的工作量；

（3）需要完成工作的成本（Rachlin 2004, p. 273）。

### 4. 非营利性组织预算

非营利性组织快速增长。由于非营利性组织是以动机驱动而不是以获利为目标，所以其成功的度量指标也大不相同，预算活动也有相应的转变。非营利性部门的预算要求管理人员必须以明确和可量化的成功度量指标来确定组织目标。同时要特别注意收入与交付的商品或服务的相互关联性。

## 4.3.4　预算管理控制

在前几节中，着重强调预算文件的制定。新进工程管理人员首先需要在一个非常详细的控制水平上使用预算。他们需要对其单位的月度、季度以及年度的预算绩效负责，通常包括工资支出、工资税、加班、休假、赔偿金、旅行、培训、资本折旧、维护和修理、顾问和承包商、租赁、供应、运输和项目等等。

每个企业都有一套标准的方法追踪过去的支出，大多数都有相应的监控机制，如分析实际支出与计划支出的差异（类似于项目管理）。这些预算可以按照日历年度或会计年度来编制。会计年度预算可以使用普通日历，也可以是 4-4-5 或 52-53 的会计日历。4-4-5 的日历有 4 周或 5 周的会计月份，52-53 周的会计年度总会截止于一个固定的日期（比如日历年度的最后一个星期六），这样数据比较就不会受到当月第一天还是最后一天的影响。对于这两种会计日历，每隔 5~6 年要进行一次调整，因为 365 天和 366 天都不能被 7 整除。

计划和追踪预算绩效的一个挑战就是有些系统在追踪约束性支出或计划支出方面做得并不好。一旦收到发票，会计制度要求例行地追踪所有的预算项目，但是有些系统并不追踪订单、加班计划、维修费用等。因此有些组织要有相互关联的会计和项目控制系统来追踪计划和约束性成本。

### 4.3.5 现金流量技术和需求

工程项目的期限一般较长，公司在支付费用时极少会同时收到一个项目的收入。公司财务经理将与工程管理人员进行相应的沟通来管理现金流问题，通常被称为现金流图（当以图形的形式来反映时）或现金流量表（当以表格的形式来反映时）。这两种形式都是在工程项目的整个生命周期中记录现金流入和现金流出的简单而有效的方法。短期来看，现金流量表（表4-4）通常可以看作企业预算及营运资金管理的一部分，而长期的现金流量表（见4.4节）则是一种工程经济学工具，可用来评价哪些项目值得实施。

现金流量表（表4-3）是在电子表格中创建的，表中的行表示时间间隔（如月份、季度），列代表收入和支出的类别（如销售收入、预付款、设备维护）。现金流量表可用来预测企业的现金流入及流出，使财务经理能够制定和实施有效的现金流量战略。

<table>
<tr><td colspan="5" align="center">现金流量表示例</td><td align="right">表 4-3</td></tr>
<tr><td align="center">月份</td><td align="center">资本支出</td><td align="center">材料费</td><td align="center">维修费</td><td align="center">管理费</td></tr>
<tr><td>1</td><td>45 000</td><td></td><td></td><td>1 500</td></tr>
<tr><td>2</td><td></td><td>7 000</td><td></td><td>1 500</td></tr>
<tr><td>3</td><td></td><td></td><td>5 000</td><td>1 500</td></tr>
<tr><td>4</td><td></td><td>2 000</td><td></td><td>1 500</td></tr>
<tr><td>5</td><td>15 000</td><td></td><td></td><td>1 500</td></tr>
<tr><td>6</td><td></td><td></td><td>5 000</td><td>1 500</td></tr>
<tr><td>7</td><td></td><td></td><td></td><td>1 500</td></tr>
<tr><td>8</td><td></td><td>9 000</td><td></td><td>1 500</td></tr>
<tr><td>9</td><td></td><td></td><td>5 000</td><td>1 500</td></tr>
<tr><td>10</td><td></td><td></td><td></td><td>1 500</td></tr>
<tr><td>11</td><td></td><td>3 000</td><td></td><td>1 500</td></tr>
<tr><td>12</td><td></td><td></td><td>5 000</td><td>1 500</td></tr>
</table>

支出要被安排在支付到期的月份进行。当客户付款之前有大额支出发生时（如材料费、机械设备费等），也要同时记录客户的销售收入或收款进度。表中各行各列的总和则反映出每一时期的净现金流入或流出。从这个分析中，财务经理们对要采取的行动有更深入的了解。

例如，某些工程合同需要公司大额的资本支出，但这些资本是可报销的而且并不需要包括在项目预算中。然而他们确实需要现金支出，在做计划时都需要加以考虑。

当需要大量资金支出时，公司可以考虑以下多种策略：

（1）客户直接支付供应商的费用；

（2）客户将资金存入采购基金；

（3）分期付款，当工程完成了某些里程碑工作时，就支付相应的工程款。(Lock, 1993, pp. 254-255)

# 4.4　工程经济学

## 4.4.1　基本术语和公式

工程经济学关注的重点是发现在不同时间发生的现金流量的等价价值，也即货币的时间价值。

基本术语：

$A$：等额年金；

$B$：收益；

$BV_t$：年末账面价值；

$C$：成本；

$D_t$：第 $t$ 年的折旧；

$F$：终值；

$f$：一般通货膨胀率；

$G$：等差额（算术梯度）；

$g$：等比率（几何梯度）；

$i$：计息期利率；

$N$：资产期限；

$P$：现值；

$SN$：在第 $N$ 年末的资产残值。

图 4-4 总结了适用于工程经济学中公式和因子的假设条件。假如现金流量 $P$ 发生在第 0 期的期初，年金 $A$ 发生在第 1~$N$ 期的每一期的期末。$N$ 个计息期通常以年为计，但也可能以更短的季度或星期来计算利息。终值 $F$ 发生在第 $N$ 期期末。等差额 $G$ 从第一期期末为 0 开始一直增加或减少到第 $N$ 期期末为 $(N-1)G$。绘制现金流量图时，用向上的箭头表示现金流入（如收入、存款等），向下的箭头则表示成本费用支出。

为了更好地解释上述假定，我们进行一个工程项目的经济可行性分析（以私营部门的节能项目或公共部门道路项目为例）。在第 0 期，发生第一笔费用，作为现金支出箭头要向下。假定第一年的能源

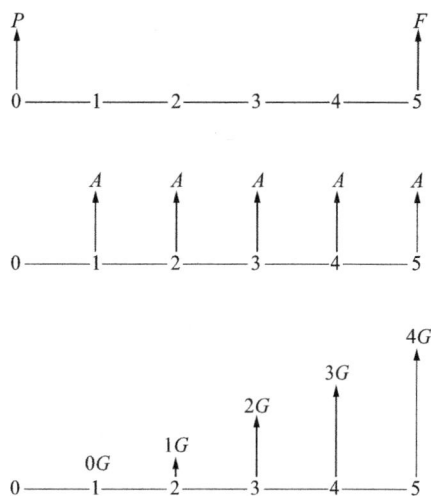

图 4-4　$P$, $F$, $A$ 和 $G$ 的现金流量图（Eschenbach, 2011）

成本节约或道路通畅时间节约收益在10年或50年保持不变（为了最初的经济可行性分析），作为收益箭头要向上表示。如果节能效益或道路通畅效益每一年都有一个等量的增加，则有一个正的等差额 G 来调整这种变化。最后，在项目生命周期结束时，通常会有一个设备残值或道路未来使用价值的估值。通常期限为一年。

公式（4-2）是货币时间价值的基本方程式，计算了现值 P 在 N 期末的终值 F，并引入货币时间价值的利率 i。

$$F = P(1+i)^N \qquad\qquad (4-2)$$

### 4.4.2  基本公式及系数

工程经济学的很多简单问题可以用表4-4中所列出的基本公式和系数来解决，而将它们结合起来应用则可解决更复杂的问题。类似于清除分数的方法可以用来选择合适的系数。如计算 N 期等额支出或收入的年金 A 的现值 P，用系数（P/A，i，N）乘以年金 A 即可。当等额现金流 A 与系数 P/A 相乘时，则 A 抵消剩下 P（给定利率 i 并假定一系列等间隔的 N 期）。系数表可以通过工程经济学教科书、工程基础理论考试参考书、财务学教科书以及互联网查阅。

系数和公式 表 4-4

| 系数名称 | 符号 | 公式 |
|---|---|---|
| 复利终值系数 | (F/P, i, N) | $(1+i)^N$ |
| 复利现值系数 | (P/F, i, N) | $(1+i)^{-N}$ |
| 年金终值系数 | (F/A, i, N) | $[(1+i)^N-1]/i$ |
| 年金现值系数 | (P/A, i, N) | $[(1+i)^N-1]/[i(1+i)^N]$ |
| 偿债基金系数 | (A/F, i, N) | $i/[(1+i)^N-1]$ |
| 资本回收系数 | (A/P, i, N) | $[i(1+i)^N]/[(1+i)^N-1]$ |
| 梯度现值系数 / 等差额现值系数 | (P/G, i, N) | $[(1+i)^N-iN-1]/[i^2(1+i)^N]$ |
| 梯度年金系数 / 等差额年金系数 | (A/G, i, N) | $1/i-N/[(1+i)^N-1]$ |

表4-5总结了与表4-4中系数对应的电子表格计算公式，这些公式可以用于求解方程（4-3）。方程（4-3）中，只要确定了 i，N，A，P 和 F 中的任意四个值，就可以求出剩下的一个值。根据方程（4-3），如果 A，P 和 F 中的任意两个值为正，那个剩下的第三个值一定为负，所以在表4-4中的前三个公式里面都有负号。此外，参数类型是可选择的，它允许将年金 A（均匀系列）变量指定为每期期初而不是默认的期末。一些五键财务计算器或菜单输入系统也可以用来解决方程（4-3）而获得相同的结果。不同的是，当利率为8%

时，在计算器中要输入 8，而在公式或电子表格中要输入 0.08 或 8%。另外要注意的是电子表格和计算器的功能中不包括算术梯度 $G$ 的计算。

$$A(P/A,\ i,\ N) + F\ (P/F,\ i,\ N) + P \qquad （4-3）$$

电子表格中的年金函数

表 4-5

| |
|---|
| $PV\ (i,\ N,\ -A,\ -F,\ \text{Type})$ |
| $PMV\ (i,\ N,\ -P,\ -F,\ \text{Type})$ |
| $FV\ (i,\ N,\ -A,\ -P,\ \text{Type})$ |
| $NPER\ (i,\ A,\ P,\ F,\ \text{Type})$ |
| $RATE(N,\ A,\ P,\ F,\ \text{Type},\ \text{guess})$ |

### 4.4.3　现金流量表和电子表格块函数

许多工程项目的现金流模式都很复杂。初始投资可能要持续很多年。而且随着时间的推移，交易量和价格可能发生变化。还可能出现翻新改造、大修或扩建等费用。而确定复杂项目的经济价值的最好方法就是在电子表格中创建一个现金流量表。表 4-6 中的两个电子表格函数就是用来计算对应于每期净现金流量的一系列单元格的等值经济价值。这些函数的应用基于以下假设：

（1）现金流量均发生在第 1-$N$ 期期末；

（2）每期间隔相等；

（3）每期利率相等。

净现值（$NPV$）函数还假定第 0 期发生的现金流量不包括在指定的单元格内。因此，总的 $PW=NPV$（$i$，range）$+CF_0$ 内含报酬率（$IRR$）就是当 $PW=0$ 时所对应的利率。

电子表格中的块函数

表 4-6

| |
|---|
| $NPV\ (i,\ CF_1:\ CF_N)$ |
| $IRR\ (CF_0:CF_N,\ \text{guess})$ |

### 4.4.4　经济价值的计算

正确使用货币时间价值衡量的经济价值指标有很多种，以下列出了主要几种指标的名称和符号：

（1）现值（$PW$），净现值（$NPV$）；

（2）终值（$FW$）；

（3）等额年金（$EAW$）；

（4）等额年成本（$EAC$）；

（5）收益成本比（*B/C*），现值指数，获利指数；

（6）内含报酬率（*IRR*）。

在每种情况下，一个工程项目相关的所有现金流量都要转换成与度量指标相匹配的单一价值。除了内含报酬率之外，这些计算都需要确定的利率。

另一个衡量经济价值的指标是投资回收期（即初始投资要多长时间可以收回）。投资回收期的计算通常不需要考虑货币时间价值，相当于选择利率为0。这种方法非常适用于投资回收期以月为单位计算而回报要持续好多年的工程项目。投资回收期的优点是简单。但一般来说，最好使用理论上更准确的度量指标。

还有另外两个经济价值的度量指标，通常应用于企业层面，有时候也会用于项目层面。投资回报率（*ROI*）是一个会计指标，它与投资回收期一样忽视了货币时间价值。*ROI* 等于税前收入和利息之和除以平均经营资产（如存货、应收账款等）。

经济增加值（*EVA*）则特别适用于资本密集型企业。长期 *EVA* 的计算通常是包含货币时间价值的未来现金流的贴现，而作为一年期绩效计算的 *EVA* 则等于税前收入加利息再减去加权平均资本成本（*WACC*）。

只要恰当地考虑了货币时间价值，做项目决策或在不同项目之间做出选择还是比较简单的。现值为正的项目是可行的，现值越大或年成本越小的项目越好。因此，选择哪一种经济价值度量指标取决于哪个方便。在决定为一栋建筑物或一个业务支付多少时现值是最好的。对收益难以量化但可以判断估计的年收益是否高于年成本的工艺改进项目来说，年成本最合适。当比较不同周期和风险的项目时，比较不同项目的收益率是最简便的方法。

### 4.4.5 互斥性方案，设备更新和资本预算

工程经济学的应用可以区分为三个相对不同的领域，而选择不同的经济价值指标是找到正确答案的最简单的路线：

（1）互斥性方案的选择；

（2）设备更新选择；

（3）选择哪些项目受制于资本预算。

#### 1. 互斥性方案

互斥性方案是许多工程职业生涯和大多数工程经济学课程的起点。举个例子，一个工程专业毕业生可能获得两个工作机会，一个在咨询公司设计桥梁，而另一个在电子公司的售后部门。这两个工作机会就是互斥的，因为选择其中一个并开始工作就自动放弃了接受其他方案的可能性。工程设计经常考虑哪种方案更经济，而最终只有一种方案被实施。在这种情况下，利率通常由更高的公司层面或联邦政府指定（OMB 通告 A-94）。

当互斥性方案的寿命相同时，现值或等值年金都可以作为评价指标。最佳方案就是现值最高或者成本最低的。当互斥方案的寿命不同时，最好用等值年金来选择最佳方案，因为等值年收益 *EAW* 和等值年成本 *EAC* 都是以一年为基础的。在计算两个方案 *EAW* 和 *EAC*

的确切增量时，要假定在其生命期相匹配前现金流量保持不变。仅仅比较方案的价值是一种建立在可靠数据上的稳健决策技术，但决策者的眼光要长远一点，评价期应该长于方案的最长的生命期。

在应用内含报酬率 *IRR* 或者收益成本比 *B/C* 来比较互斥性方案时，必须以增量的方式进行比较，因为最佳方案可能并不是内含报酬率最高或者收益成本比率最大的方案。

### 2. 设备更新

设备更新是互斥性方案的选择，但要使用不同的方法正确分析现有资产的成本而不是拟更新的新设备的成本。这是因为现有设备安装成本已经发生，再继续使用也就没有设备移除和出售的成本（至少至目前）。此外，现有资产一般都已经接近其经济寿命，而新设备的使用寿命则要长得多。正确的分析方法取决于有多少数据可用以及现有资产还有多长的使用寿命。

一种典型的情况就是将现有资产再用一年的边际成本与所有潜在新设备在所有可能的生命期的最低等值年成本进行比较。当现有设备的再用一年的边际成本更低时，那就再用一年，到第二年再做评估。但如果边际成本更高，则可更换新设备，而且新设备的预期使用寿命必须要使其等值年成本最低。

### 3. 资本预算

资本预算就是当有很多好的项目但没有足够的资金资助这些项目时，选出要实施的项目。只有那些现值为正值而且内部收益率可接受的项目才可能入围最后的选择阶段。因此，不能通过消除差的项目来解决问题（这些已经不需要考虑了）。这些项目常常有不同的寿命期、规模（有些规模差别很大）以及风险水平，所以不能用最大现值对它们进行比较。

获取数值结果的方法有两种，一种是通过数学编程来选择最佳的项目集以使得 *PW* 最大化。如果正在考虑的项目较少而能得到资助的更少时（例如，在 15 对项目中 6 选 2），则只要通过手工而不需要通过数学编程来完成。

另一种方法则是按照项目的内含报酬率从高到低排序。然后，从内含报酬率最高的项目开始来尝试安排资助，直到预算用完为止。最后一个被选择的项目或者第一个被淘汰的项目的内含报酬率就是这组项目的资本机会成本和资金水平。这种方法也可以用来确定资本预算的利率。

用分析方法作出项目选择之后，接下来的就是决策阶段。通常包括决策者对战略方向的判断（一个有前途的项目如果与战略匹配不好的话也得放弃），对不同项目数量上的相对乐观程度，不同项目的风险，可用资源，以及那些不能用货币量化的信息等进行综合分析。有些管理人员往往会力推自己团队的那些项目。这一阶段，用内含报酬率的排序则更容易整合，这就是该方法在实践中应用较为广泛的原因。实际上，所有资本预算都要考虑现值、内含报酬率以及那些在 4.3.10 一节中所描述的信息。从有限的资源配置中获取最大的收益带来了竞争优势，也增加了成功的机会。一个明智的资本配置决策创造了强大的公司和经济。

### 4.4.6 折旧和税收

在许多国家，主要的企业税是增值税（*VAT*）。以一个只生产一种产品的企业作为简单例子，购买材料、部件和服务的成本要从产品的销售收入中扣除。两者的差额就是公司创造的增值，要按一定的百分比来交税。增值税与营业税类似，不同的是由供应链中的每个公司支付而不是最终消费者支付。

在许多国家、县和城市还要缴纳财产税，计税基础是公司的实物资产（如土地、建筑物以及设备）的评估价值或账面价值。账面价值是资产的购置成本减去累计折旧（在一些国家被称为资本免税额）。土地一般不计提折旧，建筑物以及设备的具体折旧情况则取决于建筑物和设备的类型以及相关法规。在美国，许多公司都有两套不同的固定资产会计准则，一种是为了计税，另一种则为财务报表计价。财务报表计价中可以采用直线折旧法（公式（4-4））或者余额递减折旧法（公式（4-5））。除此之外，有少数国家允许使用年数总和折旧法。

直线折旧法：$D_t = (BV_0 - S_N)/N$ 其中，$t=1$，$\cdots$，$N$ （4-4）

以折旧率为 $\alpha$ 的余额递减折旧：$D_t = \alpha BV_{t-1}$，$BV_t = BV_{t-1} - D_t$，其中，$t=1$，$\cdots$，$N$（4-5）

表 4-7 列出了世界各国不同的折旧体系和税率。美国的计税账户通常为修正的加速折旧系统（MACRS），在表 4-8 和表 4-9 中作了简要展示。表 4-8 列出了不同资产类型对应的折旧期。表 4-9 中每个折旧期内的百分比乘以资产的初始账面价值就是每年的折旧。在修正的加速折旧系统中，假定资产残值为 0，折旧期一般要大大地短于资产的预期寿命。第一年的折旧额是余额递减法的一半，另外半年的折旧额作为折旧期满之后的一年。

**10 个国家的折旧与税收体系**

（Newman, Eschenbach and Lavelle 2016: 表 11-2 和表 12-1） 表 4-7

| 国家 | 直线法 | 年数总和法 | 余额递减法 | 企业所得税的最高税率 | 增值税税率 |
|---|---|---|---|---|---|
| 澳大利亚 | √ | | √ | 30% | 10% |
| 巴西 | √ | | | 34% | 17%~25% |
| 加拿大 | | | √ | 44% | 5%~15% |
| 中国 | √ | | | 25% | 17% |
| 印度 | | | √ | 40% | 12.50% |
| 墨西哥 | √ | | | 28% | 15% |
| 俄罗斯 | √ | | √ | 24% | 18% |
| 西班牙 | √ | √ | √ | 35% | 7%/16% |
| 土耳其 | √ | | √ | 20% | 18% |
| 美国 | 修正加速折旧系统 | | | 39% | 不适用 |

**修正加速折旧系统（MACRS）的折旧期**  表4-8

| 折旧期 | 资产类型 |
|---|---|
| 3 年 | 长途运输的拖拉机、特种工具 |
| 5 年 | 车辆、计算机、办公设备、建筑设备、研发设备 |
| 7 年 | 办公家具、大部分制造和采矿设备，以及其他未分类的物品 |
| 10 年 | 海洋船舶、炼油设备、专用农用建筑 |

**修正加速折旧系统（MACRS）的折旧百分比**  表4-9

| 折旧期 | 3 年 | 5 年 | 7 年 | 10 年 |
|---|---|---|---|---|
| 1 | 33.3 | 20.0 | 14.3 | 10.0 |
| 2 | 44.5 | 32.0 | 24.5 | 18.0 |
| 3 | 14.8 | 19.2 | 17.5 | 14.4 |
| 4 | 8.4（应该是 7.4） | 11.5 | 12.5 | 11.5 |
| 5 | | 11.5 | 8.9 | 9.2 |
| 6 | | 5.8 | 8.9 | 7.4 |
| 7 | | | 8.9 | 6.6 |
| 8 | | | 4.5 | 6.6 |
| 9 | | | | 6.5 |
| 10 | | | | 6.5 |
| 11 | | | | 3.3 |

在美国主要的企业税是一种所得税，为净收入的某个百分比。MACRS 折旧是计算净收益时要扣减的费用之一。由于 MACRS 要将资产的账面价值折旧到 0，所以资产寿命结束时的残值计的税被称为夺回折旧。表 4-10 列出了每一个纳税等级的边际税率。

**美国企业所得税的税率 (Eschenbach, 2011)**  表4-10

| 边际税率 | 所得税纳税等级 |
|---|---|
| 15% | $x \leqslant \$50\,000$ |
| 25% | $\$50\,000 < x \leqslant \$75\,000$ |
| 34% | $\$75\,000 < x \leqslant \$100\,000$ |
| 39% | $\$100\,000 < x \leqslant \$335\,000$ |
| 34% | $\$335\,000 < x \leqslant \$10\,000\,000$ |
| 35% | $\$10\,000\,000 < x \leqslant \$15\,000\,000$ |
| 38% | $\$15\,000\,000 < x \leqslant \$18\,333\,333$ |
| 35% | $18\,333\,333 < x$ |

在公式（4-6）中计算税后现金流量时，主要难点是所得税。购买或出售资本性资产的现金流量并不包括在应纳税所得额中，但不涉及现金流量的会计项目折旧以及账面价值与残值之间的差额都要计入应纳税所得额中。其他税收则都视为支出：

税后现金流量 $ATCF_t$ = 资本性税前现金流量 $BTCF_t$ + 应纳税的税前现金流量 $BTCF_t \times$（1 - 所得税税率）+ 折旧 $_t \times$ 所得税税率 （$t = 0, N$）

$$-（残值 - 账面价值）\times 所得税税率（t=N） \tag{4-6}$$

### 4.4.7 公共部门

在公共部门中收益成本比是最常用的评价指标，同时现值、等值年成本以及内含报酬率也都适用。但建造或购买资产的折旧与税收体系对于公共部门是不适用的，因为政府不需要纳税。因此，除了第 4.4.6 节的内容外，其他所有方法均适用于工程经济学中的公共部门。

在公共部门中应用工程经济学的方法比私人部门更具有挑战性。企业出售的产品和服务带来的收益会流入企业的利润，并需要根据已知的当前价值估计未来价值。公共项目的收益通常也是这样定义（如收费公路）的，但大多数公共项目的收益难以用货币计量。比如，一个道路改进项目可以减少事故发生率、扩大交通容量、加快通行速度以及更多的人使用道路，收益如何衡量呢？当然，车辆数目是可以统计的，但每一次通行和每一次通行节约时间的价值又如何度量呢？这就需要知道一个人的生命的价值，避免受伤的价值，卡车司机、上班族和外出就餐或度假的人行程时间的价值，一次新的旅行的价值等。

工程经济学应用于公共部门的其他困难还包括公共项目的多目标性，不同观点的利益团体，稀有事件的不确定性，长周期性以及利率确定。

### 4.4.8 通货膨胀率和汇率

许多工程经济学分析方法采用定值美元来应对通货膨胀问题。所有人工成本，能源价格以及收入都用每年定值美元来估算。假定通货膨胀的影响并不大，因为每次价格的上涨都被美元的相应贬值所抵消。这种情况下，在分析中使用的利率（$i$）是实际利率，即根据通货膨胀率进行调整的利率。有时由于难以预测通货膨胀率而选择定值美元，因为低质量的评估可能会扭曲结果。

有些工程经济学的分析则是应用实际的或名义价值的美元和市场利率（$i_m$）进行的。公式（4-7）反映了市场利率、实际利率和通货膨胀率（$f$）之间的关系。通货膨胀率表明了商品和服务价格的上升也即美元购买力下降的影响。通货膨胀率可以通过支付同样数量的商品和服务所需要的美元的年增长率来衡量。

$$i_m = i + f + if \tag{4-7}$$

在用实际美元进行经济分析时，几乎都要使用电子表格。通常，这种建模选择是因为不同的成本和收入有不同的通货膨胀率。劳动力成本可能与实际经济通货膨胀率相匹配，但折旧扣除时使用的通货膨胀率为0，购买电脑和其他电子产品的成本以实际美元计价时可能会下降，而能源成本的增速要高于实际经济的通货膨胀率。另一个例子是，一国服务的通货膨胀率可能与该国的总体通货膨胀率密切相关，而受进口和出口影响的商品的通货膨胀率可能受到主要贸易伙伴的通货膨胀和汇率的影响而有所缓和或上升。每个利率都可以在电子表格中单独建模，然后根据所使用的是实际利率还是市场利率来确定经济的通货膨胀率。

许多公司在国际范围内经营或与国际供应商客户打交道。货币相对价值的变化既是不同国家货币通货膨胀的因也是果。这些汇率的变化通常和通货膨胀率一样用"每年x%"表示。特别是在国际计算中，必须承认在某些国家某些年份可能存在很高的通货膨胀率，比如50%，400%，甚至1000%。如此高的通货膨胀率以及与之相伴的未来不确定性，破坏了计算的有效性，这时最好将通货膨胀视为一个不可量化的风险因素来处理。

### 4.4.9　不确定性分析

工程经济分析的重点是对工程项目的分析，工程项目最大的成本支出通常发生在近期而效益则可能持续几十年。未来是不确定的，但即便如此，决策必须马上做出。应对不确定性的一种方法就是阶段—关卡决策，例如它可以用于新产品开发。这里不只是建工厂和卖产品的单一决策，而是要对多个阶段做出决策，包括研发、原型研制、试生产以及最终的生产和销售。在每个阶段，更多的是关于成本、绩效以及产品在未来销售时将面临的竞争的了解。一般而言，一个接一个连续的阶段，所需的投资也越来越多。

应对不确定性的另一种方法则是重点分析备选方案。比如，短租比长期租赁的承诺要轻一些，而长期租赁则比自己拥有的承诺又更轻一些。购买零件或服务的承诺要比购买设备并雇人生产的承诺要轻一些。而有些方案只是拥有更大的灵活性去适应环境的变化。这样的备选方案将在未来不可避免的不确定性更加稳健。

灵活性的价值比较难量化，但是灵活性是构成实物期权的基础。这是一种较新的分析方法，应用于为金融期权到实际项目建模的工具。虽然一些工程经济教科书用了一章来介绍实物期权（Park，2011），但也有一些文章质疑许多公开发表案例的有效性（Lewis，Eschenbach，& Hartman，2008）。

也有一些分析工具应用于在面临不确定性时做出更好的决策，包括敏感性分析、期望价值分析、决策树、模拟与风险分析。

盈亏平衡分析（图4-2）是敏感性分析的常用实例，其他敏感性分析例子还包括情境分析和假设分析。更多的敏感性分析中，首先要确定每个变量的变化范围（下限，基本情况，上限），然后根据其变化范围来计算这些边界相对应的经济评价指标。分析结果可以通过蛛网模型以及龙卷风图来表示。敏感性分析的目标就是要确定哪些不确定性最可能导致不同的决策。

期望值的使用需要确定经济分析中每个变量的概率分布。运用期望值可以考虑下限值和上限值之间的不同值的可能性。对于更复杂的问题，期望值可以与决策树结合使用，决策树显示了每个阶段可使用的决策以及存在什么样的不确定性。在决策节点，做出最佳选择，而在机会节点，计算出期望值。

当项目面临的不确定较少时，可以直接计算项目的风险指标，包括损失概率、最大损失以及经济度量指标的标准偏差。如果一个项目有多个显著的不确定性因素时，那么模拟分析可能是衡量风险的最佳方法。因为如果项目未来还有更多的现金流时工程经济计算会将其折扣，所以由模拟得到的平均结果可能与用每个变量期望值的计算结果不同，而且比计算的结果要好。

对不确定性和风险进行正确建模的一个挑战是这些变量通常被假定为统计上独立的，而实际情况往往不是这样。然而，估计未来统计相关性的性质和强度可能非常困难。例如，我们知道电力、天然气、煤炭和石油价格是相关的，但这些关系似乎在不断变化。

### 4.4.10　经济标准与非经济标准相结合

将经济性与非经济性标准相结合有三种常见的方法。第一种方法已经在第 4.4.5 节的资本预算小节中进行了介绍。管理决定是由个人和（或）委员会做出。第二种方法则依赖于多目标决策工具，比如加法模型和层次分析法。第三种使用的是平衡计分卡（图 4-5），非常实际地将财务数据应用到企业战略规划，这种方法是由 Robert Kaplan（哈佛商学院）和 David Norton 在 20 世纪 90 年代早期开发的。

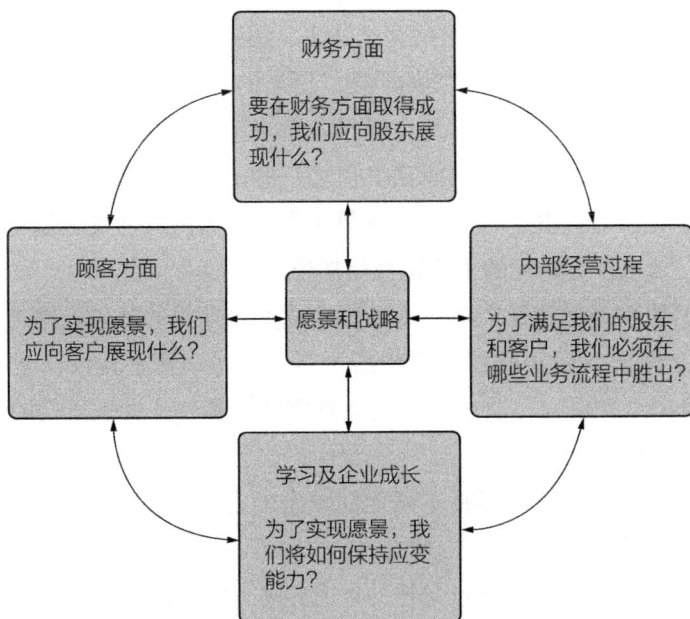

图 4-5　平衡计分卡 (Arveson，2014)

图表运用得到平衡计分卡研究所许可

## 4.5　成本和收益估算

### 4.5.1　成本和收益类型

经济决策需要估算当前和未来的成本和收益。为了语言简练，4.5 节中的大多数内容将只会涉及成本，因为大多数评估方法都是基于成本估算。对好的决策而言，收益估算可能比成本估算更加重要，但收益往往很难估算。通常情况下，收益发生在遥远的未来，很难度量，有时即使可以度量，也很难用货币化形式展示出来。例如，高速公路项目或矿山通风项目可能旨在提高安全性，但是能够挽救多少生命，什么时候挽救，每个生命价值是多少则是很难以货币价值直接体现出来。

在许多经济决策的案例中，最根本的问题是："收益超过成本吗？"因此，为了回答多少个单位的问题，我们将增加一个单位的边际成本与边际收益进行比较。为了回答是否增加 100 个单位的问题，我们将增加 100 个单位的增量成本与增量收益相比较。为了描述项目绩效，通常要计算出平均成本和平均收益。如果一个成本反复出现，它的重要性就会因为它的重复而被放大。

机会成本是在利用一种资源完成一项任务而放弃另一项任务时发生的，这一放弃的任务的价值就是其机会成本。沉没成本是已经发生的成本。由于沉没成本无法改变，所以它们一般与未来决策无关。在某些情况下，沉没成本是计算资本性资产处置收入的所得税的一部分。

如果企业维持当前的活动继续进行，那么现在的基本情况就代表了企业未来状况。如果企业未来的活动由现在来完成的话，可能并不会出现相同的结果。例如，如果一家公司仅仅继续生产和销售现有产品，当竞争对手引进新的和改进的产品时，它的市场份额将会下降。

### 4.5.2 成本估算环境及成本估算类型

最早做成本估算的工程项目是建筑工程项目，不论是船舶、金字塔、城堡还是长城，大量的材料、劳动力以及为他们支付的费用都必须估算出来。现今，建筑估算通常有数量测量方面的专家（如土地需要移动多少立方米以及移动多远）和成本核算方面的专家。尽管有大量的数据和详细的模型可供使用，但成本估算仍然有可能远离目标。如地面条件可能与预期不同，设计变更可能会扩大或缩减项目的范围，"繁荣"时期可能会改变劳动力的价格和可用性。

建筑工程项目常常有两种不同的设计目标——这两者都取决于依次进行的成本估算。私营部门通常将生命周期成本最小化作为设计目标。例如，我们的目标是在隔热和更高效的冷热系统未来要发生的能源成本中平衡，并选择整个期间成本最低的项目。由于公共预算的制定，公共部门常用成本限额作为设计目标。公共项目的资金需要在详细成本估算之前由立法者或选民指定并批准。改变最初的预算可能很难，所以最好是通过改变项目范围或者权衡现在的较低成本和以后的较高成本来设计预算。

每个行业都必须估算其提供的产品和服务的成本。然而，各行业的环境差异很大。建筑成本估算依赖于大量的数据，这些数据既有来自本公司过去的项目，也有来自其他专业的数据公司。借助以往的经验和数据往往能做出非常准确的成本估计。另一方面，新产品开发和软件项目在特性、设计和范围上往往具有更大的不确定性，因此估计可能不太准确。

然而，在任何一个行业中，评估的准确性越高所花费的成本也越高。通常，首先做一个量级估计，选择只有一种指标的简单模型，如每平方英尺的成本或 4.5.3 节所述的容量函数模型。而更详细的分项估计常常用于预算估算。最后，一旦做出实施的决定，就要根据即将完工的设计做确定的估算。

早期估算的方法可能比较简单，图 4-6 和图 4-7 说明了依据这些估算做出的早期决策的重要性。图 4-6 描述了在项目不同阶段的估算成本和实际发生的成本曲线。在项目初期，实际发生的成本较低，但这时需要决定后期所需发生的成本。尽管该图描述的是新产品开发，但它也适用于建筑和其他工程项目。图 4-7 描述的则是更改设计的难易度和成本。

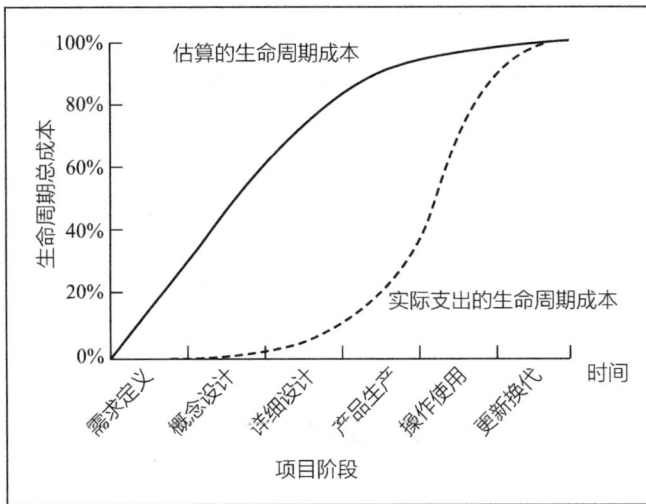

图 4-6　估算的和实际支出的生命周期成本 (Newnan, Lavelle, & Eschenbach, 2014)

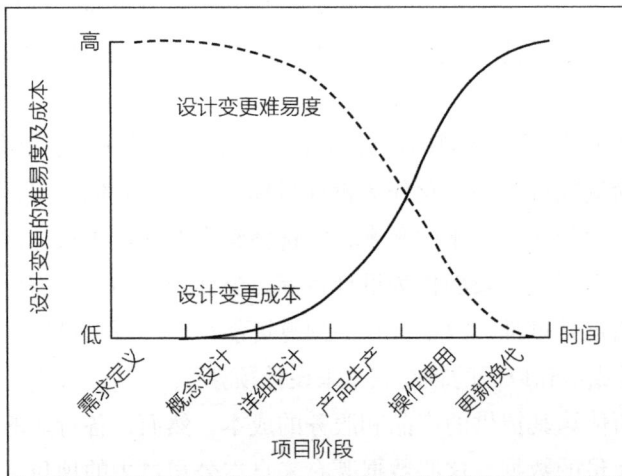

图 4-7　设计变更的难易度和成本（Newnan, Lavelle, & Eschenbach, 2014）

### 4.5.3　成本估算方法

两种最常用的成本估算方法也是最简单的。清单核查可以用于防止遗漏错误，即可能忘记了包括某种成本。因素估计可以像估算建筑物的成本一样简单，用每平方英尺的成本乘以相应的尺寸。或者对于同一栋建筑，一个确定的估计有赖于对钢材、混凝土、窗户、地板覆盖物、机械设备等的数量和单位成本的详细分解。

成本指数是一种更为复杂的因素估计法。常见的例子有通货膨胀、位置、规模和建筑类型等指数。这些指数通常以 1 或 100（100%）为基数表示。然后，用一个基本年份来定义通货膨胀指数。平均位置、平均规模和典型建筑物的类型定义 1 或 100 的其他指数。当你已经有了全国各地学校的规模和成本数据时，可以考虑估算新建一所高中的成本。高中的成本指数可能大于 1，中学的成本指数可能接近 1，而小学的成本指数则会小于 1，因为更高的年级需要更专门的教室和设备。由于规模经济的存在，一所大于平均规模的学校每平方英尺的成本会更低。大城市的学校比郊区的学校建筑成本要高。因此，新建一所学校的估算成本 = 规模 × 基本年份的单位成本 × 通货膨胀指数 × 位置指数 × 规模指数 × 建筑类型指数。

另一种类型的因素估计是使用多元回归来确定统计意义上的一些有用的关系。例如，一栋现有建筑物的价值是它的建筑面积、楼层数量、年龄、条件等的函数。

容量函数或幂函数通常用于估计设施的成本，如公式（4-8）。首先要已知已建造好的设施的规模 $S_k$ 和成本 $C_k$（或者至少有个明确的估计值）。那么，所提议设施（$x$）的成本 $Cx$ 就可以依据这两种设施的相对规模（$Sx/S_k$）和该类型设施的幂函数因子 $n$ 计算。这些因子 $n$ 都是制成表格的，但它们在不同的规模经济水平中通常位于 0.5~0.9 之间。

$$C_x = C_k(S_x / S_k)^n \tag{4-8}$$

学习或经验曲线可用来估计单位成本随产量增加而下降情况时的成本。这种生产率的增加通常是通过员工学习、过程改进和产品重新设计取得的。因为通货膨胀、加班费和间接费用率都会影响成本，所以学习曲线最好使用时间为单位，然后用其他估算方法转换为成本。学习曲线的百分比描述了累积量每翻倍一次单位时间的下降。我们从第一个单位的时间开始，然后用学习百分比乘以这个时间就可得到第二个单位时间，再乘一次就是第四个单位的时间，接着再乘就是第八个单位的时间，如此继续。公式（4-9）表示了第 $N$ 个单位的时间 $T_n$，与第一个单位的时间 $T_1$ 和学习曲线百分比 $b$ 之间的关系。对于简单过程，学习的可能性较小，学习曲线百分比在 90%~100% 之间。对于复杂过程，如组装飞机，学习曲线百分比为 70% 或者更低，因为可能有更多的学习和改进过程。不同进程的学习百分比数据可以查看维基百科获得。

$$T_N = T_1 N^{\ln b/\ln 2}，\text{或者} = T_1 b^{\ln N/\ln 2} \tag{4-9}$$

# 复习题

完成了"领域4：财务资源管理"的学习后，应该能回答以下问题：

1. 萨班斯-奥克斯利法案的目的是什么？

2. 为什么成本是工程师首要考虑的问题？

3. 现金盈亏平衡和账面盈亏平衡的区别是什么？哪一个对组织的短期财务健康更重要？

4. 解释怎样用资产负债表和利润表来描述公司在某一给定时间点的状况？他们之间如何沟通？

5. 解释为什么管理层做决策时更喜欢用比率分析而不是财务报表的数据？

6. 流动比率与速动比率的区别是什么，什么时候需要更加关注速动比率？

7. 解释怎样降低产品价格既可以增加也可以降低企业的收益？

8. 组织内部风险管理有哪些主要方法？什么情况下，什么也不做（即接受风险）也是应对风险的有效方法？

9. 解释流动性的含义。解释为什么房地产的销售价格可能会远低于市场正常价格？

10. 一个公司选择租赁一种设备20年而不愿以现在的低价来购买该设备的两点原因是什么？

11. 解释为什么债务水平会影响净资产收益率？负债过低或过高的风险是什么？

12. 为什么将从上到下与从下到上方法相结合是最有效的预算制定方法？

13. 为什么工程管理人员要学会使用现金流量表和现金流量图？哪些工具可用于工程经济分析？

14. 解释现值和内含报酬率，他们如何帮助确定一个项目或公司的成功？

15. 解释在互斥方案、设备更新以及资本预算中进行经济评估的异同点。

16. 用平衡计分卡来进行经济分析的目标和优势是什么？

17. 举例和解释平均成本、边际成本、增量成本、经常成本、机会成本和沉没成本。

18. 为什么区别估算成本与实际发生的成本是重要的？

# 进一步阅读

[1] Basic Cost Engineering (2nd ed.), by Kenneth K. Humphreys and Paul Wellman, 1987, New York, NY: Marcel Dekker.

[2] A Guide to the Engineering Management Body of Knowledge (4th Edition)

# 参考文献

[1] Arveson, P. (2014), "What is the Balanced Scorecard?" http://www.balancedscorecard.

org/b-asics/bsc1.html.

[2] Eschenbach, T. G. (2011). Engineering economy: Applying theory to practice (3rd ed.). New York, NY: Oxford University Press.

[3] Hampton, J. (1994). AMA management handbook. New York, NY: AMACOM.

[4] Lewis, N. A., Eschenbach, T. G., & Hartman, J. C. (2008). Can we capture the value of option volatility? The Engineering Economist, 53(3), 230-258.

[5] Lock, D. (1993). Handbook of engineering management (2nd ed.). Oxford, England: Butterworth-Heine-man.

[6] Mazda, F. (1998). Engineering management. Harlow, England: Addison Wesley.

[7] Newnan, D. G., Eschenbach, T.G., and Lavelle, J.P. (2016). Engineering economic analysis (12th International ed.). New York, NY: Oxford University Press.

[8] Newnan, D. G., Lavelle, J.P., and Eschenbach, T.G. (2014). Engineering economic analysis (12th ed.). NewYork, NY: Oxford University Press.

[9] Park, C. S. (2011). Contemporary engineering economics (5th ed.). Upper Saddle River, N.J.: Prentice Hall.

[10] Rachlin, R. (2004). Handbook of budgeting (4th ed.). New York, NY: John Wiley and Sons.

# 致　谢

本章第 4.2.4、4.3 和 4.4.10 部分主要参考罗伯特·兰尼撰写的第二版领域 5。该领域的作者还要感谢 Fernando Deschamps 和 Walter Nowocin 的评审意见，这有助于指导这次修订。图 4-4、图 4-6、图 4-7、表 4-8、表 4-10 的使用得到了牛津大学出版社的许可。

# 5

# 项目管理

## 第 5 领域主笔

职业项目管理师、职业工程管理师、敏捷认证执业者
简·汉特（Jane Hunter） 博士
职业项目管理师、认证 Scrum（敏捷软件开发）师
拉斐尔·依·兰迪塔（Rafael E.landaeta） 博士

## 第 5 领域翻译

何继善　教授

# 第 5 领域

# 项目管理

## 关键词和概念

| | |
|---|---|
| **敏捷项目管理** | 一个迭代和增量的项目管理框架,有助于项目管理人员、团队和组织适应不确定的项目环境下不断变化的条件 |
| **因果图** | 一种用来发现问题根本原因的分析方法。也称之为石川图或鱼骨图 |
| **关键路径** | 表示网络中最长的那条路径,而且该路径上所有任务的节点都具有零松弛性。关键路径上任何任务的延迟将导致项目时间增加 |
| **挣值管理 (EVM)** | 一种将项目的范围、时间和成本绩效统一起来考虑的分析技术。其 3 个关键量分别是计划值、挣值和实际成本 |
| **知识领域** | 《项目管理知识体系指南》[①] 定义了项目管理的九大知识领域:整合、范围、时间、成本、质量、人力资源、沟通、风险和采购,并将它们划分为五个过程组,定义了 47 项要素 |
| **网络图** | 是在项目计划阶段对所需完成的工作作出的一种图形表述,为工作的实施提供指导,该图描述经工作分解结构所确定的那些任务或活动的序列 |
| **项目管理知识体系指南** | 由美国项目管理协会为项目管理提供的一种公认的标准。它为项目管理从业人员建立了通用的词汇表并确定了那些普遍接受的最佳实践 |
| **过程组** | 项目管理知识体系指南为行之有效的项目管理定义了至关重要的五个过程组(启动、计划、执行、监控和收尾) |
| **项目** | 为创造独特的产品、服务或成果而进行的临时性的努力尝试 |
| **项目章程** | 详细描述满足项目利益相关者初始需求和期望的文件。项目章程一旦被确定和批准,就标志着该项目获准立项并开始进行项目计划 |

---

[①] 《项目管理知识体系指南》是由项目管理协会 (PMI) 提出的。项目管理协会 (Project Management Institution, PMI) 于 1966 年在美国宾州成立,是目前全球影响最大的项目管理专业机构。

## 关键词和概念

| | |
|---|---|
| **项目管理** | 将知识、技能、工具与技术应用于项目活动，以满足项目的要求 |
| **风险** | 一旦发生，就会至少对一个项目目标产生积极或消极影响的不确定的事件或条件 |
| **风险登记册** | 是管理风险和记录风险特征的首选工具。它记录在案已识别出的各种风险、其类别、原因、发生概率、影响、应对措施和当前状态等 |
| **范围说明书** | 定义项目可交付的成果和获得这些成果所需进行的工作。确定项目包括哪些、不包括哪些内容 |
| **项目利益相关者** | 利益受到项目积极或消极影响的所有个人和组织 |
| **三点估算** | 其活动时间估算的变化性是近似的，被用来估算在一特定时间内完成项目的概率 |
| **时间分段预算** | 在项目生命周期内进行每个时段的项目预算和汇总 |
| **跟踪甘特图** | 通过比较实际完成的和计划的开始和完成时间，来表达有关项目进度状态信息的一种条线图 |
| **工作分解结构（WBS）** | 以可交付成果为导向，将项目团队要实施的工作进行层级分解以实现项目目标和提交所要求的成果 |
| **工作分解结构词典** | 提供有关工作分解结构各组分的详细信息，如对工作、责任组织、里程碑、资源要求、验收标准等的表述 |
| **工作包** | 是位于工作分解结构每条分支最底层的可交付成果，在这层级上，持续时间和成本是可以被可靠地估算和合理地管理的 |

# 5.1 项目管理简介

项目是一种为创造独特的产品、服务或成果而进行的临时性的努力尝试。在此定义中，临时性和独特性是其重要特征。临时性表明项目有明确的起点和终点。当组织认识到某种需求并由此拟定出项目章程，这就是正式立项，同时要将原始需求记录在案。当项目目标达到或项目因为各种原因而意外终止不能完成则均表示该项目结束。虽然项目本身是临时性的，但项目所创造的产品、服务或成果一般是非临时性的，其结果通常是持续性的。第二个重要的术语，"独特性"，指的是项目的需求、项目团队执行的任务，或者项目所创造的那些产品、服务和成果都不是例行程序的。虽然有一些重复的元素可能存在于一些可交付成果中，但许多方面都是独一无二的。例如：一家大型民用企业承担了一项新的公路建设项目，该项目的选址、设计、环境和相关利益相关者通常是均不同于以往的项目，体现出每一个项目本质上的独特性。

组织通常通过项目来实现其战略目标和愿景。在某些情况下，相关的一些项目会被组合起来以项目群的方式进行，以获取整体收益。因为这些项目被单独管理时是有可能得不到这种收益的。组织对个体项目和项目群的采集称之为项目组合。与项目群中的那些项目不同的是项目组合中的项目和项目群不一定是彼此关联的，但项目组合中的所有项目和项目群应与组织的战略目标相一致。

项目管理具有这样一种工作结构，即将知识、技能、工具与技术应用于项目活动，以满足项目的各种要求。由于企业组织执行的项目日益增加，项目管理技术也越来越成为大多数企业所依赖的关键技能。《项目管理知识体系指南》是由美国项目管理协会为项目管理从业人员提供的一种公认的标准。它规范化了通用的行业术语和行业标识，被视为项目管理工程实践的最佳指导手册。

该指南为行之有效的项目管理定义了至关重要的五个过程组（启动、计划、执行、监控和收尾）。这些过程组在项目管理中并非是独立存在的阶段，而是紧密相关，相互重叠于整个项目管理活动中。图5-1阐述了项目管理的这种交互特性。

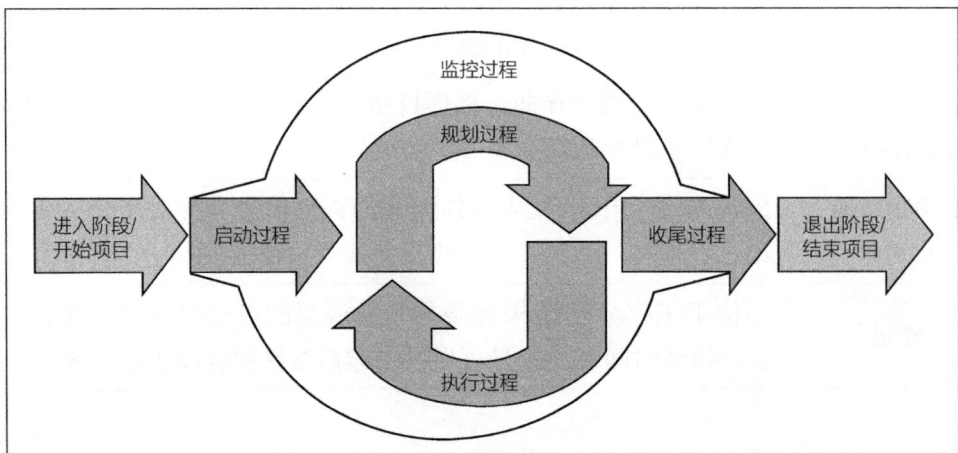

图 5-1 项目管理五大过程组

此外，《项目管理知识体系指南》同时定义了项目管理的十大知识领域：整合、范围、时间、成本、质量、人力资源、沟通、风险、采购和项目利益相关者，并将它们划分为五个过程组，还定义了 47 项要素，如表 5-1 所示。

项目管理知识领域与过程组对应关系表　　表 5-1

| 知识领域 | 过程组 | | | | |
|---|---|---|---|---|---|
| | 启动过程组 | 计划过程组 | 执行过程组 | 监控过程组 | 收尾过程组 |
| 整合 | √ | √ | √ | √ | √ |
| 范围 | | √ | | √ | |
| 时间 | | √ | | √ | |
| 成本 | | √ | | √ | |
| 质量 | | √ | √ | √ | |
| 人力资源 | | √ | √ | | |
| 沟通 | | √ | √ | √ | |
| 风险 | | √ | | √ | |
| 采购 | | √ | √ | √ | √ |
| 利益相关者 | √ | √ | √ | √ | |

项目由项目管理人员管理，他们是对项目绩效负责的最终个人。项目管理人员可被看作一个临时组织（即项目）的首席执行官，在整个项目的生命周期（即从开始到结束）中做出决策以满足项目需求。项目管理人员通过了解项目过去进行得怎样，现在怎样以及应该怎样这样一种反馈过程中所获取的知识、信息和数据来制定项目管理决策，通过这种了解分析项目现状，评估和管理项目风险，生成和评价替代方案，并作出决策统领项目达到期望。 项目管理人员每天在进行执行、战术和战略决策时，都会有意或无意地经历以上决策过程。项目管理人员决策制定模型如图 5-2 所示。

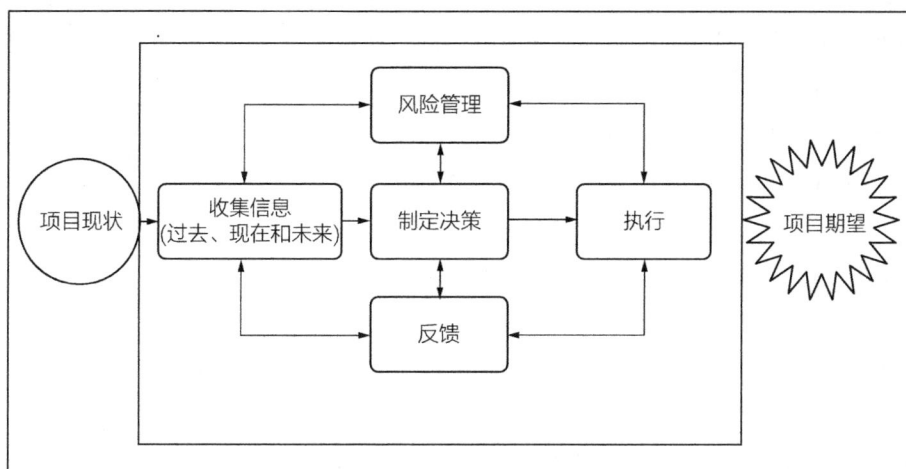

图 5-2　项目管理人员决策模型

项目管理人员在项目中扮演若干关键角色。例如，他们是促进者，通过协调项目沟通，发挥创造力，制定解决方案和决策来促进项目工作；他们是管理者，通过计划、收集、分配、保护和监控项目资源以及评估和控制项目绩效来管理项目；他们是项目利益相关者的领导人，通过阐述项目的愿景和现状，提供软支持，开拓项目文化，激励项目的关键利益相关者，特别是项目团队成员来领导项目利益相关者；他们是利益相关者的指导者，通过持续的信息反馈以及专注于培养项目经理的接班人来教导项目的利益相关者；最后，他们是主动学习者，通过不断地主动学习反思从而不断地提高项目管理的绩效。图 5-3 代表了管理人员经常扮演的那些关键角色。

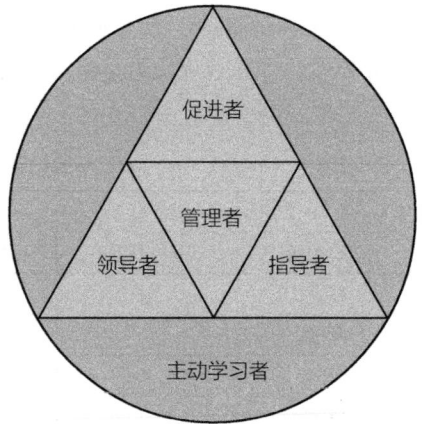

图 5-3　项目管理人员的关键作用

## 5.2　启动过程组

启动过程组涉及一些必须进行的过程，包括定义一个新项目或现有项目的一个新阶段，以及授权项目管理人员开始动用组织资源开展后续项目活动。通常，承担某个项目的决定是通过战略计划、评估各种选择之后做出的。这些活动也许可以在项目范围之外进行，但只要有可能，就必须包括关键的项目员工，比如项目管理人员。一旦项目选定，就要任命项目管理人员，对项目活动做出清晰地描述，对选择项目的理由登记在册，注明满足需求的选择标准和与其他可选择项目的对比情况。启动过程中一个重要的步骤就是要识别那些可被项目积极和消极影响的人们和组织，他们被称为项目利益相关者。在启动阶段，项目利益相关者的利益、参与和对项目成功的影响都要登记在册。要创建一个项目章程，它是一种详细描述可满足项目利益相关者之需求和期望的那些初始要求的文件。专家判断通常被用来评估创建项目章程的内容。应该让客户和其他主要项目利益相关者参与项目章程的创建，以提高他们在整个项目期间的主人翁意识，改善项目完成时客户的满意度。项目章程通常包括以下内容：

（1）项目目的和说明；
（2）批准项目的发起人和其他人；
（3）项目管理人员的姓名、职责和权限级别；
（4）项目目标和成功标准；
（5）高层次的需求；
（6）主要风险识别；
（7）总结性的里程碑进度和预算；
（8）项目的审批要求。

通常，项目是由项目外部级别足够高到可对项目进行拨款的人来批准，可以是项目发起人或高层指导委员会。一旦项目章程最终确定并获得批准，项目就得到了正式授权启动项目计划。

## 5.3　计划

计划过程组是由下列必须执行的过程构成，包括定义需求，确立项目范围，概述以被要求的质量实现项目目标而所需要做的工作，确定人力和其他的资源需求，评估项目风险，制定采购决策，根据所需的工作量和所需资源的可用性和成本制定明细进度表和时间分段预算。适当的利益相关者，特别是客户，应参与计划过程。计划过程是一种反复迭代的过程，随着获得的信息越来越多，要不断地加以细化。当项目计划的内容细节达到令人满意的水准后，初始计划工作结束，同时项目执行阶段开始。

### 5.3.1　项目管理计划

项目管理计划是计划过程的主要成果，是一些有关于项目范围、时间、成本、质量、沟通、风险、采购和利益相关者对项目的担心一系列问题的子计划的汇编。项目管理计划的制定是一个不断反复进行的迭代过程。随着额外的项目细节被收集上来，计划被不断地完善和细化。项目管理计划将指导项目如何执行、监控和收尾。一旦项目计划的基线被确立下来，只有通过整体变更控制流程提出正式变更申请并获得批准后才能对项目计划进行更改。

### 5.3.2　范围

项目范围管理要确保完成项目所需的工作的各个方面，也即只有所需的工作被执行。收集需求是范围管理过程的第一步，它可为界定项目范围提供必要的信息。收集需求的过程可以是正式的或非正式的，可以包括访谈、小组座谈、调查等。很多成熟的工具可用于记录大型项目的需求。需求基线必须是明确、完整、一致、可追溯的，并为关键利益相关者所接受。范围说明书要明确定义项目可交付成果以及为产生这些成果所必须做的工作。重要的一点是范围说明书要确定项目有哪些方面是应该做的，哪些是不应该做的。范围说明书一般包括以下要素：

（1）范围说明；
（2）验收标准；
（3）要交付的成果；
（4）不包括的内容；
（5）各种约束；
（6）各种假设。

项目范围说明书是将项目可交付成果和项目工作分解成更小的、更容易管理的单元，这种细分过程被称为工作分解结构（WBS）。

### 5.3.3　工作分解结构

根据《项目管理知识体系指南》116页"工作分解结构是将实现项目目标、提交所需的可交付成果而实施的工作进行以可交付成果为导向的层级分解。"位于工作分解结构最底

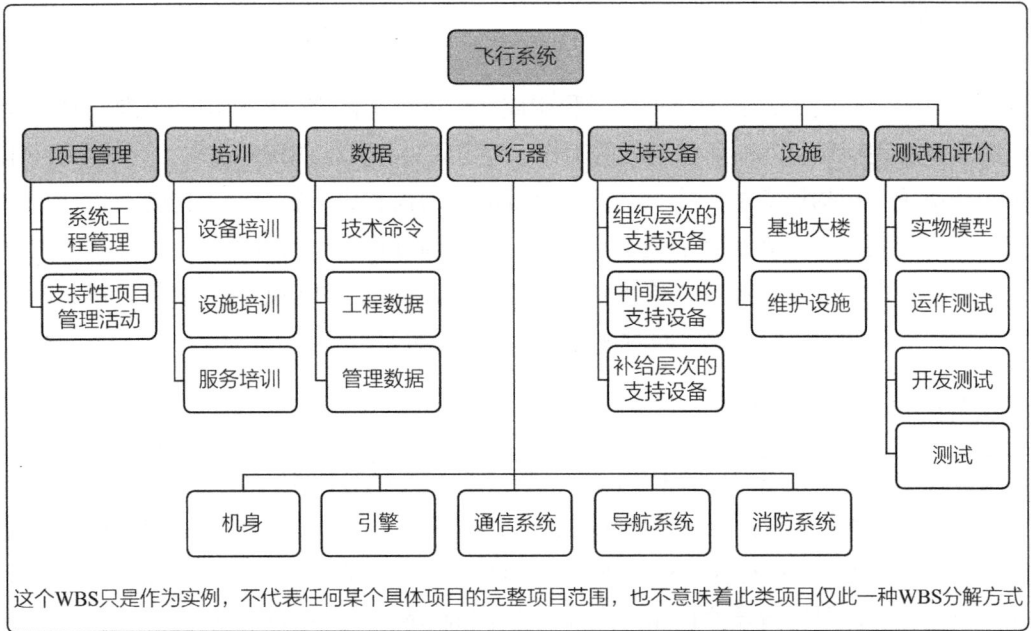

这个WBS只是作为实例，不代表任何某个具体项目的完整项目范围，也不意味着此类项目仅此一种WBS分解方式

图 5-4　工作分解结构（WBS）案例

层次的可交付成果称之为工作包，工作包的持续时间和成本应当是便于管理和估算的。图5-4 展示了一个工作分解结构的具体案例（主要的可交付成果在结构的最高层次）。

工作分解结构词典可提供工作分解结构组成部分的详细信息，如：工作说明、责任组织、里程碑清单、资源需求、验收标准等。工作包还应进一步细分成更小的组成部分，通常称之为活动，它定义了完成工作包所必须开展的工作。在很多情况下，对很多工作包而言，定义活动是相当困难的，只有在项目后期才有可能。这种渐进明细的计划方法称为滚动式计划。活动属性用来描述活动的详细信息，它们可能是资源的需求、责任描述，以及紧前和紧后关系等。

### 5.3.4　网络图和关键路径

网络图是完成项目所需工作的图形表示，在项目计划阶段创建出来，为项目工作实施提供指导。网络图代表着任务或活动的顺序，按照工作分解结构给出的信息来执行，这时通常不考虑资源限制。要创建网络图，就必须知道项目的任务集，各任务的持续时间，以及这些任务之间的相互依赖关系。网络图创建过程要提供每个任务的最早和最迟的开始和结束时间，以及项目的关键路径。关键路径是网络图中从开始到结束最长的那条路径，路径上所有的任务都具有零松弛性。关键路径上任何任务的延迟将导致项目时间增加。

箭线图（AOA），也称作紧前关系绘图法（PDM），用以描述工作分解结构中各要素之间复杂的依赖关系。这种绘图法包括以下的可能的关系类型：

完成到开始（FS）：紧前任务完成时紧后任务可能开始；

完成到完成（FF）：紧前任务完成时紧后任务可能完成；

开始到开始（SS）：紧前任务开始时紧后任务可能开始；

开始到完成（SF）：紧前任务开始时紧后任务可能开始。

由于项目中的完成到开始关系非常普遍，因此项目管理软件将这种关系设置为默认的依赖关系，而其他类型的依赖关系，例如完成到完成、开始到开始、开始到完成等关系以及超前和滞后时间也可能出现。图 5-5 展示了一个简单的紧前关系绘图法的网络图示例。

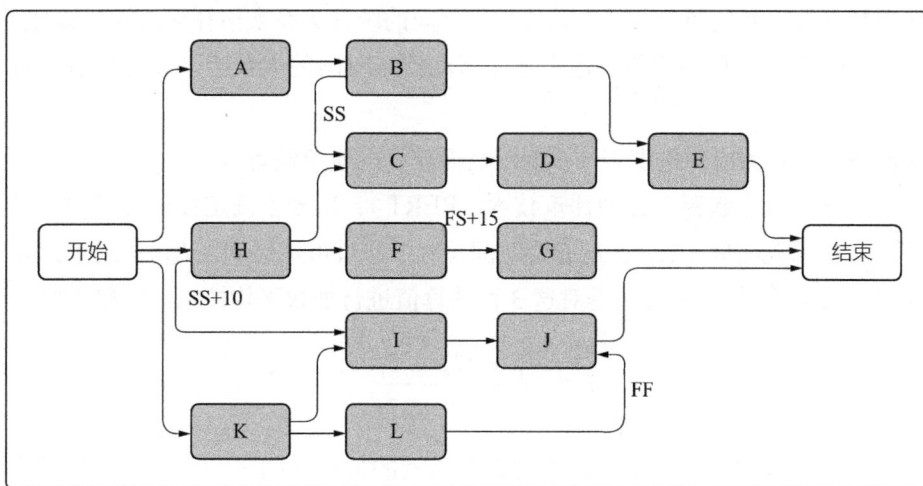

图 5-5　PDM 网络图

从以上网络图可以看出项目中各任务的最早开始日期（ES）、最迟开始日期（LS）、最早完成日期（EF）、最迟完成日期（LF）以及项目任务松弛量（不会延迟项目工期的任务时间延迟量）。关键路径上的任务具有零松弛量（亦称之为浮动）的特征。一旦计算出某个路径的总浮动时间，也就能确定相应的自由浮动时间，即不延误任何紧后活动，任务可以推迟的时间量。

关键链法是一种新兴的网络分析技术，它考虑了资源限制并使用了代表可能完成项目 50% 的活动时间估算。新的关键路线计算出来后，它往往不同于原来的关键路线，这时没有考虑资源限制并且通常包括"填充"时间估计。这种新的关键路线称之为关键链。根据关键链上那些任务的不确定性，在关键链的尾段会加上一个项目缓冲来防止项目延误。而接驳缓冲则放置在非关键的但与关键路线接驳的那些路线上，用来防止关键链的延误。应根据相应路径上各持续时间的不确定性，来决定每个缓冲的时间长短。一旦缓冲加了进来，所有项目活动都可延迟到最新确定的可能开始和完成时间。理论上，生产率将会增加因为大家都试图遵守更严格的最后期限来完成任务。

### 5.3.5　资源估算

项目资源包括人力、设备和材料。对大多数项目来说，劳动力成本占有重要地位，因此在项目计划阶段很大的精力会集中在项目人力资源需求的估算上。评估资源需求的一个要素就是要将由 WBS 最底层次上工作包的分解所得到的那些活动以及其属性全部列表表示出来。活动清单和资源日历要详细地描述已标识的资源何时可用以及可用多长时间，可用来估算活动的资源需求。活动资源需求能够聚合到每一个工作包，由此来估算对每个资源的需求。一旦明确了资源需求，就可以使用以下技术对活动持续时间进行估算：

（1）专家判断：通过借鉴历史信息和估算者的经验来指导估算。

（2）类比估算：基于过去类似项目的参数来估算未来项目的相同参数。

（3）参数估算：利用历史数据与其他变量之间的统计关系来估算活动的持续时间。

（4）三点估算：三种估算值可用来定义活动持续时间的大致范围以提高估算的准确度（见下例）。

（5）储备分析：为应对进度表的不确定性而建立的应急储备。

三点估算这个概念起源于计划评审技术（PERT），用于不确定性很大时的情况。三种时间估算值，最乐观时间（$T_O$）、最悲观时间（$T_P$）和最可能时间（$T_M$），用来计算预期活动持续时间（$T_E$），具体计算方法是对这 3 种估算值进行加权平均按以下方程估算：

$$T_E = \frac{T_E + 4T_M + T_P}{6}$$

项目的期望持续时间是关键路径上的那些活动的加权时间之和。对活动时间估算值的可变性做近似可用来估算在特定时间内完成项目的概率。

### 5.3.6 进度制定

项目进度和里程碑进度的制定是通过分析项目活动表、项目持续时间、任务的前驱后继关系、资源需求和进度约束综合而得。通常将这些信息输入到项目管理软件，就可自动生成显示所有项目活动的预计完成日期的项目进度表。甘特图是用来描述项目进度的常用工具，它用条状图形展示与进度有关的信息。图 5-6 是用 Microsoft Project 2010 生成的项目计划甘特图的示例。

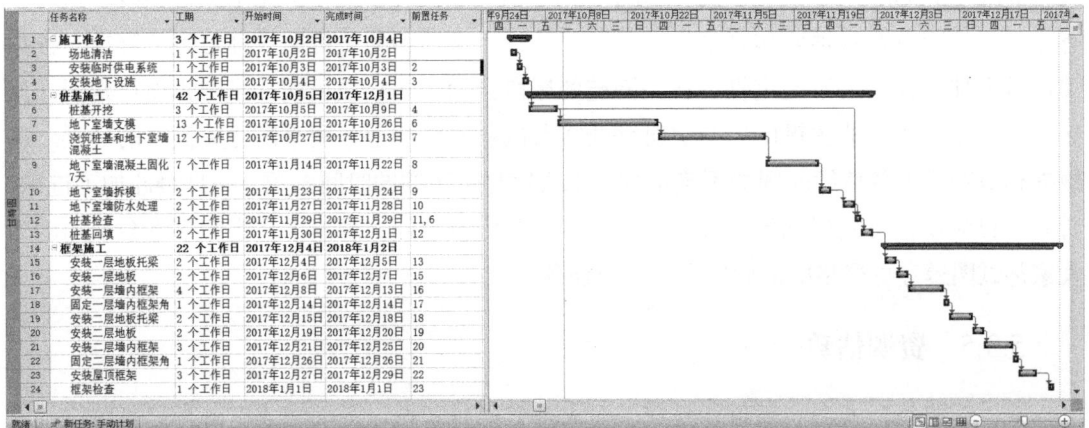

图 5-6　在 MS Project 2010 环境下创建的甘特图

大多数项目是受到时间约束和（或）资源约束的，因此项目进度的制定是一个迭代的过程。如果出现资源超额分配或可利用的共享资源受限，就可能要进行资源平衡。资源平衡技术是通过推迟非关键性的那些活动来减少资源高峰需求。大多数项目管理软件包具有自动资源平衡功能，但应谨慎使用。资源平衡能使关键路径和总工期改变。如果需要压缩项目进度，就可能要赶工或快速跟进。赶工或增加额外的资源来压缩项目时间是最常用的压缩进度方法，而且关注的只是关键路径上的那些任务。项目管理人员力争用最少的成本获取最大限度的进度压缩。快速跟进则是一种把正常情况下按顺序执行的活动更改为并行执行的进度压缩技术。但使用这些进度压缩技术通常都会增加项目的风险。一旦计划的项目和里程碑进度被确定下来，那么项目进度表就要被保存作为基准，可用来比较项目实际进度与计划进度之间的差异。

### 5.3.7　成本估算与预算

在做项目计划时，最基本的就是要对作为时间分段预算基础的活动成本做出准确的估算。在启动阶段，大致的估算（±50%）就足够了，但随着项目的进展所获得的信息越来越详细，估算的区间可缩小至 ±10%。通常，成本估算是根据项目必须完成任务的情况，完成这些任务所需资源的种类和数量进行量化估计，其结果通常以某种货币来表示。人工、材料、设备、服务和设施等资源成本都要进行估算。与时间估算类似，多种技术可用来做成本估算，包括专家判断、类比估算、参数估算、自下而上估算和三点估算。重要的是要将支持成本估算的各种信息细节记录在册，包括估算依据、全部假设条件、各种制约因素、估算区间和最终估算结果的可信度。

成本估算的完成标志着成本预算阶段的开始，成本预算就是要将各活动的估算成本进行汇总并制定出项目生命周期内的时间分段预算。成本根据时间分段预算分摊，因为这些成本预期都会产生。表 5-2 给出了一个时间分段预算的示例。

时间分段预算　　　　　　　　　　　　　　　　　表 5-2

| CEBOO 项目 | 一月 | 二月 | 三月 | 四月 | 五月 | 六月 | 七月 |
|---|---|---|---|---|---|---|---|
| 硬件 | | | | | | | |
| 硬件规格 | $11 480.00 | $24 840.00 | $3 360.00 | | | | |
| 硬件设计 | | | $23 120.00 | $29 920.00 | $14 960.00 | | |
| 硬件文档 | | | | | $14 080.00 | $24 320.00 | |
| 操作系统 | | | | | | | |
| 内核规格 | $5 320.00 | $9 880.00 | | | | | |
| 驱动 | | | | | | | |

续表

| CEBOO 项目 | 一月 | 二月 | 三月 | 四月 | 五月 | 六月 | 七月 |
|---|---|---|---|---|---|---|---|
| OC 驱动 | | | | $3 360.00 | $12 320.00 | $11 760.00 | $12 880.00 |
| 内存管理 | | | | | | | |
| 操作系统文档 | | $10 240.00 | $21 760.00 | | | | |
| 网络接口 | | | | | | | |
| 工具 | | | | | | | |
| 工具规格 | | | | $8 400.00 | | | |
| 通用工具 | | | | $5 760.00 | $21 120.00 | $20 160.00 | $10 560.00 |
| 工具文档 | | | | $7 680.00 | $17 920.00 | | |
| 壳 | | | | | | | |
| 系统集成 | | | | | | | |
| 结构决策 | $20 400.00 | | | | | | |
| 集成第一阶段 | | | | | | | |
| 系统 H/s 测试 | | | | | | | |
| 总计 | $37 200.00 | $44 960.00 | $48 240.00 | $55 120.00 | $80 400.00 | $56 240.00 | $23 440.00 |

时间分段预算一旦确定下来，就要将它记录下来作为项目的成本基准。项目所需资金则由该成本基准来决定。这个项目成本基准也可用来测量和监控项目的总成本绩效。

### 5.3.8 风险识别、评估、应对计划与风险登记册

风险是一种不确定的未来事件或状况，一旦发生，会对至少一个项目目标产生积极或消极的影响。风险识别就是要确定可能会影响项目的各种风险的过程。SWOT（优势、劣势、机会和威胁）分析法通常被用来识别风险。项目团队以及关键利益相关者都应该参与风险识别过程，这是一个迭代的过程，因为在项目生命周期中，随着项目的进展，新的风险可能显现而预期的风险却可能不会发生。一旦风险识别出来，就要进行风险分析来评估风险发生的概率和发生时会产生的影响。在一些情况下，一些复杂的技术，诸如敏感性分析，建模和仿真可被用来预测已识别风险发生的概率和影响程度。概率影响矩阵应该被用来对风险划分优先顺序。如图 5-7 所示，矩阵可详述概率和影响的综合情况，来判断一个风险是低、中还是高风险。

《项目管理知识体系指南》列举了风险分析过程中可能有积极成果（机会）和负面结果（威胁）潜力的那些风险。风险应对就是要利用机会减小对项目目标的威胁。

概率和影响矩阵

| 概率 | 威胁 | | | | | 机会 | | | | |
|---|---|---|---|---|---|---|---|---|---|---|
| 0.90 | 0.05 | 0.09 | 0.18 | 0.36 | 0.72 | 0.72 | 0.36 | 0.18 | 0.09 | 0.05 |
| 0.70 | 0.04 | 0.07 | 0.14 | 0.28 | 0.56 | 0.56 | 0.28 | 0.14 | 0.07 | 0.04 |
| 0.50 | 0.03 | 0.05 | 0.10 | 0.20 | 0.40 | 0.40 | 0.20 | 0.10 | 0.05 | 0.03 |
| 0.30 | 0.02 | 0.03 | 0.06 | 0.12 | 0.24 | 0.24 | 0.12 | 0.06 | 0.03 | 0.02 |
| 0.10 | 0.01 | 0.01 | 0.02 | 0.04 | 0.08 | 0.08 | 0.04 | 0.02 | 0.01 | 0.01 |
| | 0.05/非常低 | 0.10/低 | 0.20/中等 | 0.40/高 | 0.80/非常高 | 0.80/非常高 | 0.40/高 | 0.20/中等 | 0.10/低 | 0.05/非常低 |

对目标(如成本、时间、范围或质量)的影响(数字量表)
按发生概率及一旦发生所造成的影响,对每个防线进行评级。在矩阵中显示组织对低风险、中等风险与
高风险所规定的临界值。根据这些临界值,把每个风险分别归入高风险、中等风险或低风险

图 5-7　概率影响矩阵

以下是 4 种常见的应对消极事件的策略:

(1)回避:通过修改项目来完全消除危险。

(2)转移:将负面影响和风险应对的责任转移给第三方。

(3)减轻:将风险发生的概率和(或)影响降低到可接受的水平。

(4)接受:不去试图修改项目计划以回避、转移或减轻风险,而只是处理风险事件发生时造成的负面影响。

以下是 4 种常见的应对积极事件的策略:

(1)利用:该策略旨在项目团队消除机会的不确定性以确保机会能够实现。

(2)分享:该策略旨在将由机会产生的部分所有权与收益转移给最有可能抓住机会加以利用的第三方。

(3)提高:该策略旨在提高机会的概率和扩大其正面影响。

(4)接受:该策略旨在如果发生了积极的风险事件,项目组织欣然接受加以利用但不会强求。

风险登记册是管理风险和记录项目风险特征的首选工具。风险登记册应该要包括已识别的风险清单、风险类别、风险责任人、风险产生的原因和触发条件,风险发生的概率、影响、风险应对计划和风险状态。在项目生命周期中,风险登记册的审查和更新应该要成为常态。当风险事件发生时,可能会需要创建或提交正式的项目变更请求。

## 5.4　执行

执行过程组是由完成项目管理计划所定义的活动的所有过程构成,包括管理资源,特

别是人力资源，以创造出范围声明书所描述的那些项目要交付的成果。通常，执行阶段要比其他阶段花费更多，因此各级管理人员都要非常重视项目的执行阶段。与计划过程组类似，执行过程组也是一个迭代过程，也可能会造成预期的活动持续时间和资源需求的变化，引发导致产生修改项目计划的变更请求。随着项目的进行，已经识别的风险可能会出现，潜在的风险也可能不会发生，而未预料到的风险可能会被识别出来。这些事件中的每一个事件都意味着需要修改风险管理计划，修改的风险管理计划成为项目管理计划中重要的子计划。

采购、开发和项目团队的管理是项目执行的基本活动，受人力资源计划所驱动。人力资源计划是要识别和记录在册角色、职责、所需技能以及编制人员配备计划。层级型或矩阵型的图表工具可用来定义报告关系，责任分配矩阵（RAM）常被用来说明工作包与项目团队成员之间的联系。责任分配矩阵，也称为RACI（责任人、担责人、咨询人和告知人）图，一个例子如图5-8所示。

| RACI图 | 人员 | | | | |
|--------|------|------|--------|------|------|
| 活动 | 安妮 | 本 | 卡洛斯 | 蒂娜 | 埃德 |
| 制定章程 | A | R | I | I | I |
| 收集需求 | I | A | R | C | C |
| 提交变更请求 | I | A | R | R | C |
| 制定测试计划 | A | C | I | I | R |

图 5-8　执行过程组中用于人员管理的 RACI 图

RACI 图给出的信息非常重要，在外部与内部人员同时用于项目时，它有助于明确项目的责任人与担责人。员工管理计划详细描述何时以及如何满足项目对人力资源的需求。获取人力资源是如何将合适的人安排在适合的工作岗位的过程，其中要回答许多问题，例如：可利用的资源完全来自内部还是需要雇佣外部资源？团队成员是通过网络工作还是他们必须在同一工场工作？劳动力成本和培训成本如何？发展项目团队则是要通过个人培训来提高项目团队成员的能力，以及通过团队建设活动来提高团队的整体表现。1965 年，布鲁斯·塔克曼（Bruce Tuckman）定义了团队发展的四个阶段（组建、激荡、规范和执行），随后他又增加了第五阶段（休整）。

（1）组建阶段：团队成员了解项目情况，以及他们在项目中的正式角色与职责。

（2）震荡阶段：团队开始从事项目工作，制定技术决策。这时不同的想法和观点会导致冲突。

（3）规范阶段：团队成员开始相互信任，有效地协同工作，个人行为和工作习惯都调整到支持团队。

（4）成熟阶段：团队能像一个组织良好的单位那样工作。团队成员之间相互依靠，平稳高效地解决各种问题。

（5）休整阶段：团队完成项目工作，团队成员离开项目等待下一次集结。

要制定团队的基本规则以便对项目团队成员可接受的行为建立明确的期望。随着项目的进展，项目团队管理要对项目技术成果、进度绩效和预算等方面的团队表现进行评估，在适当的时候，对表现突出的事迹应该给予认可和奖励。由于项目的高强度特性，冲突是经常发生的。以下五个方法可用于解决团队冲突：

（1）回避：从正在发生的或潜在的冲突中退出。

（2）包容：存同求异。

（3）妥协：寻找能让冲突各方都会一定程度上满意的方案。

（4）强迫：以牺牲其他方的代价，强制推行某一方的观点。

（5）合作：综合考虑不同的观点和意见，引导各方达成一致意见并加以遵守。

要通过问题日志记录和管理项目期间出现的各种问题。有效的沟通对项目的成功执行是必不可少的。项目管理人员要将时间主要花在生成、收集、分析和分配项目信息上。有效的沟通能在各种各样的项目利益相关者之间架起一座桥梁。重要的是要牢记利益相关者包括个人和组织都可能受到项目积极和消极的影响。

采购管理涉及从外部组织获取所需产品和服务的各个方面。采购过程的范围包括从简单的下订单到对来自潜在供应商的正式竞标进行评估的复杂采购。通常情况下，订购标准部件和服务是由采购部门处理。对于更昂贵的物件，可能要做一个是自制还是外购的分析用来确定此项工作是最好由项目团队自行完成，还是必须从外部采购。对于复杂采购一旦做出采购决定，通常要发出请求建议书（RFP）以选定能提供最具竞争力价格和最好解决方案的供应商。投标人会议是买方和所有潜在卖方之间追求公平信息公开的会晤。一旦收到所有的标书，就可进行供应商评估以选定供应商。接下来就是向供应商授予采购合同。该合同通常要包括工作说明书或可交付成果描述、时间进度、角色和职责、定价、支付条款和验收标准等。

合同管理在采购管理中起着重要作用，它包括建立和管理有关销售由项目团队产生的产品或服务的合同，以及由项目团队采购的那些产品或服务的合同。大多数组织都会有采购专家和（或）合同法专家来协助项目团队进行合同管理。合同类型会影响买卖双方各自承担的风险水平，通常有以下三种合同类型可被采用：

（1）固定总价合同：此类合同为既定采购的产品或服务设定一个固定价格。不论完工时的花费如何，卖方在法律上都有义务交付产品或服务。因此，这时卖方承担更大的风险。

（2）成本补偿合同：此类合同涉及向卖方支付未完成工作而发生的全部合法实际成本，外加一笔费用作为卖方的利润。在项目开始阶段，范围无法清晰界定时，或者风险显著时，成本补偿合同使项目团队具有更大的灵活性。因此，这时买方承担更大的风险。

（3）工料合同：兼具成本补偿合同和总价合同的某些特点的混合型合同。在不能制定准确的工作说明书时，通常此类合同是合适的。当合同成立时，单位劳动力或材料价格可以明确定义，但合同的完整价值或交付的产品或服务的确切数量则可能确定不了。合同一旦签订，就必须对采购关系和合同履行进行管理以确保供应商履行合同义务。鉴于合同关系的法律性，合同管理人员可能要向项目团队之外的组织汇报。采购管理涉及指挥、管理和汇报履行情况、质量和变更控制，以及监督和控制风险。

## 5.5 监控

项目绩效可被定义为项目达到或满足项目要求的程度。一般而言，项目绩效取决于绩效在哪个水平上测量（例如，在 WBS 的最低水平）以及绩效测量的时刻（例如，在执行阶段的任何时刻，或在项目结束时）。项目绩效是一个可以符合不同的项目指标的复杂结构，其指标可以分为两组：技术和员工项目绩效指标。使用哪一组指标取决于项目的性质和（或）项目利益相关者的需要。在项目员工和技术绩效两个方面都做得优秀的项目通常被称为高绩效项目。以下是用于评估项目绩效的一组常用指标。

（1）技术项目绩效：包括成本绩效、进度绩效和质量绩效。这些绩效通常被称为项目管理的三重约束。此外，技术绩效还包括项目满足环境限制的程度。

（2）员工项目绩效：包括利益相关者满意度（例如，团队成员、客户和项目管理人员）、学习、项目及其组织的形象。

监控需要进行的过程包括跟踪、审查和调整项目的进度，以及识别、启动和管理所需的变更。项目监控贯穿于整个项目生命周期。这个过程组中的一个基本过程就是控制项目范围以确保所有的范围变更请求和推荐的预防措施或纠正行动都经过正式的变更控制系统的处理。如项目范围未经有效控制，会发生一种称之为范围蔓延的现象。范围蔓延是指项目范围随时间扩张的趋势，即由于未经变更控制系统正式处理的一些小变更积少成多，增加的工作远超出了项目的原始基线。若有需要进行范围变更，那就必须要评估变更对项目进度、预算和质量的影响，以确定变更的合理性。如果变更请求得到批准，那么项目范围、进度和预算基线都可能需要修改。然而，只有对大的变更才会要进行基线修改，并且这要得到所有利益相关者的认可。其他的变更反映的是项目的正常变化，应通过变更控制系统进行处理，以确保所有项目关系者了解变更的影响。

跟踪甘特图通常将实际的开始和完成时间与基线的进度进行比较，从而分析项目的进度情况。如实际进度不同于计划进度，也许需要采取纠正行动，例如增加资源的数量，要求项目团队加班，或将顺序执行的任务并行进行。如果采用关键链法调整项目进度，那么进行项目进度状态评估时要将项目的缓冲与实际进度做比较。跟踪甘特图可以根据项目现时的进度情况预测项目的完成时间。

成本监控是将项目的实际成本以及已完成工作的价值与成本基准进行比较来了解成本状态。就大多数项目而言，挣值管理（EVM）将范围、进度和成本绩效一体化考虑。挣值的三个关键指标是：

（1）计划值（PV）：为计划在特定的时间节点完成的工作所批准的预算。

（2）挣值（*EV*）：在特定的时间节点已完成工作的价值，以该工作的预算成本来表示。

（3）实际成本（*AC*）：在特定的时间节点已完成工作的总成本。

图 5-9 表示一个进度逾期和预算超支项目典型的 S 曲线图。

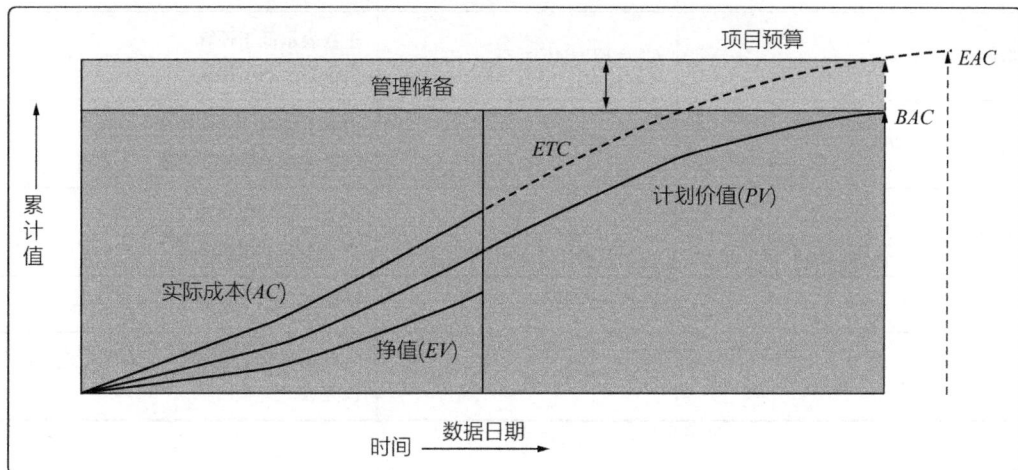

图 5-9　某个项目中，计划值、挣值与实际值的 S 曲线图

图中，*ETC* 为完工尚需估算，*BAC* 为完工预算，*EAC* 为完工估算

在挣值管理中，下列指标用来表示实际绩效与项目进度基准和预算基准之间的偏差：

（1）进度偏差（*SV*）：是挣值（*EV*）与计划值（*PV*）之间的差别。该偏差大于零表明项目超前于进度，小于零则表明落后于进度。

（2）成本偏差（*CV*）：是挣值（*EV*）与实际成本（*AC*）之间的差别。该偏差大于零表明项目成本低于预算，小于零则表明成本高于预算。

（3）进度绩效指数（*SPI*）：是挣值（*EV*）与计划值（*PV*）的比值。该指数大于 1 表明项目进展佳，小于 1 则表明进展差。

（4）成本绩效指数（*CPI*）：是挣值（*EV*）与实际成本（*AC*）的比值。该指数大于 1 表明项目财政状态佳，小于 1 则表明财政状态差。

挣值管理包括有估算完工项目总成本的方法，称为完工估算（*EAC*）。理论上，完工估算值是项目现时已完成工作的实际成本加上将现时剩余工作完工所需的估算成本（称为完工尚需估算（*ETC*））。然而在一些情况下，重新估算项目的剩余费用难以实现，因此有必要开发合适的预测策略。预测完工估算值的方法是考察项目是否是按原定计划进行，现在进行的怎样。许多人认为预期项目还会按照其已经进行的方式相似地继续进行下去是明智的，特别是如果项目已经预算超支。按这样做时，完工估算是通过完工预算（*BAC*）和累计成本绩效指数（Cumulative CPI）计算的，计算公式为：完工估算 = 完工估算 / 累计成本绩效指数。完工尚需估算（*ETC*）是完工估算（*EAC*）和实际成本（*AC*）之间的差值。图 5-11 总结了挣值管理的相关计算公式。

挣值管理计算公式 表 5-3

| 计算值或预测值 | 公式 | 解释 |
| --- | --- | --- |
| 进度偏差 (SV) | $SV = EV - PV$ | 正数表示领先于进度<br>负数表示落后于进度 |
| 成本偏差 (CV) | $CV = EV - AC$ | 正数表示低于预算<br>负数表示超出预算 |
| 进度绩效指数 (SPI) | $SPI = EV/PV$ | 大于 1 表示领先于进度<br>小于 1 表示落后于进度 |
| 成本绩效基数 (CPI) | $CPI = EV/AC$ | 大于 1 表示低于预算<br>小于 1 表示超出预算 |
| 完工估算 (EAC) | $EAC = BAC/CPI$ | 估算项目完工总成本的方法之一 |
| 完工尚需估算 (ETC) | $ETC = EAC - AC$ | 重新估算项目剩余费用难以实现时的替代方法 |

　　一旦偏差被确定，项目团队就必须要为相关利益相关者提供偏差解释，提交有关预防或纠正措施，并走正式的变更控制系统程序。项目管理过程中的质量保证与质量控制以及项目可交付成果是所有项目需要关注的重点。在项目计划阶段，必须要制定质量标准体系以及建立确保质量标准的方法以满足项目需求。必须要建立相应的政策与流程以求不断完善。有关项目质量的方法、政策和流程要力求与国际标准化组织（ISO）的方法相兼容。项目质量管理的工具和技术有：成本效益分析、质量成本、控制图、标杆对照、实验设计、统计抽样、流程图等。

　　质量指标定义了一个项目或产品的属性，以及质量控制过程怎样进行测量。对所有指标都必须确定可接受的变化范围，也称为公差。质量保证过程就是要审核质量要求和由质量控制过程所产生的数据来确保实行合适的质量标准和推行不断的过程完善战略。质量控制过程要做的是监控、记录和分析绩效以检测不良的过程或产品质量并找出其原因，以提出建议和（或）采取行动以消除这些原因。图 5-10 显示七个基本的质量控制工具和技术。一些最常用的工具描述如下。

　　（1）因果图（又称石川图或鱼骨图），用于根本原因

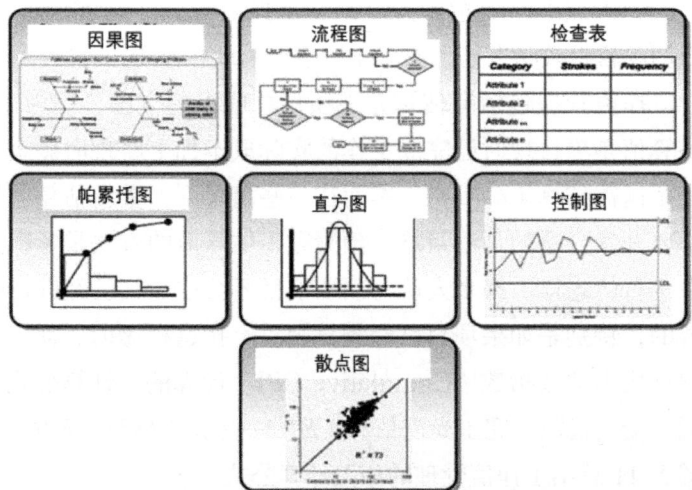

图 5-10　情节板说明七个基本质量工具概念的例子

分析，有助于发现可能产生问题根源的那些因素。

（2）控制图说明过程随时间的运行情况，可帮助确定变化是否在可接受的范围。通常用控制图来评估相对于进度表和成本基线所发生的变化。

（3）帕累托图是一种特殊的直方图，用来对某个特定过程中产生缺陷或问题的原因进行排序并确定出那些最常出现的缺陷或问题。帕累托法则，也称为 80/20 法则，认为很多情况下相对少量的原因（20%）通常造成大多数的问题或缺陷（80%）。

（4）散点图显示两个变量间的关系，变量的相关性有可能有助于解释不想要的（或期望的）变化。

## 5.6  收尾

收尾过程组包括正式完成项目或阶段各方面工作所需的所有活动。对成功的项目来说，收尾过程最重要的活动就是获得客户对可交付成果的书面验收。行政收尾的所有活动都要达到完工或退场标准，并要将项目产品或服务正式移交给客户或项目的下一阶段。行政收尾活动还包括收集记录、审核项目的成功或失败、收集经验教训以及归档项目信息。为确保满足绩效标准，项目管理人员通常会审查上一阶段所有的收尾信息。收尾的一个重要方面是要收集项目期间的经验教训和最佳实践案例，以使他们能够为未来的项目所用。

在项目或项目阶段收尾时，每一项项目合同或项目阶段合同都要予以了结。通常，合同条款和条件会规定合同收尾的具体程序。关键的是要确认所有的工作和成果都是可以接受的，所有待定的索赔和要求都已最终解决。

随着项目进展，当完成指定的活动或服务后，不再需要他们时，项目团队成员会被遣散。在遣散团队成员之前，收集信息和更新文档，比如总结经验教训，是很重要的。不论是一个阶段的收尾还是项目的收尾时，做好计划安排所有项目员工从一个项目向另一个项目平滑地过渡可以显著地提高士气。

## 5.7  敏捷项目管理引论

敏捷是成功应对变化的能力，比变化率更快。这种能力被认为是以心理、身体和人际适应性的形式出现（Mueller-Hanson 等，2005）。敏捷项目管理是通过工作结构阐述的世界观，帮助组织、项目团队和经理变得更加灵活，能够应对项目环境的不确定性。至少有三个重要的关键因素受到项目环境不确定性的影响：项目可交付成果的要求的不确定性（即，生产什么）；将项目资源转化为可交付成果的必要过程的不确定性（即，如何生产）；以及生成项目可交付成果的能力的不确定性（即项目中需要和可用的资源和基础设施是什么）。图 5-11，Stacey 矩阵（Stacey，1996）是评估传统瀑布项目管理或敏捷项目管理方法是否更充分使用的良好起点。在传统项目管理中实施的传统瀑布模型（Royce，1970）

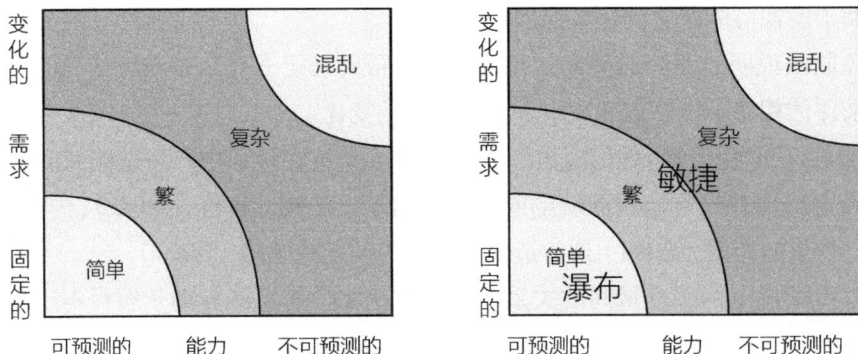

图 5-11 修改的 Stacey 矩阵（Stacey，1996）

图 5-12 《项目管理知识体系指南》中的项目管理模型

未能应对项目环境的不确定性，因为它假定项目环境具有可预测性，并且缺乏迭代开发（尽管 Royce 在其工作中明确指出了需要迭代开发）。

敏捷项目管理与传统的项目管理方法有着共同的元素，但它有一些非常独特的元素，与传统的项目管理相比，可以更好地应对不确定性环境。敏捷项目管理与传统项目管理的一个共同点是项目管理作为项目管理知识体系（PMBOK）提出如图 5-12 所示的总体方案。敏捷项目管理与传统项目管理一样，从初始阶段开始，并保持内部面貌，从而形成一个完整的项目。

敏捷项目管理是建立在一系列的成功做法和技术上（如迭代增量式开发；精益生产，准时，实证过程控制；持续改进；自组织团队；跨学科综合项目小组等），来定义一套 4 价值和 12 个原则（http：//agilemanifesto.org/），以指导敏捷决策和敏捷项目行动。这些价值和原则定义敏捷的世界观，使敏捷项目管理哲学和经验不同于传统的项目管理。表 5-4、表 5-5 所表示的敏捷项目管理价值和原则引自敏捷宣言。为了更深入分析敏捷项目管理和传统项目管理之间的相似性和差异，请参阅 Slinger 和 Broderick 的文章（Slinger and Broderick，2008）。

**敏捷项目管理的价值** 表 5-4

| 价值 | 只有当他们增加价值 |
| --- | --- |
| 个人和互动关系 | 流程和工具 |
| 工作产品；提供服务 | 综合文件 |
| 客户协作 | 合同谈判 |
| 响应变化 | 遵循计划 |

**敏捷项目管理的 12 项原则**　　　　　　　　　　　　　　表 5-5

| 1 | 我们的首要任务是通过早期和持续地交付有价值的产品和服务以满足客户需求 |
|---|---|
| 2 | 欢迎不断变化的需求，甚至在项目的后期。敏捷流程为客户竞争优势利用变化 |
| 3 | 根据项目类型，生产工作可交付成果和（或）服务的时间从几周到几个月，优先于较短的时间表 |
| 4 | 在整个项目中，商务人士和工程师（增值人员）必须每天在一起工作 |
| 5 | 围绕激励个人建立项目。给他们环境和他们所需要的支持，并相信他们能完成这项工作 |
| 6 | 向团队，和团队内部传递信息的最高效率和有效的方法，就是面对面的同步会话 |
| 7 | 工作产品或提供的服务是进展的主要衡量标准 |
| 8 | 敏捷过程促进可持续发展。利益相关者应该能够维持恒定的速度 |
| 9 | 持续关注技术卓越和良好的设计，以提高敏捷性 |
| 10 | 简单化—尽量排除那些非必需的工作之艺术是必不可少的 |
| 11 | 最好的要求和设计来自组织团队 |
| 12 | 每隔一定时间，团队反思如何变得更有效率，并相应地调整自己的行为 |

敏捷项目管理框架：在项目环境中开发和应用了几种敏捷方法和实践。以下部分列举了最为常见的敏捷方法和实践：Scrum，极限编程（XP），Scrumban，看板，功能驱动开发，敏捷统一过程（AgileUP），动态系统开发方法（DSDM）和规模敏捷框架（SAFe）。其中，Scrum 和 Scrum 变体是迄今为止在过去几年中最常用的敏捷框架（第一版，2015 年）。

此外，虽然其中一些实践和方法一直集中在软件开发上，但其他一些已经成功应用于硬件开发中。敏捷项目管理工作结构的灵活性，允许将这些方法和实践应用于软件和硬件开发中。

敏捷项目的工作结构是基于迭代增量开发，迭代是为客户创造价值的完整工作周期（从分析、设计、计划、执行到测试）。这些迭代创建了通过项目生成的总产品或服务的增量（小的可交付成果），在该项目进行中被组合和集成在一起。在项目中，这些迭代按顺序模拟项目管理知识体系指南模型的各个阶段（Slinger 和 Broderick，2008）。

敏捷项目管理中，迭代至少有三个重要方面：迭代级别、迭代持续时间以及生成项目需求所需的迭代次数。这三个方面均定义于敏捷项目中基于与客户相关的因素的组合（例如，行业的波动性、风险管理、控制需求、财务资源），此外与产品或服务的相关因素（例如，允许多久能够拿出创造价值的设计、技术限制及不确定性），以及与团队能力有关的因素（例如团队能够多快产生需求）。具有战略、高层次、长时间的迭代称为发布，具有战术、低层次、持续时间较短的迭代称为冲刺（在 Scrum 中）或只称迭代。

发布是由一定数量的迭代组成，并且是定义于所完成的工作是相对较广的情况下（即项目无法在几次迭代中完成）的敏捷项目中；因此，需要将工作以主要功能或客户的价值

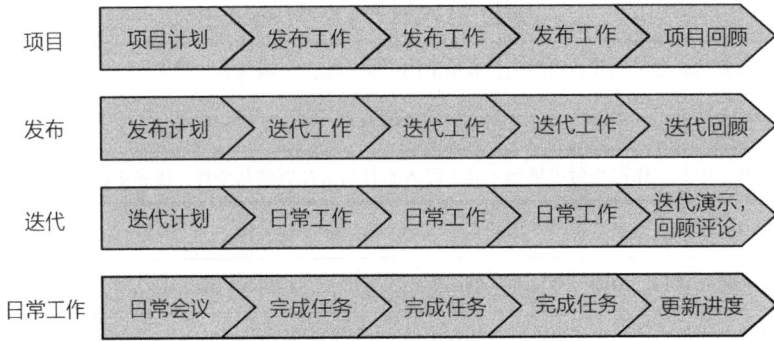

**图 5-13　敏捷项目管理工作结构**
（改编自斯林格和布罗德里克（Slinger and Broderick，1998））

进行组合。迭代或冲刺是简短的完整工作周期（从分析，设计，规划，执行，测试到审查和交付），它对客户产生相对较小的价值增量。图 5-13 展示按照项目管理知识体系指南模型，代表规划和工作的不同层次的敏捷项目的工作结构。一个项目由一定数量的发布组成，这些发布由一定数量的迭代（冲刺）组成，每次迭代中，日常计划和完成的任务在迭代过程中创建增量值。

项目级别：敏捷项目的项目级别工作始于计划阶段，并以项目回顾结束。在项目层面定义了项目经理、客户和团队。在计划阶段，客户将项目的愿景阐述给团队。在项目启动会议上，客户可能会提出一套明确的也可能是很不明确的需求；在任何情况下，随着项目进展，这些要求必须要在产品待办事项列表中得到澄清和改进。表 5-6 表示可以在项目计划会议中使用的视觉任务板。项目价值是在内部阶段建成。这些内部阶段可以将项目需求分组在不同的发布中，并以不同迭代组成这些发布。在大型项目和组织中，这是一种常见的方法，它将寻求在产生产品路线图的发布中进行迭代。另一种方法是进行内部阶段迭代，而不是在项目中使用发布级别。这种方法在短期、小范围的项目中运行良好。项目级别工作以项目回顾为结束。可变价格，可变范围合同是项目层面常见的契约型载体，它定义了客户与项目之间的关系，可以通过上限价格、可变范围和固定价格、固定价格合同加以补充。产品路线图代表了对时间的发布，并提供了一个计划和跟踪项目进展的可视化工具。客户在团队的帮助下定义产品路线图和产品待办事项列表。表 5-7 表示一个产品路线图。

**愿景任务板**　　　　　　　　　　　　　　　　　　　　　　　表 5-6

| 愿景声明： | "动词＋目标＋结果" | | |
|---|---|---|---|
| 目标群体 | 目标群体需求 | 产品，或服务，或思想 | 潜在竞争对手 |
| 客户 | • 客户的需求 | • 主要功能 | • 竞争对手的命题价值 |
| | | • 主要制约因素 | |
| | • 终端用户 | | • 产品或服务的竞争优势 |
| | • 市场 | | |

**产品路线图举例**　　　　表 5-7

| 日期 | 第 1 季度 / 年 | 第 2 季度 / 年 | 第 3 季度 / 年 | 第 4 季度 / 年 |
|---|---|---|---|---|
| 名称 | 版本 1 | 版本 2 | 版本 3 | 版本 4 |
| 特征 | • 主要需求 A | • 主要需求 E | • 主要需求 H | 由市场定义 |
|  | • 主要需求 B | • 主要需求 F | • 主要需求 D |  |
|  | • 主要需求 C | • 主要需求 G | • 主要需求 E |  |
|  | • 主要需求 D |  | • 主要需求 F |  |

《产品待办事项列表》是项目需要的清单。该清单定义了项目的范围，并根据客户的需要进行更新。新的要求可以在项目过程中的任何时间点添加、删除或更改。客户按重要性或优先级方面对要求进行排序，团队评估达成生产要求所需的工作量。产品待办事项列表用于发布和迭代的计划。产品待办事项列表是一个活生生的文件，因为它代表了项目范围的不断变化的性质。当要求被排列在优先级时，已经按照大小或努力量进行了估计，并且相对较小，还已经确定了相关性，产品待办事项列表就已经准备好用于计划。然而，为了开始计划，没有必要确定所有要求，只要计划下一个版本或迭代就够了。团队与客户一起，开发（质量检测需要通过，才能被客户接受的）验收标准的每个要求，和要求全面完成时的定义。

估计每个需求的大小或努力只是由项目团队执行的任务。在估计过程中，团队要讨论在完成所有要求并通过其验收标准之前，将要采取哪些措施。首先团队使用抽象措施对这些要求进行估计。用于估计的常用方法是规划扑克，其中使用相对大小来评估完成给定要求需要多少团队的努力。抽象点用于在发布计划中尽量排除那些非必须的和不能做的工作。因为这些要求可能非常模糊和较大（主要要求），准确估计其规模可能浪费项目时间和资源，由于这些可能只有在客户和团队更多地了解项目（即产品 / 服务，开发流程和团队能力）后才能完全了解。

发布级别：敏捷项目的发布级别由发布计划阶段定义，后面是一组迭代（Sprint），并以发布回顾结束。在发布计划会议上，团队使用产品路线图中定义的时间表来发布计划，以确定完成发布所需的持续时间和迭代次数。估计团队能力或团队速度是发布计划的关键输入。例如，一个完全致力于该项目的 5 人团队的估计速度为每两个月迭代 20 点，这意味着该团队可以在五次迭代的发布中产生 100 点。这是一个战略（发布）速度，将在每个发布的最后更新，使其更准确，因为团队还要一起经历项目以及一系列项目。当项目具有太大的不确定性（即，尚待开发的产品或服务，和（或）在开发过程中，和（或）由于团队的能力）时，建议弹性应用团队的速度（降级）。规划过程中的另一个重要输入，是选择产品待办事项列表及其相互依存关系中的首选要求。这些要求应该很小，因为主要要求必须在产品待办事项列表中进行分解，以实现发布计划。从产品待办事项列表中选择首选要求使得团队专注于为客户创造更多的价值。这些相对较小的要求将分布在不同的迭代中，直

产品路线图

发布1　发布2　发布3　发布n

发布1计划

迭代1　迭代2　迭代3　迭代4

| 迭代1 | 迭代2 | 迭代3 | 迭代4 |
|---|---|---|---|
| 需求1 需求5<br>需求2 需求6<br>需求3<br>需求4 | 需求8 需求12<br>需求9<br>需求10<br>需求11 | 需求13<br>需求14<br>需求15 | 需求16 需求18<br>需求20 需求19<br>需求22<br>需求17 |

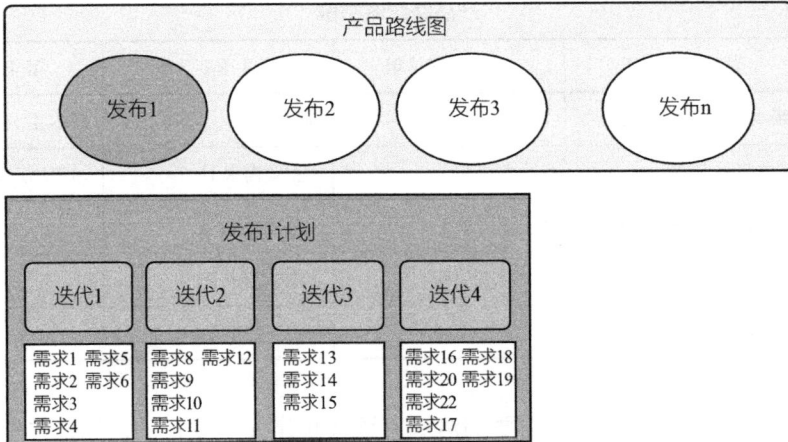

图 5-14　发布计划示例

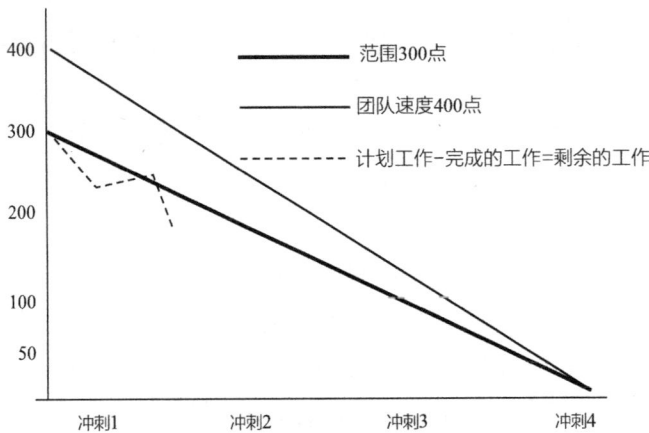

范围300点
团队速度400点
计划工作-完成的工作=剩余的工作

冲刺1　冲刺2　冲刺3　冲刺4

图 5-15　发布下降图示例

到完成团队的全部能力。图 5-14 表示发布计划。在发布计划会议结束时，和（或）发布结束时，对产品路线图进行修订可能是必要的，因为团队和客户此时了解了项目更多的信息。发布的"下降图"将在发布级别提供团队承诺的战略透明度和绩效。一份高水平的项目合同可以以上限价格，变化范围合同补充每个发布，反过来又可以用固定价格，固定范围合同对每次迭代（冲刺）进行补充。

"发布下降图"表示了发布中包含的不同迭代中抽象点的剩余工作。它绘制抽象点与迭代。它提供了一个简单的假设，即其中绘制的剩余工作，预计在发布结束时为零。当客户论证和接受一项需求时，更新发布下降图。图 5-15 表示已完成第一次迭代（冲刺）的发布下降图的示例。

迭代级别：敏捷项目的迭代或冲刺工作由迭代会议、日常工作、项目审查、演示和回顾等决定。在迭代计划期间，团队使用发布计划来确定在正在计划的迭代中预期产生什么样的需求，以及这种迭代应该花费多长时间。这个持续时间转化为最大团队（以时间为单

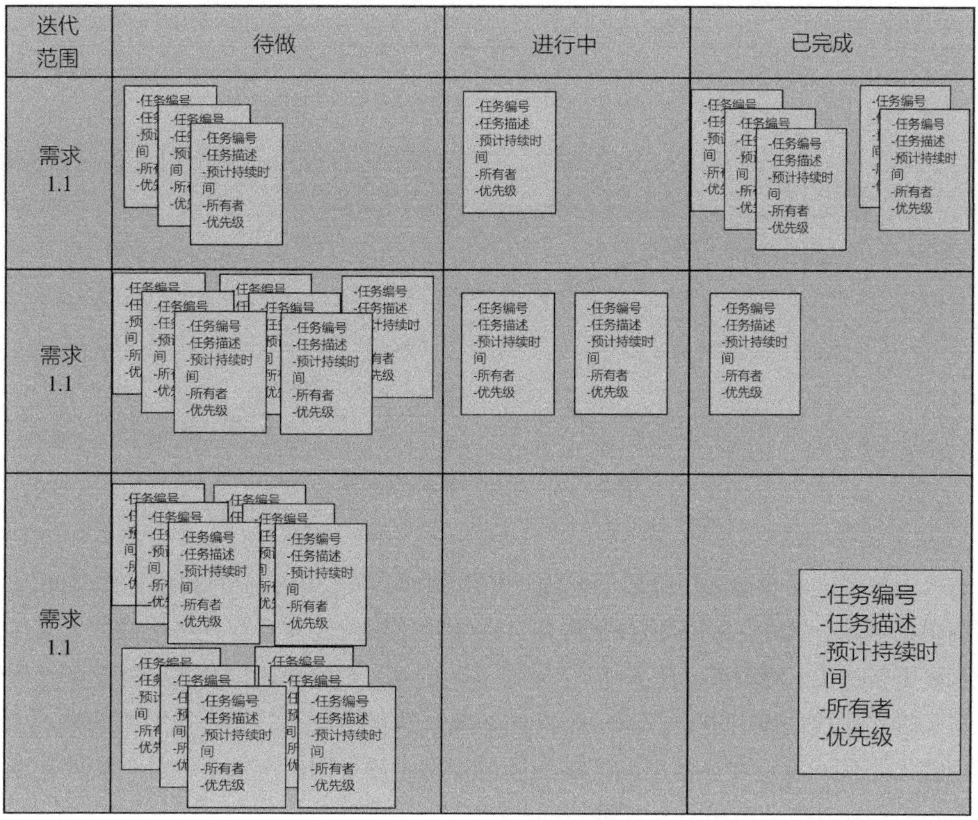

图 5-16　迭代任务板

位的速度，例如，一个 5 人组每个月迭代 400 小时）。这是这个团队的战术（迭代）速度。因为迭代工作预计在迭代计划之后的一天开始，项目的不确定性就会降低，使得迭代计划更加准确。在迭代级别，团队将需求分解为任务，并测量以时间单位完成这些任务所需的努力（通常为几小时）。此信息创建迭代或冲刺的任务列表。团队要为每项任务分配一个所有者（负责人），并检查团队速度是否足以完成发布计划中设置的计划要求。团队要准备迭代任务列表，迭代任务板和迭代（冲刺）下降图。迭代任务列表标识任务、估计持续时间，所有者及其优先级。迭代任务板是对所计划的工作（迭代任务列表）和正在进行中的工作的视觉展示，并且按每个需求完成。图 5-16 表示一个迭代任务版。

在迭代计划结束或迭代工作结束时，基于在迭代期间创建的新理解，要对发布计划、团队速度和产品路线图进行总体验证和趋势更新。固定价格、固定范围合同是迭代的良好契约载体，因为在一系列要求发挥作用的迭代期间不期望改变出现。

每天的会议在迭代的日常工作中进行。团队每天会议最多 15 分钟（即这就是为什么也称为日常站立会议），以协调和策划这一天所做的工作，并报告前一天的工作。此外，团队还要标识出需要清除的工作障碍，以便轻松启动当天的工作。项目经理接管这些工作障碍，确定它们的优先顺序，并尽可能快地解决它们。将这些工作障碍列表并定义为待清除障碍列表。

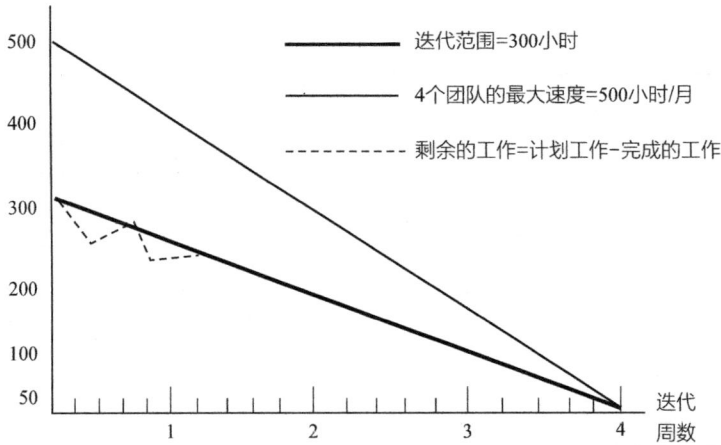

图 5-17　发布下降图的示例

迭代下降图表示在图表中确定的时间单位（例如，天，周）中的剩余工作时间。 它提供了简单的表示，其中绘制的剩余工作预计在迭代结束时为零。在任务完成时，和（或）每天都要更新迭代下降图表。图 5-17 表示在迭代的第一周结束时的发布下降图的示例。

演示将在迭代结束时进行。演示的目的是展示迭代的结果，并获得客户的批准。该演示要围绕由团队和客户在项目早期明确的验收标准（质量测试）进行设计，欢迎团队，客户，项目经理和其他利益相关者参加。

审查和回顾是敏捷项目的关键学习过程。它出现在项目、发布和迭代等级别。目标是让团队了解什么是正确的，什么是错误的，以及如何在下一轮的工作中使用它。团队收集事实，比较计划中的内容和团队所取得的成果，形成事实性能数据。回顾展使敏捷项目管理过程中的学习过程形式化，并使之持续改进。

回顾是敏捷项目，发布或迭代中的最后一个过程。在回顾完成后，团队按照合同规定，根据客户的需要进入规划下一个迭代或发布。只要客户有兴趣资助项目，项目就可以无限期延长。 这就是为什么团队将制定一个速度，并保持长时间不变是至关重要的（敏捷宣言的第 8 号原则）。

敏捷项目管理中的角色：传统和敏捷项目管理之间的差异之一在于重要项目利益相关者的预期责任，重要项目利益相关者包括：项目主管、客户和项目团队。

敏捷项目的客户也被称为产品所有者，并且与传统项目的客户有一些非常不同的期望。敏捷项目的客户预计将是一个单一的人，将项目的其他利益相关者的意见和要求（如项目发起人、最终用户、监管机构）传达给团队。敏捷项目的客户期望开发服务产品的愿景，并向团队表达这一愿景。她或他是该项目唯一能够甄选项目需求或项目组要生产"什么"的人员。此外，每项需求预计将由客户根据重要性进行评估，"为什么"，以及"何时"是最需要的。客户预期对每个需求（例如投资回报率）进行经济和可行性的分析，并在重要性方面对需求清单（即产品待办事项列表）进行排序。敏捷项目的客户也将期望向利益相关者更新项目进展情况。客户依靠团队对"什么""何时"和"多快"要求的建议。在每次迭代结束时，项目客户都可以根据了解产品或服务、市场或任何其他影响项目的业务条件，向团队提供修改过的需求列表（即添加、删除、重新排列要求）。客户确定何时和多少资金将投入项目，并提供关于时间的最终决定（例如，何时最需要某些需求）、成本（例如，下一次迭代将投入多少）和范围（例如，在下一次迭代中要包括什么需求）。

敏捷项目团队预计将成为一个跨职能的综合团队，最多只可以有九名成员，以限制团队的沟通和协调需求，是跨学科的；综合项目团队常用于传统项目管理。然而，敏捷项目的团队希望是自我组织和自我管理，因此信任团队是必要的。对团队的信任取决于团队的技术和认知行为的专业性。预计敏捷项目团队将有一组核心成员，这些核心成员对于必须完成的日常工作和一组根据需要参与团队运作的扩展成员来说是必要的。由于技术语言障碍，对跨学科团队的初期工作可能是具有挑战性的；然而，随着团队的合作，就会产生一种社会智力资本，使其能够应对具有挑战性的项目环境。然而，随着团队调整和学习如何与新成员合作，每当有新成员替换时，就会受到这种社会智力资本的感染。

敏捷项目的项目经理通常被称为敏捷项目经理或 Scrum 主管，并具有与传统项目管理类似的期望，即成为领导者、管理者、教练和导师、促进者和主动学习者（图5-3）。然而，在敏捷项目中期望项目经理所扮演的那些角色有非常独特的变化（Slinger 和 Broderick，2008）。有关敏捷项目经理（Scrum 主管）更深入的分析和最佳实践，请参阅维斯卡尔迪的文章（Viscardi 2013）。接下来，部分列举了这些独特的项目经理的职责：

## 1. 主持人

（1）管理障碍事项清单，并将其保持在最低限度的工作；

（2）需要时，进行团队成员之间的沟通；

（3）团队与客户之间的沟通；

（4）通过消除开发和"传统"客户之间的障碍，使敏捷客户直接推动开发；

（5）通过促进创造力和增强团队的工作；

（6）通过向团队提供正确的基础设施来完成工作；

（7）通过帮助产品所有者随时更新产品待办事项表的工作；

（8）通过监控和保护敏捷流程进行工作；

（9）通过保护团队免受干扰的工作；

（10）通过保护团队在每个冲刺中所承担的工作范围进行工作；

（11）通过确保团队估计足够的产品待办事项表项目（故事 / 约束）；

（12）沟通和理解产品愿景、产品路线图和发布；

（13）支持客户和团队的准备和过程；

（14）创建一个安全的环境，促进合作决策的工作；

（15）解决团队与客户及其他利益相关者冲突的问题；

（16）与其他团队合作，协调每天的会议和发布；

（17）通过管理团队的外部依赖关系进行工作。

## 2. 管理者

（1）团队成员；

（2）与客户的敏捷合同；

（3）团队的绩效指标（例如，下降图表、冲刺任务板）；

（4）产品所有者的绩效；

（5）外部环境：采购和分配资源；

（6）开发团队所需的基础设施和技术。

## 3. 教练和导师

（1）在审查和回顾期间，推荐更好的方法来反映团队；

（2）建议如何做出更好的计划决策，分享最佳实践和艰难的经验教训；

（3）如果项目中存在太多的不确定性，建议如何做出更好的技术决策；

（4）通过敏捷项目管理，建议客户如何最大限度地提高投资回报率和满足业务目标；

（5）就如何提高项目生产力为团队和客户提供个人反馈；

（6）通过发展行动，始终致力于改善发展团队的生活。

## 4. 领导者

（1）信任团队，参看赫西和布兰查德的情境领导模式（Hersey and Blanchard1969）；

（2）随时为团队提供服务；

（3）通过提醒团队整体愿景；

（4）通过提醒团队敏捷开发过程的目的；

（5）通过提醒团队商定的决定；

（6）作为团队对外部干扰的第一道防线；

（7）如果对团队产生负面影响，作为唯一的负责人；

（8）在有挑战性的情况下，指导团队的行动；

（9）在工作做得好的时候，赞美团队。

## 5. 主动学习者

（1）通过不断寻求更好的方式来促进敏捷过程；

（2）不断寻求如何更好地服务于团队；

（3）不断寻求如何更好地服务于产品所有者；

（4）通过不断寻求如何通过正常和具有挑战性的情况更好地领导团队；

（5）通过不断寻求如何更好地识别、抓住、操作和监控团队所需的基础设施；

（6）不断寻求如何更好地促进团队、其成员、客户和其他利益相关者的发展。

通过项目回顾、项目审查、日常工作和每日会议，以及辅导/指导工作，通过不断的团队学习过程，团队、客户和项目经理都受到影响。以下三个重要的连续学习过程会影响一个团队的敏捷项目：了解产品或服务，正在生产的是"什么"；了解用于产生产品或服务的技术和过程，"如何"生产；了解团队的能力和绩效，以应对敏捷项目的任务和挑战。只要团队保持在一起，这种持续不断的学习能够使团队的能力和项目绩效在整个项目和一系列项目中得到加强。

## 复习题

学习了"领域 5：项目管理"之后，你应该能够回答以下问题：

1. 项目管理协会定义的五个过程组合九大知识领域是什么？项目管理协会是怎样将知识领域映射到过程组的？

2. 列出完成工作分解结构所需的步骤，谈谈工作分解结构的重要性。

3. 描述关键路径的意义以及如何确定关键路径。

4. 制定项目计划时，一些必须考虑的约束是什么？

5. 什么是三点估算？谈谈三点估算的优缺点。

6. 讨论时间分段预算以及它的重要性。

7. 谈谈项目管理过程中，风险是怎样评估的。

8. 解释挣值管理（EVM）技术，挣值管理的三个关键量度是什么，怎样计算挣值管理的变量和指数。

9. 讨论质量标准怎样提高项目管理过程。

10. 项目收尾阶段有哪些基本的步骤必须完成？

## 参考文献

[1] A Guide to the Project Management Body of Knowledge (4th ed.). (2008). Newtown Square, PA: Project Management Institute.

[2] A Guide to the Project Management Body of Knowledge (5th ed.). (2013). Newtown Square, PA: Project Management Institute.

[3] Beck, K., Beedle, M. , van Bennekum, A., Cockburn, A., Cunningham, W., Fowler, M., Grenning, J., Highsmith J., Hunt, A., Jeffries, R., Kern, J., Marick, B., Martin, R., Mellor, S., Schwaber, K., Sutherland, J., Thomas, D. (2001). Agile Manifesto. Retrieved from http://agilemanifesto.org/.

[4] Hersey, P. and Blanchard, K. H. (1969). Life cycle theory of leadership. Training and Development Journal, (23)5, pp. 26-34.

[5] Mueller-Hanson, R. A., White, S. S., Dorsey, D. W. & Pulakos, E. D. (2005). Training adaptable leaders: Lessons from research and practice. Arlington, VA: U.S. Army

Research Institute for the Behavioral and Social Sciences.

[6] Gray, Clifford F., & Larson, Erik W. (2014). Project management: The managerial process (5th ed.). New York, NY: McGraw-Hill Irwin.

[7] Royce, Winston (1970). Managing the development of large software systems. Proceedings of IEEE WESCON 26, pp. 1–9.

[8] Slinger,, M., & Broderick, S . (2008). The software project manager's bridge to agility. Upper Saddle River, NJ: Addison-Wesley.

[9] Stacey, R. (1996.) Complexity and creativity in organizations. San Francisco, CA: Berrett-Koehler Publish-ers.

[10] Tuckman, Bruce. (1965.) Developmental sequence in small groups. Psychological Bulletin, 63(6), 384-399.

[11] Version One. (2015). The 9th Annual State of Agile Survey, Versionone.com.

[12] Viscardi, S. (2013). The professional scrummaster's handbook. Slough, U.K: Packt Publishing Ltd.

# 6

# 质量管理、运营管理与供应链管理

**第 6 领域主笔**

职业工程师、职业工程管理师　本·巴里加（Ben Baliga）博士

**第 6 领域翻译**

陈晓红　教授

# 质量管理、运营管理与供应链管理

## 关键词和概念

| | |
|---|---|
| **牛鞭效应** | 由于在供应链不同层面之间缺乏信息交换，造成产品订单产生膨胀的现象，称为牛鞭效应 |
| **核心竞争力** | 组织比其所有竞争对手都做得更好的那些任务 |
| **相互影响矩阵** | 用来测量某一布局下给定两个部门 / 办公室 / 机器之间关联次数的矩阵 |
| **供应链** | 供应链由产品或服务相关商业活动的所有参与者（如客户、制造商或服务提供商和供应商）以及这些参与者之间的信息和产品流组成 |
| **全面质量管理** | 一种着重通过持续改进来达到客户满意度和实现组织长期成功的管理方法 |
| **增值性** | 将产品或服务转化为客户价值的活动或任务 |

## 6.1　质量管理

任何商业组织的最终成功依赖于其识别并满足客户需求的能力。为了更具全球竞争力，商业组织必须时刻专注于创新、质量、速度、效率和客户价值。任何组织的长期可持续性取决于其对持续改进的投入。质量必须是稳定的、长期的，并且要以最小偏差来实现产品和服务的目标业绩。为了满足客户，在规划、设计、开发、制造、交货和服务的全过程中都要考虑客户的需求。质量对于增强竞争力、提高生产率、增加市场份额和提升盈利能力至关重要。盈利能力的三要素是：（1）产品和服务质量，（2）价值或成本，（3）交货及时性。全面质量管理（TQM）是一种有关于科学工具、方法和领导对策的理念和文化。质量管理愿景有助于企业在面临客户期望不断变化和发展的环境下保持竞争力。体现于持续改进的相关原则、实践和技术构成了旨在力求充分满足客户需求的完整组织理念。组织通过实施这样的全面质量管理程序来提高生产力、改进绩效，并积累知识。全面质量管理的必备要求包括关注客户、对员工授权、全员全程参与和持续改进，而且这些要求必须要形成一种质量文化。

### 6.1.1　质量管理原则

必须要根据客户对产品的要求，通过可测量特性以及在其允许偏差范围内为每个产品定义质量。根据加文（Garvin，1987）的观点，质量有多个维度，包括但不限于性能、特征、可靠性、合规性、耐久性、适用性、美观性和品质认知度。

美国质量协会（ASQ）将质量定义为：

"它是一个主观用语，每个人都可以有自己的定义。应用于技术领域时，质量有两层含义：（1）产品或服务中具有满足客户显性或隐性需求之能力的相关特性；（2）无缺陷的产品或服务"（http：//asq.org/glossary/q.html）。

阿曼德·费根堡姆博士（Dr. Armand Feigenbaum）将质量定义为：

"质量是客户基于其对产品或服务的实际体验，对照其自己的要求（规定的或未规定的、意识到的或者感觉到的、技术上可操作的或是完全主观的）进行测量后的决定，它在竞争性市场环境中总是表现为动态目标"（Schoenfeldt，2008，p. 152）。

为了首次就能为客户提供他们想要的产品并每次都能如此，持续改进要侧重于过程的不断改进。全面质量管理的核心原则可概括如下：

（1）每个活动都是一个过程。

（2）每个过程都有输入和输出。

（3）每个过程都是一个更大的、若干相互联系过程所构成体系的一部分。

（4）每个过程都包含客户和供应商。

（5）每个过程之目的都是要使客户满意。

（6）为使客户满意需要不断改进。

W·爱德华兹·戴明、约瑟夫·M·朱兰、菲利浦·B·克劳士比和石川馨（W. Edwards

Deming，Joseph M. Juran，Philip B. Crosby，and Kaoru Ishikawa）等先驱关于持续改进和质量管理撰写了很多著作。戴明（Deming）把质量定义为无瑕疵系统；朱兰（Juran）把质量定义为适合使用；克劳士比（Crosby）把质量定义为符合要求；石川（Ishikawa）则从消费者的角度定义了质量。

戴明创立了确保在整个组织内实现持续质量管理的十四个管理要点，详见表 6-1。

**戴明的十四个管理要点**  表 6-1

| 1 | 要设立一个旨在改进产品和服务的恒久目标。改进产品设计要作为长期目标。从长远看，创新、科研与教育投入以及设备维护定会有所回报 |
|---|---|
| 2 | 要采用抵制不合格产品、低劣工艺及不重视服务的新观念。不合格品会对企业造成严重消耗；生产并处理不合格品的总成本会超过生产合格产品的成本，而且不合格品也无法产生收益 |
| 3 | 要停止依靠检验来获得质量。不要依赖于大批量检验，因为这样做通常都太迟、太昂贵，而且无效。要认识到质量并非来自于检验，而是来自于过程的改进 |
| 4 | 不要仅依据价格来授标，同时还要考虑质量。价格只有在与质量度量指标相关联时才能成为有意义的标准。最低价授标战略有可能会把优良供应商及优良服务排斥在外。应优先考虑可靠的供应商，使用现代统计质量控制方法来评估其生产质量 |
| 5 | 要不断改进生产与服务体系。让员工都参与该过程，但仍然需要使用统计专家来区分导致不良质量的常见原因与特殊原因 |
| 6 | 要制定先进的培训方法。给员工的指令必须要清晰而准确。要让员工都得到良好培训 |
| 7 | 要制定现代的监管方法。不应把监管看作是被动"监视"，应把它看作是旨在帮助员工生产出更好产品的主动参与 |
| 8 | 要驱走恐惧感。巨大经济损失通常与员工不敢提出问题或者表明立场的恐惧感相关。没有这种恐惧感的工人会报告设备故障，要求澄清指令并指出影响质量和生产的情况 |
| 9 | 要打破不同职能领域之间的障碍。不同部门之间需要团队协作 |
| 10 | 要取消为员工制定的数值目标。取消各种指标和标语。为他人设定目标但却不提供如何实现这些目标的计划，通常都会适得其反。通过解释清楚管理层为改进体系正在做哪些工作会要好得多 |
| 11 | 要取消工作标准和量化定额。工作标准通常都没有考虑产品质量。工作标准、计件工作和定额都是缺乏理解和监管能力的表现。质量必须要深入人心 |
| 12 | 要消除小时工完成工作的障碍。管理层应倾听小时工的声音，要设法理解他们的抱怨、意见和建议。管理层应把员工作为生产过程的重要参与者来对待，而不是当作谈判桌上的对手 |
| 13 | 要制定强有力的教育培训计划。所有员工都需要接受简单而高效的统计技术教育。统计质量控制图表的绘制应更常规化，还要把它们展示在每个人都能看见的地方。这些图表记录着一个过程在一段时间内的质量。员工在意识到当前质量水平后更可能会去调查不良质量的原因，并找出改进过程的方法。这样的调查方法会导致产生质量更好的产品 |
| 14 | 要建立一个大力提倡以上十三个要点的高层管理结构 |

注：摘自 W·爱德华兹·戴明（W. E. Deming, 1982）所著《转危为安》马萨诸塞州坎布里奇 MIT 高级工程研究中心。

此外，朱兰还提出了质量改进的十个步骤，详见表 6-2。

### 朱兰的十个质量改进步骤　　　　　　　　　　　　　　表 6-2

| |
|---|
| 1. 培养发现需求和改进机会的意识 |
| 2. 设定改进目标 |
| 3. 做好组织工作来实现既定目标（制定计划并建立组织结构） |
| 4. 提供培训 |
| 5. 执行项目来解决问题 |
| 6. 报告进度 |
| 7. 给予认可表彰 |
| 8. 沟通交流结果 |
| 9. 记录得分 |
| 10. 将年度改进作为组织的常规体系和过程的一部分，进而保持这种势头 |

注：摘自约瑟夫·M·朱兰（J. M. Juran, 1988）所著《朱兰论质量策划》，纽约自由出版社。

最后，克劳士比提出了持续改进的十四个步骤，详见表 6-3。

### 克劳士比的十四个持续改进步骤　　　　　　　　　　　表 6-3

| |
|---|
| 1. 明确表明管理层要致力于质量 |
| 2. 建立有各部门代表参加的质量改进团队 |
| 3. 确定如何估量当前及潜在的质量问题 |
| 4. 评估质量成本，并解释其作为管理工具的用途 |
| 5. 提高所有员工的质量意识和个人关注 |
| 6. 采取正规措施来纠正前面步骤中识别出的问题 |
| 7. 成立零缺陷计划委员会 |
| 8. 培训所有员工，使他们能在质量改进计划中积极履行职责 |
| 9. 设立"零缺陷日"，让所有员工都意识到改变已经发生 |
| 10. 鼓励个人为自己和所在小组设定改进目标 |
| 11. 鼓励员工就他们在实现改进目标过程中所面临的障碍与管理层进行沟通 |
| 12. 认可并表扬参与者 |
| 13. 成立质量理事会，定期进行交流 |
| 14. 重复所有步骤，以此强调质量改进永无止境 |

注：摘自菲利浦·B·克劳士比（P. Crosby, 1979）所著《质量免费：确定质量的艺术》，纽约麦格劳希尔出版社。

　　石川的质量理念是质量第一，而不是短期效益第一。他的质量理念强调消费者至上（而不是生产商至上），要从对方的角度考虑问题。下一个过程就是客户，这样就可以打破本位主义障碍。石川使用的是统计方法，他强调用事实和数据说话。他的质量理念中融入了组织文化的内容，通过全面参与式管理和跨职能管理将尊重人性也作为一种管理理念。

### 6.1.2 质量管理工具与技术

随着时间的推移，质量理念已经从检验产品和消除缺陷演化为对产品、过程和服务的持续改进。为了保证稳定的产品性能和服务效果，人们已经开发出了好多过程管理工具，建立了质量管理体系，并制定了质量标准。

#### 1. 质量管理工具

过程是指使用投入的资源并产出产品或服务的一个步骤或一系列步骤。人们已经开发出了许多质量管理工具，用来辅助数据收集与分析、识别、规划，并解决问题。表6-4简单地介绍了七种管理和规划工具。

七种管理和规划工具 表6-4

| | |
|---|---|
| **活动网络图** | 对一系列事件或活动进行图示的一种工具，以节点和节点间的相互联系来表示。该工具适用于项目活动和关键里程碑的监测、进度安排、修改和审核 |
| **亲和图** | 根据彼此间自然关系来组织大量数据、概念和想法的一种工具。该工具适用于大量信息的分组 |
| **关联图** | 用于识别复杂情况下各要素间因果关系的一种工具。该工具适用于难以确定的关系 |
| **矩阵图** | 用于表示两组数据间关系，以及目标与要素间、原因与结果间、人与任务间关系重要性的一种工具。该工具适用于确定执行计划中各要素的责任 |
| **优先矩阵** | 根据具体标准对多个方案进行排序，然后做出决定的一种工具。该工具适用于几个方案的收益不相同的情况 |
| **过程决策程序图** | 对问题（即所有可能出错的事件）和相应对策进行图示的一种工具 |
| **树形图** | 使用实现目标所必需的任务和子任务间的层次关系把主题分解为若干活动的一种工具 |

除管理工具以外，还有几个关键过程指标，见表6-5。

过程指标 表6-5

| | |
|---|---|
| **周期时间** | 用某个特定步骤完成一项产品的平均时间 |
| **准备时间** | 从生产出最后一个合格A产品到生产出第一个合格B产品的转换时间 |
| **节拍时间** | 客户需求率 |
| **生产量** | 在规定时间内一个过程生产的产品数量 |
| **加工时间** | 材料的实际加工时间 |
| **增值时间** | 用于客户愿意付费的活动的时间 |
| **在制品** | 正在各阶段加工的材料 |
| **待制品** | 正在等待加工的材料，属于在制品的一部分，用来识别瓶颈 |

### 2. 质量管理体系

关于质量的标准很多，有些是行业性强制执行的标准，有些是地域性自愿执行的标准，不同地域可能不同。

（1）质量标准

制定行业质量标准的组织包括：

1）ANSI：美国国家标准学会。该组织"监管着诸多规范与指南的制定、发布和使用，它们几乎对每一领域的商业活动都有直接影响"（请登录 http：//www.ansi. org/about_ansi/overview/overview.aspx?menuid=1 查阅"ANSI 概览"）。

2）ISO：国际标准化组织。该国际组织制定了国际商业的通用标准。ISO 9000 是关于质量管理的标准，而 ISO 14000 是关于环境管理的标准。

3）NIST：美国国家标准技术研究所。作为美国商务部的直属机构，其使命是"通过推动测量学、标准和技术的发展来促进美国的创新并增强产业竞争力，以达到加强经济安全并提高人民生活质量之目的"（请登录 http：//www.nist.gov/ public_afairs/general_information.cfm 查阅"NIST 基本信息"）。NIST 管理着马尔科姆·波多里奇奖（The Malcolm Baldrige）的评定过程。

（2）马尔科姆·波多里奇奖

马尔科姆·波多里奇国家质量奖创立于 1987 年，旨在促进全面质量管理。该奖项每年都由美国总统颁发给在以下领域有最佳质量表现的组织：

1）领导作用；

2）战略规划；

3）注重客户；

4）测量、分析和知识管理；

5）注重人力资源；

6）过程管理；

7）效果。

## 6.2　过程改进

客户在不断地追求更可靠、更耐用的产品和更及时的服务。为了保持竞争力，所有组织都必须要更积极地响应客户需求，同时应按照行业的基准标准来经营。

### 6.2.1　过程改进知识

精益生产和六西格玛都是提高质量、生产率、盈利能力和市场竞争力的强大工具。六西格玛侧重于利用问题解决方法和统计工具来减少变异。它是一种以客户为中心的持续改进战略和制度，旨在将产品缺陷和变异降到最低。

精益生产侧重于使用各种精益原则及相应方法来杜绝浪费并改进生产流程。它通过区分增值与非增值项来体现对客户的关注。精益生产的效果就是能缩短生产时间并消除一切非增值活动。

表 6-6 将精益生产与六西格玛进行了对比。为获得最佳效益，可实施一个把二者结合在一起的体系。

精益生产与六西格玛的对比　　　　　　　　　　　　　　　　表 6-6

| 类别 | 精益生产 | 六西格玛 |
|---|---|---|
| 目标 | 建立流程<br>杜绝浪费 | 减少变异<br>提高过程能力 |
| 营业范围 | 项目导向<br>经营层面 | 战略性 |
| 文化 | 经营层面（最低） | 企业文化 |
| 应用 | 主要在制造过程 | 所有商业过程 |
| 方法 | 具体的精益技术<br>基本原则和最佳做法 | 运用统计技术的通用问题解决方法 |
| 项目选取 | 由价值流图析驱动 | 各种方法 |
| 项目工期 | 短期为主 | 长期周期性改进 |
| 基础设施 | 临时性，以持续改善为基础 | 专用资源 |
| 工具 | 价值流图析、快速换模（SMED）、防误防错（错误预防） | 帕累托图、流程分析（SIPOC）、测量重复性和再现性、过程能力、实验设计（DOE）、根本原因分析（RCA）、控制图 |

## 6.2.2　六西格玛

六西格玛是一种以客户为中心的持续改进战略和制度，旨在将产品缺陷和变异降到最低，设定的目标是把产品设计、生产和服务交付过程中的不合格率控制在百万分之三点四或更低。它是一种方法论、一种文化、一种测量标准。六西格玛侧重于利用各种问题解决和统计工具来减少过程变异，并把标准偏差视为变异的关键测量指标。六西格玛方法最初是由摩托罗拉公司提出，由时任通用电气首席执行官的杰克·韦尔奇（Jack Welch）推广实施。六西格玛方法之目的是要实现如下关键目标：

（1）发展世界一流文化。

（2）培养领导者。

（3）支持长远目标。

实施六西格玛程序的好处如下：

（1）产品和流程知识更丰富；

（2）变异和缺陷更少；

（3）客户满意度更高——业务得到发展，盈利能力得以提升；

（4）沟通和团队协作更好；

（5）工具集可通用。

六西格玛中的关键角色包括黑带大师、黑带、绿带、积极分子和团队成员，所有这些角色都是组织内部变革的催化剂。黑带大师推动重大项目，培训并指导黑带，与积极分子一起选择项目。通常每个业务单元或业务点都会配备一位黑带大师（大约每1000名员工配备一位）。黑带的职责是领导重大项目，对绿带提供指导、培训和咨询，促进跳出常规进行批判性思维，挑战陈旧的经营方式。在一个组织中，黑带大约占员工总数的1%~2%（每1000名员工配备10~20位）。绿带使用基本六西格玛工具以及只与自身项目相关的特定工具。积极分子全身心投入于六西格玛目标的实现，与黑带大师一起选择、监督项目，并提供支持。黑带也指导绿带使用实验设计等各种先进的统计工具。

六西格玛方法论的基础是界定、测量、分析、改进、控制（DMAIC）五阶段方法论，其总体结构见图6-1。

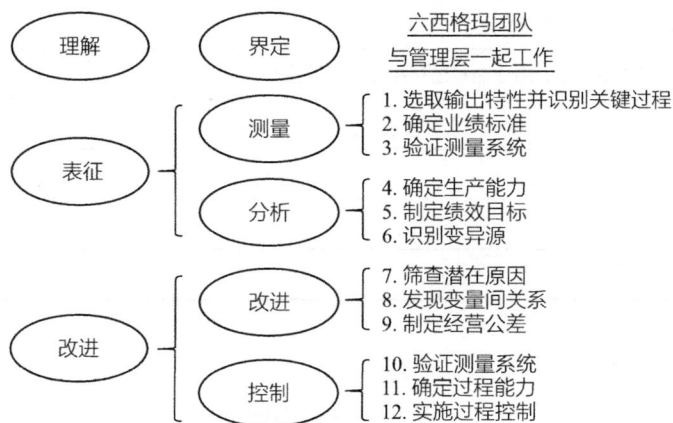

图6-1　六西格玛方法论

表6-7列出了DMAIC方法论中各阶段要解决的关键问题。

| DMAIC 方法论中各阶段 | 表6-7 |
| --- | --- |
| **界定阶段** | |
| ·涉及了哪些过程? | |
| ·每个过程的主管是谁? | |
| ·团队成员都有谁? | |
| ·哪些过程应优先改进? | |
| ·哪些数据可辅助决策?（测量指标） | |
| ·如何实施各过程? | |

| |
|---|
| ·如何测量各过程的绩效？ |
| **测量阶段** |
| ·测量绩效使用的顾客导向参数有哪些？ |
| ·改进目标是什么？ |
| ·过程中的变异源是什么？ |
| ·使用的测量系统精准吗？ |
| ·哪些变异源是可控的？ 如何控制？ |
| **分析阶段** |
| ·影响绩效测量结果平均值和变异的关键变量是什么？ |
| ·关键变量与过程输出之间的关系是什么？ |
| ·关键变量之间是否存在着相互影响？ |
| **改进阶段** |
| ·怎样的关键变量设置可以优化绩效测量？ |
| ·关键变量处于优化设置条件下，绩效测量还存在哪些变异性？ |
| **控制阶段** |
| ·过程显示出的改进幅度有多大？ |
| ·节省了多少时间和／或金钱？ |
| ·如何维持通过建立控制体系所获得的收益？ |

### 6.2.3 精益生产

精益生产是一个广义的术语，它包含了许多不同的技术。这个术语的含义远不止一组技术，它是一种理念或态度，可促进组织不断努力来减少并原则上最终杜绝组织中的浪费。精益生产强调杜绝浪费并在企业内创建流程。为了区分增值与非增值任务，精益生产的主要关注点是客户（Womack & Jones，2003）。增值任务只是那些客户愿意付费的经营活动。在精益生产的理念中，创建流程是为了以正确的数量和正确的质量等级在正确的地点准时交付产品和服务。这就要求只有在客户表达出某种形式的购买意向后，才能进行产品和服务的生产和交付（Womack，Jones & Roos，2007）。设计很好的精益生产体系可以对客户需求和要求的变化立即做出有效反应。

#### 1. 持续改善

精益生产致力于不断的持续改进。改进活动一般通过持续改善事件来实现。持续改善事件的持续时间从一天到一个星期不等，在此期间团队的所有努力都要集中于应用精益工具来改进过程。持续改善意味着"变得更好"。

### 2. 精益工具

最常用来杜绝浪费与实现流程的精益工具有价值流图析、标准作业、5S 管理、快速换模、防误防错、单元式生产、可视化管理、平准化以及单件流生产。

价值流图析是确定过程当前状态的首个构件，其目的是了解大局。当前价值流由过程中的所有活动组成，包括增值活动与非增值活动（Rother & Shook，2003）。为了提供改进战略实施的有效蓝图，必须首先要进行价值流图析。当前价值流图按照每个过程的周期显示出各过程的库存。精益生产侧重于节拍时间，该时间可根据以下公式计算：

$$节拍时间 = \frac{每班可用工作时间}{每班客户需求率}$$

当前价值流图有助于识别出杜绝浪费的机会，而未来价值流图显示的则是根除所有浪费后的理想价值流。快速换模是一个缩短生产准备时间和加快换产时间的系统。该方法可用来对产品需求的波动做出有效反应。快速换模通过改进配置和转换过程来减少停机时间。快速换模之目的就是要把内部生产准备活动转化为外部生产准备活动。内部生产准备活动是指那些在机器为了换产而停运时完成的活动，而外部生产准备活动是指那些可以在机器运转时完成的活动。快速换模还可实现单件流生产并缩短交货周期。

单件流生产是一种精益工具——每次只生产一件产品，完成后传递给下一个过程的生产模式。单件流生产侧重于消除等待时间、运输环节和库存。实施单件流生产还可改进并创建流程。单件流生产的其他优点还包括缩短产品的交货周期、早期识别出生产过程的缺陷、生产的灵活性大、降低材料和库存成本。搬运时间在单件流生产系统中得到大幅降低。

看板管理是一种传达生产信息的工具，有助于单件流生产或小批量生产的实施。它降低了制造系统对预估生产的依赖。它通常是一种实际情况显示，就像生产线上某个工作站需要其上游工作站提供零件。因为这种技术只允许每个工作站生产其下游紧邻工作站所需零件，因此它能减少或消除生产线库存，防止过度生产，进而使单件流生产切实可行。

5S 是一种精益工具，它侧重于工作场所的有效组织和标准化工作程序，从而消除浪费。5S 这一术语源自日语中罗马拼音首字母都为 S 的五个词 seiri、seiton、seiso、seiketsu 和 shitsuke，它们的意思分别是整理、整顿、清扫、标准化和保持。实施 5S 的好处包括消除不必要的步骤、减少浪费、提高效率、改善安全并获得更卫生的工作环境。

可视化管理可使工作场地情况一目了然，旨在创建有序的工作环境，这样一来，任何无序状态都会暴露出来，进而得到处理。该技术能有效地使每个员工都成为工作场所的检查者，从而可降低因工作场所混乱而产生错误、缺陷、工时损失的几率。图表显示可用于直观沟通。

单元式制造是围绕一种产品或具有相似加工顺序的一个产品系列来组织各部门工作的工具。U 形是单元式生产的典型单元配置形态。单元式制造按照顺序来排列工序和设备。其优点包括缩短生产周期、减少库存和提高产品质量。

平准化或生产平准化是指根据客户需求制定生产进度计划。换句话说，是按照均衡的顺序（也就是要求的顺序）来制造产品。例如，如果客户需要六个红色小部件和两个蓝色小部件，那么均衡的顺序就可能是红－红－蓝－红－红－蓝－红－红。通过这种技术，只使用某一类型产品的供应商和客户就能以较小的库存量进行产品连续运作。通常，只有在使用快速换模工具减少了换产准备时间之后才能这样做。

防误防错（错误预防）来自日语中的罗马拼音 poka-yoke。该机制在客观上或程序上不允许错误发生。它是确保整个过程质量的一种结构化方法。其重点是消除缺陷的根本原因，生产出高质量的产品和提供高质量的服务。

标准化作业是界定并记录人与其所处环境之间交互作用的一种精益工具。它详细列出操作员的动作与活动顺序，从而可提供一致性的例行操作程序与改进依据。标准化作业的三要素是节拍时间、标准作业顺序和标准在制品库存。对当前工序要记录在册，目的是为以后工作提供依据和标准，并用于持续改进。改进后应修改标准化作业，把改进成果融入其中。作为一种工具，标准化作业可为重复性任务制定程序，使管理资源分配和排产更容易，可建立人与环境之间的联系，通过界定正常过程、强调待改进领域为改进提供依据，以及防止故态复萌。标准化作业可为完成一道过程确立起一套清晰标准的操作。与标准操作的任何偏离都表明着异常情况的存在。反过来，异常情况也就表明还存在改进的机会。

## 6.3　运营管理

运营管理是研究高效率、有效果系统之运作的科学。这类系统的实例包括工厂（如汽车制造厂）、零售商店、医院、机场、航线以及快递服务等。运营管理者必须是"讲究实际、促进运行、做好工作"之人（Russell & Taylor，2013）。运营管理涵盖的领域广泛，包括：

（1）运营战略；
（2）产品开发；
（3）需求预测；
（4）设施管理；
（5）供应链和库存管理；
（6）排产；
（7）项目管理；
（8）人力资源开发；
（9）质量管理。

运营管理使用的技术和工具都属于运筹学（OR）领域。

### 6.3.1　运营战略

制定运营战略可能是运营管理者最重要的职责，它包括制定有助于公司发展并增强竞争力的长期战略规划。制定长期战略规划涉及多项任务，包括：

（1）确定使命：每项商业活动都有自己的使命，例如企业的商业运作范围或其服务市场。为保持竞争力，企业有必要定期对使命进行定义及再定义。使命是企业"商业模式"不可或缺的一部分。通常，使命的范围较为广泛——例如，某企业的使命可以是生产汽车变速器。

（2）识别核心竞争力：一个组织总有一些业务做得比竞争对手好。卓越的售后服务、生产优质产品的能力、按时交货等都属于核心竞争力。由于产品和技术优势通常都是短期的，无法长期维持，因此不会把它们看做核心竞争力。人们通常倾向于把过程确定为核心竞争力。

（3）确认竞争力指标：产品会因其在成本、质量、创新设计等方面的某些特性而在市场上具有竞争力。客户通常正是因为这些产品特性而会在市场上选择该产品。

### 6.3.2　产品开发

每个组织都需要设计、再设计产品和服务以满足客户群的需求。这就要求富有创新精神的设计人员能确保企业在市场上的竞争优势。产品开发也在一定程度上与新产品推向市场的速度有关。产品开发的主要特征包括：

（1）产品设计：选择材料、容差、客户规格；

（2）可行性研究：研究与调查（通常由营销管理人员来进行）——识别出市场对产品的需求；

（3）质量功能配置（QFD）：将客户要求用于设计、再设计产品。

### 6.3.3　预测

预测是预先估测出在某一时间段内对公司产品或服务之市场需求的科学。它在以下工作的决策中非常重要：

（1）机器生产能力；

（2）原材料订购；

（3）人员招聘。

进行预测时首先要收集组织所售产品的历史销售数据，然后对下一季度或年度（或规定的其他时间段）的销售量做出预估。下文给出了几种常用的预测方法：

（1）回归分析法；

（2）指数平滑法；

（3）时间序列（鲍克斯—詹金斯 Box-Jenkins）法；

（4）德尔菲（Delphi）法。

预测方法通常需要考虑季节性、经济状况，以及其他一些产品特性，比如，产品在其整个生命周期中现时所处阶段。预测不可避免地会有误差，其挑战性在于要做出误差最小的预测。通常会把从不同方法获得的预测结果综合在一起，从而来做出更可靠的预测。显然，错误的预测会导致多种问题：高估需求会增加生产过剩的风险，而低估需求则可能会导致收益损失。随着生产系统由推式变为拉式，预测误差对生产过剩风险的影响正逐渐减小。尽管如此，精准预测仍是运营管理者当前的重要职能。

### 6.3.4 排产调度

安排机器的生产时序通常是生产计划人员的一项重要任务（Askin & Goldberg，2002）。本质上，排产意味着要确定车间机器加工产品的顺列。排产规则常常取决于工场是流水生产还是单件生产。流水生产车间的每件产品都会采取相同的工艺，而单件生产工场却并非如此。单件生产工场的大部分工作通常都有自己的工艺路线。这样一来，流水生产车间每台机器都可使用相同工序，而单件生产车间的排产则更复杂。大多数排产原则都倾向于将一些测量指标最小化，比如总工作延迟时间、系统内总库存量、系统内最后一项工作完成时间等测量指标。现在我们来讨论其中的一些测量指标。

工作滞后时间可按下面的公式计算。假定时间段的开始时间为 0，那么第 $i$ 项工作的滞后时间可由下式得出：

$$L(i) = C(i) - D(i)$$

式中 $C(i)$ 表示第 $i$ 项工作的完成时间，$D(i)$ 表示第 $i$ 项任务的预定完成时间（该时间可以转化为该工作在系统中的允许时间）。另一个相关测量指标就是所谓的工作拖延时间：

$$T(i) = \max[0, \ C(i) - D(i)]$$

因此，如果某项工作在预定完成时间之前结束，那么其滞后时间为负，拖延时间为零。所以，把所有工作的总拖延时间降到最低的排产对于很多企业，特别是那些按订单生产（MTO）的企业，是非常有用的。单件生产车间则可以采用像"最早交货期优先（EDD）"等原则来尝试把总拖延时间降至最低。根据 EDD 原则，各项工作要按照交货期升序排列。流水生产车间采用的就是这种排列顺序。

在按库存生产（MTS）系统中，常采用"最短加工时间优先"（SPT）原则。根据 SPT 原则，加工时间最短的工作享有最高优先权，各项工作要按其在所有机器上的加工时间总和升序排列。有证据表明最短加工时间优先这类原则能减少系统内库存总量。排产使用的其他测量指标还包括：

（1）加权拖延；

（2）拖延工作数量；

（3）加权流程时间。

根据"加权"准则，计算测量指标时要对各项工作赋予不同的权重——这个就是对工作重要性的度量指标。可根据工作带来的收益、客户忠诚度等指标来计算权重。除 SPT 和 EDD 之外，还有加权 SPT（WSPT）、加权 EDD（WEDD）、明显紧迫性（AU）等其他一些通用原则（Askin & Goldberg，2002）。

流水车间可采用的另外一个重要指标是完工时间，即从开始生产到最后一台机器完成计划中最后一项工作的时间跨度。对于双机流水车间，著名的约翰逊（Johnson）原则可用来制定最优排产计划，使得完工时间缩到最短。对于多机流水车间，文献中则广泛使用P-试探原则。

单件生产车间也要把完工时间或类似的时间指标控制在最短。然而，计算单件生产车间的完工时间需要绘制甘特图。采用不同的排产原则，绘制的甘特图也会不同。由于该问题的复杂性，已有大量理论文献对此进行了研究。然而，我们通常会发现业界广泛使用简单的分派原则。这些原则根据某台机器当前的待排产的那些具体工作的情况来确定某一工作在规定时间的优先顺序。这样，当某台机器有待排产工作时，就可采用分派原则来确定这些工作的优先顺序。要先从享有最高优先权的工作开始生产。当机器再一次空闲时，再重复这个过程。下文列出了一些常用分派原则的依据：

（1）最短加工时间优先（SPT）；

（2）最少剩余工作（LWR）；

（3）先来先做（FCFS）；

（4）先入车间先做（FISFS）；

（5）最早交货期优先（EDD）；

（6）选择最小松弛度工作（SLK）。

## 6.4　库存管理与供应链

库存管理与供应链管理有很多重叠。在大多数行业中，供应链管理人员也要负责企业内部的库存管理。因此，我们把这两个主题放在同一节一起讨论。

### 6.4.1　库存管理

首先从库存的定义开始。研究发现有以下四类库存：

（1）原材料库存；

（2）在制品（WIP）库存；

（3）制成品库存；

（4）中转库存（工厂与工厂外某地之间的中转库存）。

由于库存费用很高，多数企业都会选择以尽可能少的库存量来运营。因为在瞬息万变的市场中存货可能被淘汰，而且一旦出现这种情况，这些存货可能永远也卖不出去，因此制成品库存量过多也存在着风险。物料管理人员通常要负责落实订单到来时有可供生产的原材料，并确保制成品能准时交付给客户。

库存管理的一项重要任务是跟踪库存，以确保适时下单订货，准时交付给客户。如果使用得当，通常已经电子化的物料需求计划（MRP）系统在处理诸多任务时能发挥很大作用。库存管理人员不仅要设法把总库存费用控制在最低，还要提高准时交货的概率并尽可能缩短总交货周期。

下文给出了原材料订购过程中的一些基本概念：

（1）持续审查与定期审查；

（2）报童模型；

（3）经济订货量（EOQ）；

（4）数量折扣。

在持续审查模式下，对库存情况要进行不间断监测，一旦原材料库存低于预定阈值，就要下单订货。在定期审查模式下，要对库存情况进行定期（每隔一星期或每隔一个月）监测，视需要下单订货。EOQ 模型自 20 世纪初开始就普遍用于确定准确订货量，其出发点是要在库存量和库存占用成本之间寻求平衡。报童模型是用于确定订货量的又一模型。工业上目前仍广泛使用 EOQ 模型、报童模型以及二者的衍生模型来确定订货量。

与库存管理相关的另一重要方面是推动式和拉动式系统，二者之间有明显区别：

（1）拉动式：该系统由顾客订单驱动。也就是说，没有订单就没有生产。

（2）推动式：该系统假设无论生产什么最终都能卖掉，因而根据预测和总体生产计划进行生产。

很多行业现在都使用结合了推动式和拉动式两者特点的混合系统。对一些产品来说，采用拉动式系统可能更有吸引力，而对于另外一些需求更为可靠的产品而言，采用推动式系统则可能更为方便易行。推动式系统也称为备货型生产（MTS），而拉动式系统称为订货型生产（MTO）。

拉动式系统也与适时生产（JIT）系统密切相关。JIT 系统的原理是在接到订单后就开始生产，力争只以必需的可负担资源量而不再增加资源来实现最短交货周期。JIT 系统还使用看板（或卡片）来调节系统中的库存量。

### 6.4.2 供应链

任何制造型企业都需要供应商（销售商）、制造商和客户的参与。同样，服务型企业也需要服务提供商和客户的参与。供应链由所有这些实体与参与者、产品与服务流，以及相关信息流组成。显然，产品或服务流与运输网和物流密切相关。信息流与供应链中各个参与者之间的信息沟通相关，即顾客下的订单、给供货商的订单、供应链在不同阶段的库存信息、销售网点数据等。为了能有效地发挥作用，这类信息必须要在供应链内交流。

通常，人们会提及某种产品或服务的供应链，这就涉及具体产品或服务的供应链。为使所有参与者的活动同步，从而降低系统运行的总费用，供应链管理要关注的是产品管理、服务管理和信息管理（Russell & Taylor，2013）。因此，所有供应链管理者都要对与所有参与者相关的商业过程和活动进行监管。

### 1. 信息流

供应链不同层级间的信息流动通常都是通过电子数据和文件进行传送。现代计算机技术的有效应用可确保信息在供应链不同层级间的顺畅与快速传输。跟踪定位每件货物沿供应链的流动及销售情况对零售业来说十分重要。电子商务、电子数据交换（通过关联数据库实现不同计算机间的数据交换）、电子采购、互联网、条形码（生成销售点数据）都是供应链的重要特征。没有这些特性，很难说过去十年中的供应链管理会那样有效，因此可把这些特征称为推动因素。如果信息交换不当，参与者们会根据以往库存短缺的经历或者因害怕库存短缺而夸大其需求，结果就会产生牛鞭效应，这种现象可不是人们想看到的。牛鞭效应会使供应链不稳定，导致供应链的多个层面出现库存过量。优化信息交换能最大限度地降低牛鞭效应发生率。

### 2. 分销网络设计

分销网络由铁路、公路（货运）、航线、水道以及管道（输油）等基础设施组成，它在供应商、仓库、配送中心、制造工厂和顾客之间传送商品。铁路、公路等强大基础设施的维护通常是政府的责任，但维持这些设施的畅通对于所有供应链的成功都非常重要。海运是一种廉价的运输方式，但速度较慢。如果相关国家间有海洋阻隔，那么海运通常是国际货物运输的唯一途径。

### 3. 供应商选择

选择合适的供应商是有效供应链管理战略的关键要素。近距离供应商在交货时间方面的风险较小，但价格可能较高。而远距离供应商的价格可能较低，但按时接货的风险较大。质量也是一个重要因素，但它与供应商和采购者之间距离无关。

### 4. 全球供应链

近年来，国际贸易壁垒的消除使整个地球变成了一个大市场，也就是说，供应商和客户遍及全世界。因此，某个国家/地区的企业可以向另一个国家/地区的企业下订单，于是许多产品就有了全球供应链。由于机会与风险并存，全球供应链的管理当然需要技术。第一，货物必须通过陆地、海洋、天空来运输；第二，国际贸易中必须考虑关税和汇率；第三，制造转移到其他国家后，必须要考虑转入国的租赁成本、人工成本以及交通、运输基础设施。文化差异也是一个问题。尽管存在这些障碍，不少企业仍然还是成功地驾驭了全球供应链的不同控制层面。欧洲和美国都是主要市场。日本经济多年来一直是出口拉动型，而亚洲的国家如中国和南美洲的国家如巴西，都已发展为新兴的制造大国。新加坡和中国香港地区则扮演着贸易中心的角色。跨国公司可通过优化关税支付，利用全球供应链来提高利润。例如，一家日本汽车制造商可能会因为美国汽车关税较低而决定在美销售日产汽车。而后该制造商还可能利用《北美自由贸易协定（NAFTA）》中的减免关税规定，把在美制造的同型汽车出口到加拿大和墨西哥，以此减少从美国向墨西哥出口而须支付的关税。

## 6.5 设施管理

设施管理是工程管理人员的重要领域之一。它一般围绕设施布局的设计开展；例如生产系统中的工厂布局（Heragu，2008），以及服务系统中的医院、消防站和机场布局。我们将重点讨论生产系统的布局。

### 6.5.1 目标

布局规划的主要目标如下：

（1）将物料搬运总成本和总距离降至最低；

（2）将产品交货周期中物料搬运时间降至最低；

（3）确保设施内安全。

### 6.5.2 布局设计

生产设施布局设计的主要步骤如下：

（1）步骤一：确定所需的工厂和库房面积。

（2）步骤二：确定所需的机器和办公室在工厂中的最佳排布。

步骤一：这一步骤通常需要确定工厂所需各种机器的数量。通过使用过去几年的产量和需求量预测来确定每种产品的产量，这就是产品分析。然后，再使用产品分析数据与每台机器的生产率来确定所需各种机器的数量。通常建模如下：

通常使用下式来计算 $NM$：

$$NM = Pt/ET$$

式中，$P$——生产率，即一天内生产的成品数量；

$E$——相关机器的效率；

$T$——机器每天工作时间（小时）；

$t$——在机器上生产一个部件所需的时间（小时）；

$NM$——所需机器的数量。

将所得 $NM$ 值向上取整。

对于所需的每台机器都要给出面积要求。通常在机器四周加上至少 10 英尺宽的空地来计算该机器所需要的总面积。在机器周围留出空地是为了存放机器所需要的工具，为操作人员留出操作机器和搬运物料的空间。在确定需要在机器之间留出多少空地，以及为物料搬运工留出多少活动空地时，安全是一项重要准则。

步骤二：在确定出所需的总面积之后，必须在整体布局中设计出每台机器和管理者办公室、卫生间等其他实体的布置安排。通常可通过制作相互影响矩阵和距离矩阵来做出最佳安排。

（1）相互影响矩阵：相互影响矩阵测量的是在给定时间段（例如一天）内任何两个不

同实体（例如机器、办公室、部门）间发生的物料搬运总量。因此，如果 $I(i, j)$ 表示矩阵 $I$ 中的第 $i$ 行第 $j$ 列元素，那么 $I(i, j)$ 就表示在给定时间段内 $i$ 和 $j$ 之间所发生的所有来往次数。

（2）距离矩阵：从第 $i$ 台机器（或第 $i$ 间办公室）到第 $j$ 台机器之间的行程用距离矩阵 $D$ 来反映，其中 $D(i, j)$ 表示第 $i$ 台机器与第 $j$ 台机器之间的距离。

显然，相互影响矩阵 $I$ 和距离矩阵 $D$ 都是对称矩阵。物料搬运总量通过以下公式计算：

$$MH = \sum_{i=1} \sum_{j=1}^{N} D(i, j) I(i, j)$$

上式对所有 $(i, j)$ 对求和，其中 $N$ 表示机器的数量，$MH$ 表示在给定时间段内物料搬运的总距离。

布局设计过程的总体目标是要把物料搬运总量降到最低。取决于布局中不同区域（机器和办公室）的确切位置，每种布局显然都对应有一个唯一的 $D$ 矩阵。因此，设计出最佳布局就是找到使 $MH$ 值最小的最佳组合问题。如果已知从第 $i$ 台机器到第 $j$ 台机器的物料搬运成本，那么就可以把该成本带入下面的物料搬运公式中：

$$MHC = \sum_{i=1} \sum_{j=1}^{N} C(i, j) D(i, j) I(i, j)$$

式中 $C(i, j)$ 表示从 $i$ 到 $j$ 的物料搬运成本，$MHC$ 就是这段时间内发生的全部物料搬运成本，对所有 $(i, j)$ 求和得到。一般情况下，成本 $C(i, j)$ 的测量基础是美元 / 英尺，可根据那些用来物料搬运设备的运行成本和购置成本来估算。

为了使 MHC 最小，现已经开发出了很多算法来布置各种实体（机器或办公室），其中一个优秀的算法就是 CORELAP。只要提供有相互影响矩阵或其他一些表示两台机器（两间办公室）相互影响频度等参数，好几个商业软件包都可用来设计布局。

### 6.5.3　布局类型

通常，制造厂的布局取决于产品结构中产量与种类的比例。产品种类少、产量大的企业一般都采用流水车间，里面的机器布置成数条直线，每条直线只生产一种产品，而且每条直线内的总体流向与该生产线上产品的移动顺序一致。这种布局也称作产品式布局。

当生产的产品种类繁多时，工厂就一般会采用单件生产车间，而这种车间更喜欢程序式布局。在程序式布局中，通常会把属于同一道程序的机器（如车削）布置在同一区域。当生产车间既不是流水车间又不是单件生产车间，而是属于这两者之间的某种类型时，工厂则倾向于采用群组技术布局或者单元式布局。单元式布局把类似的部件和机器组合成所谓的单元，而每个单元内都有一个类似于流水作业的车间。在从事飞机组装或轮船建造等重型产品生产时，车间一般都采用定位式布局。在这种布局中，产品基本不移动，而是机器围绕产品移动。

### 6.5.4　物料搬运设备

物料搬运的常用设备有手推车、传送机、叉车、无人搬运车（AGV）和机器人，其他搬运设备还包括桥式吊车和起重机。手推车靠人力推动，而叉车就像一辆小型卡车。虽然这两种设备都适用于所有类型的生产车间，但在单件生产车间它们却是必不可少。传送机是一种自动化的物料搬运设备，它几乎不需要人的监控，如果使用得当，能够确保物料在流水车间内顺畅流动。传送机之所以在流水车间实用，是因为流水车间的工作程序是固定的，变化不大。无人搬运车是一种昂贵的物料搬运设备，可以用在流水车间内，自动将物料从一台机器转移到另一台机器。通过程序控制，它可以从厂内的一处移动到另一处。机器人通常用于短距离的物料搬运，还可在焊接等危险环境中起到人类手臂的作用，或者执行那些必须要有力量和有准确重复能力的任务。机器人尤其适用于装配工作环境。各种物料搬运设备（可能不包括手推车）都需要大量的维护工作，而它们的停工时间会使交货周期延长。

## 6.6　供应链绩效测量

测量供应链绩效的一个非常简单的方法就是确定公司是否赢利。然而，这种过于简单的方法在实践中却几乎不可行。这是因为只是简单地测量公司的年利润既不能帮助公司改善长期（例如10年）绩效，也不能有助于公司诊断出问题所在。基于这种情况，人们提出了很多供应链绩效测量指标和框架，可用于公司全年的运营管理。重要的是要知道不同行业的测量指标也不尽相同，以下是一些主要测量指标：

（1）交货周期：通常是指从客户下订单到客户收到制成品之间的时间间隔。

（2）订单满足率：客户订单得到满足的比例。该指标对于订货型生产和备货型生产这两个生产系统，以及服务行业如零售业，都很重要。

（3）准时交货率：准时交货订单在全部订单中所占的比例（对订货型生产很重要）。

（4）库存周转率：售出商品成本与系统内平均库存成本之比。

（5）库存持有费用：在一定时间段内（例如一个月）维持库存的总费用。

（6）预测误差：所有产品的预测销售额与实际销售额的均方误差（MSE）。这个测量指标对备货型生产系统和零售业都很重要。

（7）产品质量：出厂产品的质量，例如次品在运出产品中的比例（并因此而退货）。这可能是生产行业最关键的测量指标。

（8）原材料供应率：生产开始后有充足原材料供应的时间比例。

（9）订单录入准确率：订单记录正确的比例。

（10）库房提货准确率：在备货型生产环境中从库房内正确提取产品次数所占的比例。

（11）客户查询服务：得到及时、礼貌答复的客户所占的比例。

（12）发票准确性：给订单开出正确账单的情况。

（13）付款准确性：正确完成付款的情况。

业界经常使用平衡记分卡、SCOR 模型（供应链理事会）和业务量成本法等规范化管理系统来测量供应链绩效。这些系统通常都是物料需求计划（MRP）软件的一部分，一般都使用前文所讨论的测量指标来对供应链绩效进行量化和排序。

从战略角度看，还有其他一些业界常用测量指标也很重要。对于某些指标可以很容易地量化，而对于某些指标却只是定性指标：

（1）投资回报期（ROI）：是指把投资于资产的现金转化为从客户处收入的现金所需的时间量（例如天数）。这通常是业内高层供应链管理者的测量指标。

（2）供应商效能：是指企业根据产品质量和交货准时性对供应商进行的评级或排名。

（3）时间弹性：是供应链在管理期限方面的弹性度。它涉及若干测量指标，满足期限要求的时间宽松度就是其一（这在战略上可能是重要的）。

（4）变异性：近年来变异性已成为供应链管理中一个重要测量指标。变异性的测量方法之一就是计算前文所讨论的一些指标的变化情况，如交货准时性、产品质量和交货周期等测量指标的变化。

（5）非增值活动：是指交货周期中用在非增值活动上的时间比例。随着六西格玛和精益生产的出现，该指标在供应链绩效测量中已变得非常重要，这是管理者们试图要降到最低的指标之一。

（6）分销成本与总成本之比：该比值可用来比较同一公司生产的不同产品。显然，该比值越小，公司的效益就越好。分销成本可以降到最低，但却不可能消除。管理者可以使用精明的分销路径选择策略来降低分销成本。

（7）信息处理成本与总成本之比：订单录入、订单跟踪与更新、折扣和开发票等与信息处理相关的活动都会产生费用，这些活动的总成本还有可能会超过生产与分销成本。

（8）人力资源生产率：人的生产率可用一个或多个测量指标来评定。与其他任务相比，该项任务的量化通常更难，但如果忽略它却可能间接导致很多问题，包括营业额损失和高生产率员工的流失。

（9）能源消耗：随着公众环境意识的提高，人们越来越强调把能源消耗降到最低。

（10）产品开发：在电子行业和汽车行业中，产品创新与产品特性的逐年改进很关键，因此开发或推出新产品所用时间的长短变得非常重要。

（11）产能利用率：通常通过机器和空间来测量产能。产能利用率是测量工厂使用产能的程度以及资本是否用于购置产能的指标，该指标对于备货型生产的重要性一般要高于订货型生产。

# 复　习

学习了"第 6 领域：质量、运营与供应链管理"之后，你应该能够回答以下问题：

1. 戴明、朱兰、克劳士比和石川（Deming，Juran，Crosby，and Ishikawa）理

念中的共同主题是什么?

2．描述七种管理与计划工具，并举例说明你可以把这些工具应用到组织内部的哪些领域?

3．讨论质量标准如何改进过程和产品。

4．讨论精益生产和六西格玛的特征。这些方法对供应链管理的贡献是什么?

5．说明产品供应链的含义。什么是牛鞭效应?

6.运营战略所涉及的基本任务有哪些?

7．讨论供应链库存管理使用的一些重要机制。

8．什么是全球供应链?

9．说出一些能用来测量供应链效的重要指标。

10．说出可在生产环境中见到的一些不同类型的布局。

11．讨论如何评估生产环境中给定的布局。

# 参考文献

[1] Askin, R., & Goldberg, J. (2002). *Design and analysis of lean production systems.* New York, NY: John Wiley.

[2] Garvin, D. (1987). Competing on the eight dimensions of quality. *Harvard Business Review, 65*(6), 101-109.

[3] Heragu, S. (2008). *Facilities design* (3rd ed.). Boca Raton, FL: CRC Press.

[4] Rother, M., & Shook, J. (2003). *Learning to see: Value stream mapping to addvalue and eliminate muda.* Brookline, MA: Lean Enterprise Institute.

[5] Russell, R. S., & Taylor, B. W., III. (2013). *Operations and supply chain management* (8th ed.). Binder ReadyVersion Loose Leaf. NewYork, NY: John Wiley & Sons Inc.

[6] Schoenfeldt, T. (2008). *A practical application of supply chain management principles.* Milwaukee,WI: ASQ Quality Press.

[7] Womack, J. P., & Jones, D. T. (2003). *Lean thinking: Banish waste and create wealth in your corporation*, (Revised and Updated). NewYork, NY: Simon & Schuster.

[8] Womack, J.P., Jones, D.T., & Roos, D.(2007). *The machine that changed the world: The story of Lean production—Toyota's secret weapon in the global car wars that is now revolutionizing world industry.* NewYork, NY: Simon & Schuster.

# 工程组织的营销与销售管理

**第 7 领域主笔**

职业工程管理师 苏珊·龙（Suzanna Long） 博士

**第 7 领域翻译**

张少雄 教授

# 工程组织的营销与销售管理

## 关键词和概念

| | |
|---|---|
| 广告 | 用大众媒体向潜在买家传播一个特定消息（或一组消息） |
| 波士顿矩阵 | 用来描述产品市场份额与市场增长水平的模型 |
| 品牌 | 建立产品"身份"，这种"身份"让客户联想到产品的多种品质（质量、价格、服务、形象等），并且在客户心中创造价值 |
| 营销 | 评估潜在客户的需求和短缺，然后满足这些需求的专门策略和活动 |
| 市场细分 | 将市场基础划分为若干同质群体，以使市场活动战略性地瞄准目标群体 |
| 产品生命周期 | 产品经历的从研发到退出市场的各个阶段 |
| 产品系列 | 在某一时刻，公司所有正在研发的或已经对消费者上市的产品系列 |
| 销售 | 激励潜在客户购买产品或服务的专门策略和活动 |

# 7.1 销售和广告业务

虽然销售、营销和广告都属于同一个"系统"，但它们的目标是截然不同的：

（1）营销的重点是评估潜在客户的需求和短缺，然后满足这些需求。

（2）销售的重点是激励潜在客户购买产品或服务。

（3）广告的重点是向买家传播一个特定消息或一组消息。

总而言之，营销、销售和广告的目标是向客户提供所需求的或所想要的产品或服务，产品或服务价格既要符合客户支付意愿，又要为公司维持利润。

广告的基本原则是具有普适性。然而，在国际上运用普遍原则时，广告实务必须要回应当地市场的具体实际情况。

## 7.1.1 广告和销售业务知识

### 1. 广告流程

广告有五个主要目标：

（1）激发对产品的兴趣（新客户、新订单或更大订单等）；

（2）提高公司知名度和形象（品牌认知度等）；

（3）将公司产品与竞争者产品区分开来；

（4）促销特别活动（销售、新产品推广等）；

（5）支持销售工作。

尽管从属于更大的营销流程，广告生产活动有一个相对直接的流程。无论是由内部员工还是由外部承包商（广告机构等）实施，该流程包括以下环节：

（1）确定目标客户群并确定其关键特征；

（2）选择媒体（电视、报纸、纸媒、网媒等）；

（3）通过制定传播目标来选择广告信息；

（4）通过制作并组合文本、视频、音频元素等构件来形成内容；

（5）明确广告定位，同时制定包括消息可观频率和消息大小的传播策略，并且全部成本要在预设参数之内（图 7-1）。

广告在本质上是表现性的，它是从公司到买家的单向传播。相比之下，销售则是公司与买家

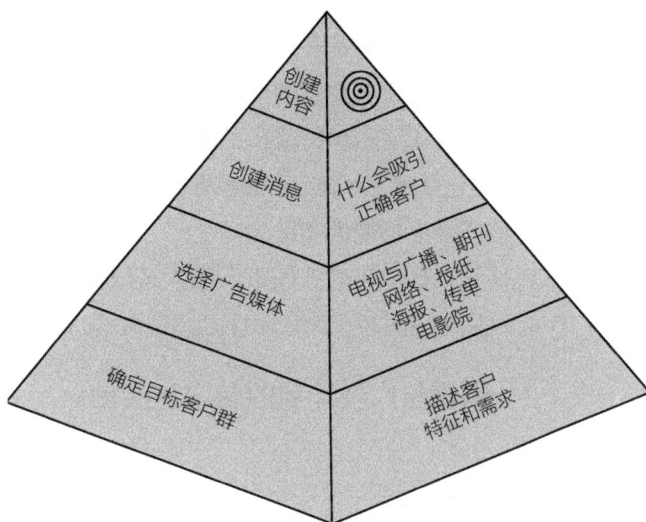

图 7-1 制作广告

之间的互动（或一系列互动），见图 7-2。

## 7.1.2 全球业务知识

在制定或执行全球营销计划时，销售和广告人员必须要注意在多种不同文化环境中工作时面临的挑战。以下几个部分概述这些挑战，以及处理它们所需的技能。

### 1. 国际市场挑战

营销挑战可能包括以下各项的不同组合：

（1）多民族问题；

（2）多文化问题；

（3）多语言问题。

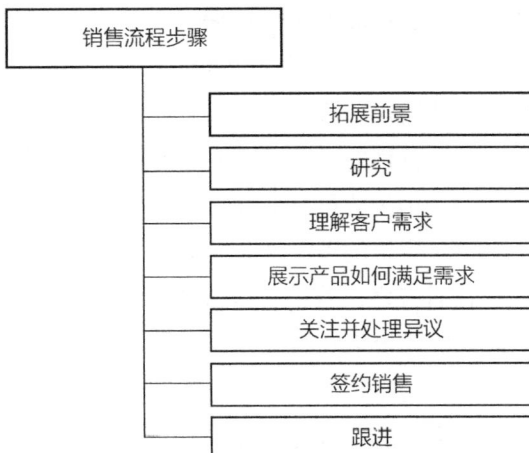

图 7-2　销售流程步骤

为了在当今市场上具有竞争力，公司必须要同时适应本地市场和全球市场状况。近年来，围绕国际性市场营销问题（技能、实务等），研究人员已经做了大量研究。营销组织都要求管理人员进一步拓展自己的国际业务技能。事实上，许多组织都认为，全球营销技巧是他们最为迫切的培训需求。

### 2. 国际管理人员的营销技能

以下 10 种营销技能，对于在国际市场工作的经理来说，是最必需的（Jagodka，R. F. 1998）：

（1）评估产品对国外市场的适用性。

（2）适应外国商业惯例、文化差异和法律法规。

（3）在多元文化背景下进行有效的谈判。

（4）确定、评估、鉴定和选择外国分销商、代理商、出口管理公司等。

（5）与非英语民族人员准确交流。

（6）研制促销或演示材料或产品介绍。

（7）在标准化基础之上确定产品地方化调整的适当性（例如，在产品包装上使用本地语言）。

（8）评估国外市场规模和潜力。

（9）评估和选择适当的外国市场准入替代品。

（10）评估和选择国际定价策略。

## 7.1.3 销售与广告计划的制定与实施

### 1. 广告计划

广告计划必须要确定产品或服务的目标客户群、广告的实际定位，并且对计划成功率做出结论性评估。雇用广告代理商或其他广告顾问通常是有利于广告制作商，因为他们能给整个流程带来专业知识和不同观点。无论是由内部部门还是外部广告代理机构实施，广告制作流程基本上都相同。创建计划后，一定要仔细检查，然后再给关键决策者演示。有关制定广告计划、目标和策略，如需更多信息，可以请参阅柯雷（Corey, E. R. 1978）的著作。

以下是广告计划检查清单：

（1）对目标客户群的研究是否彻底全面？

（2）广告时间表怎么样，是否符合买家需求或兴趣？是否将季节性作为问题考虑？

（3）广告是在短时间内高频推出还是长时间内平缓推出？

（4）能否在预算限制内实现以最佳频率推出？资金使用是否明智？

（5）能否通过与其他业务部门、行业协会或其他机构合作使广告效果最佳化？关于公司如何在合作关系中拓展机遇与完善自身，如需更多信息，可以参阅布里克和恩斯特（Bleeke, J., & Ernst, D. 1995）与休斯和怀斯（Hughes, J., & Weiss, J. 2007）等人的著作。

（6）计划是否允许在较大规模宣传活动推出之前做较小规模市场测试？

（7）是否预先确定成功率测量指标？期待得到什么结果？

### 2. 销售计划

对于行业和销售中产品，每个销售计划必须要具有唯一性。

表 7-1 列出大多数计划共有的关键要素。

**销售计划要素（IdeaBridge，n.d.）**　　　　　　　　　　表 7-1

| 销售计划的关键要素 |
| --- |
| • 销售计划和策略概述 |
| • 客户维系和忠诚度计划 |
| • 销售力组织 |
| • 前景管理和引导制度 |
| • 销售活动时间表 |
| • 销售跟踪系统描述 |
| • 销售效率总结 |

销售计划的制定可以通过多种方式进行，包括以下几种：

（1）自上而下（市场潜力）：将从多种来源获得的关于市场趋势、增长率和考察评估的数据汇总在一起，来制定销售计划。

（2）自下而上：营销和销售人员根据以往的销售业绩对未来销售做出分项评估，并且对其现有或可能的客户和机会做出总体评论。

（3）基于资源：基于可用人力、财力、技术和其他资源，做出分析。

最全面的销售计划，可以使用多种方法来制定。制定计划时，还要考虑若干其他因素，包括：

（1）产品供求；

（2）组织的战略目标；

（3）资源分配，如财力或人力。

对所有销售计划，必须要做定期审查（如月查、季查等），并且要进行评估以确定其有效性。应根据需要进行计划调整。

### 3. 销售工程

对于更复杂的产品，一些组织采用销售工程流程。 与其他销售流程一样，这种流程的目标也是尽量地以及尽可能营利地销售产品。唯一的区别是，要聘用一名产品知识广泛和沟通技能高超的销售工程师，将其服务作为销售流程的构成部分。

销售工程师要充当双重角色。一方面，要运用其工程专业知识为其客户提供准确的信息和有效的解决方案。另一方面，要收集客户对产品的反馈意见，并与产品研发和营销人员分享。反过来，研发与营销人员要将收集到的情报用于战略规划、产品升级、特色发展等多方面。

## 7.2　客户满意度策略

与以前的相比，现在的客户信息更灵通，结构更复杂，要求更苛刻。他们期望产品与服务在整合、效能与用途等方面得到改善，例如以下方面：

（1）客户服务速度；

（2）客户自助服务；

（3）集成解决方案；

（4）定制服务和销售；

（5）持续和可靠的服务；

（6）灵活的履约和便捷的服务；

（7）透明销售流程；

（8）持续改进客户服务。

技术指导式服务（Chang, C. M. 2005，pp. 471-473）

为什么要收集客户满意度数据？对产品与服务满意的客户都有以下特点：

（1）维系时间更长并且进行后续购买。

（2）对公司提出积极评价，并且可能带来其他客户。

（3）当他们高兴时，倾向花更多的钱。

### 7.2.1　可靠测量客户满意度的技术知识

客户满意度测量、分析和实现是如此至关重要，以至国际标准化组织 9000 系列标准

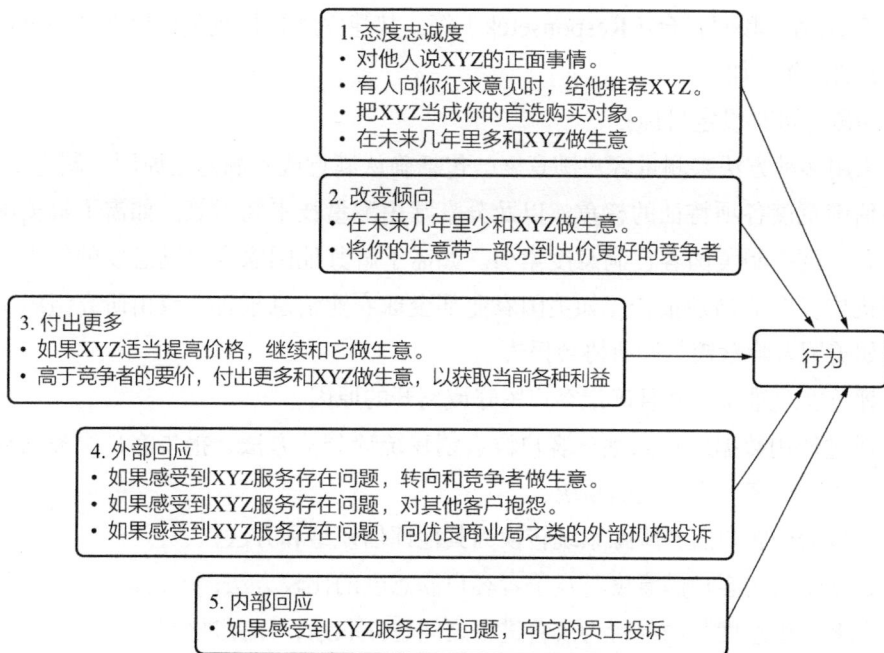

图 7-3　行为意图的五个维度

注：转自《客户满意度研究管理》（Allen，D. 2004）第 5 页。经作者许可转载

和管理模式最佳实践（如马尔柯姆·鲍德里奇将奖、欧洲质量管基金会等）现在都要求企业对客户满意度进行评估。幸运的是，公司可以自行决定其评估进程。图 7-3（Allen，D. 2004，经许可使用）详细说明了面对公司主导型变更时客户的忠诚和反应。从品牌创立和品牌忠诚度等概念出发，通过关注对关系和交易的满意度，公司可以预测客户行为。

### 1. 工具：调查与调查问卷

要根据战略要求，精心设计调查问卷和调查方法来收集对组织有用的特定客户的满意度数据。

以下介绍两种客户满意度调查：

（1）关系主导型：关注业务与客户关系的本质。

（2）交易主导型：寻求客户对具体交易满意度的信息。

虽然调查内容因公司而异，更因产品而异，但是，专家们都强调，任何客户满意度调查的目标都是要确定客户实际上想做什么。知道客户是否对产品或服务感到满意很重要，但是，同样重要的是，应评估他们是否会回头再次购买，或是否会将公司推荐给他们的社交圈子。

### 2. 请专业的研究和分析人员帮助调查

有一些组织，如美国客户满意度索引（the American Customer Satisfaction Index，英语简称 ACSI），客户满意度测量协会（the Customer Satisfaction Measurement Association，

英语简称 CMSA）和回音台（Responsetek）等，其建立之目标就是要协助其他公司做各种与调查相关的工作，如：

（1）为测量进程设定目标；

（2）采用多种方法来测量客户满意度，包括确认满意或不满意之原因、制定量化指标、计算和评估满意度各项特征的权重，以及分享常用测量技术知识等。如需了解美国客户满意度的信息，请查阅美国客户满意度索引。如需了解其他国家客户满意度的信息，请查阅各种美国机构发布的国别报告（如美国农业部全球农业信息报告）或由研究组织出版的国别报告（如美国寿险营销与调研协会报告）；

（3）评价客户维系，并且确定客户留守或离开的原因；

（4）通过使用数据库信息细分客户群、创建统计分析方法、报告客户服务活动的改进情况等来开发跟踪客户满意度的系统；

（5）将以前的客户服务跟踪系统转换为其他评估模型和方法；

（6）探索本公司客户满意度与竞争者客户满意度的比较方法；

（7）在客户满意度与内部行为改善进程之间建立联系，以促进变革。

### 7.2.2　当前客户满意水平分析与改善策略推荐

为有效地测量和回应客户满意度，管理者必须要能够完成下列工作：

（1）选择有意义的客户样本人群。

（2）设计调查问卷。

（3）监控调查或访谈进程。

（4）分析数据。

（5）根据调查或访谈结果制定行动计划。

#### 1. 客户关注重心调研

确定产品或服务哪些特征是客户关注重心，是一项富有挑战性的调研。调研有两个选择：

（1）陈述型重心，通过询问客户每项特征的重要程度来决定；

（2）推导型重心，通过计算各项特征与和满意度的关系来确定（商业研究实验室，"测量客户关注重心"）。

一旦公司知道哪些满意要素对其"高价值"客户最为重要，他们就可以开始确认和处置"断点"。对于哪些服务参数（如等待服务他们要花多长时间等）可以接受，大多数客户都有一个愿景。断点就是导致客户改变其购买决定的上下限（如等待分钟数等）。

#### 2. 改进调查技巧

客户和产品都在不断变化，因此，客户测量进程必然是动态的与持续的。尽管具有这种动态性，但对于修订客户满意度调查工具，管理人员仍然应该小心谨慎。

修订调查问卷内容会有以下益处：

（1）满足不断变化的客户期望；

（2）添加在以前的调查中被忽视的评估要素；

（3）征集对新产品和服务的回应；

（4）简化调查流程（如缩短参与时间使客户更有可能参与等）；

（5）获得有关公司行动的反馈意见（如对员工实施客户服务培训计划等）。

修订调查问卷内容也会有以下缺点：

（1）使跟踪过程和统计分析复杂化；

（2）使数据难以形成态势（但不是不可能）。

建议：为实现跟踪目的，保持客户满意度测量问题不变。

### 3. 公司改善策略

为了确保客户满意度数据能够用于改善公司业务，要采取以下措施：

（1）引导高层管理人员承担义务；

（2）将客户满意度评分与员工货币奖励挂钩；

（3）确认为提升客户满意度做出贡献的员工；

（4）识别、测量和跟踪各种影响驱动满意度评分的可操作变量；

（5）制定以客户为基础的改进目标；

（6）实施优化可操作变量的计划；

（7）将客户满意度提升技能纳入员工培训计划；

（8）测评员工满意度的改进情况并制定提升员工满意度的改进计划；

（9）改变企业员工招聘方式（商业研究实验室，"客户满意度测量计划就位之时，即为提升客户满意度之始"）。

## 7.3　营销与品牌创建技艺

营销推动着销售进程。战略营销活动有助于组织确定客户需求和短缺什么，并有助于进一步指导产品上市策略的制定。产品从研究和开发转向生产时，营销活动就要开始。

营销重点因组织而异：

（1）客户：客户需要和短缺什么？

竞争对手：我们的竞争对手在提供什么，我们如何在市场呈现自己？（Chang, C. M. 2005, p.255）

（2）功能协调：使公司资源最高效化的最有效的方式是什么？

（3）利润导向：什么会给公司带来最大的收入？

### 7.3.1 营销技巧知识

#### 1. 营销四核

营销涉及一组活动，通常称为营销四核（四核英语首字母都是 P，因此，可以称为 4P），见图 7-4。

#### 2. 营销方法

营销理论无数，营销方法也数不胜数。然而，在理论与方法谱系一端，却有一些简单的营销方法。用这些方法，主要目的是引起注意，其主要特征如下：

（1）简单；

（2）目标明确；

（3）灵活；

（4）有力；

（5）成本低；

（6）使用网络。

谱系另一端，则是更为复杂的方法，如"精准营销"（图 7-5）。

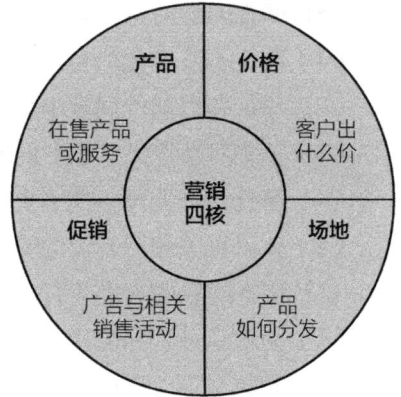

图 7-4　营销四核

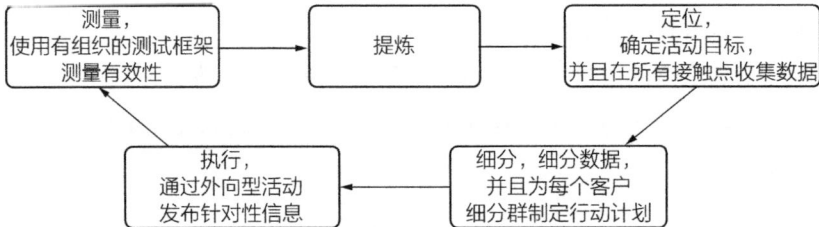

图 7-5　精准营销周期（Zabin，J.，& Brebach，G. 2004）

#### 3. 营销传播

营销工作可以采用一系列传播媒介，包括下列几种：

（1）公共关系：发布新闻稿获得"免费"媒体报道，并且与媒体专业人士建立联系以提升公司或产品形象。

（2）广告：在更短的时间内吸引更多的预期买家，但是可能对即时购买影响最小。

（3）直邮或直销：使用潜在客户数据库刺激购买。

（4）展示或展览：主题活动，行业专业人士可以在此探索选择可用产品。

（5）促销：旨在促进销售的短期策略。

（6）网络销售：使用各种互联网途径发送消息（网站，电子邮件等）。

（7）个人销售：面对面沟通，在需要对产品或服务进行解释时特别有用。

（8）包装：通过产品包装的各个面度传递关键信息。

（9）卖点：通过产品购买场所的各种媒体传递的各种信息。

## 7.3.2　技术运用、结果阐释、合适建议提出

### 1. 营销计划制定

营销策划是一个复杂过程，涉及以下五个关键步骤：

（1）调研：评估环境。

（2）战略上：制定战略和目标。

（3）战术上：选择拟用方法、工具等。

（4）实施：按计划开展营销活动。

（5）评估：评估计划和活动的有效性（评估目标实现程度）。

各阶段要素如图 7-6 所示。

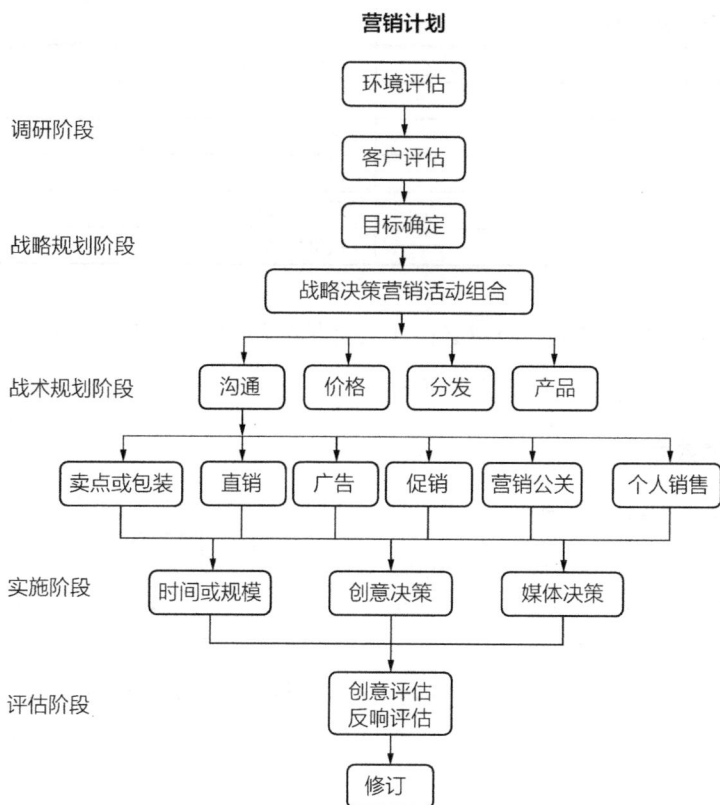

图 7-6　营销计划要素

转自《广告与营销过程》（Rickard，M.（n.d.））。经作者许可转载

## 2. 市场细分

一些公司使用所谓非细分营销方法，其目标在于使用单一营销方法来吸引尽可能多的潜在客户。但如果市场基础太具多元性，营销人员会根据各种已知特征将潜在客户群细分为若干群组。

为什么细分市场？这样做，有以下原因：

（1）将产品或服务和适当客户群匹配；

（2）创建合适渠道来接触客户群；

（3）发现可能还没有得到充分服务的新客户组；

（4）重点关注其他公司忽视的商机。

市场细分群由潜在买家圈组成，他们不完全一样，但具有共同特征，并且都可能以类似方式对营销行为做出预见性回应。有一些典型的市场细分方法，如表 7-2 所示。

表 7-2 显示消费者群体的标准营销细分群，显示他们对行业营销方面的回应。例如，消费者的基本人口统计信息，与标准产业分类模式相匹配。

**市场细分方法**（Mazda, F. 1997, p. 462）  表 7-2

| 市场样本<br>消费者市场细分 | 方法<br>产业市场 |
| --- | --- |
| 人口统计 | 标准产业分类 |
| 生活方式 | 规模 |
| 区域 | 区域 |
| 国家 | 国家 |
| 行为 | 目标用途细分 |
| 社区 | 决策层面 |

虽然市场细分有用，但是，公司必须小心谨慎，不要过度细分。过度细分给营销活动带来挑战，为有效接近或服务客户增加难度。

## 3. 评估营销效度

可以用一个简单模型来评判特定产品或服务营销的效度，也就是查看产品或服务及其营销吸引客户与刺激客户回头的程度（图 7-7）。

产品营销行动要达成以下目标，才能算是成功：

（1）该产品对客户很有吸引力。

（2）公司能够满足客户需求，并且维系客户业务。

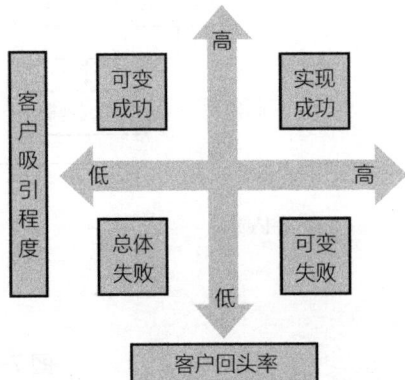

图 7-7 营销效度（Chang, C. M. 2005, p.256）

不能通过引起关注带来客户，或不能留住客户，会使营销行动的成功率大打折扣。

评判营销项目是否成功没有统一模式。每个公司，对于所供每种产品，都需要确定成功率量化评估方式。评估产品成功率水平，要考虑以下几点：

（1）销售预测：用于计算市场产品收入的方法和数据；

（2）利润空间：扣除与项目相关的各种成本后获得的收入；

（3）绩效统计：用作员工销售绩效指标的数据收集，包括电话统计、已接订单价值，成交或出售票据；

（4）细分群增长：作为产品销售结果的市场渗透率增长；

（5）客户对产品价值认知：客户对产品的感知价值，以及这种感知将如何预示未来的商机；

（6）产品系统研发：所售产品会在多大程度上增强产品系列，"品牌"在市场上如何获得感知。关于产品系列的讨论，参阅 7.4 节。

### 7.3.3　向非营销人员传达建议

用一些相同于商务沟通中的方法和技巧就可以很好地与员工分享营销建议。记得完成以下任务：

（1）确定建议要传达的具体目标，突出陈述这些目标，以便引起接收者注意。参与者是否采取行动？他们是单独行动还是集体行动？他们是打算对未来行动提出建议，还是给团队成员带回信息以便进一步反思和采取行动，还是做其他什么事？

（2）匹配建议于听者群。接收者的知识水平和视野如何？他们喜欢怎么接收信息？他们熟悉什么概念和术语？他们在多大程度上需要背景信息？

（3）用目标确定沟通方式（非正式更新报告、正式书面或口头报告、面对面会议等）。接收者是需要讨论问题，还是只需听取资料报告？是否需要由一个小组集体做决定？相关个人或团队在哪里？最有效的会议策略是什么？

（4）评估沟通方式。信息的复杂性或涉及面有多大？接收者是否需要视觉演示的纸质材料帮助他们理解和保存所示信息？接收者是喜欢大全本还是提要本？

（5）为听者群选择最有效的书面"风格"。接收者是喜欢叙述本还是纲目本？他们会期望什么结构元素？要有什么样的导言？怎样给结论和建议做最佳陈述？

（6）口头沟通，切合接收者的偏好。他们是否需要灯片演示文稿？什么形式的纸质材料最好？是否要把沟通做成报告会，或引导式讨论会，或头脑风暴会，或其他会议，做到什么程度？

### 7.3.4　品牌开发和推广

#### 1. 品牌开发是什么？

品牌开发是产品投资行为，这些产品有"身份"，让客户联想到品牌、价格、服务和形象等多种属性。这种品牌被认为负载着客户希望实现的隐含承诺；它在客户心中创造价值。实质上，有效品牌都是公司资产，必须认真开发和监控。

真正的品牌有以下四大特色：

（1）名称；

（2）已知（为目标客户群中大部分人所知）；

（3）符号；

（4）可信赖的客户体验（Taylor，D. 2003，p. 5）。

### 2. 创建、管理和营销品牌资产

品牌并不自己"出现"。他们是用战略创造出来的。开发品牌时，要完成以下任务：

（1）进行调研：征求和使用客户反馈意见，以确定客户真正看重什么，以及他们将如何根据这些价值观行动。

（2）运用公司营销计划：用蓝图展现所取得的成功。

（3）明确核心品牌的位置：确保客户知道产品用途，以及与竞争物相比时它处在什么位置。

（4）确定计划：澄清目标市场以及产品如何满足其需求。

（5）界定核心产品的价值：就价格、质量和形象将如何决定客户对产品的认识提出指导意见。

（6）通过品牌延伸增加价值：通过添加特点不同的系列产品跟上市场变化。

（7）为品牌延伸准备理据：运用调研来支持品牌扩展活动。

（8）确定主要和次要目标：明确并整合营销、销售、收入等各项活动目标。

（9）不要忽视公共关系：抓住所有机会，增强对公司和产品的看法。

（10）做广告：投资做广告，与客户群建立一致的、有意义的，甚至幽默的联系，以形成认知和忠诚度。

（11）认识促销活动复杂性：努力获得关注，但不要升级产品。持续关注品牌。

（12）记住独特销售主张：避免在"闪亮登场"中迷失，避免牺牲对客户购买理性的关注。

（13）不要只为求大而扩大阵线：更大并不总是更好。它可能会造成混乱。

（14）诚信守德：严格保护品牌操守。

（15）远离攻击性广告和比较：走高姿态路线。否定性言论常常引火烧身，并有利于他人竞争。

（16）让产品携带期待：强调产品的好处和客户购买产品的理由。考虑增加些许额外的好处，如可能促进高尚事业。

（17）如果可能，开先河；如果自己不能开先河，则力求更优：保持想象力、创新力和独创力。使产品卓越超群。

（18）倾听：作积极倾听客户和员工的公司管理者，避免傲慢和失败（Marconi，J. 2000，p. 218-225）。

### 3. 技术品牌开发

技术品牌开发往往不同于产品品牌开发；与技术相比，产品购买寿命更短。如果人们不喜欢今天买的苏打水的味道，明天还可以买另一种苏打水。然而，技术购买往往是大规模资源投入，而且，作为大规模资源投入，买家的视域会各不相同。潜在的技术买家会提出不同的问题：

（1）拟购技术产品是否符合我们的具体要求？

（2）出售该项技术的公司是否可靠？

（3）技术品牌开发相对消费者品牌开发，更复杂，情感内容更少，即时效果更少。
商用产品：

- 复杂的商用产品
- 需要凝练，并且将各种特征整合为一个理念（如微软的"让它更容易！"）
- 持续、长期的关系
- 依靠培训
- 深思熟虑的购买
- 研究规格表，筹措资本，获得采购许可
- 变化往往突然发生，而且影响深远
- 买家经常购买权有限
- 多重影响因素
- 产品周期更短
- 预见新版本或产品翻新；升级路径起作用
- 渠道动态变化
- 客户群期待良好表现与竞争优势（Pettis，C. 1995，p. 44）

因此，技术品牌开发必须是一个以技术为导向、高度系统化和战略性的过程。

## 7.4　产品系列分析

产品系列是公司在特定时间向客户提供的产品组合。对于大多数组织而言，重要事务是要在产品生命周期的不同阶段提供和管理一套产品，以维持现金流。

### 7.4.1　分析当前产品系列

#### 1. 波士顿矩阵

1968 年，波士顿咨询集团开发出了一个产品系列分析工具，现在通常被称为波士顿矩阵。它是一个简单有效的工具，用于评估产品系列增长率市场份额，还可以用于辅助组织对现金流的管理（图 7-8）。

相对市场份额位置

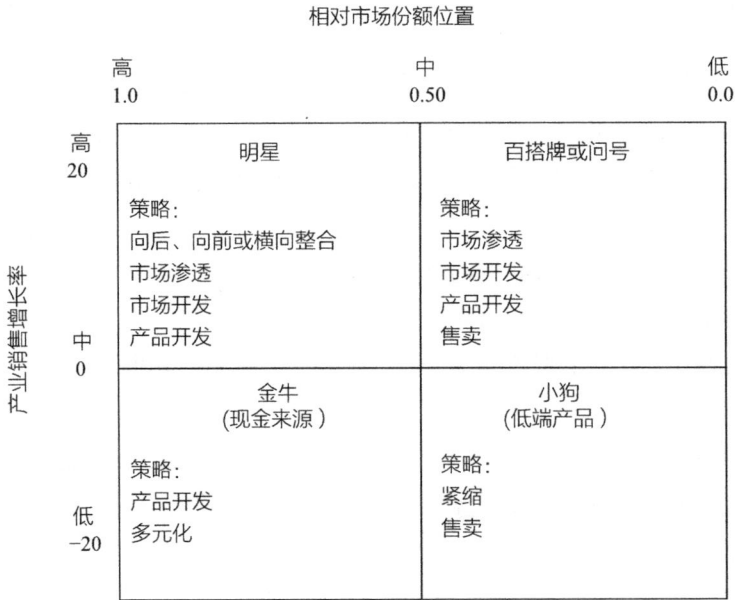

图 7-8 波士顿矩阵

通常，产品作为"问号"引入。如果成功，他们会成为"明星"，使用资源并且继续扩大销售。其中意图是，明星成熟为"金牛"，用较少资源投入，产出更大收入。随着产品进一步成熟，它们可能开始越过了它们在市场上的吸引力高峰，成为"小狗"或"问号"（当时也被称为"问题孩子"）。问号或问题孩子需要立即处理，以免衰落为"小狗"。一旦变成"小狗"，产品应该逐步淘汰。一些产品导致经营损失，即使有些客户仍然想要，公司也可能承担不起。

### 2. 评估产品系列的优缺点

在确定公司或团队产品系列中每个产品是"明星""金牛""问号"或"问题孩子"还是"小狗"之后，在波士顿矩阵上"标记"每个产品。用较大符号代表那些构成生意较大部分（市场份额、收入等）的产品，用较小符号来代表品种较多的"小众"产品（图7-10）。这样做，目的是使矩阵中不同类别的产品形成合理平衡的系列（图7-10）。有一些"明星"，些许"金牛"和几只"小狗"，是正常状态。"小狗"既是遇到麻烦的和需要更换的产品，也是走到自然生命周期尽头的产品。

### 3. 产品系列的困难

产品系列失去平衡，意味着必须立即对当前业务实践进行战略重评。这些系列失衡可能由以下原因导致：

（1）对低增长细分产品投资过度；

（2）对高增长细分产品投资不足；

（3）对细分增长判断失误；

（4）没有达到市场份额；

（5）失去成本效率；

（6）没有发掘新兴的高增长细分市场；

（7）业务设置不平衡。

## 7.4.2　基于竞争、技术和市场实力对产品系列进行适当性评估并提出建议

### 1. 产品生命周期

每个产品都自然而然地走过一种历程，这一历程被称为其产品生命周期（图 7-9）。

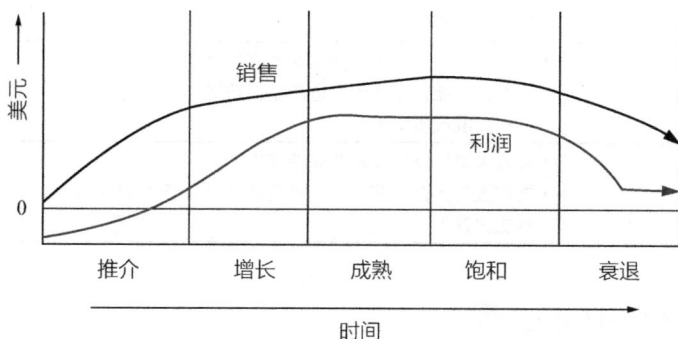

图 7-9　产品生命周期

（1）推介：包括产品研发和产品市场呈现早期阶段；推介期是高成本、低销售时期。

（2）增长：产品获得销售增长势头的时期。客户认知和收入都有提高。

（3）成熟：销售达到顶峰，然后不再增长。竞争产品出现。支持产品的成本下降，收入对成本之比高。

（4）饱和：由于进入市场的竞争产品增多、产品需求下降等原因，销售呈现衰减的早期阶段。

（5）衰退：销售和盈利潜力明显下降，原因是时尚、技术或其他相关因素等方面变化，或者产品不再具有其可用性。这导致企业最终停产。

监控产品生命周期可使管理者在推介新产品、管理现金流、确定营销资源配置等多项事务上做出正确选择。为保持组织的现金流动和稳定，有必要在产品生命周期的不同阶段，在产销渠道多做研发项目（图 7-10）。

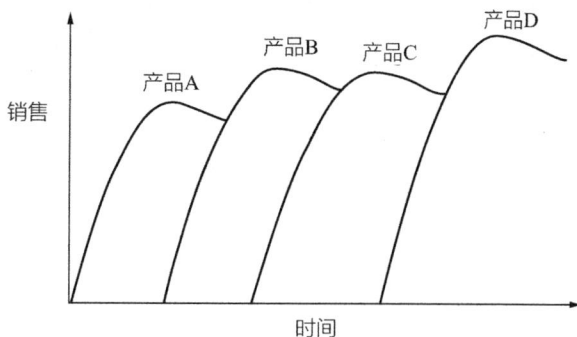

图 7-10　生产连续性产品的重要性

### 2. 应对产品系列结构和状况的变化

解决和评估产品在生命周期与波士顿矩阵中所处位置，能够使公司根

据竞争、技术和市场实力回应需求（表7-3）。

**产品生命周期五个阶段的主要管理任务（Product Portfolio Analysis，n.d.）** 表7-3

| 生命周期阶段 | 主要经理任务 |
|---|---|
| 推介（问号） | • 设计针对特定客户群体的广告和促销活动。<br>• 密切监控初始销售。<br>• 最大限度地开展宣传 |
| 成长（星星） | • 仔细评估成本（固定或可变）；专注于赚取利润。<br>• 监控市场，特别是竞争对手的反应 |
| 成熟（金牛） | • 努力保持较高的市场份额。<br>• 监控市场寻找必要的变更或改良。<br>• 实施新战略 |
| 饱和度<br>（问号或问题孩子） | • 制定新策略，扩大、开发或搜索新市场。<br>• 开发新功能，专注于调适产品，拓展其使用范围。<br>• 提高标准或质量 |
| 衰退和撤回<br>（小狗和问题孩子） | • 着力大幅度降低支持产品的成本。<br>• 决定支持产品或退出（这可能取决于新产品是否可获，以及时尚或潮流是否会再次出现） |

## 7.5 全球贸易和国际运营

无论规模如何，所有企业都应该体会到以下几点：

（1）在国内遇到海外企业的挑战；

（2）必须考虑寻求海外材料来源；

（3）必须考虑离岸生产；

（4）必须考虑进入海外有吸引力的市场（Shay，J.（n.d.），上载年代不详）。

### 7.5.1 全球贸易和国际运营知识

近年来，国际商贸方面已经发生了巨大变化。国际贸易协定、关税联盟、共同市场、经济联盟等都在消除贸易壁垒和促使很多公司进行革命。国际贸易协定有《北美自由贸易协定》、《关税和贸易总协定》等，关税联盟有南方共同市场、安第斯共同体等，共同市场有欧洲自由贸易联盟等，经济联盟有欧盟等。为开展国际业务，企业至少要制定相关的营销计划与市场进入战略，这可能要涉及出口、合资企业、出口管理公司、许可协议等多方面事务。

#### 1. 全球运营的风险和挑战

进入国际市场，对企业而言，充满挑战。由于以下原因，业务的复杂性急剧增加：

（1）文化和语言障碍；

（2）经济和政治风险；

（3）宗教信仰；

（4）外汇汇率；

（5）社会规范；

（6）知识产权保护；

（7）商业和管理实践；

（8）地方贸易惯例；

（9）谈判风格。

## 2. 各种国际商业运作"模式"

如表 7-4 所示。

国际商业运作模式（Shay，J.（n.d.））　　　　　表 7-4

| 商业模式 | 明确适用之处优势和缺点 |
|---|---|
| 间接出口和进口 | 在国际商务中使用中间商，公司与外国客户或公司没有直接接触。<br>•优势：减少了为了解外国公司情况而投入资源的需要<br>•缺点：如果不到目标国家参与实际活动，进一步业务发展会受到阻碍 |
| 直接出口和进口 | 公司直接与外国公司和客户合作。<br>•优势：公司获得国际经验和关系<br>•缺点：公司成本和风险增加 |
| 出口管理公司 | 出口管理公司担任公司代理商，促进各种业务活动（销售战略研发、关系发展等） |
| 贸易公司 | 充当中介机构，可能参与多个商业领域活动（银行，制造业等） |
| 境外直接投资 | 公司投资，以获得外国公司全部或部分所有权 |
| 授权 | 外国公司获得受权使用知识产品，并且支付版税 |
| 特许经营 | 某家外国公司到达"母公司"标准时，可以购买特定权利，设立独立公司 |
| 管理合同 | 国内公司根据合同管理境外公司的利益 |

## 3. 国际运营流程图

国际业务战略分析与规划可使用与国内业务相似的模式进行，见图 7-11。

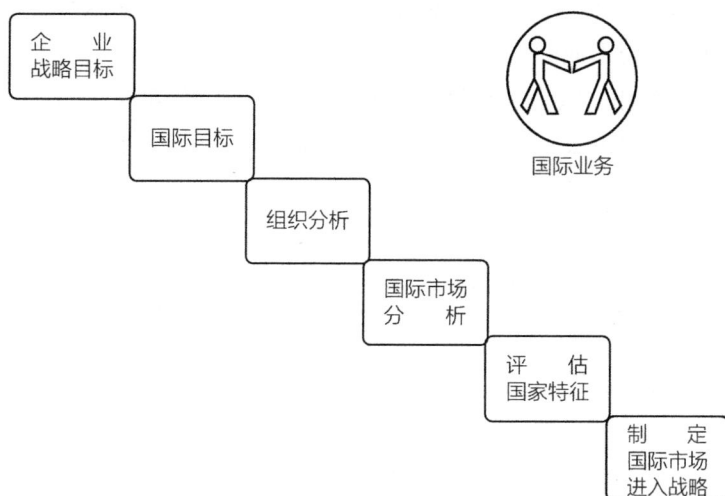

图 7-11　国际运营

### 7.5.2 跨文化管理差异知识

在工作场所中，需要在最大程度上实现多元文化主义；对于这一需求，组织和管理人员越来越敏感，其中原因很多，包括：

（1）商业实务的全球化；

（2）多样化观点改变组织品质；

（3）劳动力变化（移民增加、外国员工使用等）。

#### 1. 管理哲学与实践变化带来的挑战

即使企业的国际活动有限，也会非常清楚地意识到多样性和多元文化主义对其日常活动的影响。不论有无正式表述，每个组织都有其特定文化。组织文化本质上就是一套价值观、信仰、习惯、态度和行为规范，组织成员通过它理解组织认为重要的事物与组织做事的方式。与多元文化主义角力的组织，正在着力解决由诸种差异导致的问题，因为同一组织内部来自不同文化背景的员工持有不同的的价值观、信仰、行为方式、习惯与态度。

对有效领导，定义并不统一，因文化不同、组织不同、国家不同而不同。与此相似，用于理解这些管理哲学与实践变化的框架，数量也相当可观。

#### 2. 价值整合体

华盛顿国际中心开发出一个模式，邀请美国管理人员观察自己的价值观和跨文化同行的价值观，把它们当成存在于一系列整合体中某处的事物看待。

例如，与重视人际交往相比，一个人在多大程度上重视时间控制？见表7-5。有些个人显然会选择冒着被人看成是无礼的风险，中断尚未结束的谈话，以遵守约会时间表。另一些个人将选择更仔细地结束对话，而冒着在下一场约会中迟到几分钟的风险。这两种选择本身都不存在对或错，但是，都是根据个人的价值观做出的，而这种价值观是他们作为成员融入某个文化群体时形成的。

整合体模型特别有用，因为它在最大限度上减少差异的极度化和过度简化。人们并不是重视"时间"而忽视"互动"，而是在做出一系列选择。模型的目标是促进人们更好地理解已经上升到商务交流层面的种种价值观。

文化差异（Kohls, L. R. 1984） 表7-5

| 经典"美国"价值观<br>（其他文化团体眼中的） | | 其他文化价值观 |
|---|---|---|
| 任务或时间及其控制<br>（守时，遵守时间表） | ←→ | 人际交往<br>（关系至上） |
| 个人控制<br>（每个人都控制自己的生活） | ←→ | 运气或命运<br>（行事由较高力量控制） |

续表

| 经典"美国"价值观<br>（其他文化团体眼中的） | | 其他文化价值观 |
| --- | --- | --- |
| 自助<br>（获得成功和职位） | ←→ | 天生权力或世袭特权<br>（通过出生等方式获得成功和职位） |
| 改变<br>（包含增长和进步） | ←→ | 传统<br>（专注于遗产和先例） |
| 未来导向<br>（为更光明的未来<br>而进行规划和目标设定） | ←→ | 过去导向<br>（保持过去和历史活化） |
| 个人主义或隐私 | ←→ | 集体福利 |
| 竞争 | ←→ | 合作 |
| 平等<br>（所有人都有平等权利和机会） | ←→ | 等级制度<br>（等级和身份决定职位） |
| 非正式 | ←→ | 正式 |
| 实用或效率<br>（目的决定手段） | ←→ | 理想主义<br>（以正确的方式做事） |
| 直接 | ←→ | 间接或"面子" |
| 行动或做事<br>（专注结果） | ←→ | 存在<br>（过程，内心导向） |
| 物质主义<br>（外部成功） | ←→ | 精神主义<br>（内心满足） |

有很多讨论以领导实践中的现实差异为中心展开。然而，必须指出，研究人员还发现，不同文化的价值观也有一些共同点。以下部分就这些差异和共同点进行探讨。

### 3. 跨国集团认同的关键管理能力

有几个关键的管理能力，得到跨国集团认同。例如，管理人员应该完成以下工作：
（1）以结果为导向；
（2）培养团队合作；
（3）有效地分析问题；
（4）有效地管理各项活动的实施；
（5）致力于工作；
（6）影响其他人；
（7）形成正确判断（Robie，C.，2003）。
虽然管理方法可能需要区域性的风格变化，但是，其目标和期待结果却非常相似。

### 7.5.3　与其他文化的管理人员互动

即使在文化群体内部，沟通也是一个复杂的过程，涉及多层面意义，充满无数误解的可能性。国际交流更是需要特别的细心和技能。

### 1. 跨文化沟通中断

沟通中断的常见原因包括以下几个：

（1）复杂沟通因素：语言、成语、语调、重点、速度、情感、肢体语言以及这些因素的解释，它们用来传达具有复杂意义的多维度消息。

（2）翻译困难：翻译人员技能再高，也会发现跨文化翻译具有挑战性（即：词语之间没有直接对应关系，多层面的意义难以表达并且可能丢失，直译可能会产生误导）。

（3）偏见和定式：它们会在无意之中使听话人的反应带上负面色彩。

（4）沟通者崩溃：参与艰难沟通的各方，在疲惫、挫折和焦虑时，更加可能做出错误表达。

### 2. 促进有效的跨文化互动

专家们一致认为，为了真正有效沟通，管理人员必须采取以下行动：

（1）努力调整自己沟通风格，并且走出自己的舒适区；

（2）投入时间，学习用不同方式沟通，形成新的习惯；

（3）培育开放心态，培养领会不同观点的能力；

（4）培育对文化态度和习惯的差别的真诚欣赏，而不仅仅是对异质的宽容；

（5）练习接受不同观点，像看待自己的观点一样尊重不同的观点；

（6）关注多元文化主义的好处，帮助同行培育相同的视野、技能和行为方式；

（7）减少沟通和工作场所互动的障碍；

（8）公开地和敏捷地就文化差异导致的问题进行交流；

（9）支持公司促进多样化的措施（使命陈述、政策等）。

### 3. 做家庭作业

认识公认的商业惯例，对于成功进行国际销售和营销，作用至关重要。因为文化差异很大，所以没有单一的准则规范商业行为。国际交流面临失败，在大多数情况下，主要原因是管理人员缺乏跨文化信息。许多网站、培训组织、书籍和类似资料，都提供文化信息。要超越传统的文化资源。对于自己正在打交道的文化，多与那些已经有体验的同仁们交谈。外国政府领事馆对其国家的商业习惯和规范也会提供丰富的信息。另外，学会做敏锐和敏感的观察者。

管理人员和组织必须努力，尽可能多地学习文化知识，包括：

（1）假日：宗教节日和国家假日；

（2）标准商业惯例（例如交换名片的习惯）；

（3）上班时间；

（4）宗教习惯；

（5）膳食时间和习惯；

（6）历史概况；

（7）货币；

（8）颜色、数字、符号的意义；

（9）文化机构；

（10）礼品赠送习俗；

（11）服饰；

（12）礼仪规则（例如头衔使用、名字使用等）；

（13）禁忌。

虽然更难以界定和描述，但是，管理人员和组织应努力了解文化差异的以下方面：

（1）信仰；

（2）口头沟通的习惯（如问候、致谢、闲聊、茶歇交谈等）；

（3）价值观；

（4）态度；

（5）观念；

（6）身体语言的意义；

（7）书面沟通常规（如风格、语言、要素等）；

（8）谈判惯例；

（9）政治环境；

（10）对不同类型的幽默的理解；

（11）讨人喜欢的交谈开场话题。

与来自其他文化的管理人员成功互动，不仅仅是记忆一套"规则"。文化和交流的细微差别，可以在很大程度上影响商务活动的成败。

# 7.6　定价策略

有人会认为，定价是一种艺术形式，因为它要求调适价格预期，使它降低到一定位置，以让消费者愿意购买，同时又能够支付成本和在最大程度上获利。仔细的定价对产品的成功销售起关键作用。定价太高会阻遏买家；定价太低可能会危害利润。

## 7.6.1　当前定价策略知识

### 1. 定价策略矩阵

价格确定可以根据多个变量进行（图 7-12）。公司通常根据对产品质量的认识来选择他们的价格定位。低品质、低价位产品被看成是经济型定价，而高品质、高价位产品则被看成是高端型定价。

（1）高端型定价：当产品或服务更
"独特"或具有实质性的竞争优势时，公
司索取更高的价格。这样做通常是针对奢
侈品的。

（2）渗透型定价：组织为产品和服务
人为地设定低价格，以获得市场份额。这
是一个短期的策略，一旦产品获得所需的
市场份额，价格就会上调。

（3）经济型定价：经典"无褶边"即
无虚饰价格。为了使这种选择切实可行，
公司将营销和制造成本尽可能地降低，以
将开销最小化。商家自营品牌就是很好的例子。

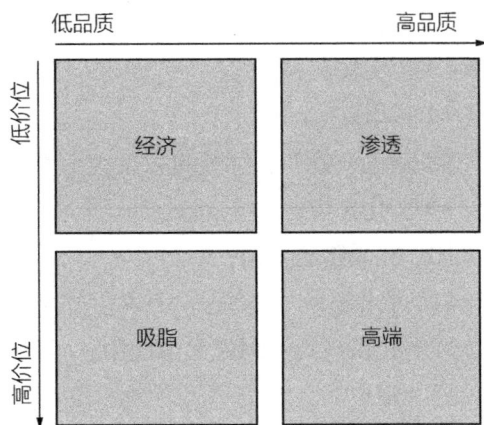

图7-12　定价策略矩阵（Pricing Strategies，n.d.）

（4）吸脂型定价：这样命名，意指"从上层吸走奶油的脂肪"，这一策略使公司索取高
价，因为所供产品具有显著的竞争优势。假设最初的买家对价格反应更加迟钝，这个价格
就不可持续，就需要下调。有一个书籍销售的例子，用硬精装版本推介，然后转移到有软
简装版本扩大销售。

## 2. 常用产品定价方法

图7-13展示几种常见的产品定价方法。随后有更详细的解释。

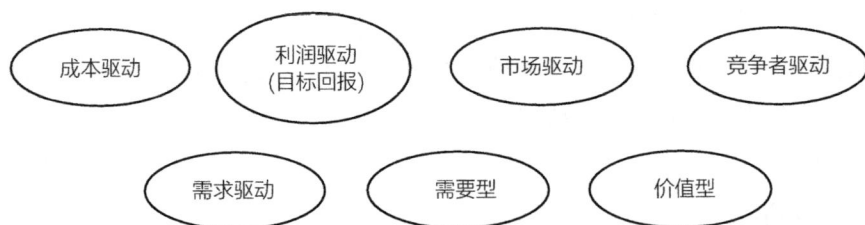

图7-13　常见产品定价方法

（1）成本驱动：通过计算生产成本和增加利润边际设定价格。

价格 ＝ 成本 ＋ 加价（通常是成本的某个百分比）

（2）利润驱动（目标回报）：与成本驱动类似，当公司打算按设定值获得利润时，使用
这一定价方法。

价格 ＝ 成本 ＋ 利润（如目标投资回报率等）

（3）市场驱动：关注客户愿意付出的价格，这样定价通常会引发竞争性报价。

（4）竞争者驱动：考察竞争对手的产品和定价，以有效地"排除"竞争或与竞争对手

的定价持平，实质上是维持现状。

（5）需求驱动：产品需求旺盛，卖家索取更多；需求低，则大幅度下调价格，以便减少产品库存。

（6）需要型：考虑产品对潜在的买家的重要程度。

（7）价值型：对客户强调产品在质量、获利能力和其他多方面的改进，这些改进，特别是竞争对手的产品不具备的，是卖家希望客户抓住的。这一定价方法可能是最能赢利的。

## 7.6.2　竞争、技术和市场实力视域中的定价适当性评估

评估所用定价策略和方法中哪些最有效，有一些问题需要考虑。例如，组织的发展重点，决定突出什么：是收入和利润，组织整体形象，还是获取市场份额，或者甚至是困难时期公司如何生存？

### 1. 确定和重新评估价格

（1）制定营销策略：进行市场分析活动，确定产品的定位。

（2）制定营销组合决策：描述产品以及如何分销和推广产品。

（3）评估需求曲线：考察预期需求与其对价格的影响，探究两者的关系。

（4）计算成本：关注与产品相关的固定成本和可变成本。

（5）理解环境因素：关注竞争对手的地位和价格以及有关定价、歧视和倾销等方面的法律限制。

（6）设定定价目标：确定定价目标，是利润、收入、数量或利润边际最大化，是收回成本，是保持现状，还是帮助公司生存下去，或者其他？

（7）确定定价：设定能够实现既定目标的成本（"定价策略"，上载时间不详）。

### 2. 确定价格时公司考虑的因素

取决于组织的业务范围，在定价实践上，内部员工可能会具备很强的专业特长。现在有许多独立顾问可以协助这项工作；还有各种各样的软件提供解决方案，使管理人员能够考察几种不同的定价场景。用于确定定价的数据，代表性的有以下数项：

（1）产品特点：公司着眼于产品对客户的价值。这样做，主导原因可能是市场商机、主要效益、相对独特性、维护成本低等。

（2）市场特点：对竞争的关注起主导作用。竞争越大价格越低。

（3）竞争产品：如果受进入市场所需资源或时间限制，竞争产品进入市场也面临障碍，价格将会更高。

（4）分销和生产能力：通过有效的生产和销售渠道，公司会力争抢占早期市场份额。随生产量增加，生产成本通常会下降，也会导致定价下降。

（5）价格质量关系：研究表明，在追求价值的同时，客户普遍认为，定价太低的产品，质量也会偏低，因此不会购买。平衡对质量、价格和价值的看法，通常会有效增加销售。

（6）金融状况：公司的金融位置越强势，定价就越有弹性。金融稳定性使管理人员能够在短期和长期定价与利润策略之间做出选择。

（7）实力的相对位置：供需问题会给买家或卖家带来相对的实力优势。竞争越激烈，销售公司的地位就越弱。这可能导致各种谈判与拍卖活动。（Chang，C. M. 2005，p. 272-275）

### 7.6.3 报告定价对营销策略的影响

要将定价策略评估和分析结果汇集在一起并撰写报告，用专门为此目的设计的工具，做起来要容易得多。无论是使用原有自动化功能还是自己开发新功能，请记住要完成以下任务：

（1）使用图形表达（如示图、表格等）。

（2）寻找有效表达法，使关键数据比较易于理解。

（3）提炼报告。记住，有时更多只是更多，而不是更好。

（4）向读者介绍目标。

（5）提供一个简单直观的叙述，清楚描述出"看点"。

（6）直接将营销策略更改建议和数据关联，展示为什么提出这些建议。

（7）在报告结束时总结建议，要包括行动步骤。

和往常一样，要考虑听者群。例如，如果定价问题复杂并且与高度技术性问题直接相关，营销人员技术专长又有限，报告文本就需要做相应调整。报告可能需要加进更多的场景信息、术语和过程描述，或统计分析总结。

书面报告通常足以分享信息。如果接收者需要提出问题，探索相关问题，或者商定小组行动内容，用会议形式提交报告会是最好方式。如果分析报告信息量大，请务必让与会者有充足时间在会议前审阅材料。

# 复　习

学习了"第7领域：工程组织的营销与销售管理"之后，你应该能够回答以下问题：

1. 描述广告活动是怎么创建的。

2. 从事国际营销工作的管理人员需要培育哪些技能？

3. 用于收集客户满意度数据的工具主要有哪些？它们收集哪些类型的数据？

4. 要确保客户满意度研究能够实际用来改善产品设计与发布，有哪些必要步骤？描述这些步骤。

5. 列出和描述公司用来评估营销活动成功度的方式，至少五种。

6. 探索公司开发品牌的一些步骤。技术品牌开发与其他产品或服务品牌开发有何不同？

7. 描述波士顿矩阵，并且就如何在产品系列分析中使用它开展讨论。

8. 确定产品生命周期的五个阶段。管理人员在每一阶段应该解决什么问题？

9. 在开展国际运营中，管理人员面临的挑战有哪些？

10. 领导和管理模式如何因文化不同而不同？列出至少八项管理人员为促进跨文

化团队的更好互动应该采取的行动。

　　11．讨论工程师在定价中的作用。考虑哪些因素？可以用什么定价模式？

# 延伸阅读

[1] www.heacsi.org

美国客户满意度索引（ACSI）。"一种统一与独立的家庭消费体验测量工具"。跟踪客户满意度趋势，并为企业、产业协会和政府机构提供关于消费者经济的基准性见解。

[2] www.marke.ingpower.com

美国营销协会（AMA）。《国际营销学杂志》。可以阅读探讨国际营销的最新文章的良好信息源。

[3] www.Globaledge.msu.edu

全球前锋。由密歇根州立大学国际商业教育与研究中心创建的知识门户网站。它为管理人员提供超过 5000 种在线资源、国别观察、新闻、研究或教学资源、决策支持工具。

[4] www.executiveplanet.com

执行之星。针对特定国家的商业文化指南或文化商业技巧探讨文章。

[5] www.trade.gov

商务部国际贸易管理局（ITA）。提供关于美国国际贸易政策的信息和服务。

[6] www.fita.org

国际贸易协会联合会（FITA）。可以访问 450 多个独立的国际协会。

# 参考文献

[1] Allen, D. (2004). *Customer satisfaction research management.* Milwaukee, WI: ASQ Quality Press, 5.

[2] Bleeke, J., & Ernst, D. (1995). Is your strategic alliance really a sale? *Harvard Business Review, 73*(1), 97-105.

[3] The Business Research Lab. (n.d.) Measuring what is important to customers. Retrieved from http://www.busreslab.com/tips/tip3.htm on May 10, 2014.

[4] The Business Research Lab. (n.d.) Improving customer satisfaction once a customer satisfaction measurement program is in place. Retrieved from www.busreslab.com/tips/tip11.htm on May 10, 2014.

[5] Chang, C. M. (2005). *Engineering management: Challenges in the new millennium.* Upper Saddle River, NJ: Pearson Prentice Hall.

[6] Corey, E. R. (1978). *Marketing strategy: An overview.* Case Study No. 9 579 054. Boston, MA: Harvard Business School.

[7] Hughes, J., & Weiss, J. (2007). Simple rules for making alliances work. *Harvard Business Review, 85*(11), 122-131.

[8] IdeaBridge. (n.d.). Sales plan template. Retrieved from http://www.ideabridge.com/ideabridge/whitepapers/24.pdf on May 10, 2014.

[9] Jagodka, R. F. (1998). Skills needed for effective international marketing: Training implications. Retrieved from http://instruction2.mtsac.edu/rjagodka/Skills_book/Skills_ Needed_For_Effective_ International_Marketing.pdf on July 17, 2015.

[10] Kohls, L. R. (1984). The values Americans live by. Paper prepared for the Washington International Center, 1984. Retrieved from http://math.claremontmckenna.edu/ALee/extra/American_values.html on May 10, 2014.

[11] Marconi, J. (2000). *The brand marketing book: Creating, managing and extending the value of your brand.* Lincolnwood, IL: NTC Contemporary.

[12] Mazda, F. (1997). *Engineering management.* Harlow, England: Addison Wesley.

[13] Pettis, C. (1995). *TechnoBrands: How to create and use branding identity to market, advertise & sell technology products.* New York, NY: AMACOM. Pricing strategies. (n.d.). Retrieved from http://www.marketingteacher.com/Lessons/lesson_ pricing. htm

[14] Pricing strategy. (n.d.). Retrieved from http://www.netMBA.com/marketing/pricing on May 10, 2014.

[15] Product portfolio analysis. (n.d.). Retrieved from http://www.bized.co.uk/educators/16-19/business/ marketing/ lesson/portfolio.htm on May 10, 2014.

[16] Rickard, M. (n.d.). Marketing Plan Elements. From "Advertising and the Marketing Process". Retrieved from www.westga.edu/~mktreal.ADVCP3.ppt on May 10, 2014.

[17] Robie, C. (2003). The right stuff: Understanding cultural differences in leadership performance. Paper prepared for Emerald Publishing Group. Retrieved from http://www.emeraldinsight.com/doi/ full/10.1108/EUM0000000005637 on July 17, 2015.

[18] Shay, J. (n.d.) Operating in an international business environment. Presentation for an MBA Essentials Course at the University of Montana. Retrieved from http://ssc.bibalex.org/viewer/detail. jsf;jsessionid=3E5450AD83CC0DC755B3ED21D1ECF8F0?lid=6E61 05A6CCED8E63E19DEA1FC7D9FAC4&aterm=null&page=null&tid=348FD28C8427C 06F1FFE262DB43A929A&atype=null&apage=1&id=null on July 17, 2015.

[19] Taylor, D. (2003). *The brand gym: A practical workout for boosting brand and business.* Hoboken, NJ: John Wiley & Sons.

[20] Zabin, J., & Brebach, G. (2004). *Precision marketing: The new rules for attracting, retaining, and leveraging profitable customers.* Hoboken, NJ: John Wiley & Sons.

# 8

# 技术管理、研究管理与开发管理

**第 8 领域主笔**

职业工程师　劳瑞·斯托弗（Larry Stauffer）　博士

职业工程管理师　桑迪·里斯克（Sandy Lieske）　博士

**第 8 领域翻译**

何继善　教授

# 技术管理、研究管理与开发管理

## 关键词和概念

| | |
|---|---|
| **开发** | 系统运用科学技术知识实现特定目标或满足特定需求 |
| **创新** | 能在市场上产生经济价值的发明。创新可包括新产品、新过程、新服务或新的经营方法 |
| **研究** | 为确立事实、解决新问题或现有问题、证明新观点或发展新理论而开展的不带先入之见的知识探求（系统性调查） |
| **研究与开发** | 系统开展创造性工作以增加知识储备（包括人类、文化和社会知识），并利用这些知识储备设计新应用 |
| **技术** | 工具、机器、技法、工艺、系统或组织方法的创造、使用和相关知识，目的是解决问题或发挥特定作用 |
| **技术评估** | 确定特定技术（包括其技术参数和性能）的效能及其在规划项目中适用性的评估过程 |

## 8.1　概述

### 8.1.1　研发管理

很多工程师和工程管理人员在其职业生涯中都有机会进入研发团队工作。研究和开发（简称为"研发"）包含一系列活动，这些活动从初期针对某一领域的研究延伸到具体商业应用的开发。美国国家科学基金会（National Science Foundation，2015）采用的定义能有助于我们区分这些活动："基础研究是对不具有特定即时商业目标的新科学知识或者认识的探索，尽管其本身可能具有现实或者潜在的商业利益"。应用研究是运用基础研究成果或其他现有知识来发现在产品、服务、流程或方法等方面有特定商业目标的新科学知识。开发是指把从研究或实践经验中获得的知识或认识系统地应用于有用产品、服务、过程和方法的生产或重大改进，包括原型、材料、设备和系统的设计和开发。尽管大多数企业都采用三种主要的组织模式，但每个企业的研发活动都有所区别。第一种研发组织模式是部门职能型组织结构，设有研发部，一般由部门工程师来负责开发新产品或新服务。这类部门的工程师也可能隶属于某个跨职能团队，一起来负责所有产品与服务的交付，利用现有技术或根据需要创造新技术。在这种组织模式下，人们通常会期待产品能带来高额投资回报。第二种研发组织模式与企业的中央研发实验室结构类似，有很多行业科学家、建筑师或高级工程师在其中从事科技领域的应用研究，他们的研究能支持未来产品开发。一旦研究有所突破，这些实验室团队会联系部门的研发团队，促成实验室成果科技转化。第三种研发组织模式更像是一种智库结构，其科研人员在被资助的领域里进行基础研究。第二、三种研发组织模式下的科研通常不会迅速盈利，而且还常伴有巨大投资风险和收益不确定性。

### 8.1.2　技术管理

显然，技术在研发过程中起着关键作用。从不同角度来看，技术有不同的定义。简而言之：技术是用来创造商品或提供服务的知识、产品、过程、工具和系统（White and Bruton，2011）。这个定义与研发中的技术应用和技术创造非常吻合。虽然技术人员通常把技术管理看作研发管理的并行职业道路，但它是一项非常相似的系统性、策略性活动。技术管理最为常用的定义是：为了确定并实现组织的战略目标，把不同学科联系到一起进行技术能力的规划、开发、实施、监测和控制（White and Bruton，2011）。

美国产品开发与管理协会（PDMA）认为技术管理的终极目标是"优先重点研发有利于企业未来收益的各种现有技术机遇（Kahn，Castellion，& Griffin，2005）"。随着产品开发的进行，战略和战术规划的必要性显得越发重要——战略规划可确保组织目标的实现，而战术目标可确保产品开发目标的实现。对于决定了要推进新产品开发的企业，卡恩等人提出了这几点建议："要实现目标，企业应该要在支持技术机会识别的工具、过程和结构等方面投入资金，以推动产品创新并把产品成功推向市场（Kahn et al.，2005）。"

偏重研发管理还是技术管理，在很大程度上能反映出企业的结构以及企业是如何进行新产品与服务的开发来为客户创造价值。无论哪种情形，作为为客户创造价值的系统开发过程的一部分，技术整合奠定了这两门学科的基础。

## 8.2 创新的作用

创新源于对研发管理和技术管理的重要期望，那就是产生新想法来解决问题。因为创新不仅仅是产生新的或创造性想法，它还包括把这些想法付诸实践来创造新设备或新流程。创新需要把创造性想法与合适的资源以及专业知识结合起来，为商业开发出有价值的事物。在很多行业中，技术创新已成为企业赢得竞争的最重要驱动力。对于为数众多的行业，企业生意三分之一或更多的销售额和利润都来自近五年开发的产品（Schilling，2013）。实际上，波士顿咨询集团 2013 年对创新的调查显示，调查对象根据近五年的趋势，都认为创新的重要性要高于以往任何时候（Boston Consulting Group，2013）。

世界市场全球化正在对创新投资产生重大影响。来自于国外企业的竞争压力迫使国内企业提高创新能力，开发出差异化产品和服务。美国等世界上经济成熟的国家，几十年来一直在创新中居于领导地位，但巴西、印度和中国等国家正在迅速缩小差距。这些国家的经济增长速度高于成熟经济体，这种经济增长意味着更多的消费者和更多的收入，从而更有能力提供更多的创新投资。为了促进经济强劲增长，这些国家通常会制定支持性政府政策，进一步支持创新投资。像大幅度的研发税收抵免等政策，有明确的着重点和立竿见影的效果。还有一些政策虽然没有立竿见影的效果，但随着时间推移它们能转化为巨大利益，如通过教育计划建设一支高素质的员工队伍。这些政策的净效应就是巴西、印度、中国等很多国家都致力于创新并投以重资以增加国家的创新竞争力（Boston Consulting Group，2010）。

创新的步伐也一直受信息技术进步影响。采用计算机辅助设计工具，能使企业的新产品设计更简单、更快捷。灵活的制造技术缩短了生产周期，降低了成本和生产规模经济的重要性（Schilling，2013）。汽车、手机和其他消费性电子产品制造商能够创建广泛的产品组合，几乎能满足所有的市场需求。尽管过去多种差异化产品的生产耗资耗时，但如今灵活的制造技术可使企业的产品很容易地从一个型号转化到另一个型号，通过实时库存数据来调节生产需求。对平台构架的投资使得在进行产品差异化生产时可以应用共通组件，从而有助于降低生产成本。

新技术的应用可以加快创新步伐，缩短开发周期，加快新产品的问世。产品生命周期变短则能促进企业更快地创新。最终，企业会发现创新在战略上势在必行，否则它们将处于收入和利润率下降的不利境地。

## 8.3 创新战略管理

随着全球竞争压力的不断增加，创新竞争也日趋激烈，企业在不断寻找方法加速新产品的开发过程。然而，有些企业通常没有清晰的战略，没有强大的投资组合管理过程，甚至也没有严格的项目管理方法。这种制度的欠缺使得企业启动的项目得不到足够支持，项目选择不符合企业业务目标和工程技能，导致项目开发周期长，项目失败率高。有些人认为创新不应受制于流程，而波士顿咨询集团的研究表明具有强大创新力的企业更有可能遵循标准化的流程，而且这些企业认识到高效的流程需要有效的治理、投资组合管理和项目管理（Boston Consulting Group，2013）。

制定明确的技术创新战略并不能确保企业获得商业成功，但可以提高创新成功率。关键在于企业的创新目标要与其商业目标、核心竞争力和资源一致，与此同时组织结构和奖励制度不但要鼓励产生创新思想，还要认识到创新需要承担风险并接受失败。产品开发过程应对风险进行有效管理，使技术与市场成功最大化。很多模型可为创新的战略管理提供基础。怀特和布鲁顿（White and Bruton，2011）提出的循环创新过程模型，其循环包括技术预测、技术获取、技术实现、技术集成和技术开发这样一个过程。希林（Schilling，2013）提出的技术创新的战略管理模型，分析了创新的行业动态以及创新战略的制定和实施。这两种模型提供了一种系统的创新管理方法，有助于企业提高创新成功率。

后续章节将会分析希林（Schilling，2013）模型中的关键要素，补充一些背景知识来帮助确定创新战略管理方法。

### 8.3.1　了解产业动态

理解创新如何在某个行业产生以及为什么产生很重要，有助于为制定创新战略奠定基础。创新资源与类型是产业动态的两个要素。一个企业有多种不同的创新资源，包括作为研发组织其中一部分的个人或团队、研究实验室、大学、政府实验室，甚至非营利性组织。把各种资源结合在一起可能是一个更为重要的创新资源，也就是合作网络。如今人们越来越认识到合作网络在持续创新进行过程中的重要性。合作网络的例子包括合资企业、许可证协议、研究协会，甚至是非正式网络。这些形式的合作在技术领域尤为重要，因为有时单独一个组织很难具有把创新推向市场所必备的全部能力。

技术创新通常可分为不同的类型，类似于把项目划分为整个投资组合规划过程的一部分。下文将描述创新分类的两个常用维度。

#### 1. 产品创新与流程创新

产品创新主要体现在组织交付产品或服务上，而流程创新则通常侧重于通过工作方法提高组织效率和效益。虽然产品创新更加显而易见，但流程创新对于组织的竞争成功通常也必不可少。值得注意的是，产品创新可与流程创新同步开展。例如，一个新产品的概念也许需要创建一个新的制造流程才能将它推向市场。

#### 2. 突破性创新与渐进式创新

突破性创新是指不同于现有产品和流程的崭新事物。突破性创新不但存在较高技术风险，还存在客户接受度风险。无线技术的引入就是激进式创新的一个例子。突破性创新当然有技术风险，而且也存在很高的客户初始接受度风险。渐进式创新在现有产品或服务上做出较小改变，但却能给客户或商业提供某种形式的附加值。手机服务计划中从有限时到不限时的改变体现了手机服务的渐进式创新。提高打印机打印速度的技术也是一种渐进式创新。

S 曲线是与技术创新产业动态相关的另一重要主题。技术性能改进率与技术的市场普及率曲线都呈 S 形。把技术性能与技术投入量绘制成图，通常可见开始时性能改进缓慢，但随时间推移而加速，到了最后又开始减速至平稳（图 8-1）。前期的技术性能改进缓慢也许是因为对技术的理解不充分，甚至还不了解客户对性能的要求。在那些影响最大的参数受到关注后，技术性能则会迅速改进。到了某一时刻，继续投资于更多技术改进的收益会减少直到消失。新的技术创新出现，并最终取代现有技术。这种变化可以是有序的，只要在开发和客户使用方面都有清晰的路径，那就可以很容易地转到新技术。然而，之所以会跳转到第二条 S 曲线，通常是因为新的不连续创新淘汰了第一种技术。使用第一种技术的企业要面临决策选择：是设法延长现有技术和产品的生命，还是转向新技术。

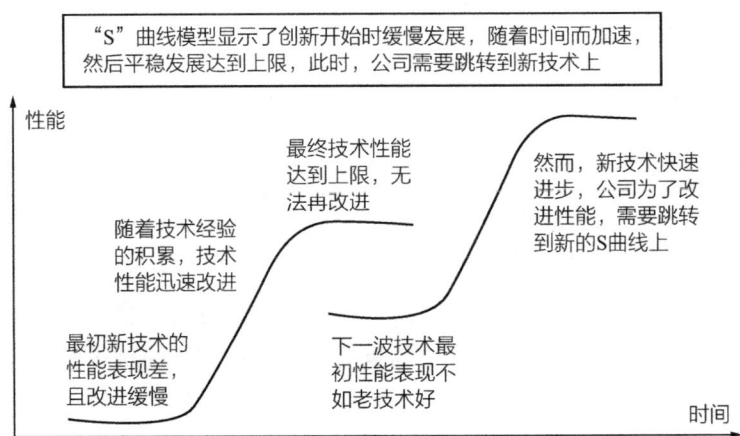

图 8-1 技术的"S"曲线（strategic thinker.wordpress.com）

### 8.3.2 制定创新战略

制定创新战略需要结合本书其他领域的工具和知识，形成统一的方法。第一步是评估企业当前技术状况并制定未来战略。这些步骤使用的主要方法包括 SWOT 分析、波特五力模型和核心竞争力分析。这些方法在"第 3 领域：战略规划"中已有详细描述。SWOT 分析是用于了解企业现状的重要工具，能帮助企业了解可以利用哪些优势，应该考虑哪些劣势和威胁。波特五力模型用于处理企业当前市场定位问题，能帮助企业分析所处的外部环境并制定战略目标。制定创新战略的关键是要准确把握企业核心竞争力。一般认为核心竞争力是在战略上有别于其他企业的东西，不仅仅是核心技术。核心竞争力源自企业将多种功能组合成竞争对手难以模仿的东西的能力。

详尽了解企业当前的技术和竞争地位之后，就可以开始制定创新战略。企业的目标是为客户创造价值，为股东产生回报，同时为员工创造优良的工作环境。企业的战略意图要描绘一幅令人激动的蓝图，展示如何随时间推移实现其既定目标。战略意图通常可以是一页简述企业使命、愿景以及关键长期目标的文件。例如，关键长期目标可包括注重技术、流程、市场开发和员工培训。在每个方面，都可能需要 3~5 个战略来支持其目标。关注重点目标的另一种方法就是把第 4 领域描述的平衡记分卡用作模型。关键的长期目标应注重财务、客户、内部业务流程以及员工学习和成长这四个方面。使用平衡记分卡模型法（Kaplan and Norton，1996）制定目标能确保关键成功因素和关键进度测量指标得到充分考虑。如果没有评估既定战略的指标，那么就不可能赢得进度，也无法及时做出必要调整。

确定可作为创新战略的战略意图之后，下一步就要仔细评估并选择合适的技术项目进行投资。大多数工程管理人员对什么项目进行投资常常面临艰难选择。只有依据周密而严格的项目组合流程，团队才能评估项目一致性，从而做出最佳选择。

定性和定量法均可用于项目选择。贴现现金流分析是一种项目评估方法，用来评估目前的投入能否实现预期收益。贴现现金流分析中最常用的两个财务指标是净现值和内部收益率。这两个指标提供了详细的财务评估，有助于在多个项目中权衡决策。

作为权衡决策的一部分，许多产品开发项目需要开展定性信息评估。一种典型方法是建立包含各种定性因素的筛选模型。项目的关键利益相关者会在特定范围内逐个评估这些因素，从而确定项目优先顺序。通常会对筛选模型使用的因素加权，这样优先级较高的因素就会在评估中产生更大的影响。权重因素的赋值是筛选模型法的关键要素，需要利益相关者的一致认同。

项目组合规划过程可小到以项目团队规模进行，也可大到以企业规模开展。不论多大规模，都有必要以明确表述的战略意图为基础。重要的是，要让关键利益相关者就项目评估中使用的定性和（或）定量因素达成一致。只要评估因素的加权适当，其筛选模型就能成为简单而有效的工具。最后，该过程的结果可用来为优先级最高的项目配置资源，并发现潜在的资源缺口。

### 8.3.3　实施创新战略

在很多行业中，快速、高效、优质开发新产品的能力是一个企业成功的驱动因素。不幸的是，大部分项目在成本、预算和质量方面并没有达到预期。新产品开发过程有三个关键目标：满足客户需求，缩短开发时间和控制成本。幸运的是，很多工具和方法论可实现兼具效果和效率的产品开发过程。第 8.5 节将详细介绍一些促进所需改进的方法。

## 8.4　最佳创新实践

创新过程在不同行业有不同的形式，并没有一种唯一正确的方法。但这方面的研究表明可把五个关键属性视为最佳创新实践（Boston Consulting Group，2013）：

（1）领导承诺。组织领导者都必须要致力于培育善于创造、勇于改变、敢于冒险的文化。他们必须明确战略，聚焦发展，确保组织不断进取。

（2）利用知识产权（IP）。以前企业都把保护知识产权作为保护创新和技术的防御战略。现在企业使用知识产权来建立竞争优势，有时也可通过知识产权许可来发展广泛的业务。

（3）管理投资组合。随着有限资源的日益紧张和项目的增多，高效的创新者要学习如何推进高潜力项目。要把资源投资于高优先级项目，领导者要敢于取消一些项目，这是严格的门径管理流程的一部分。

（4）关注客户。强大的创新者想方设法让客户参与创意过程，获取客户在整个开发过程中的反馈，并把客户满意度作为产品发布后的指标予以关注。

（5）建立强大的流程。强大的创新者要有明确的治理和决策流程，这是标准开发流程的一部分；要将治理、投资组合管理和项目管理视为流程的三个显性要素，而且这三个要素都必须是高效的；要强调团队精神，鼓励沟通与协作。

## 8.5 从研究和技术开发到新产品——从概念到实现

### 8.5.1 产品实现过程之目的

企业有很多关于产品开发的战略。有些企业侧重于既有市场，通过最低成本生产进行竞争，还有些企业则侧重于通过寻找新产品的商机来满足市场需求，甚至创造市场。然而，产品的成功并不仅仅来自技术开发。为了把产品成功投入市场，企业必须将创新与创意营销、金融和公众观点紧密结合起来。人们普遍认为苹果公司是成功开发新技术的代表，然而，苹果公司之所以成功是因为它重视从多方面努力，而不只是产品设计与制造。比如，我们都认为苹果手机开启了智能手机市场，大体如此，但各种版本的第一代智能手机却是IBM、诺基亚、美国电话电报公司、爱立信等公司在20世纪90年代开发出来的。是什么让苹果公司在2007年推出 iPhone 时取得如此成功？这归功于苹果公司将其对市场营销、金融和可用性的敏锐洞察力与其产品设计和制造完美结合的能力。作为工程管理人员，我们通常只负责产品设计和制造，但如果希望产品成功，我们就必须与其他领域的管理人员合作。

人们常说"失败得越早，代价越小"。产品实现过程是耗资的，随着时间的推移，企业在一个创意上投入的时间和金钱会越来越多，产品推向市场失败是一种高代价的尝试。产品开发成功的关键是要在过多投入之前识别出并淘汰掉那些不易成功的创意。即便如此，也不能保证成功。研究表明，每60个产品创意大约只有1个创意的产品能投放市场（Cooper，2011）。大部分产品创意在企业最初的调研阶段就遭淘汰，图8-2示出了这种新产品淘汰情况。因为难以克服的技术

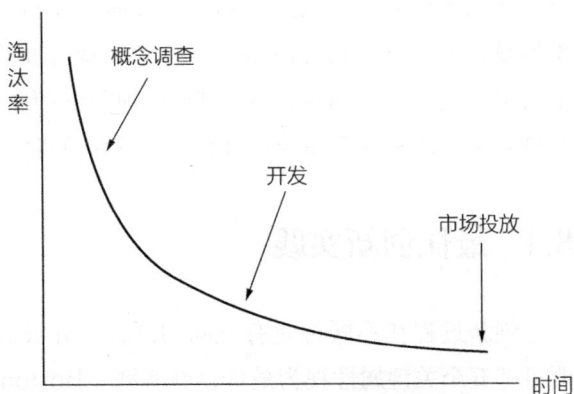

图8-2 新产品投放市场前的淘汰率

挑战或高昂成本，大部分产品在开发阶段就被淘汰，还有一些产品会因市场反应不佳而遭受失败。

　　阶段评审或门径管理流程通常被用来管理研发活动中的新产品开发。该流程的目的是管理产品投入市场的相关风险。因为目标是实现把研究转化为有投资回报的可用产品，所以注重设计细节、遵循规定流程、提出尖锐问题能够增加最佳创意实现的可能性。典型流程如图 8-3 所示。

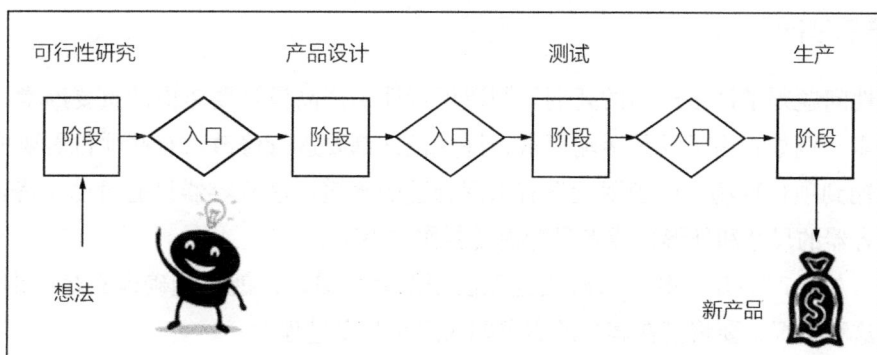

图 8-3　典型的产品实现过程

　　为了保持市场份额，即使是现有产品已获成功的企业也要继续改进产品。为了保证利润，企业要持续改进产品和生产方法。然而，成功的产品也会吸引同行对市场的关注。为了降低成本，企业要在产品生产阶段不断重新设计产品，改进生产方法。企业要将其主要财政资源投入到这一过程中。

## 8.5.2　一体化产品设计开发方法的知识

　　产品设计的步骤通常有：
（1）产品定义；
（2）概念开发；
（3）详细设计；
（4）原型制造和试验。

　　传统上，产品设计是一个耗时的顺序过程，只有在一个部门完成设计流程的一部分后，另一部门才能开始另外的部分。随着计算机设计应用程序的问世和发展，同步一体化设计方法已经取代这一顺序过程。相同的步骤可以多次重复，同步完成。这种方法大大缩短了设计流程，现有技术可以让设计者用电脑把草图变成详细设计。这种方法的使用者不再独自工作，而是成为多功能团队的一员，发挥各自优势共同开发产品。

### 1. 产品定义

　　使用质量功能配置（QFD）可将客户的意见融入设计开发过程（Bossert，1991）。使用该技术可了解客户需求，对这些需求排序，然后把它们转化成产品规格和特性。多功能项目团队要根据客户要求、市场信息和技术数据制定出工程目标优先列表，新设计必须要能够实现这些优先目标。制定目标时，要考虑以下问题：

（1）客户的需求是什么？

（2）客户每种需求的相对重要性如何？

（3）客户对现有产品的满意度怎样？

（4）产品设计团队希望获得怎样的满意度？

### 2. 产品可行性

可行性问题判了许多产品的死刑。制造可行性是产品设计要考虑的重要因素，但绝不是唯一因素。例如，为了满足运输要求，许多设计都要进行修改。有些项目需要把大型压力容器运输到项目现场。由于附近没有水深合适的水道，这些容器只能通过陆路运输，这就限制了容器的尺寸和外形，或者只能现场制作并组装。

同样，如果产品开发既无法解决也无法创造客户需求，就不能确保充足的市场需求。为了避免这种情况，要将潜在客户的需求融入产品开发过程中。

有了适当的规划和开发技术，项目团队就有可能在项目计划定型前识别、评估并解决很多生产限制问题。包括识别出原材料供给问题、工具和材料运输问题、制造过程的潜在问题、最终交付问题和终端用户问题。通过在生产前识别并解决这些限制问题，项目团队可以绘制出项目实施关键路径图，并避免通过首次产品制造来决定项目可行性。同时，为了确保能根据产品的实际特点和性能开展产品营销，要让营销团队的代表也参加产品开发活动。

现在很多项目规划工具都可辅助完成规划过程。有好几个软件包都可用来将规划过程的输入组织成简洁又易于理解的形式。通过计算机过程模拟、工序流程模拟、成本分析程序做出的设计分析对项目可行性评估很有价值。这些工具可从以下方面为可行性评估带来好处：

（1）计算机过程模拟完成的设计分析可使设计者确保其设计产品能用现有设备制造出来，同时还可以突出显示过程中存在的问题，使设计者有机会在这些问题实际发生前改进设计。

（2）工序流程模拟能呈现生产过程的关键路径，并显示合适的工作站能力。同时还能识别出可同时完成的工序，以便对工序流程进行调整，尽可能多地消除瓶颈问题。

（3）现有好些成本分析工具，通过使用这些工具，项目团队能够确定设计产品的生产成本是否在可接受范围之内，也可以使项目团队有机会论证通过材料替代或改变生产方法来降低成本的可行性。

### 8.5.3 概念设计

### 1. 基本原则

关于概念设计的准确定义有很多观点。如果是指对现有产品进行修改，概念设计可以描述为制作一个新原型。而如果是指一个全新的创意，概念设计就只是想象出可能的情况。

在多数情况下，它介于这两者之间。

通常，概念设计是指为产品定义阶段确定的产品需求寻找解决方案的各种活动。如果设计得好，产品定义阶段就可以识别出这些需求的目标价值。例如，设计打印机时，设计团队要了解产品的各种需求，比如每分钟打印 15 页纸，或者能否装入一令纸。在概念设计期间，团队要识别出能以目标价值实现这些产品需求的那些初始产品创意。设计团队可以有很多设计方向。在这个例子中，设计团队可以设计一台墨水打印机，也可以设计一台电子照相打印机。一旦确定类型与相关技术决策，可能的解决方案数目就开始减少。

### 2. 概念变更

对于一个概念，不要太快地达成一致，这一点很重要。虽然满足产品需求的方法很多，但只有通过探索不同的概念才能找到突破性解决方案。一些概念设计方法（Pahl，et.al，2007）是尽可能按照一个产品概念设计，但同时考虑其他替代方法。这样，设计团队就不会局限于第一个方案上，往往还能找到更好的方法。

在产品开发过程这个阶段，进行设计决策还是相对容易且廉价的。为了设计出不同于竞争对手的产品，需要探索新技术和新应用。在其后的详细设计阶段中，企业将投入大量资源并确定详细的产品规格。在这个阶段改变概念的机会有限，成本也相对较高。更换设计者、取消供应商协议和最初生产安排会产生沉没成本。因此，最好是在概念设计阶段就做出变更，因为这时的概念还不固定。

### 3. 概念表征

概念设计的最后一步是确定概念表征。该表征通常以书面说明、草图或实体模型的形式呈现，有时也制作实物模型。提供概念表征的关键是让设计团队所有成员对实际产品见解一致。如果每个人各持己见，那么以后可能要花费更多时间和更大代价才能统一意见。

## 8.5.4　详细设计

有多种模拟模型可用来确定产品或流程变更造成的影响，从而避免产生开展实际大规模试验的费用。虽然原型制作可以帮助调试制造过程和产品设计，但特别费时费钱。计算机模拟提供了经济有效的测试方法，能够取代传统方法。随着计算机技术的快速发展，对大多数制造和设计项目而言，都能负担得起计算机模拟，而且行之有效。

使用计算机模拟模型可以确定一个、多个或同时发生的多个变更对产品或过程的影响。很多具备三维设计能力的计算机设计程序也具备三维建模与模拟能力。如果对一个部件进行三维设计，那么可以使用三维建模来确定实体模型的各个表面，再使用软件的模拟能力进行加工模拟。

使用计算机辅助设计和制造（CAD/CAM）技术设计部件时，可以用软件来识别可制造性问题，如不合适的刀具间隙、排序问题以及不能接受的磨损率等。虚拟刀具可用来对部件进行"测试驱动"，检查间隙和其他可制造性问题。从计算机桌面上了解到某个切削刀具会在每个部件的同一点卡住或折断要比在生产现场了解要高效得多。计算机桌面也是了解到产品根本不能按照规定生产出来的最好地方。如果试生产结果是不能按照原始设计生产出产品，应考虑一下相关的设备与加工成本。对于无法生产出（事实上也许永远不能生产出）所需产品的流程，在虚拟阶段更改设计要比试图进行逆向工程好得多。

还可以使用模拟模型确定制作部件的设备性能。这些模拟模型可帮助确定何时可以重新利用设备，何时需要改装设备来提高操作效率，何时需要更换设备。

除了设计与制造模拟外，还可以模拟产品的整个生产流程。计算机模型可对材料供应情况、运输问题、瓶颈以及每个部件在整个流程中的位置进行重建。现在计算机已具有强大的宽带和数据储存能力，因而能做越来越复杂的模拟。不同于过去一次只能评估一个变量的改变，计算机可同时进行多个模拟。随着计算机模拟方法的应用，审查项目建议确定产品可行性时要考虑如下问题：

（1）制造这个产品是否可行？

（2）目前是否有足够种类和数量的设备生产该产品，是否还需要购买新设备？

（3）能否安全、高效地制造该产品？

（4）该产品是否有可持续的市场？

（5）如果目前没有可持续的市场，那么是否能创造一个能产生足够销售额的市场来支持该产品生产？

（6）终端用户能否接受这样的费用？

（7）能否获得执行该项目的资金？

（8）该项目的资金来源有哪些？

（9）是否有合适的资源配置给该项目？是否有合适的人力资源？是否需要额外的员工？现有设施是否还有能力承担该产品的生产任务？

（10）是否需要增加与该项目相关的培训？

（11）在终端产品的制造、分销和销售方面是否有必须要考虑的规定？

（12）客户改变该产品的用途，是否会给制造商带来潜在的责任问题？

（13）该项目是否能在预期可占领大量市场份额的时间段内推向市场？

（14）这个项目会赚钱吗？还是资源可以更好地用在别处？

## 1. 试验设计

不同于在严格控制环境下一次只能改变一个因素的试验，精心设计的试验可以同时改变几个因素，验证它们之间相互作用的可能。

设计试验用来完成以下任务：

（1）判断各种条件或设备的影响。

（2）确定流程中的变异源。

（3）优化流程。

开展设计的试验时应遵循如下指南：

（1）亲临现场——积极参与试验，确保按计划收集数据。但并不是要工程管理人员一定亲自操作流程和（或）收集数据。为了更好地模拟真实流程并避免数据收集错误，应该由实际生产人员操作流程并收集数据。

（2）整个设计中都要进行随机试验。

（3）实验的开展应该是独立的，不受前提条件影响。

（4）确保产品或流程的设计能够承受用户一定程度的滥用。

下面的例子可用来理解设计的实验在实际中是如何应用的。一个重型装备制造商的一些中型后卸式装载机在塔节处发生了异常事故（塔节是在操作室下面，与铲斗和提升臂总成连接的部分）。虽然认为设计是非常稳健可靠的，但塔节上却出现了裂纹，是这种设备的意外损毁。由于损毁严重，而且可能会伤害到设备操作员，公司进行了深入调查。

调查发现只有某一家用户的那些装载机在塔节上出现了裂纹。调查人员对用户使用设备的方式进行评估后发现：该用户没有先用炸药炸掉采石场作业面上的岩石然后再用装载机运走，而是作业人员把装载机直接开到采石场的岩壁前，用铲斗撞击的方法来采石。这种设备使用方法超出了设备的设计用途。而且其操作工也接受过如何正确使用该设备的培训。当用户的索赔申请因其对产品的滥用而被拒绝后，用户决定寻求其他方法来运走岩石。

## 2. 稳健设计

工程管理人员可以用包括稳健设计在内的很多设计和试验方法，具体采用哪种取决于项目目标。为了确保设计在项目过程的早期就能完全针对项目定义开展，稳健设计采用了以下概念：

（1）理解设计参数与项目定义之间的关系。

（2）变化会造成质量损失。

（3）两步优化。

（4）正交法矩阵实验。

（5）把干扰项引入实验，包括但不限于以下几种：

1）参数变化；2）环境变化；3）操作条件；4）制造变化；5）数据分析和预测；6）相互作用的识别与确认。

在没有采用稳健设计技术的项目中，质量工作一般都集中在试验和（或）初期生产阶段，通常此时再做大的修改为时已晚。

### 8.5.5　原型制作和试验

虽然试生产难度大且花费巨大，但可用于在产品进入市场前校正产品和流程，提高效率。试验样品的现场测试通常能使厂家在产品大量推向市场前发现潜在问题并做出改正。

## 1. 试制

遗憾的是设计并不总是考虑到了生产环境的实际要求。有时，如果不开发出制作并固定部件的专用工具和卡具，实际上就不可能安全、高效地生产出产品。试制能暴露生产过程中的不足。

理想的做法是向参与生产过程的所有小组（不仅仅是工程组）征集关于试制的反馈，包括材料采购人员、排产人员、生产操作人员、安全人员、加工人员、运输人员以及参与生产的其他人员。企业每天要从各组人员中的指定代表处收集反馈信息，并利用它们在初期生产前改进设计和流程。

需要指出的是，从生产现场收集的反馈对试制过程非常有价值。针对试制中遇到的问题，实际生产操作人员往往会有最实用的解决方案，因此一定要听取、重视并采用这些人员的意见。在许多情况下，机器操作员和技术员等人的洞察力并不逊于拥有工程学位的人，而且还可能拥有更多的实践知识。不论何时何地，只要发现了这些知识库，就要加以利用。

对于产品性能和测试结果，大多数行业和大企业都有验收标准。为了确保产品在批量生产前获得成功，试制的产品要符合这些标准。

## 2. 反馈的挑战

供应商、生产人员和客户的反馈能帮助企业试制的新产品进行评估。这些反馈的综合输入能确保最价廉物美产品的开发和实现。接受参与试生产人员的反馈将为以后的产品性能改进创造条件。

理想情况下，参与设计的工程师和其他人员在试生产期间能随时到场，这样他们就能根据现场条件找到问题的解决办法。对许多跨国企业而言，在很多情况下一些参与产品设计的工程师都在距离试生产设施半个地球以外的地方。然而，因为有了先进的通信工具、网络化设计技术和日益先进的模拟程序，现在各工程团队几乎可在世界上的任何地点互相进行实时交流。而对那些还不能实际利用这些先进技术的企业而言，至少要有一个虚拟工程团队的代表到场解决出现的问题。通常会制作一个原型来评估新设计或新流程。虽然原型的制作方式有时不同于批量生产期间的制造方式，但制作原型有助于校正设计。从前一个原型的设计和制作过程中获得的知识将成为下一个原型制作的依据。人们无法总是确定一个新设计在实际中是否行得通。原型的作用就是测试设计的功能性、检验创意的视觉效果、收集用户的早期反馈。

设计或产品越大、越复杂，原型制作的好处就越多。可用它来评估各种设计的可制造性、成本、满足客户需求的能力和预期寿命。大型设备的制造商都会制作原型模型，并把它们送到试验场和顶级客户那里进行试验并征求反馈。然后，可通过试验在批量生产开始前对设计进行改进。

在评估一个产品的可制造性时，需要考虑以下几点：

（1）新设计是使用现有工具制造，还是设计中考虑购置新工具（及新增成本）呢？

（2）材料是否容易获得？

（3）生产人员已具备实现新设计的知识、技能和能力，还是需要接受培训呢？

（4）对整个生产过程的控制能否避免报废和返工？

（5）在生产设施内外，是否有运输问题？产品是否很大以至于无法在厂地内移动？产品是否需要分模块制造，然后现场组装？

（6）如果产品分模块制造，如何测试产品的整体功能？不要认为所有部件的功能正常，它们组装在一起后的功能就也会正常。

（7）新产品是否需要在特殊的环境（比如洁净间或温控环境）中制造？

（8）能否采用替代品来提高制造过程的效率？

为了评估一个产品或一组产品的可制造性，可开发一个评估工具来记录所有意见、问题、困难和需要做出的改变。把有效的决策和活动记录下来也是一个好方法，防止它们在重新设计过程中被意外改变。在评估替代产品时，为了确定出最合适的替代品，需要根据相同的标准给所有替代品打分。使用的评估工具可以是简单的手绘图表，也可以是复杂的定制计算机评估。

## 8.5.6　设计修改

### 1. 基本原则

在创意演化为设计的过程中，修改是司空见惯的，甚至是意料之中的。修改可以拓宽舒适带并重新评估什么是正确的，从而有助于工作的改进，并帮助大家成为更好的设计者。设计者都清楚修改是必然的，真正的问题通常是需要修改多少次？何时才能结束修改？设计者不可避免地要应付那些对于设计修改有无尽要求的客户。然而作为专业人士，需要对修改频率和次数有一个明确的界定。

如何确定设计修改次数的界线呢？合同就是一个很好的开端。每项工作都需要一份经所有参与方认可并签署的合同。合同中应对具体项目的修改流程做出明确界定。没有完全相同的项目或客户，每份合同都要反映出这方面的规定。这就要求对客户和他们的需求有充分的了解。一般来说，对于一个成功的设计需要多少次修改的问题并没有公认的答案。实际需要的修改次数要视具体客户和具体项目评估而定。

这个过程的关键就是要清楚何时对客户阐述合同涵盖了哪些内容。要引导客户逐行阅读具体的合同，这样他们才能充分理解合同的内容以及签署合同的权利和义务。必要时确定具体时间双方共同对合同进行充分评审，细查合同及所有合同细节。花时间与客户一起认真审查合同会增加客户的信心和信任度，降低将来不断修改并出现问题的几率。

### 2. 进度报告

更新客户群资料可以减少工作量及修正次数，对组织有利。如果客户了解关于时间进度等细节在合同中的原始约定，那么关于项目的疑问和问题就会减少。如果客户了解这些，他们就会感觉到自己也是这个项目的一部分，甚至在一些情况下还要对结果负责。有了这种责任分担，客户就真正成为项目伙伴。这样就建立起来了客户对项目的信心。对于自己参与建设并抱有信心的项目，客户自然不会有那么多的批评。

### 3. 设计评估

产品或流程的改变通常会导致成本底线的改变。计算机模拟模型可以识别出改变项目变量的影响。实施新技术时，最有利的做法通常是先在试点或实验室应用并测试每项新技术，然后再进行全面试验。但是在评估这些受控过程的结果时，明智的是，要明白产品或流程投入正常使用时，各种各样的变量会同时出现。但无论如何，都不能以为严格控制的实验室条件会与现实世界实际情况完全对等。每个新技术、产品或流程都需要评估如下几个方面：

（1）成本；

（2）可行性；

（3）预期寿命；

（4）环境影响；

（5）适销性；

（6）其他用途。

在评估替代方案时，最好都采用相同的评估标准。要鼓励所有的项目利益相关者都参与评估。

### 8.5.7 生命周期设计

现行设计方法区别于传统产品设计的另一个方面是生命周期工程。传统上，工程师只关注产品性能，即产品功能是否满足用户需求、产品能否按预算制造等。现在，为了确保产品的竞争力，工程师必须要考虑产品生命周期的各种相关问题，包括制造、组装、包装、装运、可用性、维修、保养、回收等主题。

下文列出了几个与生命周期有关的问题。

### 1. 制造与组装设计

可制造性设计（表8-1）是一个高效、经济地开发产品的过程。制造环境的实际能力以及制造过程中的组装和解体程序都会直接影响产品设计。

**可制造性设计（Anderson，2004）** 表8-1

| 可制造性的主动设计 | |
|---|---|
| 1. 优化所有制造功能： | 2. 确保： |
| •制造 | •最好的质量 |
| •组装 | •最高的可靠性 |
| •测试 | •最合规 |
| •采购 | •最高的安全性 |
| •装运 | •最佳上市时间 |
| •交付 | •最高客户满意度 |
| •保养 | |

　　一个新齿轮的设计在图纸上看起来不错，但在进行滚齿加工时，切削刀具总是损坏，这也许就不是操作员的问题了，这时可能需要修改设计。在产品设计过程中，工具性能是很重要的考虑因素。

　　工程师必须明白，现有生产环境下生产出"极致"设计产品的可能性不大，可能需要根据生产设施的实际情况调整设计期望。

　　可制造性设计需要考虑以下问题：

　　（1）工具性能；

　　（2）材料供应；

　　（3）员工安全；

　　（4）再加工需求；

　　（5）生产设施内的产品流。

### 2. 组装—拆卸程序

　　组装或拆卸程序提供了组装或拆卸过程的步骤指南，通常是把程序按步骤进行分解。该程序的内容包括：

　　（1）所需的部件和工具；

　　（2）组装或拆卸顺序；

　　（3）组装或拆卸标准（如扭矩、等待时间、温度要求、液体加注液位等）；

　　（4）检验标准；

　　（5）包装说明；

　　（6）装运程序；

　　（7）相关文件资料。

　　对组装—拆卸解体程序要进行评审和修改，制定统一的产品组装方法。在评审阶段，项目团队应该认真评估组装—拆卸程序的每个步骤，充分理解组装—拆卸方法。如果出于安全考虑，某个部件不能重复使用，那么对于组装—拆卸—重新组装这样一个过程，组装—拆卸程序就要按照该部件在成品中实际使用数量的三倍来准备备件。例如，如果某个螺栓达到规定的上紧扭矩后只能使用一次，那么就要把这个螺栓安装到不需要拆卸螺栓的分总成中，或者在组装—拆卸程序中要求拆卸和重新组装时使用备用的新螺栓。

### 3. 环境设计

　　环境设计要考虑产品或流程对人类健康和环境造成的风险，并努力降低该风险。同时也要开发考虑环境影响因素的实践方法。

### 4. 维修设计

　　维修设计的重点是确保用安全、简单的方法对产品进行维修。例行维护和更换需要的部件应存放在大多数人都能拿到的位置，维修时不需花大力气来找。例如，机油的油尺不应该放在机修工不易拿到的位置。

### 5. 可靠性设计

可靠性设计是指在维持产品合理生命周期成本的同时，使产品和流程的可靠性达到期望水平的一种方法。如果产品和（或）生产流程不可靠，那么产品性能就会达不到要求，生产成本增加，无法盈利。然而，产品可靠性不是与生俱来的，需要付出努力来实现。知道如何预测可靠性很重要，但能实际生产出性能更可靠的产品更为重要。拥有失效模式与影响分析（FMEA）等设计工具是设计可靠产品的一部分，但这只是开始。使用测试与控制计划，故障树分析和其他技术就能确保达到期望的可靠性水平。

### 6. 复用性设计

复用性设计认为，如果只是产品的某个部件失效，那么也许并不需要报废整个产品。事实上，从成本和环境影响的角度考虑，用废弃产品的可用部件来制造其他部件这种做法完全可以接受。例如，多年以来很多汽车零部件都是翻新的，家用电子产品也经常回收后再利用。

### 7. 服务设计

服务设计之目的是要开发出易于维修和保养的产品。提供拆卸程序的目的就是便于实施正确的维修保养（Doka，2000）。

### 8. 处理设计

处理设计从一个常被忽略的角度来审视设计过程。产品达到使用寿命后，要如何处理呢？对于有些产品，如核反应堆燃料的处理，注意事项相当复杂。而对于其他一些产品的处理，注意事项就相对简单——例如把包装纸箱设计成不上蜡、不染色的，这能提高纸箱废弃后的处理效率。

### 9. 知识产权问题设计

知识产权指的是国家法律赋予各种创造力的专有权。产品设计师最关心的是商业机密和专利。对于知识产权他们通常有两个主要关注点。一是他们的创新能受到保护，其他人无权使用或利用。二是他们不会侵犯他人的知识产权。

### 10. 生命周期分析设计（X设计）

X设计的目的是创造出具有各种预期特性的产品或过程。然而，由于设计师的设计难以尽善尽美，这可能是实施起来最耗时的设计标准：

（1）需求界定；

（2）概念开发；

（3）系统级设计；

（4）详细设计。

# 复　习

学习了"第 8 领域：技术、研究与开发管理"之后，你应该能够回答以下问题：

1．描述研发活动的不同类型。

2．识别出三种研发组织模型。

3．技术管理与研发管理有何不同？

4．识别出几个创新源。

5．描述技术 S 曲线，它对工程管理人员提出了什么挑战？

6．制定创新战略有哪些步骤？

7．据说产品开发的关键是识别不会成功的创意并终止它们，为什么说这个战略很好？

8．产品开发要从界定产品需求开始的意义是什么？

9．过早结束概念设计的代价可能很大，为什么？

10．模拟能解决什么问题？产品开发过程如何从中受益？

11．举例说明原型制作如何能以模拟无法实现的方式使一些产品开发项目受益？

12．工程管理人员如何使用生命周期工程技术来降低产品成本？

# 延伸阅读

[1] *The Quality Improvement Glossary*，by Donald Siebels，2004. 本书提供了质量改进相关术语的定义和缩写的解释。

[2] *The Quality Engineer Primer*，by Bill Wortman. 本书提供了质量改进的实用工具和模板。

[3] *Tom Peters Essentials—Design*，by Tom Peters.本书提供了解决常见设计问题的参考。

[4] *ISO/IEC 15288：2002，Systems Engineering—System Life Cycle Processes*，International Organization for Standardization. 本书是关于系统生命周期过程的 ISO 标准（关于软件系统生命周期过程的 ISO 标准正在编写中）。

[5] www.sourcingmag.com – 网址，本网站提供了有用的采购资源。

[6] *Outsourcing：A Guide to Selecting the Correct Business Unit，Negotiating the Contract，Maintaining Control of the Process*，by Stephen Brabb. 本书概括介绍了一些具体行业的外包过程。

[7] *Harvard Business Review on Strategic Alliances*，by Harvard Business School Publications. 本书是关于战略联盟的专家意见汇编。

[8] *Improving Work Groups：A Practical Manual for Team Building*，by Dave Francis and

Don Yount. 本书提供了改进团队合作和提高生产率的战略。

[9] *Building Productive Teams*：*An Action Guide and Resource Book*，by Glenn H. Varney. 本书提供了识别并处理团队合作与生产率相关问题的方法。

[10] *Fundamentals of Project Management*（2nd ed.），by James P. Lewis，1995，New York，NY：Amacon. 本书对风险和风险管理进行了有益的探讨。

# 参考文献

[1] Anderson, D. M. (2004). Design for manufacturability & concurrent engineering. Cambria, CA: CIM Press.

[2] Boston Consulting Group (2010). Innovation 2010. Retrieved from http://bcg.com May 2015.

[3] Boston Consulting Group (2013). The most innovative companies 2013. Retrieved from http://bcg.com, May 2015.

[4] Bossert, J. (1991). Quality function deployment. Milwaukee, WI: ASQ Press.

[5] Cooper, R. (2011). Winning at new products. New York, NY: Basic Books.

[6] Doka, E. (2000). Want to maximize productivity? Try integrated product design. Design News, 55(12), 90..ehow.com/about_4570087_conceptual-design.html

[7] Kahn, K. B., Castellion, G., & Griffin, A. (2005). The PDMA handbook of new product development (2nd ed.). Hoboken, NJ: Wiley. Kaplan, R., & Norton, P. (1996). Balanced scorecard. New York, NY: Harvard Business School Press.

[8] National Science Foundation. (2015). Retrieved from http://www.nsf.gov/statistics/randdef/business.cfm, May 2015.

[9] Pahl, Gerhard, et al. (2007). Engineering design: A systematic approach. London: Springer Verlag.

[10] Schilling, M. (2013). Strategic management of technological innovation. New York, NY: McGraw-Hill.

[11] White, M., & Bruton, G. (2011). The management of technology & innovation. Mason, OH: South-Western Cengage Learning.

**9**

# 系统工程

**第 9 领域主笔**

克力斯多夫・尼尔森（Christopher Nelson）

**第 9 领域翻译**

王孟钧　教授、王青娥　副教授

# 系统工程

## 关键词和概念

| | |
|---|---|
| **控制论** | 研究复杂系统自动调节时的反馈，控制理论和信息理论的科学 |
| **非功能需求** | 解决传统工程设计未能涵盖的非功能性系统需求 |
| **系统工程国际委员会** | 是系统工程师的专业协会 |
| **关键性能参数** | 描述系统整体性能的参数，用来度量系统对客户需求的满意程度 |
| **系统结构** | 结构要素和子系统的布局以及它们的功能配置以满足系统要求 |
| **系统工程师** | 受过系统工程领域相关技能培训以及具有相关工作经验的工程师 |
| **复杂大系统** | 一个由多个独立子系统组成的系统，能够进行独立子系统无法完成的大型任务 |
| **技术性能指标** | 系统可量化、可测量的指标，用于度量系统设计对某一特定功能的满意程度 |

# 9.1　什么是系统工程

系统工程的定义颇多，虽然存在细微差异，但它们都有一些关键因素。系统工程是一种跨学科方法论，可用于处理大型复杂系统所面临的问题。系统工程关注系统开发，但同时也考虑系统的全生命周期。这些应用过程要考虑系统利益相关者的商务和技术需求。通常，系统工程是一种需求驱动型的过程，它通过分析各项要求以确保开发出的系统能满足客户所提出的全部需求。

系统结构是系统工程的重要组成部分之一，它将分离的各种系统功能集合到相互作用的各要素身上。系统结构是一种概念模型，它表述了系统如何运作以及如何与环境交互作用以满足客户的需求。由各项系统要素来满足客户需求包括：与组合系统功能相关的所有需求和它们的界面需求以及与获取支持、维护和报废相关的定义与需求（这些需求又称"非功能性需求"）。因此，不论精确度如何，系统的各项目标都要加以考虑。在系统设计早期阶段就进行系统结构评价能够使人们及早地发现系统目标的被满意程度，从而根据客户目标和偏好找到高性能的系统解决方案。

## 9.1.1　系统工程的重要性

系统工程可追溯到 20 世纪 40 年代，源于 Bell 实验室（Schlager，1956），在那里研究者们认识到有必要将大规模系统的开发视为一个整体设计而非单独地设计各组元。随着更复杂的系统被开发出来，设计者们发现系统运行结果不同于由系统各组元所预期能实现的效果。为了应对这些新的挑战，需要开发新的工具来管理系统中固有的复杂性，以完成这些越来越困难的任务。

系统工程要解决系统设计方方面面的问题，尤其是系统的商务和技术方面的问题。应用系统工程可以减少项目完成时间、降低项目成本（图 9-1 和图 9-2）。正是因为系统工程具有时间和成本优势，美国国防部要求提交的每一份合同中都必须包含运用系统工程的文字性材料。其时间和成本优势源于：配置管理，能在设计早期避免出现类型 I 和类型 II 错

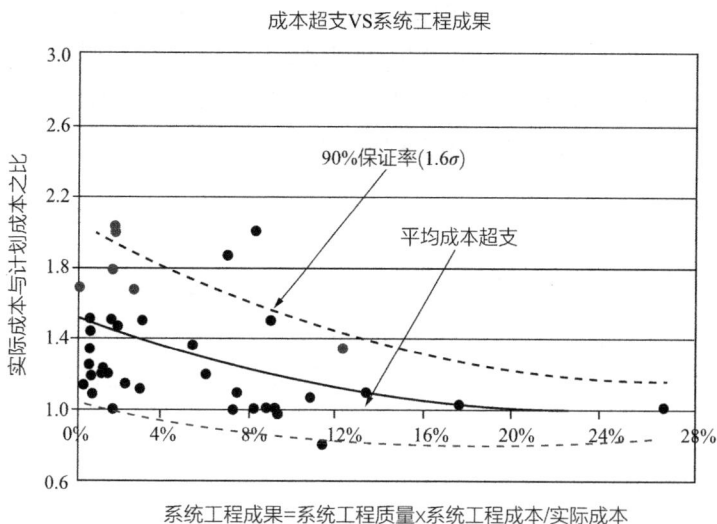

图 9-1　系统工程的成本效益（INCOSE，2003）

进度延迟VS系统工程成果

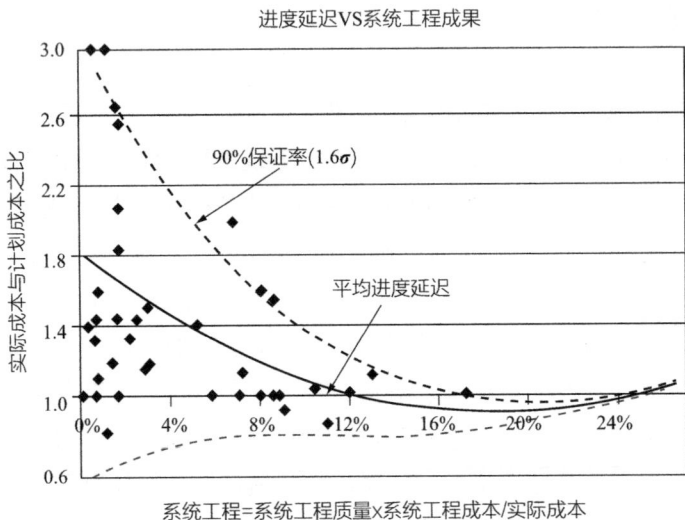

系统工程=系统工程质量x系统工程成本/实际成本

**图 9-2　系统工程的进度效益（INCOSE，2003）**

误的设计实践，对设计变更进行更快更准确评价的可追溯性。因此，可以说系统工程就是系统科学的实践运用，以解决现代系统的复杂性。

### 9.1.2　系统科学

在考虑系统工程之前，我们应该首先简约地讨论一下系统工程的术语"系统"。系统工程中的"系统"指的是由相互关联的要素和子系统构成的一种集合，以特定意义的方式有规律地相互作用来实现某一功能。与经典热力学中"系统"的概念（即系统是由环境边界所界定）有所不同，但两者之间存在着许多相似性。系统可用边界来描述，边界之外即为环境。系统工程实践需要注意的一个重要问题是要阐述清楚系统与环境的界面交互作用。此外，系统是动态的，其任何部分发生改变都会影响整个系统，因而系统各要素之间的相互作用则是另一重要关注点。这明显不同于运用还原论的经典设计技术，也不同于通过其组元的总和来描述产品。拜尔陶隆菲（Bertalanffy，1950）在《通用系统理论》一书中首次提出了这种系统工程方法，在书中他介绍了与通用系统理论相关的那些领域，如控制论、复杂系统和复杂适应系统，用来帮助描述这种方法的重要性。

#### 1. 控制论

控制论是一门研究运用系统中的信息和反馈来实现现代系统中的复杂行为的科学。控制论尤其是要试图解释信息与反馈是如何控制系统的，由此产生了好几个力求解释和模拟这些控制机制的研究领域，如神经网络、人工生命和自组织。正是这些先进的控制论技术和方法的应用促成了复杂大系统研究的许多重要进展。

#### 2. 复杂系统

复杂系统通常是指对变化呈现非线性响应的系统，这些变化不仅来自系统内部也来自系统外部环境。这些变化会导致不能通过系统组件来简单预测应急行为。理解引发这种复杂行为的相互作用及产生条件，是系统工程基本原则之一。除了用于提升控制论的技术外，许多其他方法，如博弈论、进化算法、元胞自动机理论，均已被用于模拟复杂行为之间的相互作用，从而能更好地理解所观察到的系统复杂性的成因。

### 3. 复杂适应系统

复杂自适应系统（Complex Adaptive Systems，简称 CAS）是复杂系统的一个子集，它必须具有向环境学习和适应其变化的能力。"复杂自适应系统"这个概念是由圣菲研究所提出的，它用来描述表现出具有更高生命形式行为的那一类复杂系统（Holland，2006），并模拟和描述了这些复杂自适应系统的运作模式。通过传感器或监控机制来察觉系统环境的变化，并将这些信息反馈至系统从而调整行为。以这种方式分析的系统通常被建模为"代理人"，通过建模执行一系列指令以完成特定任务。

## 9.1.3　系统工程的共同主题

尽管在系统工程中运用的工具间存在着一定差异，但在所有的系统工程成果中都存在着 4 种普遍的主题。这些共同主题奠定了系统工程如何应用于发展复杂系统的基础。

### 1. 自上而下的方法

处理简单问题的可选方案很多。例如，解决设备从一地运到另一地的运输问题，有许多单一的和混合的方式都可以完成这个任务，每一种方式都涉及多种路线、工具、人员和资源选择。如果不进行整体方法评估就选择所有工具和路线会导致时间延误和成本超支。在设计进程中，通过保持一定程度的模糊度，可以评估用于执行所要求动作的不同概念恰当与否，然后完善这些概念直至获得详细的解决方案。

### 2. 生命周期视角

所有的人工系统均有一个相应的生命周期。系统工程在评价和设计记录系统时要考虑这个全生命周期，以确保提供的解决方案在给定的生命期内能按要求安全、经济地执行。

### 3. 强调系统需求

系统工程是一个需求驱动的学科。从客户和工程团队创建的初始需求开始，就要发展出一系列描述系统如何执行和操作的要求。随着系统的发展，对这些要求的追踪将贯穿系统开发始终，以确保系统满足开发和实施各个阶段的所有要求。以这种方式，不断地考虑客户需求以确保最终交付的系统能满足所有期望。

### 4. 跨学科 / 集成团队方法

现代工程系统是由一些要通过多学科共同努力才能实现的要素组成的。如果来自这些工程专业领域的每份成果都是以最佳状态完成的，那么由于不同设计工作之间存在着界面问题和冲突，整个系统可能成为次优解决方案。系统工程采用多种方法来协调多学科设计团队的工作，以识别系统界面，减少冲突，并加强系统设计中的协同效应。

### 9.1.4 系统工程实践

系统工程已在许多领域和行业广泛应用，经常与国防、航空、航空工业联系在一起。尽管这些行业是系统工程的早期应用领域，但所用的工具与方法也已经扩展到其他相关领域，如交通运输、生物制药、农业项目。在系统变得越来越精细、能力愈发突出的同时，系统工程也变得更加跨学科和越来越复杂。这促使许多行业运用系统工程方法来处理新型系统中由于子系统间多样交互作用所引发的复杂性。

### 9.1.5 系统生命周期过程

系统工程重点关注的是被开发系统的生命周期分析。系统开发时要考虑的主要问题包括系统的维护和支持，系统使用寿命，以及系统使用期完结时的报废处理。从系统开发的生命周期的视角来考虑，可基于系统构建、使用与报废的所有担保成本对不同的设计进行比较。该成本不仅考虑了货币资产，还包括人力、时间和其他资源。

## 9.2 系统工程方法

如前所述，系统工程采用先自上而下后自下而上这样一种方法。此外，在系统工程过程进行时，要执行一个迭代程序。现在有多种模型能用来描述这些设计方法，其中许多模型是已经针对所考虑的特定类型的系统进行定制的。最早使用的模型之一是 Vee 模型（图 9-3），

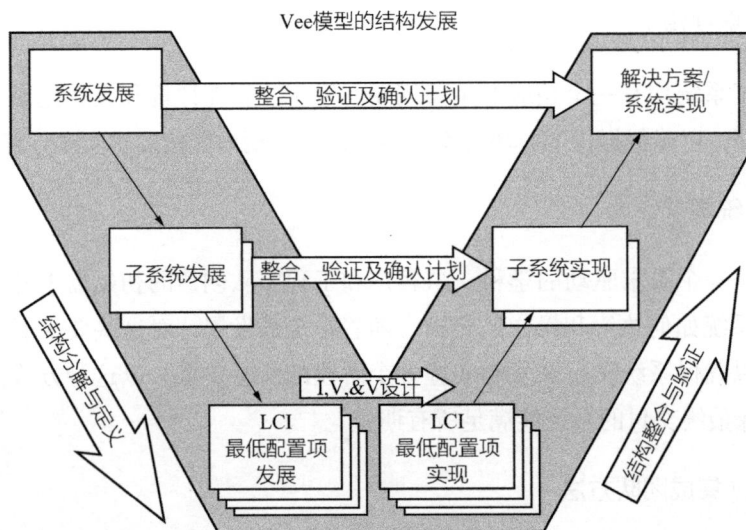

图 9-3　展示验证及确认的系统设计 Vee 过程模型（Forsberg, Mooz, & Cotterman, 2005）

在该模型中，沟通模块已经被修正，已纳入主要系统工程活动及系统工程流程的关系之中。图 9-4 中模型展示了程序的自上而下和自下而上方法，以及技术管理流程。

一旦到达 Vee 的底部，则要进行系统确认以确保所有的需求均被满足。当到达 Vee 的顶部时，则要根据客户的初始需求进行系统验证以建立完备的生产体系。验证客户需求满意度的过程是随着系统同步发展的，以确保不漏掉任何需求，并描述其是如何被验证的。

随着系统设计的发展（Vee 模型的左下方），另一过程模型随之而来。这个系统工程过程（如图 9-5 所示）描述了如何考虑系统要求来开发系统体系结构。这是一个迭代过程，

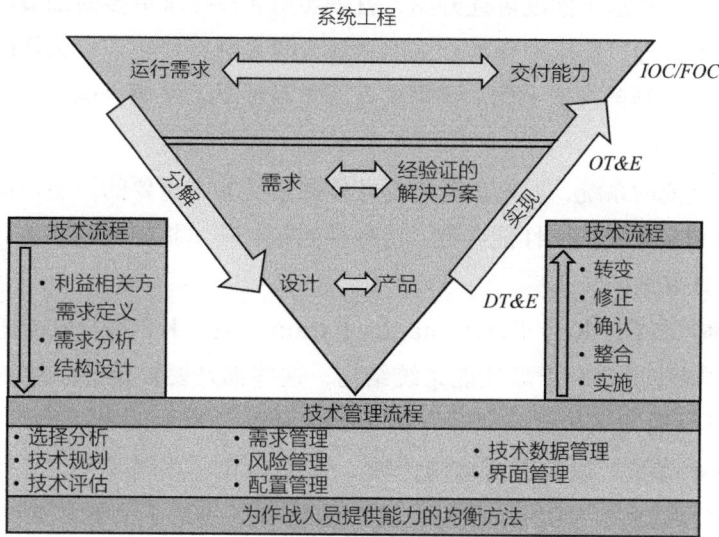

图 9-4    系统工程中系统设计流程模型（Defense Acquisition Guidebook，2015）

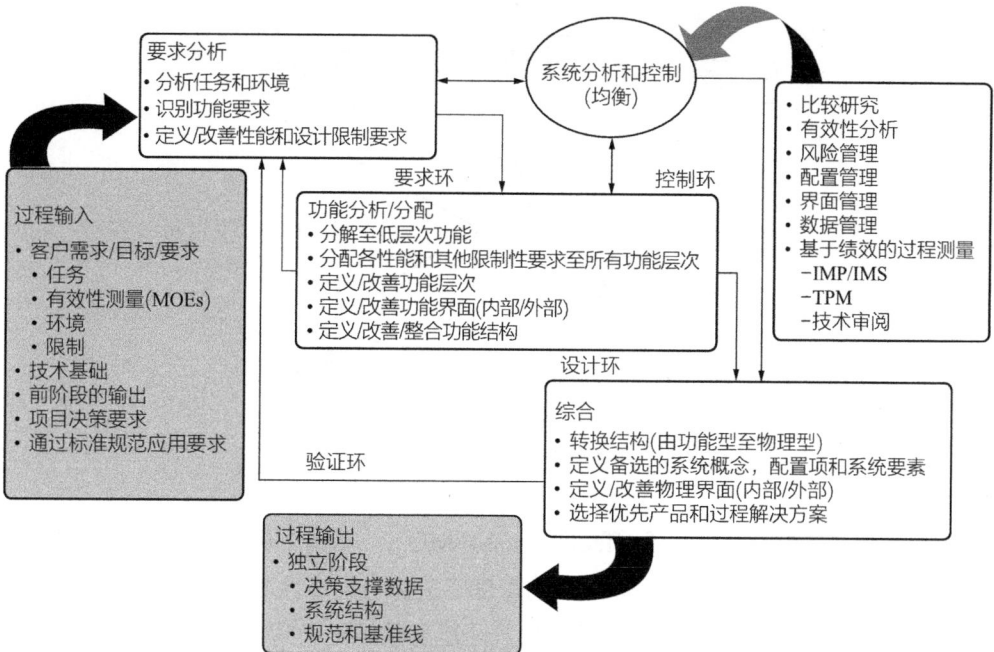

图 9-5    系统工程过程

它会根据初始阶段客户需求逐步更新系统需求，然后随着系统结构改善，这些需求流至底部，基于系统布局而产生新的需求。

### 9.2.1 过程输入

第一个过程输入是一个说明，它要描述系统将会有怎样的功能目的。在系统工程过程启动时，就要明确客户表达的特定需求或客户的感知需求。为了达到该目的，需求描述将会演变为一个项目，其中要将具体的问题陈述告知给工程师，并且要告诉他们这些描述可能会随时间而改变。从这个问题陈述开始，就需要向客户寻求更多的细节以制定出双方一致同意的系统目标。即以需求声明的形式概括地说明系统将要实现什么样的目标，以及系统会在怎样特殊的限制条件下工作。该需求声明是系统要求之源，也是开发的系统在投入使用之前的最终验证点。

要开发出高性能的系统，明确怎样进行性能测量是非常重要的。要用识别系统需求时所确定的客户目标来开发关键性能参数、有效性测量、技术指标测量，然后将这些参数用来评价不同的设计方案。

（1）关键性能参数（Key Performance Parameters，KPPs）是描述关键系统特性和属性的高层次描述项。对于高性能系统结构，这些都是要提及的系统特性。因为这些指标是用来指导早期的系统设计工作，因而比较模糊且不易测量。通常是采用 1 到 10 的评级来评估这些参数，以便进行结构比较。用 Kiviat 图（图 9-6）进行不同结构的比较可以形象地展示这些（KPPs）指标，清楚地显示这些基于最低和最高阈值的多度量参数。

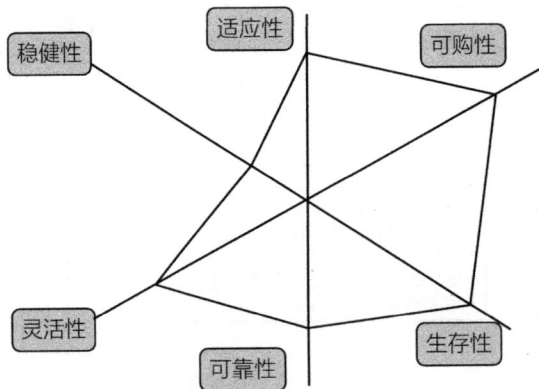

图 9-6 形象化系统关键性能参数的 Kiviat 图

（2）效率度量（Measures of effectiveness，MOEs）是由国防军需大学为评价已建立的系统对客户整体目标的实现程度而定义的量度。它们与关键性参数相关可用来评估系统，但只有在具备足够系统信息的设计阶段后期，才能有效地定义这些指标来描述系统满足客户目标的程度。

（3）技术性能测量（Technical Performance Measures，TPMs）是一种特别的可量化指标，用来描述系统的运行情况，显示系统在某给定要求或限制条件下将会运行得有多好。一般来说，只有当系统设计到了某个具体水平，必须对不同设计方案进行比选以实现系统目标时，才会进行技术性能测量（比如选择燃料类型或选择耐磨材料）。

新型军用飞机设计就是一个典型案例。若该飞机是用于展示军事实力，要求经济实惠且无污染，那关键性能参数则要考虑攻击性、可购性及环保性。攻击力有效性的量度则应该是杀伤力及作战时间，相关的技术性能测量则包括运载航程、加速能力和承载力。

## 9.2.2　需求分析

一旦明确客户需求，一系列要求就会随之而产生，这些要求代表着必须满足的所有设计标准，以确保系统实现全部既定需求。因此，这些要求必须能反映出设计初期所建立的关键性能参数。需求说明书和初始要求都代表客户与设计团队所签订的协议条款。这些要求应由客户和工程团队共同审查、讨论并达成一致。

通常，初始设定的需求面广且高度概括。随着系统工程过程的不断发展和更多的系统细节被梳理清楚，这些需求要逐步细化以更好地表达系统所必须执行的功能。此外，根据选定的设计方案，有必要新增任何附加规范时，要引入派生的要求。随着设计的细化，要反复核对问题定义阶段提出的关键性能参数与需求是否一致，确保设计方向不脱离客户目标。

需求分析程序的一部分工作是审核需求，确保所有需求能被清晰准确地表达。优秀的需求文本应具备以下特性：

细致针对性—— 一个需求就只描述一个，也就仅仅这一个系统需求。

可检验性——需求描述中要列举出具体的检测方法，能清楚地说明怎样进行检验以满足该需求。

可测量性——给定的方法要能度量需求满意程度。

实用性——需求要能随时界定系统是否保持有效状态。

唯一性—— 一个需求只能覆盖系统的一个方面，与其他需求互不重叠。

合理性——进行需求分析与需求变更控制时要有据可依。

可追溯性是需求分析的另一关键点。随着系统需求不断细化，新增需求要不断地编入需求库，至关重要的是要能追踪需求的引入点，哪一个需求有过细化改善以及需求之缘由。这不仅对追溯系统开发是重要的，也可大幅度简化配置管理。

## 9.2.3　功能分析与配置

一旦识别系统需求后，下一步就要分析如何满足需求。功能分析与配置要考察初始需求，开发能完成这些需求目标的功能。值得注意的是在这一阶段还并不涉及系统的物理组元。功能分析仅仅涉及满足给定需求所必需的功能，而不是考虑实现这些功能的物理组元。

功能流程框图（Functional Flow Block Diagrams，FFBD）显示各种功能要么以平行要么按顺序的方式排列来实现系统目标的功能（图 9-7）。在开发系统层级需求时，要开发顶层系统功能来满足顶层系统需求。随着系统设计逐步成熟，系统功能也进一步分解，这种分层表达了系统功能的开发过程，并为系统不同层级的功能提供了可追溯性。这种结构化功能方法充当着系统功能架构的作用。当多种功能都能满足系统目标时，有必要进行比较研究来决定哪种方法最适合满足系统结构的要求。

一旦功能结构开发出来，则要将功能和相应需求进行匹配。这可通过使用与质量功能部署所用的相似矩阵来完成。这种矩阵表示法更容易确保需求回路中的每一个需求都能由需求回路中某一功能来满足。除此之外，该方法还可用于考察这些功能对于成功实现系统目标是否必要。

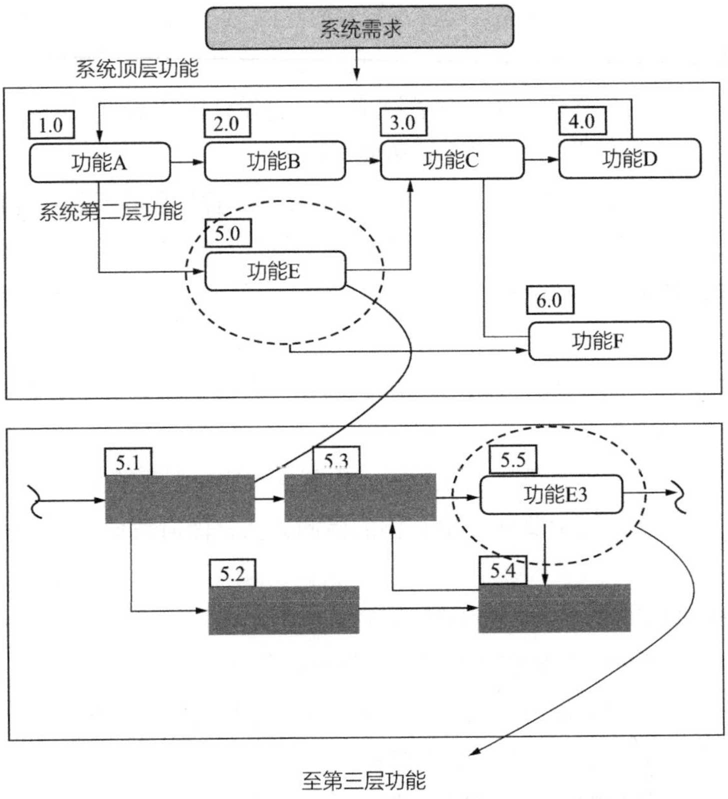

图 9-7　功能分解

### 9.2.4　系统综合

在系统综合阶段，系统功能结构要转换成为一个物理结构，该结构代表了子系统以及完成使命的系统组元。要提出概念设计以实现系统整体目标，然后比较不同的方案以决定最好的系统方案来完成设计进程。

此阶段的重要一环是系统验证。将所开发的物理结构与功能结构进行比较以确保所有系统功能均能实现（图 9-8）。再进一步结合功能分析中所用的相似矩阵，就可以检验构成物理结构的子系统或组元是否均能满足每一个需求。

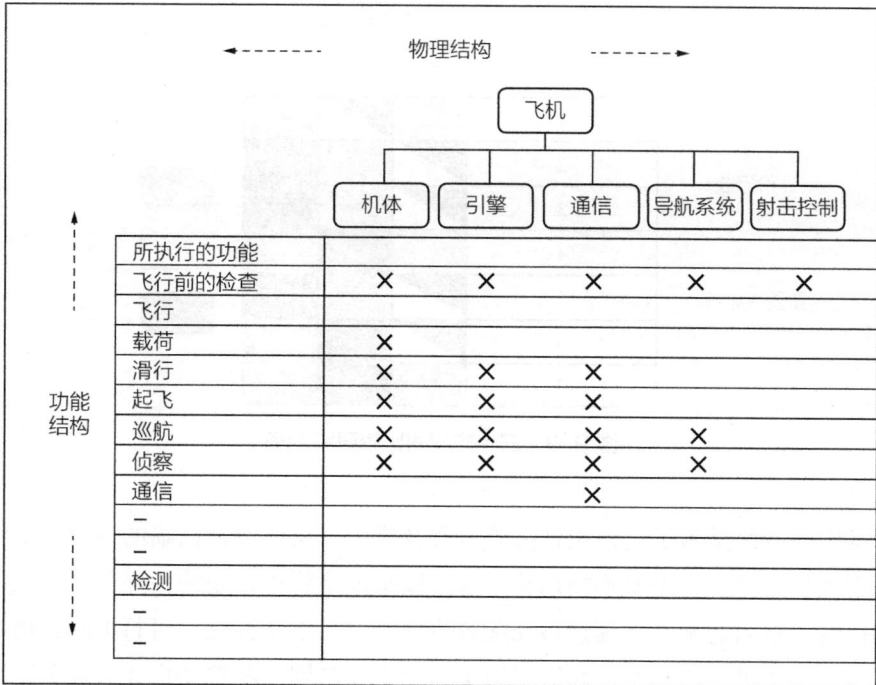

| 所执行的功能 | 机体 | 引擎 | 通信 | 导航系统 | 射击控制 |
|---|---|---|---|---|---|
| 飞行前的检查 | ✕ | ✕ | ✕ | ✕ | ✕ |
| 飞行 | | | | | |
| 载荷 | ✕ | | | | |
| 滑行 | ✕ | ✕ | ✕ | | |
| 起飞 | ✕ | ✕ | ✕ | | |
| 巡航 | ✕ | ✕ | ✕ | ✕ | |
| 侦察 | ✕ | ✕ | ✕ | ✕ | |
| 通信 | | | ✕ | | |
| — | | | | | |
| — | | | | | |
| 检测 | | | | | |
| — | | | | | |
| — | | | | | |

图 9-8　从功能结构到物理结构的映射（Systems Engineering Fundamentals，2001）

在系统开发这一阶段，同样重要的是要考虑系统界面及其相互作用。正如本章系统科学一节中所提到的那样，设计现代系统时最常见的困难就是有可能出现令人意外的结果，因为在考虑多个界面的同时，还要考虑系统设计变更所造成的第二、第三以及更高级的效应。

## 9.2.5　过程工具

许多工具可用于确定系统配置。虽然这些工具并不能适用于系统设计的每一阶段，甚至不能适用于所有的系统设计项目，但这些工具的确可以为在需求分析、功能分析和系统综合阶段中所提出的那些概念提供非常有用的信息，从而做出明智的工程决策。

### 1. 比较研究

由于现代系统中存在着越来越多的交互作用和界面，不可避免地造成性能指标相互冲突。因此，有必要选择某种折中解决方案。例如，一辆车加速性能良好而且时速高，但这也可能是以燃料费用增加和航程减少为代价的。很多方法可用于比较研究，从简单的矩阵比较（图 9-9）到质量功能部署方法。通过选择一种加权方式，以系统用户和利益相关者的目标为出发点，评价和（或）征求利益相关者的意见，则有可能对那些可行的备选方案进行排序。

### 2. 配置管理和变更控制

由于系统设计是在系统工程流程中逐渐成形的，因此必须要将系统配置记录在册。原

比较方案

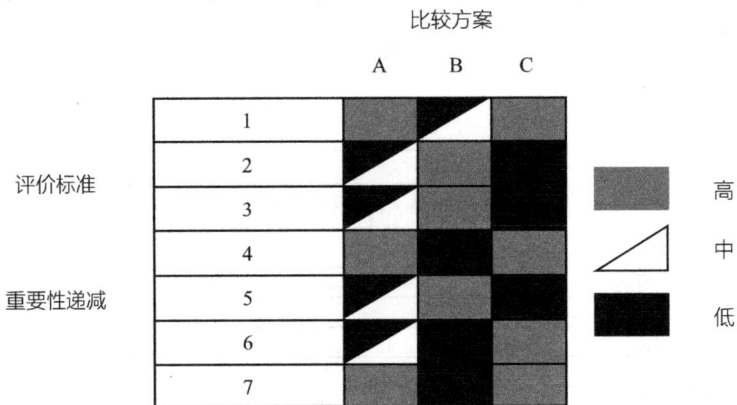

图 9-9　三个方案的比较研究例子

因诸多，其中一方面是为了记录设计决策过程及缘由。系统设计面临的一个现实问题就是系统会存在大量的风险，需要不断调整，这可以是风险管理计划的一部分也可能是客户要求做出的改变。恰当的配置管理使得在配置变得不再可取（甚至不可行）时，仍可支持设计继续进行，无须再从头开始。而恰当地实施变更控制则在配置变更无法避免时，可使得设计协调进行，以确保所有必要的界面均可涉及。

### 3. 界面管理

管理界面和集成点的能力在系统工程中很重要，因为这是复杂系统设计失败的关键点所在。由于很难预测界面行为，要特别花力气做到能很容易地获取跨边界信息。典型例子之一就是运用界面控制文档（图 9-10），它不是展示整个系统，就是显示某个特定子系统或组元，同时还列出了所展示部分的所有界面点。此外，它还强调了与界面参数相关的信息，清楚地表明如何处理界面以及哪些信息可能穿越边界。尽管较为简单，图 9-10 还是能展示作为界面控制文档所必要的大多数要素，比如对感兴趣的系统部分作图，描述各个界面，鉴别相关项目，标明文档作者及创建时间。有了这些信息，就可以将界面和余下的设计配置一同管理，以减少在与其他系统和（或）元件进行整合时不会反映系统变更的可能性。

### 9.2.6　中间成果

系统综合阶段完成后，会得到一个有关系统工程进程迭代的系统概念。然后，对这个概念要进行评估，看它是否满足正在设计的系统所要求的完整性和适用性（见 9.3.1 节）。如果概念审查通过，则要创建一个基准配置，并随时对系统结构所做的任何变更进行更新，同时还要对系统文件和支持数据做必要的改变。将上一过程的输出作为下一过程的输入，这样系统工程进程的另一个迭代过程又开始进行，这种迭代循环过程一直要持续到系统能被完全开发和描述。到达这个阶段（即到了 Vee 图的最底端）则意味着系统制定完成，最终得到的系统基准设计已经可以用于进行建造 / 生产。

界面控制文档

| 系统名字: | 宇航头盔 | | Page 1 Of 1 |
|---|---|---|---|

项目号: 8

团队成员

Peter

日期: Nov. 22, 1997    Rev. No. 4

Kiesha

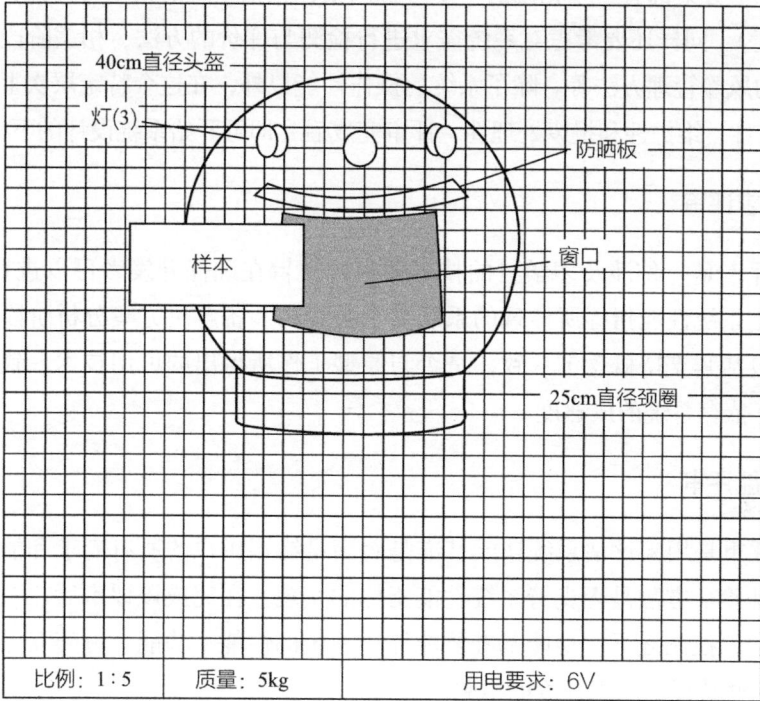

- 40cm直径头盔
- 灯(3)
- 防晒板
- 样本
- 窗口
- 25cm直径颈圈

| 比例: 1 : 5 | 质量: 5kg | 用电要求: 6V |
|---|---|---|

系统功能运作的简短说明

头盔可封住衣服的顶端。有一个窗口可向外看,以及防晒板。

颈圈与衣服的肩膀处相连接。

图 9-10　界面控制文档的简化例子（Nasa Quest，Accessed March 31，2015）

# 9.3 系统工程实施

如前所述，系统工程采用的是先自上而下后自下而上的方法。此外，迭代循环过程与系统工程过程要同步进行。实施系统工程同样要求制定一套严格的审核与管理计划，以阐述在系统的开发与部署进程中系统工程是如何进行的。

## 9.3.1 设计评审

与客户和（或）系统工程设计团队一同进行设计评审对于系统工程项目的成功至关重要。许多组织，包括美国国防部、NASA 及工业界已经构建了许多不同的评审方案，甚至这些组织的下级部门也拥有不同的评审系统。尽管这些组织不同，但其评审内容及细节水平是基本相同的。对于大型系统，必须要进行许多不同类型的评审，但在本章节，讨论将仅限于使用国防军需大学的《国防采购指南》（*Defense Acquisition Guidebook*）中的五项主要评审（图 9-3）。

所有这些评审方案都有一些相同的主要考虑因素，包括系统的技术可行性，成本和项目完成时间（进度）。同样还要考虑对系统需求进行检测与评价的方法、相关阶段的项目风险以及一致认可的风险管理方法等。除了系统的操作性能以外，在这个特定层次上的评审还要涵盖系统的支持性、维护性和报废处理性。评审完成后，即可开始系统设计的下一个阶段。

### 1. 系统需求评审

系统需求评审是一种涉及多学科的技术评审，它旨在确保开发者可以进行初步设计。要评审的内容是系统性能指标所体现的系统需求是否与装备解决方案分析阶段所提出的首选装备方案（包括其支持概念）一致，是否与原型工作所得出的可用技术一致，并要充分地考虑那些相互依存系统的成熟度。

### 2. 系统功能评审

系统功能评审是用来评估系统功能基准是否满足终端用户的所有需求和能力要求，以及功能要求和其验证方法是否支持系统性能指标的实现。在完成该评审后，系统的功能基准通常就处于配置控制之下。功能基准要能描述系统的性能（功能、可交互操作性及界面特征）以及对这些特征的实现程度的检验。

### 3. 初步设计评审

在初步设计阶段，系统结构要发展到使系统设计能清晰呈现的地步，只剩细节工作有待完成。在系统工程的这一阶段，界面界定和比较方案都要已经完成，各种候选方案已进行了比较，就现可用技术而言，所呈现的系统设计应该是最有可能的解决方案。当该评审结束时，所批准的基准配置必须是已经可提交给相关专家和设计专科去实现最终的系统设计。

### 4. 关键设计评审

当设计完成至最后层次的细节部分时，要进行关键设计评审。这就是要对系统设计进行全面审批，包括支持系统设计、构建、部署和报废而产生的所有数据。尽管这种评审有着不同的命名，但皆适用于所有系统工程工作，因为它是对原定产品基准配置做出的最终审批。要针对集成性以及可行性对系统进行全方位的评估与检查。评审完成后，就可开始构建系统。

### 5. 技术评审过程

在系统构建过程中，大多数评审方案都要进行技术评审。这种类型的评审是用来监控将系统原件或子系统集成为一个运行整体的组合过程。评审的关键就是所设计系统的集成可行性。成功完成评估通常必须要求工作持续到 Vee 图中的右侧。

### 6. 系统验证评审

系统验证评审（SVR）是一个技术评估关键节点，在此节点上，要对实际的系统性能进行验证以满足系统性能规范的需求，并在系统功能基准中记录在册。功能配置审计（FCA）是一种技术审计，在此过程中，要对系统要素实际的性能表现进行验证和记录，以实现配置基线表明的系统要素性能所规范的系统需求。当功能配置审计处于系统层面时，有时需要同时进行系统验证审查和功能配置审计。

### 7. 生产准备检查

生产准备检查旨在检验系统设计是否能投入生产，系统开发者是否已制定出准备充分的生产计划进行低速试产（LRIP）和批量生产（FRP）。随着项目生命周期各个时间点上的审查逐步完成，系统生产准备度也在逐渐提高。

## 9.3.2　系统工程总体计划

启动系统工程过程，即意味着要创建详述怎样执行和管理项目的文件。系统工程管理计划（Systems Engineering Management Plan，SEMP）描述系统工程工作将如何进行和针对开发中系统的技术管理。与项目管理计划非常相似，系统工程管理计划也是一种动态性文件，要随着项目进行不断更新。系统工程管理计划（图 9-11）不仅与项目管理计划中

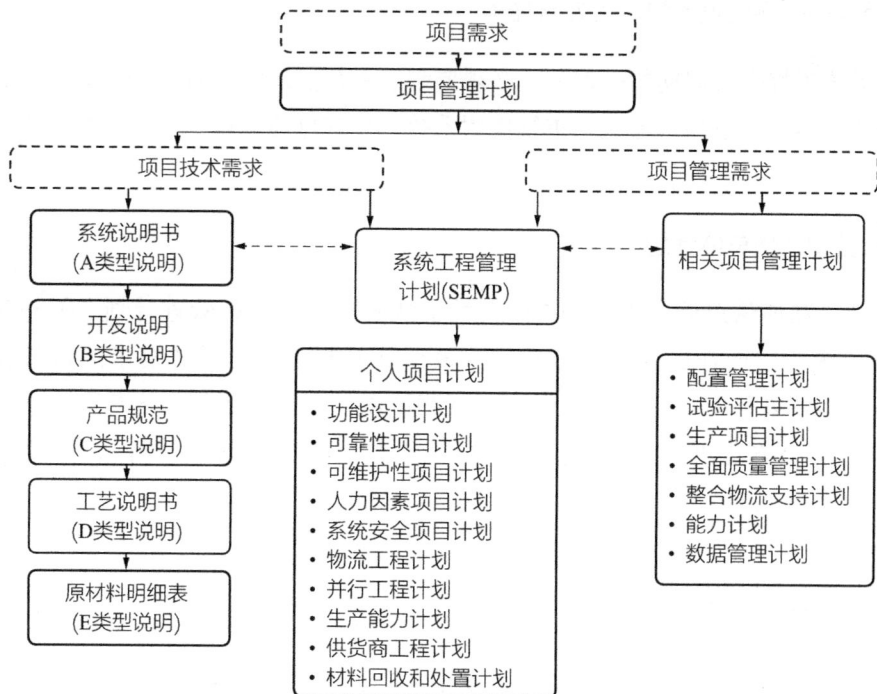

图 9-11　系统工程管理计划（改编自 Blanchard &Fabrycky，2011）

的其他管理计划相关，也要包括技术需求会如何影响项目设计计划的相关信息。

系统工程中经常提到的主题之一就是"非功能性要求"（"ilities"），它描述的是系统必须满足的那些非运行性需求。在系统开发过程中，系统工程管理计划也要对系统必需的附加事物作出计划。如下所列计划便包括其中一些主题：

### 1. 维护计划（可维护性）

维护计划考虑的是将系统恢复至可运作状态或在需要时确保系统处于可操作状态的能力。该计划包括预防性和修复性维护的工作细节，涉及维护以及维护在何处执行等相关工作。

### 2. 人因计划和安全计划（可用性）

人因计划和安全计划可定义系统的可用性。不论是人操作系统还是系统指挥人，人因计划与系统和人员的互动直接相关。其中大部分内容关注的是哪些功能分配给系统，以及哪些功能由系统操作员执行。安全计划不仅要考虑系统的可用性，还要关注系统可能对人员或环境产生危险的程度以及如何管理相关的任何风险等。

### 3. 物流工程计划（保障性）

系统的保障性指的是提供必要的物资以保证系统处于正常运行状态。它不同于保持系统持续工作的可维护性，尽管两者的关联度很高。除了部件维修，物流工程计划也涉及耗材供应。此外，如果系统必须运至操作现场，物流工程计划也要提供相关细节。

### 4. 处置和材料回收计划（可处置性）

作为系统工程生命周期的一部分，必须要制定系统的最终处置计划，其中要有描述有关危险物的特别注意事项，还包括重复使用系统元件的可能性以及系统退役后再恢复的可能性。

### 5. 检验和评估总体计划

尽管检验和评估总体计划（TEMP）并不从属于系统工程管理计划，但它对系统的验证影响显著，因而在此也要加以阐述。该计划要制定出对系统需求的检验和评估方法，详细地描述如何对最终的系统设计进行测试以证明其是否符合客户预期的需求，其中包括以怎样的方法进行测试和谁来执行（能力水平和可用的材料），以及何处进行测试。

## 9.4 系统工程前沿领域

系统工程仍是一个正在发展与进化的新学科。最新引入的前沿领域包括复杂大系统和基于模型的系统工程。

## 9.4.1 复杂大系统

尽管单个系统可以独立完成某个特定功能目标，但多系统的综合有时可实现单系统无法完成的功能。复杂大系统能够提供单系统明显不具有的能力，主要在于系统间的非线性互动以及资源协调能力。鉴于该类系统间交互作用的难度，复杂大系统研究通常采用基于代理的建模和（或）复杂自适应系统的方法。

复杂大系统的另一更具诱惑力的特征是其随运行环境变更而自行调整行为的能力。然而，正是因为这种能力，也为系统最终设计目标的实现带来了更高程度的不确定性（Ring & Madni，2005）。此外，这些复杂大系统的弹性与适应性通常来源于应急行为，这些都给系统的预测与设计带来了挑战。

## 9.4.2 基于模型的系统工程

系统工程是一门文档驱动型学科，必须从始至终精心记录和存储系统工程的全过程，以便回顾和追溯。基于模型的系统工程（MBSE）则是从基于文档的模式转变到基于模型的模式（Friedenthal，Moore，& Steiner，2011）。其目的是为了提供一种更快更连贯的信息分享方法，整体提升系统设计的速度和准确性。基于模型的系统工程能够在各个模型里记录信息，实现各模型间的信息共享及执行这些模型来进行系统设计和检验。

更为流行的系统信息存储方法之一是由对象管理组织引进的系统建模语言（SysML），它是对已使用多年被用来代表计算机编码的统一建模语言（UML）的修正。这种标准语言为表示与用户共享系统相关的信息提供了一种通用方法。系统建模语言信息要用易于可视化与分享的图形方式来记录，主要有四种图，称之为基于模型的系统工程（Model-Based Systems Engineering，MBSE）的"四支柱"（图 9-12）。

（1）结构图——包括块定义图表和内部块图，用来展示系统的物理结构和功能结构，描述系统要素是如何组合的。

（2）行为图——包括状态机图、活动图和顺序图，用来描述系统如何运行以及如何执行功能以确保实现系统目标。

（3）需求图——用于存储和接驳系统需求。

（4）参数图——用来记录系统不同结构元件间的数值关系以及系统行为所指明的数值关系。

除了存储系统信息，基于模型的系统工程还涉及共享系统信息，这通常采用标准的软件界面来实现，如 COM 和 SOAP。目标管理组的另一产品是 XMI，它是一种交换 XML 数据以帮助数据共享（如储存在系统建模语言里的数据）的方法。同样它也可以合成多种工程软件以评价如系统建模语言图所描述的系统性能。

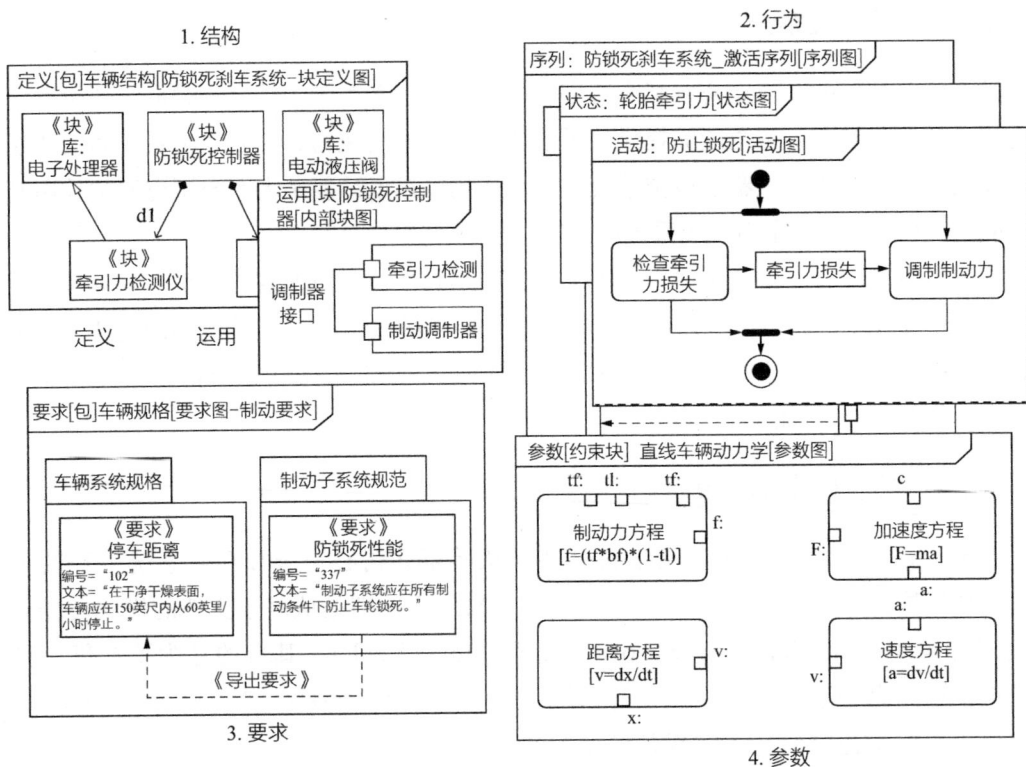

图 9-12　基于模型的系统工程的四大核心"支柱"（Object Management Group，n.d.）

# 复　习

学习了"第 9 领域：系统工程"之后，你应该能够回答下列问题：

1. 由来自不同工程学科的工程师组成的团队能带来哪些好处？
2. 对比 Kaizan 和精益生产技术的异同。
3. 全面质量管理与六西格玛质量分析技术之间的差异是什么？
4. 描述运用仿真模型的好处。
5. 分析产品及流程生命周期有哪些益处？
6. 为何客户意见是一个重要的设计考虑因素？
7. 解释为何进行终端应用分析比产品设计意图分析更为重要？
8. 日益凸显的环境因素重要性是如何影响设计进程的？
9. 描述一下计算机技术是如何革新设计进程的。
10. 运用跨学科项目团队的优势是什么？这种方法要应对怎样的挑战？

# 延伸阅读

[1] *INCOSE Systems Engineering Handbook*，SE Handbook Working Group，International

Council on Systems Engineering（INCOSE），2011，San Diego，CA.

[2] www.incose.org – 国际系统工程理事会的网站有一个可搜索的系统工程信息库。

[3] *Systems Engineering and Analysis*，by Benjamin Blanchard and Wolter Fabrycky，2010，Englewood Cliffs，NJ：Prentice Hall. A good text for systems engineering basics and methods.

[4] *A Practical Guide to SysML– The Systems Modeling Language*，by Sanford Friedenthal，Alan Moore，and Rick Steiner，2008，Burlington，MA：Morgan Kaufmann. 给出了一个存储在 MBSE 中的工程信息非常详尽的处理系统。

[5] *ISO/IEC 15288：2002，Systems Engineering – System Life Cycle Processes*，by the International Organization for Standardization，2007. The ISO standard for system life cycle processes.（软件系统生命周期流程的 ISO 标准目前正在开发中。）

[6] *NASA Systems Engineering Handbook*，National Aeronautics and Space Administration，Office of the Chief Engineer，2007，Hanover，MD. 说明如何为航天局执行系统工程。可以通过 SP6105rev1SEHandbook@nasa.gov 请求副本，或自 http：//education.ksc.nasa.gov/esmdspacegrant/Documents/NASA%20SP-2007-6105%20Rev%201%20Final%2031Dec2007.pdf 下载。

[7] *Introduction to Systems Engineering*，by Andrew Sage and James Armstrong，2000，New York，NY：John Wiley & Sons. 就其他文本的一些替代方法给出了一个很好的观点。

[8] *Systems Engineering Fundamentals*，by the Defense Acquisition University，2001，Defense Acquisition University Press. 系统工程的一个有用的观点，以及国防部如何看待这个过程。这也可以在 www.dau.mil/pubs/pdf/SEFGuide%2001-01.pdf. 网上获得。

[9] *Systems of Systems Engineering*，by Mohammad Jamshidi（Ed.），2009，Hoboken，NJ：John Wiley & Sons. 关于系统工程系统的专家观点的章节集，包括案例研究。

[10] Guide to the Systems Engineering Body of Knowledge（SEBOK）（http：//www.sebokwiki.org/075/index.php/Main_Page），2012. 系统工程社区提供知识体系的工作，这有力地增加了这一章。这是由史蒂文生理工学院（Stevens Institute of Technology）系统工程研究中心领导的多机构的知识体系。

# 参考文献

[1] Acquisition Community Connection, https://acc.dau.mil/CommunityBrowser.aspx, last accessed May 26, 2012.

[2] Bertalanffy, L. von. (1950). An outline of general system theory. British Journal for the Philosophy of Science, 1(2).

[3]  Blanchard, B., & Fabrycky, W. (2011).*Systems engineering and analysis*, 5th ed. Pearson-Prentice Hall Publishing.

[4]  Defense Acquisition Guidebook, Chapter 4 – Systems Engineering,   https://acc.dau.mil/Community-Browser.aspx, last accessed March 2015.

[5]  Forsberg, K., Mooz, H., & Cotterman, H. (2005). *Visualizing project management,* 3rd ed. New York, NY: J. Wiley & Sons, Inc.

[6]  Friedenthal, M., & Steiner, R. (2011). A practical guide to SysML: The systems modeling language, 2nd ed. Morgan Kaufmann.

[7]  Holland, J. H. (2006). Studying complex adaptive systems. *Journal of Systems Science and Complexity* 19(1), 1-8.

[8]  *INCOSE Systems Engineering Center of Excellence SECOE 01-03 INCOSE 2003*; Honour, E. "Understanding Value of Systems Engineering",  INCOSE Conference, June 20-24, 2004.

[9]  NasaQuest website, http://quest.nasa.gov/space/teachers/suited/9b3samp.html, last accessed March 31, 2015.

[10] Object Management Group, http://www.omgsysml.org/, last accessed March 31, 2015.

[11] Ring, J., & Madni, A. (2005). Key challenges and opportunities in 'system of systems' engineering. 2005, IEEE International Conference on Systems, Man and Cybernetics, pp. 973–978, Waikoloa, Hawaii, October 10–12, 2005.

[12] Schlager, J. (1956). Systems engineering: Key to modern development. IRE Transactions EM-3 (3), 64–66.Systems Engineering Fundamentals, DoD Systems Management College, 2001.

# 工程管理的法律问题

**第 10 领域主笔**

职业工程管理师　威廉·道顿（William Daughton）　博士

注册专利代理人　罗伯特·格哈特

**第 10 领域翻译**

丁烈云　教授

# 工程管理的法律问题

## 关键词和概念

| | |
|---|---|
| **持续的职业发展** | 工程师所参与的一系列持续不断的发展活动，以跟上行业内最新发展趋势，包括知识库的变化和行业工具的更新换代 |
| **版权** | 对复制、出版、销售原创作品（包括计算机软件、文学作品、艺术作品等）的专属合法权利 |
| **环境管理体系** | 用于管理环境绩效与环境合规达标的一系列操作方法和规程 |
| **政府法规** | 由政府部门制定并颁发的规定；通常具有法律效应 |
| **ISO 14000** | 环境领域的一系列推荐性国际标准 |
| **专利** | 对于制造、销售，或许可有用的新发明的专属合法权益 |
| **标准** | 官方、惯例或者业内一致同意的关于绩效、质量等的样板表述；同时也是确立的度量规则 |
| **条款与条件** | 用来形成合同的各种条目 |
| **商标** | 对标志性记号（徽标、标识或产品名称）的专属合法权利，条件是这些标志性记号要处于正在使用中 |

# 10.1　商业合同

## 10.1.1　商业法

商业法形式多样内容广泛，规范各种经济组织与商业交易行为。商业法旨在通过制定明确定义的各种条款和条件，包括具体业务要求、违约协议等来保护各方权益（Business Law，2006）。

### 1．合同法

各种合同法规通常都是非常详实和具体的。签订合同的时候，最好聘请律师或者是请公司内部法务部门来处理。

根据不同的目的，很多合同都是由公司具体职能部门来起草、管理并实施。如与供应商、客户、销售代表或合伙人签订的合同通常由公司内相对应的不同部门来处理。

组成合同的各种条目称为条款与条件。当向供应商招标，或者开始与客户进行合同谈判时，很多公司一般都会使用自己已有的标准条款与条件。

以下是常用的条款与条件：

（1）工作明细说明；

（2）截止日期；

（3）交付条款；

（4）价格与支付条款；

（5）须遵守的标准与法规；

（6）保证条款；

（7）赔偿条款；

（8）不可抗力条款。

制定赔偿与不可抗力这些条款之目的就是为了对一些无法履行原始合同的特殊情形做出规定，用于保护合同签订各方之权益。

## 10.1.2　合同与项目的法律解释与适用

合同管理过程（图 10-1）可分为三个步骤：

| 合同管理 |
| --- |
| • 合同谈判 |
| • 合同起草 |
| • 合同实施 |

图 10-1　合同管理阶段

### 1．合同谈判

参与各方就合同的要求与组成部分进行阐述并达成一致。

### 2．合同起草

参与各方就谈判过程中达成一致的内容拟成书面或文档说明文本。

### 3．合同实施

参与各方确保已签订合同的各项条款与条件得以实施。

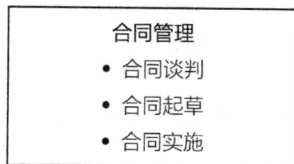

美国的法律体系努力维持个体权利与社会需求的有效平衡。其动态的相互作用对商业交互活动影响也很大。这就导致合同与规范合同的商业法之间也是动态的关系，以及对合同的解释也不是唯一的。因此，优秀的工程管理人员应注重提高谈判艺术。工程师在合同签订与管理过程中的角色就是要代表所在公司的利益，当然还需要力图争取"双赢"局面并遵守道德规范。与此同时，工程师极力争取合同法律顾问的支持也是极其重要的。

### 国际合同管理

从事国际工程合同管理的工程师应注意本国与国际合同实务的不同（表10-1）。

美国合同与国际合同对比                                     表 10-1

| 美国合同 | 国际合同 |
| --- | --- |
| 对于期限大于一年和涉及资金大于 500 美元的服务，都必须要签订书面合同 | 不强制规定书面的销售合同 |
| 签字就表明合同成立 | 书面合同不需要签字 |

各个国家对于合同争议诉讼的处理也有区别。例如，美国、英国与加拿大法律体系属于普通法系，在该法律体系中，法院的判决在很大程度上是依据先例。其他很多国家则是依据大陆法系。在大陆法系中，判决是严格依据具体的、明确的法律、法规条文——而不是依据判例。工程师与法律人员在开始涉外事务之前，应该了解该国法律体系是普通法系还是大陆法系。

## 10.2 环境问题

如果所从事的项目或计划实施过程中可能会对环境产生影响时，工程师与工程管理人员就必须要考虑环境问题。这些项目的环境影响可能是长远的、复杂的，因此理解与环境相关的规章制度是非常必要的。

### 10.2.1 环境保护要求

美国环境保护局（The Environmental Protentional Agency，简写为 EPA）的主要职责是对很多环境法律法规进行执法。由此美国环境保护局对环境保护的相关法规有明确的执法权力。但是在某些情况下，这种执法权力还需要进一步细化和解释，EPA 因此会制定和发布相应的实施政策和指导文件。此外，EPA 也会发布一些政策或指导文件以激励遵守环保法规（美国环境保护局，"政策与指导文件，Policy & Guidance"，未注明出版日期）。

政策文件代表美国环境保护局对具体问题的官方解释或观点。指导文件是进一步对环境法规条文的释义和帮助环境法规的实施。

### 1. 重要的指导文件

美国环境保护局保留了由美国行政管理和预算局在《机构良好实践指南（2007）》中指定的一系列文件（美国环境保护局，"重要的指导文件，Significant Guidance Documents"，未注明出版日期）。

### 2. 其他政策与指导文件的网站

（1）大气

1)《大气与辐射办公室政策与指导信息》（Office of Air and Radiation，简写 ORA）（美国国家环境保护局 EPA，未注明出版日期）：提供由美国国家环境保护局大气与辐射办公室制定的规章、政策与指导文件。

2)《面向技术用户与受监管社区的辐射信息》（美国环境保护局大气与辐射办公室，未注明出版日期）。

（2）合规和执法

《执法和合规政策与指导性文件》（美国国家环境保护局，未注明出版日期）：执法与合规文件信息中心（ECDIC）提供监管、案件调解及其他与政策相关的信息以支持环境保护局的执法和合规活动。

（3）紧急事务

《紧急事务的管理政策与指南》（美国国家环境保护局，未注明出版日期）：旨在防止石油泄漏、化学事故与其他紧急情况的政策、指导方针和其他辅助执行文件，以及具体实施规划和响应的要求。

（4）农药与有毒物质

《农药、科学与政策、政策与指南》（美国国家环境保护局，未标明出版日期）：对于执行《食品质量保护法案》很重要的科学政策问题。

（5）废弃物

《资源保护与恢复法案（Resource Conservation and Resource Act，简称RCRA）指南、政策与资源》（美国国家环境保护局，未标明出版日期）：资源保护与恢复法案的指导文件、政策说明、培训模式及其他。

（6）水

《水资源办公室政策与指南》（美国国家环境保护局，未标明出版日期）：饮用水的政策与指导信息、《美国国家污染物排放与削减制度》（NPDES）、水质标准、清洁水法案404节、渔业咨询技术指导。

## 10.2.2　美国环境法律和法规

一系列的法规奠定了美国国家环境保护局保护环境与公共卫生的基础。但是，由于法律经常不够具体，以至于难以立即付诸实践，所以国家环境保护局必须制定条例来解释法律的关键细节以保障环境法律的实施。此外，一些总统行政命令也可能会影响该局的工作。

### 1. 环境保护法与行政命令小结

以下各项法律与行政命令有助于保护公众健康与环境。国家环境保护局负责以下法规的全部或者其中的一部分。

监管信息分类 表 10-2

| 监管信息（根据领域划分） | 监管信息（根据主题划分） |
| --- | --- |
| 农业 | 大气 |
| 汽车 | 跨领域问题 |
| 建筑 | 紧急事务 |
| 电力 | 土地与污染物清理 |
| 石油与天然气 | 农药 |
| 交通运输 | 有毒物质 |
| | 废弃物 |
| | 水 |

## 10.2.3 环境管理体系

### 1. ISO 14001

国际标准化组织（The International Organization for Standardization，简称 ISO）推动了自愿性国际标准的开发与实施，包括环境管理问题的标准。ISO 14000 是由国际标准化组织制定的环境领域的标准，这个标准系列包括 ISO 14001 环境管理体系标准和其他标准，如环境审计、环境绩效评估、环保标志及生命周期评价。

ISO 14001 标准要求每个组织都要实施环境管理体系的一系列的实践和过程。环境管理体系的主要要求如下：

（1）发布政策声明，包括承诺防止污染、持续改进环境管理体系以提高整体环境绩效、遵守所有适用的法律法规体系。

（2）识别出企业组织内所有严重影响环境的活动、产品与服务，包括那些法律法规中未明文规定的。

（3）设定环境管理体系的绩效目标，这些目标与企业或组织政策中的三个承诺紧密联系（防止污染、持续改进、合规）。

（4）实施环境管理体系以实现目标——包括的活动有培训雇员、制定工作指导和实践方法、建立用于评估目标的指标体系。

（5）设立流程以定期审计环境管理体系的运营情况。

（6）预防与矫正偏离环境管理体系的行为。包括定期评估组织是否遵守适用的法律法规的要求。

（7）高层管理人员要定期复审环境管理体系，确保其持续的绩效，在必要情况下对其作调整。

## 10.3　人力资源

### 10.3.1　职业素养

从语言学角度来看，职业素养的意思是区别专业人士与业余人士的身份、实践与方法。从文化角度来看，职业素养指的是专业人士从事某个职业时，在具体工作过程中所表现出来的专业特点。在工程管理领域，该职业有一些特殊属性将其与其他的工作或技能区分开。这些属性包括以下几点：

（1）成员的资格要求：

1）知识层面的大量正式教育与训练；

2）复杂的技能、自主权和判断力；而不是例行公事。

（2）公众与社会观点

1）成员的知识和技能对增进社会福利是不可或缺的。

2）职业组织可允许自我控制和管理。

3）从业人员都要受体现于道德规范中的职业道德标准的约束。

典型的专业领域包括工程、医药和法律。这些职业与社会都有种隐性的信任契约关系，要按照最高的职业标准来提供服务。人们也知道，为了保护公众的健康和福利，那就得让这些职业进行自我管理。这些职业的一部分道德与标准是由法律强制实施，另外部分则是自我实施。不论哪种实行方式，所有的从业人士都必须要非常清楚，自身的行为、向公众所传达的形象以及对公众健康和福利的实质性影响都会增加或者减少公众对该行业的信任。由于上述及其他原因，每个工程师与工程管理人员都必须遵循和促进职业道德。

### 10.3.2　持续的职业发展

在 21 世纪，持续的职业发展是所有专业人士的生存根本，工程领域的从业人员也不例外。为了保持在商业和职业上的竞争力，工程师必须要与时俱进，跟上所在领域最新的发展步伐，包括知识库的变化与生产工具的更新。反之，则会影响到自己的声望和职业发展。

与时俱进也是职业道德准则的中心原则。如果工程行业从业人员只是一直利用第一个工程学位所学到的工具与知识，即过时的技能、工具与知识，那么这应该是违反职业道德准则的。为贯彻终身学习，现在在美国大多数州，执业工程师注册都要有持续职业发展要求，这也是很多工程院校和专业的认证要求。

工程管理人员应该把持续的职业发展作为其团队、小组或者部门的实践标准，使其成员可以从中获益，而企业组织也可由此获得有竞争力的劳动力。

工程师现在拥有多种机会更新其知识与技能。例如，行业组织与教育机构已经建立了很多培训项目，如美国工程管理协会（ASEM）提供的职业发展项目、电气和电子工程师协会（IEEE）与制造工程师协会（SME）提供的职业发展短期培训课程与认证。

值得注意的是，持续的职业发展活动经常是由专业人士以点对点模式进行，作为其工作或者认证要求的一部分。但是，为了在21世纪更好的发展，工程师应把持续学习作为其生活方式。在工程实践中，这意味着将持续的职业发展融合到工程师的每个职业发展项目中（读者可参考所在的专业组织或者认证委员会的网站。也可参考巴让巴特文章（BaRabat，2009））。

### 10.3.3 认证、鉴定和许可证颁发

由于工程行业对公众的健康和福利有重大影响，因此为保护公众与该行业从业人员，工程行业应受监管。工程行业以自我管理为主，辅以法律层面的监管以确保有组织地运行。

工程监管始于教育阶段，即工程院校与开设的专业有特定的组织监督和认证。在美国，该组织为工程与技术认证委员会（Accreditation Board of Engineering and Technology，简称ABET）。该委员会是由代表应用科学、计算领域、工程与技术的29个职业与技术协会共同组成的机构，也是这些领域所认可的认证方。同时它也是国际认可的机构，与多个同等国际组织有互认协议，例如，加拿大工程认证委员会（the Canadian Engineering Accreditation Board，简称CBET）、英国工程委员会（the Engineering Council of UK，简称ECUK）等。

工程技术院校或大学的毕业生，都需要按照一系列步骤通过资格考试，以获得从业资格证。在美国，这些从业资格证是由行业组织和政府部门通过全国工程与测量考务委员会（the National Council of Examiners for Engineering and Surveying，简称NCEES）管理。该委员会监管并组织实际的考试。但是，最终是否颁发证书由各州依据本州的法律与要求来决定。其他国家也有相似的流程与组织。工程技术人员应清楚，只有持有执业资格证的工程师才能从事直接与公众相关的政府项目。有很多工程师没有执业资格证，那么他们将无法参与到公共项目中来。

工程管理人员现在也有机会获得认证。美国工程管理学会提供工程管理者专业认证（Engineering Manager Professional Certification，简称EMPC）项目，包括助理工程经理（Associate Engineering Manager，简称AEM）认证与更高级的职业工程经理（Professional Engineering Manager，简称PEM）认证。

## 10.4 知识产权

各个国家的知识产权法都不一样，这也是工程师及其他职业面临的一个复杂问题。美国的专利及商标局监管美国国内知识产权的许可。在国际层面上，世界贸易组织（WTO）

与世界知识产权组织（the World Intellectual Property Organization，简称 WIPO）鼓励成员国在其司法权限内建立与实施最低水平的版权、商标、专利与商业机密保护机制。本节内容属于一般性介绍，但绝不要将之视为法律建议。此外，还要指出的是知识产权相关的法律与判例总是在不断变化，因此具体问题应咨询相关的专家。

### 10.4.1　专利、商标、版权与商业机密

知识产权是非常有价值的商业财产，也是创造性思维的成果。知识产权共分为四类，即商标、版权、专利和商业机密，分别保护不同的作品，并且有各自的优点与缺点。如果一方非法使用另一方的知识产权，这种行为就是对其合法拥有者的知识产权构成了侵权。

所有类型的知识产权，包括商标、版权、专利与商业机密，在各个国家与国际法律体系中都有不同的处理方式。在美国，国家级的知识产权授权是由美国专利与商标局及美国版权局（隶属于美国国会图书馆）监管。由于工程管理人员经常使用属于公司资产的理念与技术，理解这些不同点并熟悉知识产权的实践可以防止意外的复杂情况发生。但是，需要注意的是，即使工程管理人员对知识产权很熟悉，也不能代替称职的法律专业人士。国内外的知识产权法在不停地变化，这使得外行可能很容易做出一些让自身丧失知识产权的行为。

尽管本文提供了指导性建议，但是这些信息绝不可以当作法律建议。一定要尽早寻求合格的知识产权律师或机构提供专业咨询，通过其帮助来获得知识产权的权益与价值的最大化，同时避免陷入法律纠纷。通常，公司都很可能已经拥有了这样的资源。

#### 1. 商标

美国法律规定，商标可以是包括文字、名称、符号或者徽标，以及任何此类用于（或预期用于）商务的标记之组合，只要这些标志能够将某个企业的商品同其他企业的商品识别区分开来，并可确定其来源。简言之，商标是一个品牌的名称。例如，舒洁（Kleenex）的产品名称，耐克（Nike）的旋风图案，美国工程管理协会的徽标。

服务标记也有类似的作用。服务标记可以是任何文字、名称、符号、徽标，以及此类用于商务的标记之组合，使得提供服务的某个经营者能够将其提供的服务与他人提供的服务相区别。

"TM"，"SM" 及 "®" 等标记的使用高度因地而异，因为商标权申请时所在地依据的地方法律、州法以及外国的法律有很大差异。美国实行商标的双层保护机制：联邦级别的与州级别的。

"TM" 与 "SM" 标记一般适用于各州注册的知识产权。小型企业和个体经营者的名称通常都采用这种形式，因为各州的注册过程费用比联邦的要低，流程也相对简单。此外，一般这种小型企业与个体经营者也不太需要将其商标与其他州类似的商标区分开。比如说，明尼苏达州的一家名为 "Bob' s Café" 的商户一般不太可能与佛罗里达州的另一家 "Bob' s Café" 相混淆，反之亦然。因此，这种情况可不需要麻烦到联邦注册，本州注册多半即可。

在美国专利商标局一经注册后，就有可能使用联邦的注册标记"®"（R包含于圆圈中）。但如果申请仍处于审核中而未实际注册，则该注册标记就不可使用。联邦注册标记仅适用于在联邦进行商标注册的商品和服务，而不适用于州注册。其他很多国家也使用包含 R 的圆圈来表明此商标在该国已经注册。国外注册人使用这种标记可能也是合法的。

联邦商标注册在整个美国范围以及其领地内享有商标权，而州商标注册则仅在所注册的州享有商标权。在涉及潜在的侵权纠纷时，在可以采取的法律行动方面，比如对侵权方进行法律诉讼索取赔偿，这两种注册形式有个重要区别。州商标注册遭受侵权时，所获赔偿仅限本州范围内的损失，而联邦商标注册则有以下优点：

（1）商标所有人的赔偿要求可获得全国范围的推定通知；

（2）作为有关商标所有权的证据；

（3）可申请联邦法院的裁决；

（4）可作为在外国申请商标注册的基础；

（5）可在海关备案，以防止进口侵权的外国商品。

### 商标的获取

商标可在各州或联邦注册。联邦注册可在网上申请，费用约为几百美元，不包含雇用律师的费用（推荐雇用律师）。各州的注册规定不尽相同。考虑到在联邦注册相对的便捷程度、期限、价格及法律优势，以及律师可能的法律建议，因此州注册可能并没有什么特别的好处。美国专利商标局的网站提供了可让公众查询的商标数据库，查询某商标是否已被使用可由此开始。

### 2. 版权

版权是美国宪法规定的，由法律赋予对基于有形表现媒介的原创作品著作权的一种保护形式。版权覆盖所有出版的和未经出版的作品。版权是法律赋予原创作品的作者对其作品的使用和传播的独占权（通常是有期限的），目的是使创作者（如照片的拍摄者、书的作者）能够从其心智努力获得收益。

任何基于有形表达媒介的（例如打印品、互联网作品、录制品）原创作品的著作权都存在版权保护。著作权包括以下各类作品：

（1）文学作品；

（2）音乐作品，包括所配任何歌词；

（3）戏剧作品，包括所配任何乐曲；

（4）哑剧和舞蹈作品；

（5）绘画、刻印和雕塑作品；

（6）电影和其他音像制品；

（7）录音作品；

（8）建筑作品。

版权的保护期限高度地取决于诉讼管辖区、日期、媒介类型及其他因素。例如，作为仅在美国的一个复杂案例，对于新创造的作品，如果是非匿名出版或者未出版，版权保护期为作者有生之年及死后70年；如果是匿名出版的、假名出版的，或者雇佣出版的作品，版权保护期限是自出版日期起95年，或者是创作完成后的120年（时间较短的优先）。而对于过去创造的作品，版权保护期又有所不同，使得此类问题更加复杂。

在任何情况下，对著作权原创作品的版权保护，不扩大到任何思想、程序、方法、体系、操作方法、概念、原理或发现，不论在这种作品中这些是以何种形式描述、说明、图示或体现的。但是，这些类型的知识产权可以通过申请专利或商业机密来进行合法保护。

### 版权的获取

作品在创造出来的那一刻版权就存在。版权标志由作者使用版权符号"©"来体现，该符号代表单词"Copyright"或其简写"Copr."，后面是该作品第一次出版的年份及版权所有者的姓名。国际公约已规定作者可选择是否明确使用版权标志以声明版权。但是，如果作者选择不使用版权标志，那么对侵权案件的被告辩护和（或）赔偿可能会有严重后果。

版权注册采取自愿的形式，但是种种原因还是有必要选择版权注册的。一些作者注册作品是希望其作品有版权记录，并获得版权注册证书。在成功的诉讼中，注册的作品可能会获得法定赔偿与律师费。此外，在自出版起5年内，注册的版权可作为法庭的初步证据。

美国版权办公室提供在线注册作品的服务，同时也会接收打印版。在编写此书时，获取版权注册通常需要自申请之日算起约一年时间，且费用低廉。

### 3. 专利

在美国，专利是指由美国专利商标局授予发明创造者的产权。一般而言，美国的专利权法定有效时间为20年，自申请之日起算。美国的专利权仅在美国本土以及其领地范围内有效。专利所有者在专利有效期内享有专利的独占权以换取对公众公开其发明是如何工作的（如收回开发费用和激励创新）。超出这一期限后，专利权就不再受法律保护，而成为人类共同财富，这时任何人都可以免费复制和使用该创意。

专利权赋予专利所有者拥有在美国制造、使用、许可销售、销售及进口该发明到美国的独享权。此独享权不是指制造、使用、许可销售、销售或进口该发明，而是指排除其他人去制造、使用、许可销售、销售或进口该发明创造。

美国法典第35卷定义了专利法。根据该专利法，任何人发明或发现新颖且实用的过程、机械、制成品或合成物，或者对其做出的任何新颖且实用的改进，均有可能获得专利。该专利法将"过程"定义为工艺、行为或方法，且主要指工业或技术过程。"机械"是自行解释的。"制成品"指的是已制成的物品，包括所有已经制成的物品。"合成物"指多种化学成分合成的物质，包括多种成分的混合物与化学合成物。这些物质类别事实上包含了所有的人造产品及这些产品的制造过程。

为获取专利，一项发明必须是新颖的，或者根据法律用语，一项发明必须是新的且非显而易见的。就新颖性而言，下列情况是无法申请专利的：

（1）用于申请专利的发明已申请过专利，在印刷出版物已描述过，已被公众使用、销售，或者在该发明的有效申请日之前，公众已通过其他渠道获得该发明。

（2）用于申请专利的发明在美国已审批的专利中已有描述，或在已发表或视为已发表的专利申请文件中已有描述，其中已另有发明人，且有效申请日期要更早。

简言之，对于一项发明，只要在专利申请之前公众（如在公众范畴）不知道，以及无人对这同一项发明试图申请过专利，那么该发明则可被认定是新颖的。但是，存在以下一些例外情况。最常见的例外是提供给发明者的长达一年的宽限期，即发明人在首次公开该发明，发表有关该发明的某种描述，或者要价希望出售该发明的 1 年之内保留专利申请权。在有保密协议（NDA，即双方或多方之间签订的法律保密合同）约束的情况下，公开给他人的发明不被认定是对大众公开的。根据美国现行法律，很重要的是雇员、商业合伙人、卖主等都应签订保密协议以保护知识产权与其他权利。

关于专利的非显而易见性，法律条文所使用的语言更加宽泛。一般而言，如果本领域的普通人员（即持有该领域本科学历或同等资历的技术人员）可以根据已公开的信息，在该专利申请之时或申请之前，大致也能提出相同的创意，则该发明就不能认定是非显而易见的。例如，一辆 10 轮的自行车可能从来都没有被建造出来或者获得过专利，但是一位持有机械工程学士学位的技术人员应该比较容易就知道如何设计这样的结构，那么这样的 10 轮自行车就是显而易见的，即使这样的设计是新颖的，但也无法获得专利。

### 专利分为三大类：

（1）发明专利，授予新颖且实用的过程、机器、制造品或合成物，或者对上述事物做出的任何新颖且实用的改进。

（2）外观设计专利，授予制造品的新颖、原创、装饰性的设计；该专利仅保护美学特征，不保护功能特征。

（3）植物专利，授予独特的、能够无性繁殖的各种新植物品种。

值得注意的是，大多数的生物、数学公式、自然产生的物质及物理现象，永远都属于公共范畴，因此不具有新颖性，也不能申请专利。专利是授予发明，而非发现。

本节关于专利的阐述适用于美国的专利相关事务。尽管其他国家的专利权与美国专利权有很多相似之处，但是在重要方面也有很多不同点。例如，美国的专利申请有宽限期，但是很多国家没有宽限期，而要求绝对新颖。在这些国家，包括发明者在内的任何人，公开曝光、发表或销售等都会使该发明创造丧失专利保护权。世界各地的专利法是相当复杂的，因此工程管理人员应寻求注册专利律师或专利代理人的专业咨询，确保自身的专利权受到保护。

在目前所有知识产权形式里，获取专利是最复杂、最昂贵，也是风险最高的。因此，美国法律仅允许专利律师、专利代理人及发明者本人提出专利申请。事实上，美国法律并不许可所有的律师都从事专利申请。专利代理人须在预定的一系列技术专业（如工程、物理、化学、计算机科学等）至少获得其中一个专业的四年制大学学位，另外还要通过专利律师资格考试。专利律师除了必须要满足作为专利代理人的所有资格要求外，还需有法学学位和至少在一个州有律师执照。在向美国专利商标局代理专利申请时，专利代理人与专利律师享有同样的权利和特权。专利诉讼事务通常是在普通地方法院系统执行。因此，专利代理人没有法学学位，就不能在诉讼事务中代表当事人。换言之，在专利诉讼事务中，当事人的代理律师无须持有专利律师资格证或技术类的本科学位。大多数出色的专利诉讼律师都是注册过的专利律师，虽然这并非严格要求的，但是在美国专利商标局注册时所需的要求和证书对于法庭的知识产权案件会有很大帮助。

由于专利诉讼是高度专业化的领域，同其他的法律服务相比，其服务价格也相对较高。因此，发明者可能会寻求更经济的方式，比如非常不明智的自我代理的方式。在线的"自己动手"方式以及深夜的电视专利"帮助"服务，尽管其价格低廉，但是风险极高，包括申请者的知识产权很有可能落入这些平台提供方之手。一般而言，专利不难得到，但获得好专利一定是很难的。廉价的专利很少是优质的，优质的专利很少是廉价的。外行可能很难看出优质专利与劣质专利的区别，等到明白时已经为时已晚。

### 专利的获取

发明者应保留准确的记录（例如实验记录本），以确定该发明的起点，即从最开始的想法记录。创意就是一种发明，当满足以下条件时，想法亦受专利保护：当发明者能用足够的信息阐述如何使得该想法工作，使得他人也可重现该过程，即使发明者并未在实践中实现过该想法。因此，当发明者确定自己已有完整的创意时，就应尽快咨询专利代理人或专利律师，因为法律并没有明文规定发明完成后才能申请专利。

一般而言，发明者需要先提供其发明的技术总结与创意概述。接着，专利代理人或律师可能会同发明者面谈，以便对该发明有更深入透彻的理解，由此起草一份说明书（以简明平实的语言对创意做出全面详细的描述）、一系列的权利要求（关于该发明的界限的法定说明），通常还会有一张或多张图解（发明的图纸）。发明者很有可能需要复查并批准这些文件，确保这些文件的描述与发明者的创意相符后，这些文件将提交给美国专利商标局。

然后就是等待，发明者可能需要等待几年时间，才会收到美国专利商标局的回复。在本书编写时，美国专利商标局已积压了几个月的专利申请文件等待审批。一般情况下，美国专利商标局会发出拒绝赋予权利要求的官方审查决定书，陈述拒绝的种种理由。发明者的专利律师或代理人则会代表发明者申请修订权利要求和（或）进行申辩驳斥拒绝理由，同时最大限度保护发明者的权益。这种来回过程实际上就是个谈判的过程，申请者努力要获取最大范围的知识产权，而美国专利商标局则根据已被其他人申请过的知识产权范围，会尽可能缩小申请者的权利范围。这样的审批过程可能会持续几个月甚至几年时间。

最终，审批阶段结束，结果是专利申请要么通过审批而成为专利，要么没有通过审批。如果专利获得批准，则发明者拥有该发明在美国受到法律强制性保护的专利权，并可选择合适的方法行使该知识产权：自行使用该专利（例如自己制造、销售专利产品）、将专利权许可给他人使用以获取报酬或版税，或将专利权卖给他人等。若专利权被他人侵犯，专利权所有者可依法起诉侵权人。胜诉后，侵权人将被强制停止侵权行为，并赔偿专利所有者的损失及专利使用费等。

### 4. 商业机密

商业机密包括配方、模式、编辑、程序、设备、方法、技术或过程等信息。一般而言，商业机密指在商业中，为权利人带来经济利益或竞争优势的信息（其竞争对手不知或不用这些信息）。

商业机密保护是区别于专利保护的另一种选择。一般而言，专利需要发明者公开其发明的工作原理，以获得有限时间的独享权。在该时间期限内，即使其他人可独立作出相同的发明，专利权人仍然受保护。当专利过期后，其原理就不再受保护。与此不同的是，商业机密无时间限制，拥有者可使其始终处于保密状态。但是，对于他人的独立发现，商业机密则不受保护（但是商业机密能够且应受保密协议保护）。

公众熟悉的商业机密的例子包括肯德基的十一种草药和香料的秘方、可口可乐的配方。虽然世界上也许有数以千计的人知道这些"秘密"，但是他们都被禁止公开这些秘密。尽管人们品尝这些产品好几十年了，但是仍然没有人能够复制出一模一样的味道。因此，这些商业机密仍然为其所有者提供竞争优势。

如果一项发明法律上可以同时符合专利保护和商业机密保护的条件，那么其保护机制的选择就取决于商业考量及这两种类型知识产权的相对利益的权重。例如，商业机密是免费且快捷的，但是有他人独立发现时，则该商业机密不受保护。相比之下，即使在有他人独立发现时，专利仍然是受到保护的，但是专利申请周期可长达几年且费用高昂（且不说最终是否能够授予专利权）。再次强调，专利申请前期就需要咨询合格的知识产权方面的律师。

### 商业机密的获取

与版权、商标及专利不同，商业机密的所有者无须通过公众可见的某种行为来获得或声明其权利。相反，商业机密的价值通过保密来实现。实际上，绝对保密是不可能的。毕竟，连魔术师都需要把魔术的秘密透露给助手才能进行魔术表演。为防止自己的"助手"（如雇员、卖主、参观者）泄密，商业机密所有者应同合格的律师一起起草周密的保密协议，并制定严格的政策，确保可能会知晓机密的所有人员都要签订保密协议。保密签订协议之后，不管是知道全部的或是一部分机密，签订者都受保密协议约束，因此不能泄漏商业机密或将其为己所用。任何违反保密协议的人都可能会受到起诉，需要赔偿机密所有者的损失。在某些情况下，甚至其他由泄密事件获利的各方也可能需要赔偿机密所有者的损失。

## 10.4.2 知识产权的价值

实体及金融资产（如存货、投资、土地、建筑）都是有价值的，因而可用来买、卖、租赁或进行股份分配。工程管理人员很容易就可以理解实体资产与金融资产给业务所带来的附加值，以及管理这些资产的重要性。

即使知识产权有时候并不是非常有形的概念，但是在很多方面与有形财产很相似。知识产权也可以用于买、卖、租赁及入股等。通过增加知识产权在公司投资组合中的比重，公司的总价值就会增长。事实上，一些公司唯一的资产就是其知识产权，通过买、卖、许可知识产权获得收益，另外还通过起诉他人的侵权行为获得赔偿等。

因此，公司除了通过可销售的产品和服务获利，还可以通过知识产权增值。保护各种不同类型知识产权的方法上文已有概述。工程管理人员可通过鼓励创新由此而获得知识产权的方式使公司增值。以下方式可激励和最大化知识产权的创造（Charmasson，2004）：

（1）同合格的知识产权法律顾问保持一贯的紧密合作。

（2）制定并强力实施持续的保密政策。

（3）识别并消除公司内部潜在的违反知识产权的行为。

（4）识别并保护公司创造的现有知识产权。

（5）建立并强力实施持续的记录系统，将所有新开发产品记录存档。

（6）建立程序以检查本公司的新产品是否侵犯他人的已有知识产权。

（7）留一部分时间用于"个人"项目（例如，20%工作时间模式，即"臭鼬项目"模式）。

（8）建立流程来奖励创新的雇员（例如红利、版税、奖金、酬劳等）（Charmasson，2004）。

## 10.5  担保、责任与保险

### 10.5.1  担保

工程是基于从业者的专业化判断（美国专业工程师协会，"设计与施工合同条款，Design and Construction Contract Provisions"，2010）。工程领域的从业者不能保证或担保完美，这点在担保或保证书里直接或间接提到。相应地，担保和保证可能将很多不可接受的责任转移到了专业工程师身上。

美国专业工程师协会（The National Society of Professional Engineers，简称 NSPE）认为以下这些合同条款是不恰当的：例如，"赔偿条款/免受损害条款"、"担保/保证"、"违约金"，以及其他将风险从处于有利位置的人身上转移到工程师身上的那些条款（"设计与施工合同条款"，2010）。

美国专业工程师协会明确反对以下条款：

（1）赔偿业主、委托方或其他利益相关方，使其免受损害的条款，因为这些条款包含的责任和成本应由业主或委托方承担。协会建议，任何时候，当业主要求职业工程师在合同中签订特殊的或者反常的责任条款时，工程师都应该咨询律师或者保险代理。

（2）在合同中使用针对专业工程服务的违约金条款。尽管工程师有责任实现与业主达成一致的进度要求，但是赔偿金的概念与对工程师必要的信任与信心相反，即工程师尽最大努力以最经济、最高效的方式提供服务。

（3）要求职业工程师在合同中签订关于专业服务的履约保证书。协会的职业道德规范已经要求工程师根据适当的服务标准为业主提供专业的服务。

（4）设计合同中要求工程师担保或保证其工程服务的条款。

### 10.5.2　职业责任

法律责任通常对专业工程师及其企业的财务健康构成最大的威胁。

一般而言，当工程师代表其企业或雇主提供服务时出现失职，由此遭受损失的一方可能会起诉该企业和（或）该工程师（美国专业工程师协会，"受雇工程师的责任，Liability of Employed Engineers"）。通常情况下，工程企业职业责任险的保险公司会对与过去或现任当事方、合伙人、董事、高管或雇员有关的索赔做出回应。值得注意的是，在图纸、平面图或规范上签字或盖章的人并不一定与失职的工程师或企业有关系。

根据大陆法系的"主权豁免"法律原理，受雇于联邦、州或地方级国家机构以及大学的工程师，在其雇用范围内提供工程服务时通常享有豁免权。受雇于较大规模行业的工程师几乎不会有风险，因为这些行业的雇主通常会自我承保，并且有职业责任保险和产品责任保险。部分雇主可能同意或拒绝赔偿由于工程师的失职带来的损失。

### 10.5.3　保险

通常情况下，企业的职业责任险政策已提供足够的责任保护。但是，如果工程或工作任务的特性可能产生更多的职业责任，企业可能会考虑扩大其承保范围。工程师应与其雇主确定承保范围。

如果工程师认为其提供的服务会扩大所在企业的责任，就应向其雇主提出此问题。如果雇主批准，工程师可能需要同保险经纪人或承保方进一步探讨此问题，因为伞护式个人责任险的费用相对低廉。

## 10.6　监管要求，法规与标准

对于 21 世纪复杂的商业经营来讲，标准是非常重要的。设定标准之目的是：

（1）提高流程的效率；

（2）确保可互换性；

（3）保护雇主、消费者和环境。

行业标准（推荐性标准）：推荐性标准通常是监管产品运行和（或）产品生产过程的行业标准。行业标准是业内用于评估产品的统一标准，这些标准是行业智慧的结晶。尽管行业标准名义上是推荐性标准，但是由于来自业内或者来自消费者的压力，影响力巨大或声望极高的机构发布的行业标准实际上可能就成为强制性标准。

监管标准（强制性标准）：监管标准通常由政府部门颁布，且具有法律效力。政府部门以前颁布的标准通常与安全和健康有关，但是近几年也开始扩大到包含环境保护。两种最常见的政府标准类型是法规和规范。

　　需要引起注意的是一些标准在部分国家是推荐性标准，但是在其他国家则可能是强制性标准。

## 10.6.1　与安全、环境相关的强制性标准与推荐性标准知识库

　　工程管理人员必须要清楚现行的安全、环境相关法规与标准。不懂法律是不可行的。此外，即使公司多年来违反相关法规与标准已是惯例，但继续违规也是不可取的。违反相关法规和标准会带来不利影响，最严重的后果是刑事检控和关闭企业。

　　美国职业安全与健康管理局（the Occupational Safety and Health Administration，简称 OSHA）与美国环保局是大家比较熟悉的负责保护公众福利的政府部门。除了这些政府机构，各行业的从业人员还要遵守其他组织推出的安全、环境及其他监管标准，例如：

　　（1）国家防火协会（NFPA）；

　　（2）消费品安全委员会（CPSC）；

　　（3）食品与药物管理局（FDA）；

　　（4）美国国家标准与技术研究所（NIST）；

　　（5）美国电子工业联盟（EIA）；

　　（6）受控环境测试协会（CETA）；

　　（7）同等就业机会委员会（EEOC）；

　　（8）国际管道暖通机械认证协会（IAPMO）；

　　（9）美国机械工程师学会（ASME）；

　　（10）美国国家标准协会（ANSI）。

　　另外的联邦、州及地方政府监管资源见表10-3。

联邦、州及地方政府监管资源　　　　　　　　　　　　　　　　　　表 10-3

| 联邦、州、地方政府监管资源 |
| --- |
| ASSIST Online (Acquisition Streamlining & Standardization Information System)<br>• 军事与联邦规范综合数据库；美国国防部标准的官方来源<br>• http://assist.daps.dla.mil/online/faqs/overview.cfm<br>(ASSIST Online 提供国防部规范与标准相关信息，且可供下载。该网站需要访问者创建账户与密码。更多信息请登录网站 http://assist.daps.dla.mil/online/faqs/overview.cfm ) |
| 美国联邦法规 (Code of Federal Regulations, 简称 CFR)<br>• 联邦机构颁布的永久性规则与通则<br>• http://www.gpoaccess.gov<br>(美国联邦法规数据库允许访问者获取由联邦机构推出的永久性规则和通则。更多信息请登录 http://www.gpoaccess.gov) |
| FirstGov.gov<br>• 联邦网站，提供各州及地方政府相关链接，包括按主题分类的各州机构链接列表<br>• http://www.firstgov/Agencies/State_and_Territories.shtml<br>(该联邦网站有大量信息可供检索，其中有很多链接是关于州政府的信息。请登录网站 www.firstgov.gov) |

| 联邦、州、地方政府监管资源 |
| --- |
| 州政府委员会 (Council of State Government，简称 CSG)<br>• 提供各州网站的链接<br>• http://www.csg.org/CSG/States/state+pages/default.htm<br>( 州政府委员给各州提供机会共享信息并合作解决各州问题及区域问题。该网站也提供各州官方网站。请登录 www.csg.org) |
| 国际规范委员会 (International Code Council，简称 ICC)<br>• 前官方建筑师与规范管理人员协会 (Building, Officials and Code Administraiton, BOCA)、国际建筑官员会议 (International Counferences of Building Officials, ICBO) 及南方建筑法规国际会议 (Southern Building Code Congress International，SBCCI) 的合体<br>• http://www.iccsafe.org |

州政府、市政府及其他地方政府也可能推出自己的管理规范，例如建筑规范、分区法。请直接联系相关地方政府部门，以确定所在区域的使用法规。

### 1. 安全要求

很多国家都已采用了确保企业设备安全运行的标准。在美国，创立于 1970 年的职业安全与健康管理局（OSHA）是制定与管理工人安全生产规定的主要政府机构。

该局的任务包括"制定和实施标准；提供培训、推广和教育；建立伙伴关系；鼓励持续改进工作场所的安全和健康"（职业安全与保健管理总署）。美国职业安全与健康管理局管理的相关安全领域请见表 10-4。

**美国职业安全与健康管理局管理的安全领域**　　　　　　表 10-4

| |
| --- |
| • 眼部与面部保护<br>• 人体工程学<br>• 疏散方案与程序<br>• 噪声与听觉保护<br>• 仓储保护<br>• 防火安全<br>• 危险意识<br>• 发电<br>• 钢结构安装<br>• 机械防护 |

职业安全与健康管理局的网站（www.OSHA.gov）提供了很多的信息工具帮助公司理解并合规，如：

(1) eTools；

(2) 该局的安全与健康主题页面；

(3) 该局的记录保存手册。

### 2. 环境法规

企业在运营过程中，会排放有害废弃物、产生过多的噪声、浪费稀缺的自然资源等，环境法规旨在确保企业不会危害其所日常运营的环境。更多的环境法规，请参考 10.2.2 节。

## 10.6.2　美国及国际法律、标准及规章

美国有很多机构和政府部门参与制定强制性法律与标准，同样也有很多机构参与制定推荐性标准。最具影响力之一的是美国国家标准协会（ANSI，www.ansi.org）。

美国国家标准协会是美国最大的制定标准的组织，已制定了超过 10000 个推荐性国家标准。该协会是私营的非营利性机构，拥有近 1200 名成员。这些成员有些来自其他的机构，如商会、技术协会、工业企业、工会、消费者协会及政府机构。

美国国家标准协会本身并不制定这些标准，而是委托其他组织或团体制定标准。通常情况下，是由商会联盟、行业协会或其他团体组成的共同体代表其所在行业一起来制定标准。

从该协会的可检索数据库 NSSN（www.nssn.org）中，可通过文档号或关键词来检索各种标准，包括其他地区、国家或国际标准制定方颁布的标准，也可以检索美国联邦法规中的信息。

### 1. 美国法规、标准和规章

与国际公司合作时，工程管理人员必须要清楚美国标准与国际标准的关联与差异。这点是非常重要的，因为违反国际标准造成产品不合格会带来更高的成本。

### 2. 关于与国际公司合作的美国标准

对于处理海外公司及国际问题的工程师而言，他们可能会与前面几页提到的很多标准都发生关系，包括美国标准和国际标准。与某个标准是否相关，取决于工作地点，还取决于该国际公司是否将在美国领土有项目，或者美国公司是否将去海外做项目。当然，国际标准化组织和美国国家标准协会的技术标准可能是相关的。北美自由贸易协定（NAFTA）和贸易服务总协定（GATS）的条款也可能适用于产品和服务。如果工作在美国完成，则美国的所有法律法规都是适用的。

无论雇主是来自美国或是国外，都必须要遵守外国工人入境、工作许可证及移民相关的规章制度。必须注意到美国旅行公告与旅行禁令。如果没有旅行禁令，也必须遵守护照、签证及移民的规定。另外，必须遵守关于海外收入、美国（或外国）个人所得税的规章。必须要以美国和外国的考虑角度，注意扣留薪水和工钱的问题，也必须关注外国工人在美国期间医疗保险的问题。外国工人必须要理解其外国人身份，及该身份所应满足的要求（美国的要求和工人本国的要求）。如果其本国是北美自由贸易协定和（或）贸易服务总协定等协定的签约国，那么相应这些协定也是适用的。以上信息可向最近的美国大使馆或领事馆

联系获取。

### 3. 将标准应用于国际项目

在国际项目启动设计阶段之前，工程管理人员应获取该项目各参与国的标准。在获得这些标准后，工程管理人员可由此决定各项活动是否可行，甚至是否可取。为收集、获取这些标准，工程管理人员应遵行以下步骤：

（1）决定哪些标准是适用的；

（2）获取这些标准和法律；

（3）确保所有的标准都是最新的；

（4）同所有需要知晓这些最新版文件的雇员沟通交流；

（5）对标准进行解释，在有需要的情况下寻求专家帮助；

（6）确保所有相关方都有统一的标准。

对于跨国的团队而言，交流是非常关键的。尽管团队成员可能会以一种共同的语言流利交流，产生误解的可能性也是很高的。专家有以下建议：

（1）让所有人都同意用一种语言交流；

（2）尽可能用书面的方式交流；

（3）确定理解国际团队中队友讲的内容（例如，当队员处于不同的时区时，确定远程会议的时间）；

（4）统一度量标准（例如，用公制或英制等）；

（5）谨记文化差异，尊重多样性；

（6）熟悉所工作国家的风俗习惯。

### 4. 国际项目的关键信息

为确保国际项目的成功及标准的适用性，应尽可能掌握更多的当地信息。应在设计阶段开始之前完成这些信息的搜集工作——特别是当项目在乡下或者在欠发达国家。

如果没有足够的资源，如缺乏人力、机械、电力、电子资源等，完成项目将极其困难。例如，苏联解体后不久，在一些东欧国家，每天只有几个小时供电。在一些情况下，电网和电话线的运行时间不同，导致在黑暗中拨打或接听电话。

分析当地情况时，应考虑以下问题，因为这些问题与可用资源和项目的技术要求有关：

（1）人力资源：当地的劳动力有什么特点？有什么技能？当地能提供多少工人？哪些文化习俗会影响他们的工作？

（2）电力和机械：当地的电力来源是什么？电力容易获得吗？电压是多少伏特？会不会经常断电？当地的机械资源是什么？零部件容易得到吗？

（3）通信和交通：是否有高速因特网？手机，尤其是公司的手机，在当地是否可以使用？最近的公用或可用的电话在哪里？当地有哪些交通方式？这些交通方式是否可靠？最近的加油站在哪里？

（4）设施和居住：当地的设施有什么特点？环境是否满足要求？当地有什么建筑法规？员工的居住环境怎么样？是否 24 小时供应自来水？

（5）文化详情：什么样的服装是当地可接受的？休息日是哪天？当地的"礼貌举止"有什么不同？例如，在很多文化中，在背上拍一下，或者挤一下肩部都是不礼貌的，摸头绝对是无礼的。在晚宴中，什么样的仪式是必要且礼貌的？在商务会议中，什么样的仪式是必要且礼貌的？

在从事国际项目时，所需考虑的一些最重要的标准其实是行为的标准。获得这些问题的答案，有助于项目规划，提高按期完工的能力，达到众多质量、安全、环境、产品等标准。

### 5. 有用信息的来源

有当地工作经验的员工会很有帮助，特别是能讲当地语言的员工。如果需要翻译人员，可由当地的其他美国公司或者大学院校来推荐，尤其是那些具有工程项目的学校。

可以考虑从项目所在地的顾问或中间人处获得帮助。也可同项目所在地的其他公司形成临时的合作关系。但要谨慎处理这种类型的合作关系，因为合作公司或顾问的道德标准、企业文化及社会期望可能会与本公司存在非常大的差异。在必要的情况下，可通过领事馆获取外交协助。

行业内也有一些资源可在整个项目过程中提供帮助：

（1）世界工程组织联合会（the World Federation of Engineering Organizations，简称 WFEO，www.wfeo.org ）为国际工程相关事务提供建议与帮助。其网站提供了其成员的姓名、地址、电话等信息，可通过选取目标国来获取。

（2）美国国际工程委员会（the United States Council for International Engineering Practice，简称 USCIEP，www.usciep.org ）旨在推动跨国工程项目和减少商务限制。

（3）旅游局、当地的商会（或对等机构）及当地的市政办公厅也会非常有帮助。

### 6. 国际法律、标准、规章

几乎所有的企业现在都越来越受全球化影响。全球化让国界变得不那么重要，而让国际合作变得更重要。

### 7. 条约、协议和议定书

当两个及两个以上国家，或来自不同国家的个人或组织之间有业务往来时，各方都需遵守国际条约、协议和议定书。根据定义，条约是政府之间的正式协议，因此具有法律效力。协议和议定书是非政府组织的自愿协议，因此约束力不是很强，但是从政治和经济角度来看，遵守这些自愿协议对致力于从事国际业务的各方是有益的。

### 8. 国际技术标准

一些从事国际标准与法规的主要组织遵循：

（1）国际标准化组织（www.iso.org）：该组织可能是国际标准的主要开发者。截至 2005 年 3 月，它已有超过 15000 个标准，覆盖面也很广，从制造摩托车到保护分水岭水质等各种主题。该组织是来自 150 多个国家的主要标准制定机构组成的非政府联盟，其中每个国家有一个代表。其会员提议所需的标准，并帮助制定这些标准。标准制定之后，一般认为至少有一部分国家将会采用该标准作为国家标准。

（2）国际电工委员会（International Electrotechnical Commission，简称 IEC，www.iec.ch）：该委员会制定电力、电子及相关领域的标准。其标准被广泛用于国家或地区的电工技术标准，用于制造商的说明书，还用于招标文件中。其现任的成员国包括了大多数的主要贸易国家。

（3）国际电信联盟（International Telecommunication Union，简称 ITU-T，www.itu.int）：它同国际标准化组织、政府部门及其他私营机构一起整合全球电信网络，并为电信行业制定国际标准。

（4）世界贸易组织（World Trade Organization，简称 WTO，www.wto.org）：该组织制定国际和全球贸易的规则。

（5）国际规范委员会（International Code Council，简称 ICC，www.iccsafe.org）：它是一个致力于制定综合性国家建筑规范的非营利组织。其创始人包括官方建筑师与规范管理人员协会（BOCA），国际建筑官员会议（ICBO），以及南方建筑法规国际会议（SBCCI）。

除了有一些组织致力于制定国际标准，很多国家都拥有自己的标准制定机构来制定国家法规。在这些国家从事项目的工程师应熟悉所在国家的标准制定组织及其制定的标准。

### 9. 国际流动性标准

为在全球运营，很多个人和组织都需要一些标准和流程，使得他们能够更容易地在不同国家工作和旅行（图 10-2）。一般是由行业协会、组织和政府来主导制定这样的流动性标准。

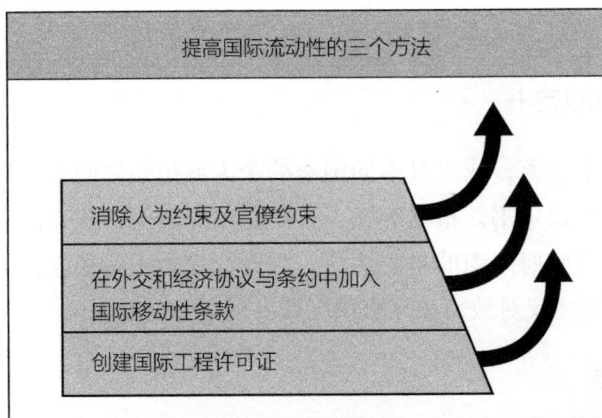

图 10-2 提高国际流动性

（1）消除流动性约束：美国国际工程委员会（USCIEP）致力于开发并推广一些程序，使在美国注册的工程师能够在世界范围内从事工程项目。该委员会努力识别并消除不利于跨国项目的限制因素，并商谈推荐有利于国际项目的试行协议（世界工程组织联合会）。

（2）通过条约实现流动性：1994 年通过的北美自由贸易协定（NAFTA），是美国、加拿大、墨西哥、世贸组织签订的综合性自由贸易协议。该协议提供了三个签约国工程师执照的互认协议（Wust，2003）。贸易服务总协定（GATS）于 1995 年 1 月由世贸组织制定，它现在号召超过 135 个成员国推动国际流动性（Wust，2003）。

（3）国际许可证：发行能被广泛认同的国际工程师执照会增加工程师的国际流动性。现在，国际工程证书评定委员会（Engineering Credentials Evaluation International，简称 ECEI）可评估美国以外的其他国家工程师的证书。对于那些需要聘请合格的外国工程师的美国公司而言，该委员会的服务是很有帮助的，不管这些公司的项目是在美国本土还是其他国家。

## 10.6.3　交流与培训

现在工程管理人员必须要遵守各种各样的标准和规范，但目前还没有一个可包罗万象的信息源可让他们及时全面地获得这些相关信息。而且，各种行业的管理机构也不同。例如，航空航天工业需要遵守军事设计规范和飞机测试规范，而制药公司则受食品及药物监督局管理且必须遵守药品生产质量管理规范（Good Manufacturing Practices，简称 GMP）。大多数组织会保存适用于其具体工作现场的标准。这些信息的传播与管理方式各异。

内部标准一般在公司的内部网中维护，包含的内容广泛，从简单的过程描述，例如填写费用报告，到用于诊断无线反馈波的精确电力测试程序。工程公司一般都有致力于解释标准的小组。表 10-5 列出了组织内部可能的监管—要求—信息资源。

监管要求信息资源

表 10-5

- 标准办公室
- 标准更新网站 / 服务 (Techstreet, HIS 等 )
- 公司的法律顾问
- 工作现场的文件记录 ( 数据库、网站、手册等 )
- 指定的职员
- 监管人员

### 1. 内部标准

尽管公司需要遵守很多行业标准，大多数组织仍在开发附加的内部绩效标准以指导员工行为。当然，管理体制相关的标准没有测试钢材等级的标准那么精确。但是，管理体制的标准仍会定义预期，并提供衡量成功的方法。

最有效的标准开始是强制性的，然后进一步发展，以包含有利于具体现场、最大化自然资源的利用率等这些标准。投入资源以开发有效的内部标准能够使公司在市场中更有竞争力。起草标准，或是进行作为过程改进部分的修订工作时，应根据以下清单：

（1）考虑标准的使用频率（例如：很少、定期、断断续续地等）；

（2）考虑用户的知识与经验（例如：新手、专家等）；

（3）以比较易读的方式来构建标准；

（4）在修改现有的标准时，允许定制，以满足具体工作组或任务的要求；

（5）设计指标以衡量是否达标；

（6）阐明问责与责任；

（7）在职员中传阅标准草案，以获取反馈和新的内容。确定该过程的截止日期；

（8）仔细检查。

### 2. 培训职员

给员工培训新的标准或给新员工培训现行标准时，谨记人类记忆信息的能力是有限的。要考虑到个人在给定时间能合理吸收并记住的信息量。探索使用现有的通信与培训资源。例如，美国职业安全与健康管理局（www.osha.gov）就有很多材料可用于培训员工，包括视频资料和PPT。

### 3. 标准的培训流程

（1）首先在介绍大会上介绍大的话题和主题。如果有必要，一步步介绍标准，把比较详细的细节信息留到后面的培训中。

（2）分享目标并讨论标准如何帮助实现这些目标。

（3）讨论标准的范围——标准适用于哪些人及哪些人来负责实施这些标准？

（4）使用直观教具促进学习者的记忆。

（5）给员工提供工作辅助工具，或者给他们说明信息资源存放处。

（6）只要条件允许，就要让员工动手实践。如果学习者需要使用表格、网络工具、安全设备、应用软件等，让他们进行实物操作。

### 4. 加强标准的培训

（1）提供复习培训：在每周或每月的会议中将标准的复习列为固定环节。

（2）每月安排一次会议学习讨论标准。

（3）将标准培训穿插在现有的培训活动中。

（4）将工作辅助工具和文件放在容易找到的地方，特别是在紧急情况下。

## 10.6.4 监控与实施

现在的标准至少包含两个要素：（1）标准本身的设计；（2）特定的内置方法用于判断产品、过程，或雇员表现是否符合标准，如果符合，在多大程度上符合。工程管理人员的任务之一就是要确保标准的实施。规划与监控是确保标准实施的关键。

如图10-3所示，工程师与其职员首先必须要收集系统、过程、员工表现的数据，然后将这些数据与标准进行对比以评估数据。

通过检查未达标的原因通常就可以制定出适当的
行动方针。有时也许调整一下设备的某个零部件，或
温和地提醒一下员工就足够了。但也有可能要对整个
流程进行彻底的再次评估。

雇员承诺遵守标准是非常重要的。雇员必须要看
到公司会致力于达标而且公司也会通过强力实施标准
来达标。为有效实施标准，应做到以下几点：

图 10-3　实施标准

（1）开发表达清晰的关键绩效指标（KPIs），这些指标是大家已达成一致的量化指标，
且能够反映组织的关键成功因素；

（2）再次审核过程设计，确保绩效指标是合理的；

（3）确保职员理解这些绩效指标，以及为什么用这些指标；

（4）要使关键绩效指标显而易见，避免员工偏离目标；

（5）创建一些体系以鼓励达标，例如清单、检查时间表、评论、检查；

（6）奖励先进者。奖励与鼓励安全实践和达标的行为；

（7）将达标与个人绩效评估和考核挂钩。

### 10.6.5　处理违规行为

#### 1. 违规行为

违规行为的后果取决于违规程度。如果违反药品生产管理规范（GMP），工厂会被停工。
如果多处违规或者未合规，国家标准化组织认证则会被吊销。因为违反萨班斯法案（Sarbanes-
Oxley ACT），Tyson，WorldGom 及 Enron 等公司的执行官们均受到了法律的审判。

任何用来解决违反法规和标准的行动都必须要直接回应管理机构所表达的需求。一定
要仔细检查沟通，创建一个团队来解决问题，咨询内部与外部的专家，并要尽可能认真和
仔细地解决问题。组织应优先考虑避免进一步的负面影响。

#### 2. 员工违规

员工也是人，也会犯错，工作有时候也会疏忽。但是，当员工由于能力不够而未达标
时，应采取以下措施：

（1）评估管理活动以确定员工是否获得了足够的支持来帮助他们达标；

（2）检查体系以找出那些无意识地造成违规的因素；

（3）及时正式解决违规行为。纠正违规行为时，要确保公平公正。

非常明确可见、清晰传达、人人都理解透彻的规则与指导原则才是最有效的。务必要
向员工阐明违规行为将受到相应的惩罚。因此，员工会理解违规的后果，管理人员需同员
工沟通违规情况，并采取正确措施及时纠正。

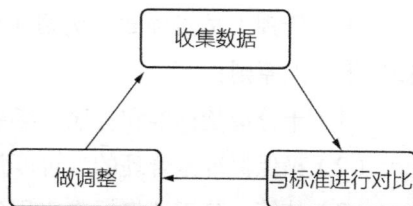

工程管理人员必须要作为员工的榜样，一起努力达到公司标准和监管标准。须谨慎遵循以下几点原则：

（1）十分清楚标准和程序，必要时通过其他渠道获取信息；

（2）确保标准是合理的、可度量的、可准确描述期望的工作业绩；

（3）持续、公正地将标准应用到各相关方；

（4）记录各方采取的行为，包括解释标准；应用、监控并评估达标情况；惩罚违规行为。

对于很难达标的员工可能需要领导给予额外的支持和帮助。给员工建设性的、纠正性的反馈时，需要直接、具体，并尊重这些员工，要明确将要采纳哪些措施。要确保跟踪员工的进步，并赞扬员工的进步。

### 10.6.6　提高达标程度

提高达标程度需要集体共同努力。与解决个人绩效问题相比，雇员团队则要致力于检查流程并实施过程改进。但是，合作精神和态度在鼓励和制定监控标准并尽可能地遵守这些标准这样的实践中同样起着重要作用。因此，合作文化也是担负标准实施的重要组成，也就自动成为高级管理层责任的一部分。

例如，计算机系统可以评估订单如何进入仓库，并监控按时交货程度。如果标准（期望的结果）与实际执行情况之间存在差异，管理人员可能需要与供应商沟通，然后共同制定计划以帮助达标——这里也即要提高按时交货程度。达标程度的提高需要合作的、能解决问题的团队。

供应商的相关负责人应与客户一起来找出延迟交货的原因，并要采取适当措施努力改进。因为达标对项目及组织的成功都很重要，工程管理人员必须要高度重视解决问题。不管是确保能够遵循强制性监管标准还是推荐性行业标准，管理层都必须要就适用的标准对员工进行持续的培训再培训。

#### 1. 训练员工达标

做好以下几点可提高员工达标程度：

（1）获得高层管理的承诺；

（2）分派部门或团队来负责标准的维持和交流；

（3）设立团队或委员会以监控组织行为；

（4）指定团队领导者并分配责任；

（5）复查已建立的过程；

（6）做好紧急事件应对计划；

（7）确保员工可快捷地获得过程文档；

（8）关键信息高度清晰可见；

（9）制定表达清晰的关键绩效指标；

（10）制定控制图表来监控过程；

（11）制定关于达标的统计过程控制（SPC）。

## 2. 保持员工达标

人和机械系统都会出故障，因此需要定期微调。通过采取以下措施可保持员工达标：

（1）定期开会复查、评估达标情况；

（2）监控、收集数据以观察趋势和模式；

（3）通过安全事故、产量下降、产出变化等来评估系统存在的问题，并计划和实施改进；

（4）定期培训进修：

1）在定期的员工会议中讨论各种标准，使员工清楚关键话题；

2）不断创新；

3）给员工指派小型培训任务；

4）让培训有趣且富有成效。

# 复　习

学习了"第10领域：工程管理的法律问题"之后，你应该能够回答以下问题：

1. 列出合同条款条件的常见要素。

2. 描述国内合同与国际合同的两个主要区别。

3. 描述一个环境管理体系并解释其重要性。

4. 解释持续的职业发展对工程师的重要性。

5. 解释美国专业工程师协会对于保单的立场。

6. 知识产权的四种类型是什么？描述每种类型的基本特点。

7. 工程管理人员应如何保护他们负责的知识产权？

8. 关于知识产权问题，工程管理人员应尽早寻求谁的建议？

9. 行业标准与监管标准的区别？

10. 监管标准如何制定？由谁制定？制定的目的？

11. 描述大多数行业标准的制定过程。一定要讨论标准的制定者及制定原因。

12. 管理者可采取什么样的途径促进员工达标？

13. 描述两种违反标准的行为。

14. 在理解和达到国际项目的标准时遇到困难，可寻求什么样的帮助？

15. 职业协会和政府机构如何提高工程师的国际流动性？

# 延伸阅读

[1] Barakat, N. (2009). Merging continuous professional development into engineering education and practice. ASEE NCS Annual Conference, Grand Rapids, MI.

[2] www.bizmanualz.com – Bizmanualz 提供多种带模版的软件包以简化各种程序的记录。

[3] Writing Effective Policies and Procedures, by Nancy Campbell, 1998, New York, NY: American Management Association. 处理主题的直接资源。它特别针对工程文档。

[4] www.epa.gov——美国国家环保局。所有关于环境法律、规章制度、政策的信息。

[5] www.nspe.org – The National Society of Professional Engineers. 全国职业工程师协会。提供关于鉴定、职业发展、保单与保险的信息。

[6] http://www.aaes.org/international/index.asp – The International section of the American Association of Engineering Societies 美国工程学会协会国际分部，提供关于国际组织的相关信息。

[7] www.theiet.org – The Institution of Engineering and Technology (IET) 工程技术协会，由 IEE 与 IIE 合并而成，提供适合工程师的合同法课程。

[8] www.uspto.gov – The United States Patent and Trademark Office 美国专利商标办公室。提供基本信息、公众可检索的数据库及在线的档案资源。

[9] www.uspto.gov/web/offices/pac/mpep/ – The Manual of Patent Examining Procedure 专利审查程序手册是美国专利商标办公室出的指南，用于指导专利审查过程诉讼过程，确保该过程符合联邦法律、国际条约及法院判例。

[10] www.copyright.gov – The United States Copyright Office 美国版权局网站。提供大量信息、公众检索数据库及在线的档案资源。

[11] http://uscode.house.gov/ - The United States House of Representatives 美国众议院网站。提供完整的联邦法律。第 17 卷关于版权。第 35 卷关丁专利。

# 参考文献

[1] Business Law. (2006). In Encyclopedia Britannica.

[2] Charmasson, H. (2004). Patents, copyrights & trademarks for dummies. Hoboken, NJ: Wiley.

[3] Engineering Credentials Evaluation International. (n.d.). About ECEI. Available at www.ecei.org.

[4] Environmental Protection Agency. (n.d.). Emergency management policy and guidance. Retrieved from http://www.epa.gov/oem/guidance.htm.

[5] Environmental Protection Agency. (n.d.). Enforcement and compliance policy and guidance documents. Retrieved from http://www.epa.gov/compliance/resources/policies/.

[6] Environmental Protection Agency. (n.d.). Environmental management system/ISO 14001 – Frequently asked questions. Retrieved from http://water.epa.gov/polwaste/wastewater/Environmental-Management-System-ISO-14001- Frequently-Asked-Questions.cfm.

[7] Environmental Protection Agency. (n.d.). Laws and executive orders. Retrieved from

http://www.epa. gov/lawsregs/laws/Environmental Protection Agency. (n.d.). OAR policy and guidance information. Retrieved from http://www.epa.gov/ttn/oarpg/

[8] Environmental Protection Agency. (n.d.). Pesticides: Science and policy – Policy and guidance. Retrieved from http://www.epa.gov/pesticides/science/policies.htm

[9] Environmental Protection Agency. (n.d.). Policy & guidance. Retrieved from http://www.epa.gov/laws-regs/policy/

[10] Environmental Protection Agency. (n.d.). Radiation information for technical users and the regulated community. Retrieved from http://www.epa.gov/radiation/techreg.html

[11] Environmental Protection Agency. (n.d.). RCRA guidance, policy and resources. Retrieved from http://www.epa.gov/osw/laws-regs/rcraguidance.htm

[12] Environmental Protection Agency. (n.d.). Significant guidance documents. Retrieved from http://www.epa.gov/lawsregs/policy/sgd/index.html

[13] Environmental Protection Agency. (n.d.). Water: Policy & guidance. Retrieved from http://water.epa.gov/lawsregs/guidance/index.cfm

[14] International Electrotechnical Commission. (n.d.). Vision & mission. Available at http://www.iec.ch/about/values/vision.htm

[15] International Organization for Standardization. (n.d.). ISO in brief – International standards for a sustainable world. Available at http://www.iso.org/iso/isoinbrief_2011.pdf

[16] National Society of Professional Engineers. (2010). Design and construction contract provisions.Retrieved from http://www.nspe.org/resources/GR%20downloadables/Design%20and%20Construc-tion%20Contract%20Provisions.pdf

[17] National Society of Professional Engineers. (n.d.). Liability of employed engineers. Retrieved from http:///www.nspe.org/Professional Liability/index.html

[18] Occupational Safety and Health Administration (OSHA). (n.d.). Available at http://www.OSHA.gov

[19] U.S. Office of Management and Budget. (2007). Final bulletin for agency good guidance practices.Retrieved from http://www.whitehouse.gov/omb/memoranda/fy2007/m07-07.pdf

[20] World Federation of Engineering Organizations. (n.d.). What is ICIEP? Available at http://www.wfeo.org/index.php?page=ethics

[21] Wust, E. L. (2003). The effects of globalization on the civil engineering profession. Paper prepared for the Conference on International Services Learning Programs, Marquette University, March 28-29, 2003.
Available at http://www.marquette.edu/servicelearning/conference/example_pap.pdf.

# 职业伦理与行为规范

**第 11 领域主笔**

职业工程管理师　威廉·道顿（William Daughton）博士

**第 11 领域翻译**

王进　副教授

# 职业伦理与行为规范

## 关键词和概念

| | |
|---|---|
| **伦理** | 个人或社会期望或认同的一系列价值观念与道德准则 |
| **伦理决策模型** | 用以帮助工程师或管理者做出具有伦理意涵决策的实践模型 |
| **伦理原则** | 指导工程师及管理者伦理行为的运作原则 |
| **伦理理论** | 裁定具体情境下决策对错与好坏的规则或原理体系 |
| **职业行为规范** | 概述某行业人员伦理行为的规范——通常由行业成会员组织制定 |
| **利益相关者** | 为公司提供生产资源、影响公司决策、与公司利益息息相关的个人或群体 |

## 11.1　伦理的本质

### 11.1.1　伦理与法律

基于工程承载着重要社会功能，工程专业人员必须始终要以高伦理标准规范自己。

伦理阐明行为的对与错、好与坏，即指明一个人应该和不应该做什么。尽管许多违法行为也违伦理，但伦理本身不是法律。许多有悖伦理的行为受到法律禁止，然而，也有些不合乎伦理的行为是完全合法的。一些组织，包括专业协会，都拟定了伦理规范以提升其成员伦理决策的效度，督促其依循规范采取相应的伦理行为。

值得注意的是，在国际上也会存在法律规章与伦理规范的差异。有些事在美国被看成是有悖伦理的，在其他地区则可能会被认为是违法的，反之亦然。在国际工程实践中，经常困扰工程师的一个常见案例就是如何区分礼赠与贿赂。在美国，大部分行业对礼赠与贿赂的区别都有明确规定，但在一些国家，此两者的区别并不明晰。一些国家将高价的礼赠视为商业惯例，但在美国及其他一些国家，高价礼赠则被认定为贿赂，是一种可依法处罚的犯罪行为。

### 11.1.2　伦理的定义

诺思豪斯（Northouse 2009，p. 378）认为，伦理有如下涵义：

（1）源于希腊文"ethos"，指民俗、行为或精神特质；

（2）为个人或社会认同的一系列价值观念与道德准则；

（3）重点关注个人美德与动机。

## 11.2　利益相关者与伦理

### 11.2.1　利益相关者环境

受某个组织行为影响的个人与团体统称为该组织的利益相关者。依存于组织行为，利益相关者可以直接获利或蒙受损失。在伦理语境下，工程师和管理者制定决策时必须要考虑其决策对利益相关者的影响（Jones & George，2007，pp. 94-97）。

#### 1. 股东

如果组织机构为上市公司，公司股东的经济收益则与该公司的兴衰成败直接相关。股东们不希望公司做出有悖伦理的行动，因为这些活动会对股价造成负面影响。例如，人尽皆知的安然公司的凋败可部分归因于其违法又有悖伦理的行动。高管滥用股东信任，使很多人毕生积蓄付诸东流。

#### 2. 雇员

在此情境下，组织的雇员包括管理者、专业人员及时薪员工。所有雇员都可以在其或大或小的职权内，按照各自的方式做出具有伦理意涵的决策。与此同时，其利益也接受其他员工同行的伦理决策的影响。毋庸置疑的是，管理者拥有更大的决策权，因此更有可能为员工同行创造福利或造成损害。一个典型案例就是公司业务低迷时是否要裁员，如果裁员，应采取何种方式。

### 3. 供应商与分销商

如今，完全垂直一体化的公司寥若星辰。公司均依赖供应商提供原材料、零部件、信息等，也有许多公司依靠分销商搭建起产品与最终客户的中间桥梁。这些供应商和分销商与使用它们的公司一起构成了一个更大的价值链。因此，对通过这一价值链与公司休戚与共的那些组织来说，它们的成功与否将会受到该公司商业伦理的深刻影响。例如，近年来，汽车工业萎靡不振，许多为美国汽车制造商供货的小供应商均受到波及，有些甚至难以为继。

### 4. 客户

很明显，所有公司的成功，都取决于它是否有能力吸引客户购买其产品或服务，而公司产品和服务的质量、价值与性能均会受到公司伦理决策的影响。尽管为维护客户权益，法律禁止公司以次充好或是通过某些财务方案来欺诈客户，但合法却不合伦理的决策仍会对客户产生影响。例如，一些公司淡化已知问题的严重性直至大祸临头，这已经损害到某些汽车制造商的信誉。

### 5. 共同体

此处的共同体既指公司实体所处的地方社区共同体，也指由国家和社会构成的更广阔的全球性共同体。公司深刻影响着其运营所在社区的经济及生活质量，其兴旺与凋敝也会在本国甚至全世界产生广泛影响。近年来，帮助通用汽车公司和克莱斯勒公司摆脱困境的决策，至少部分地出于它们一旦倒闭势必会影响美国经济全局的这种考虑。

## 11.2.2 与利益相关者有关的伦理决策考量因素

在做出富有伦理意蕴的决策时，工程师和管理者必须要注意这些决策对不同利益相关者群体的影响。决策考量因素会因利益相关者的层级不同而有所不同，而且并非所有的利益相关者都会全面或部分地受到这些决策的影响。一些基本的伦理决策考量因素见表 11-1。

组织利益相关者与伦理决策考量因素 表 11-1

| 利益相关者 | 决策考量因素 |
| --- | --- |
| 股东 | 想要确保管理者的行为符合伦理，确保管理者不会因损害公司信誉的行为使得投资者资本蒙受损失。希望实现投资回报最大化 |
| 雇员 | 公司可采取下述行为以合乎伦理的方式对待雇员：<br>• 创建依据雇员所做贡献予以公正公平奖励的职业结构。<br>• 创造安全舒适的自然工作环境。<br>雇员肩负高效使用公司资产的伦理责任 |

续表

| 利益相关者 | 决策考量因素 |
|---|---|
| 供应商与分销商 | 供应商期望：<br>• 其投入得到公正迅捷的支付。<br>• 作为价值链合作伙伴得到尊重。<br>分销商期望：<br>• 以商定价格获得合格的优质商品。<br>• 作为价值链合作伙伴得到尊重 |
| 客户 | 公司应努力提高效率、保证效能以便拥有忠实客户群和吸纳新客户。客户希望其投资的公司产品或服务能在价值、品质和性能等方面获得合理收益 |
| 共同体 | 公司应想方设法，以确保其存在为本地共同体、对本国及世界经济都起到积极推动作用 |

## 11.3　伦理理论

　　所有伦理决策均立足于体现了好些伦理学基础理论概念的两个基本领域，每个领域都为在特定情境下确定孰对孰错、孰好孰坏提供了规则或原则体系。以此为基础，人们得以了解何谓道德高尚之人，构建起实用决策模型及其他与伦理决策相关的考量因素。

### 11.3.1　行为理论

　　（1）目的论理论重点关注工程师或管理者的行为与结果所造成的后果：

　　1）伦理利己主义（给予工程师或管理者最大利益）。

　　2）与交易型领导力理论紧密相关。

　　3）实例：工程师或管理者就某一事件表明政治立场只为谋求连任。

　　（2）功利主义理论聚焦于为最大多数人创造最大利益：

　　1）包括利益或损失均摊或加权分布。

　　2）实例：项目管理者依计划给不同项目分配稀缺人力资源，以使每个项目都尽可能获得最大成功。

　　（3）利他理论重点关注他人的最大利益：

　　1）真正的变革型领导以利他原则为落脚点。

　　2）实例：特蕾莎修女穷其一生致力于帮助穷人。

### 11.3.2　人格理论

　　以德为本的理论关注工程师或管理者的品格：

　　（1）关注人之所以为人的内核。

　　（2）告诫应该成为何种人，而非如何行事。

　　（3）通过培训与发展使人的道德更趋完美。

（4）美德源于人的本性，勤加实践使好的价值观念固化为习惯。

（5）实例：勇气、诚信、公平、公正、正直、谦恭。

## 11.4 工程师与管理者的伦理原则

### 11.4.1 伦理行为

伦理行为可以看作是对社会负责的行为方式。在此背景下，社会包括组织机构的所有利益相关者，责任则是指做正确的事情并以恰当的方式为利益相关者创造利益。工程师与管理者的行为处世方式必须要符合其应该履行的社会责任。

### 11.4.2 伦理学运作原理

此处罗列出若干指导工程师及管理者伦理行为的运作原则。表 11-2 不仅给出了基本行为的类别及其与之对应的原理，更为重要的是，为工程师及管理者提供了用来佐证这些原理的可察行为特征。

伦理行为与运作原理　　　　　　　　　　　　　表 11-2

| 行为 | 原理 | 行为特征 |
|---|---|---|
| 尊重他人 | 视利益相关者为目的（利益相关者的目标）而非手段（工程师或管理者的个人目标） | 尊重他人的价值观与决策；善解人意；包容对立观点 |
| 服务他人 | 将利益相关者置于工程师或管理者规划的首要位置 | 对下属悉心指导，合理授权；建立强大高效的团队；塑造与利益相关者对应的良好公民形象 |
| 体现公正 | 制定涉及利益相关者的决策时应将公平置于核心地位 | 平等对待下属，不偏袒，不歧视；决策时积极考虑对利益相关者的影响；尊重所有个体的权利 |
| 展示诚信 | 要敏感对待受到影响的利益相关者之情感与态度 | 承担责任；对公开与坦诚把持有度，时刻留意，合理披露；肯定并褒奖组织内部的伦理行为 |
| 构建共同体 | 谋求为所有利益相关者认同的目标 | 考虑团体或团队中每个人的意志；不囿于个人目标，放眼于更广泛的社区利益；在全球化环境中，保持文化敏感性 |

## 11.5 实用伦理决策

### 11.5.1 伦理决策模型

有四个常用模型可以帮助工程师或管理者做出包含伦理意蕴的决策（表 11-3）。

制定伦理决策无绝对模板可循。在实际操作中，绝大多数伦理决策会将前文提及的模型元素部分或全部纳入考量范围。制定包含伦理意蕴的决策时的相关问题可简单梳理如下：

（1）决策是否违背显而易见的"禁止"事项？

（2）决策会否伤及他人？

（3）如果你的决策被报纸头版报道，你会作何感想？

（4）如果重复决策100次，你还是会觉得自己问心无愧吗？

（5）如果他人以同样方式待你，你会作何感想？

（6）你对此项决策的直觉是什么？

（7）你母亲将如何看待你的决策？

伦理决策模型（Jones & George，2007，pp. 99-102）　　　表11-3

| 模型 | 描述 | 挑战 |
|---|---|---|
| 功利主义 | 为最大多数利益相关者创造最大利益的决策 | 如何衡量对各利益相关者群体带来的收益与损害<br>如何评估各利益相关者群体的权利与重要性 |
| 道德权利 | 能最好地维持与保护受影响的利益相关者最基本的、不可被剥夺的权利和特权的决策 | 在世界范围内，权利和特权会因文化差异而有所不同 |
| 公正 | 能在利益相关者之间公平、公正、公允地分配收益与受损的决策 | 如何衡量决策对每个利益相关者群体带来的收益与损害<br>加权分配时"公平公正"的构成因素有哪些 |
| 实用 | 工程师或管理者会毫不犹豫地与公司外部人员协商的决策，因为此举为普通民众所接受 | 倘若工程师或管理者想当然地认为普通民众会对决策做出何种反应，则有可能出现自欺欺人的现象 |

## 11.5.2　常见伦理决策问题

有时，一些人即使熟悉伦理规范或决策模型，也会看不清某个情境中的伦理意蕴。或者说，即使已经意识到其中的伦理问题，却不知如何运用指导原则解决问题。伦理培训有助于雇员识别伦理问题，通过学习如何参悟这些问题来找到最佳解决方案。培训时可采取不同模式，如提供专业发展课程、就当前真实情境下的伦理困境展开岗位培训并演示应对方法，这些举措都能提升决策者的伦理敏感性。表11-4列举了雇员经常遭遇的一些典型伦理问题及其解决之道。

面对这些挑战，有关伦理决策的讨论，如果不包括举报这个选项，都是不充分的。举报人是组织内部涉嫌违规或背信或违法行为的揭露者。被举报的行为有可能违反法律、法规、条例，以及或直接威胁公众利益，通常涉嫌欺诈、危害环境与安全、贪污腐败。举报人有可能受到组织的严惩，因此，联邦政府及州政府已制定了相关法律来保护他们。

举报人保护条款已被纳入联邦法律，覆盖劳工部的三个主要部门，即人事管理办公室

（OPM）、绩效制度保护委员会（MSPB）和联邦劳工关系局（FLRA）。另外，许多州也已经出台相应的举报人保护法（详见 www.whistleblowers.gov/index.html）。图 11-1 以美国职业安全和健康管理局（OSHA）颁布的《职业安全和健康法案》（OSH Act）为例，说明如何保护举报人权益（详见 www.whistleblowers.gov/index.html）。

近年来，因为一些广为传播的案例，举报已经世人皆知，一些组织应运而生，为举报人提供信息与援助。例如，国家举报人中心（www.whistleblower.org）为举报人提供法律援助、律师引荐、研讨交流及培训。强烈建议个人在做出伦理决策决意举报前，一定要征询有资质的法律专业人士的意见。

伦理决策中另一个需要考虑的现实问题就是合理化重组，它既可能出现在个人层面，也可能出现在整个组织内部。若出现在组织层面，我们称其为"公司思维"。表 11-5 列举一些典型的重组事宜；如何避免掉入这类重组陷阱，对于伦理决策至关重要。

常见伦理问题与解决方法　　　　　　　　　　　　　　表 11-4

| 问题 | 解决方法 |
| --- | --- |
| 某些雇员不熟悉伦理规范或行为准则。有时则是人们没有意识到应该遵循何种伦理规范或行为准则。或者说，人们不清楚应该如何将这些伦理观念运用到具体情境中。他们目光短浅，没有看到不履行职责或胡作非为都可能会对个人和组织造成极为负面的影响 | • 组织管理层需确保其雇员都知晓行为规则与指导方针。<br>• 引导工程师遵循一切合情合理的职业规范，呈现真实恰当的规范使员工熟知其风格及采用的格式。<br>• 参与创建并推广伦理规范的职业社团。<br>• 分发公司及行业伦理规范副本。<br>• 建立一种制度，让雇员以书写方式承诺服从已制定的伦理标准与企业规范。<br>• 提供或要求参加定期（例如，一年一次）职业伦理培训 |
| 员工或因抵御不住诱惑，或迫于压力做出有悖伦理的行为 | • 将伦理规范公之于众并将其作为优先考虑。<br>• 遵守规范的公开承诺可成为支持雇员抵抗压力或诱惑的盾牌。<br>• 建立一种制度，让雇员面临伦理困境时与信息灵通、中正无偏的第三方讨论相关问题。<br>• 为感觉受到不正当影响的雇员配备资源、启动程序 |

图 11-1　职业安全和健康法案

| 伦理决策中的障碍（Josephson，2002，pp.27-28） | 表 11-5 |
|---|---|

**伦理决策中的认识障碍：合理化重组**

1. 必要的即为伦理的。
2. "虚假的必要性陷阱"
3. 合法的与可以容许的即是恰当的。
4. 这只是工作的一部分。
5. 这都出于好意。
6. 我这样做是为了你。
7. 我只是以毒攻毒。
8. 这不会伤害任何人。
9. 人人都在做这种事。
10. 只要我个人没有从中得利，这么做就无大碍。
11. 我早知道会来的。
12. 我仍能保持客观

## 11.6　职业行为规范

### 11.6.1　行为规范需求

最近的一些商业丑闻已经动摇了公众对商界领袖及组织操守的信任。因此，与以往任何时候相比，现今的领导者更应担负起伦理工程师的重责，以最高的伦理和职业标准规范自己及组织的言行。这就要求领导者及其员工都要时刻保持警觉，遵守一切适用规范与标准。

安然（Enron）丑闻令人震惊，一因其涉案金额巨大，二因其公司高管态度傲慢。此外，还有先前受人敬重的商界和政界高官也牵涉其中，其行为至少有悖伦理，而且可能违法。

坚持按伦理原则做事的人在工作场所会面临诘难（例如：当某个雇员的伦理行为或决策与公司利益诉求发生冲突时，管理方通常不会维护这样的雇员）。在发生行为问题或伦理问题时，完备的公司行为规范或伦理原则可以为员工提供亟需的清晰提示与指导。此时，伦理规范与良好品行标准比以往任何时候更为重要。

### 11.6.2　工程学会拟定的伦理规范

职业工程学会的重要职责之一就是创建、更新并推广职业伦理规范。规范通常由委员会或理事会拟定，因其成员都是本行业的活跃者，规范的实效性也会很强。

虽然各个学会或组织的规范各有独特之处，但它们都有些共同要素。例如，美国机械工程师学会、国家专业工程师协会以及美国土木工程师协会的伦理规范都强调工程师应首先考虑公众的安全、健康和福祉。所有这些工程伦理规范还有一个共同点：倡导工程师捍卫职业荣誉、坚守职业诚信，尽己所能服务大众。

伦理规范实例：

美国工程管理学会（ASEM）http：//www.asem.org

美国机械工程师学会（ASME）http：//www.asme.org/Education/PreCollege/Teacher Resources/Code Ethics_ Engineers. cfm

电气电子工程师协会（IEEE）http：//www.ieee.org/web/membership/ethics/code ethics.html

国家职业工程师学会（NSPE）http：//www.nspe.org/ethics/index.html

伊利诺伊理工大学职业伦理研究中心（IIT）（拥有职业工程伦理规范的网上图书馆）http：//ethics.iit.edu/codes/engineer.html

凯斯西储大学工程与科学网上伦理中心（提供一些国际规范及西班牙语版规范）http：//onlineethics.org/codes/index.html

### 11.6.3　企业拟定的伦理规范

许多企业都有详细的伦理规范，既包括原则说明，还包括规约、利益冲突、信息公开、报告和问责等方面具体说明。这些规范提醒企业，在业务活动中要维护企业操守与企业公民形象。个人不仅要熟知所在组织应遵循的伦理规范，还须熟悉其价值链上供应商与客户的伦理规范。

伦理规范实例：

美国电话电报公司 http：//www.att.com/gen/investor-relations?pid=5595

好时公司 http：//www.thehersheycompany.com/investors/corporate-governance/

约翰迪尔公司

http：//investor.deere.com/our-company/investors-relations/corporate-governance/code-of-ethics/default.aspxcode-of-conduct.aspx

美敦力公司 www.citizenshipreport.medtronic.com

### 11.6.4　国际伦理规范

全球文化异彩纷呈，要建立一套国际通行的工程伦理规范实乃任重而道远。可喜的是，工程领域众多专业学会已经建立这类规范。尤为振奋人心的是依据北美自由贸易协定建立的伦理规范。世界工程组织联合会也已经建立起一套伦理规范模型（http：//www.unesco.org/wfeo/ethics.html），供组织成员使用。

还有一个腐败预防有益建议及工具资源，可以在全球基础建设反腐中心（http：//www.giaccentre.org/index.php）获取。该中心提供免费在线反腐信息，如图 11-2 所示。

所有规范及信息源的核心宗旨是：在国际情境下实践或工作，工程师们必须要尊重当地文化及相关规章制度。另外，工程师们应该避免预设其道德优越或道德卑劣，要充分意识到本国法律与伦理道德不一定就适用于其他国家。工程师与管理者必须要与治理行业的当地组织联系，了解相关信息，获得相应指导。

图 11-2　全球基础设施反腐中心（GIACC）的网站截图

# 复　习

学习了"第 11 章：职业伦理与行为规范"之后，你应该能够回答以下问题：

1. 给出"伦理"的定义。
2. 列举某组织的利益相关者。
3. 区分伦理行为理论与伦理人格理论。
4. 描述指导工程师及管理者伦理行为的运作原理。
5. 讨论四种常见的伦理决策模型。
6. 识别工作场所中伦理决策时所遇到的三种障碍。如何逐一克服？
7. 工作中采用认真精心构思的伦理规范有何益处？
8. 找到为职业工程师与管理者提供伦理规范的信息源。

# 延伸阅读

[1] http://www.aaes.org/international/index.asp— 美国工程协会国际部的一些适用于国际组织的信息可能对工程师有所助益。

[2] *Defining Moments: When Managers Must Choose between Right and Right,* by Joseph Badaracco (1997),ISBN: 0-87584-803-6. 是一本发人深省的商业伦理书。

[3] *Ethics for the Real World: Creating a Personal Code to Guide Decisions in Work and Life,* by Ronald A. Howard and Clinton D. Korver (2008), ISBN: 978-1-4221-2106-1. 是一本做出伦理决策的实用手册。

[4] "Ethical Breakdowns," by M. Bazeman and A.Tenbrunsel, *Harvard Business Review,* April 2011, Vol. 89, Issue 4, pp. 59-65.

[5] Example of code of ethics for engineers from Australia: http://www.engineersaustralia.org.au/sites/default/files/shado/About%20Us/Overview/Governance/codeofethics2010.pdf

# 参考文献

[1] Jones, G. R., & George, J. M. (2007). *Essentials of contemporary management* (2nd ed.), New York, NY: McGraw-Hill Irwin.

[2] Josephson, M. (2002). *Making ethical decisions*. Marina del Rey, CA: The Josephson Institute of Ethics.

[3] Northouse, P.G. (2009). *Leadership theory and practice* (5th ed.). Thousand Oaks, CA: SAGE.

# 致谢

ASEM would like to sincerely acknowledge the volunteers who dedicated their time and enhanced the content of this guidebook with their expertise and professionalism to get this publication accomplished.

**EMBOK Guide Domain Champions**

Hiral Shah, Ph.D., CEI, PEM, PMP (Editor, EMBOK Guide)
St. Cloud State University

Ben Baliga, Ph.D., P.E., PEM
St. Cloud State University

William Daughton, Ph.D., PEM
Executive Director, ASEM
Emeritus Professor, Missouri University of Science and Technology

Rita Engler, Ph.D.
Universidade do Estado de Minas Gerais, Brazil

Ted Eschenbach, Ph.D., P.E., PEM, PMP
University of Alaska-Anchorage

Julie Fortune, Ph.D., P.E.
University of Alabama-Huntsville

Robert Gerhart, RPA
Fish & Richardson P.C.

Michael Holman, P.E., PSE
L-3, Coleman Aerospace

Jane Hunter, Ph.D., PMP, PEM, ACP
University of Arizona

Donald Kennedy, Ph.D., P.Eng.
Executrade, Canada

Rafael Landaeta, Ph.D., PMP, CSM
Old Dominion University

Sandy Lieske, PEM
University of Idaho